Brancos e negros em São Paulo

Brancos e negros em São Paulo

Ensaio sociológico sobre aspectos da formação, manifestações atuais e efeitos do preconceito de cor na sociedade paulistana

Roger Bastide
Florestan Fernandes

Apresentação de
Fernando Henrique Cardoso

© **Herdeiros de Florestan Fernandes, 2006**
1ª Edição, Unesco/Anhembi, 1955
2ª Edição, Companhia Editora Nacional, 1959
3ª Edição, Companhia Editora Nacional, 1971
4ª Edição, Global Editora, São Paulo 2008
1ª Reimpressão, 2020

Jefferson L. Alves – diretor editorial
Gustavo Henrique Tuna – editor assistente
Flávio Samuel – gerente de produção
Rita de Cássia Sam – coordenadora editorial
Rinaldo Milesi e Alexandra Resende – revisão
Victor Burton – capa
Arquivo Florestan Fernandes – foto de quarta capa
Antonio Silvio Lopes – editoração eletrônica

Obra atualizada conforme o
NOVO ACORDO ORTOGRÁFICO DA LÍNGUA PORTUGUESA.

DADOS INTERNACIONAIS DE CATALOGAÇÃO NA PUBLICAÇÃO (CIP)
(CÂMARA BRASILEIRA DO LIVRO, SP, BRASIL)

Bastide, Roger, 1898-1974.
  Brancos e negros em São Paulo : ensaio sociológico sobre aspectos da formação, manifestações atuais e efeitos do preconceito de cor na sociedade paulistana / Roger Bastide, Florestan Fernandes. – 4. ed. rev. – São Paulo : Global, 2008.

  Bibliografia.
  ISBN 978-85-260-1258-5

  1. Brancos – São Paulo (SP) 2. Negro – São Paulo (SP) 3. Preconceitos 4. São Paulo (SP) – Relações raciais I. Fernandes, Florestan, 1920-1995. II. Título. III. Título : Ensaio sociológico sobre aspectos da formação, manifestações atuais e efeitos do preconceito de cor na sociedade paulistana.

07-10222   CDD-305.896081611

Índice para catálogo sistemático:

1. São Paulo : Cidade : Brancos e negros :
Relações raciais : Sociologia   305.896081611

Direitos Reservados

global editora e distribuidora ltda.
Rua Pirapitingui, 111 — Liberdade
CEP 01508-020 — São Paulo — SP
Tel.: (11) 3277-7999
e-mail: global@globaleditora.com.br

 globaleditora.com.br   /globaleditora
 blog.globaleditora.com.br   /globaleditora
 /globaleditora   /globaleditora
 /globaleditora

 Colabore com a produção científica e cultural.
Proibida a reprodução total ou parcial desta obra sem a autorização do editor.

Nº de Catálogo: **2869**

Florestan Fernandes em sua residência, em São Paulo, 1995.

Sumário

Uma Pesquisa Impactante (Fernando Henrique Cardoso) 9

Prefácio da Segunda Edição 17

Introdução 21

Capítulo I - Do Escravo ao Cidadão 27

Capítulo II - Cor e Estrutura Social em Mudança 91

Capítulo III - Manifestações do Preconceito de Cor 154

Capítulo IV - Efeitos do Preconceito de Cor 190

Capítulo V - A Luta contra o Preconceito de Cor 224

APÊNDICE

I - O Preconceito Racial em São Paulo (Projeto de Estudo) 265

II - Estereótipos, Normas e Comportamento Inter-racial em São Paulo ... 293

Uma Pesquisa Impactante

É mais do que bem-vinda esta nova edição de *Brancos e negros em São Paulo*. Por múltiplos motivos: é obra clássica, que marca uma nova visão sobre a questão racial no Brasil, e é oportuna, pois o livro reaparece no momento em que os debates sobre as identidades raciais voltaram à cena pública, com a questão das políticas afirmativas e das cotas.

Antes de discutir esses temas convém situar a pesquisa levada adiante por Roger Bastide e Florestan Fernandes no contexto da década de 1950. Lévi-Strauss havia escrito para a Unesco um dos vários pequenos ensaios de divulgação sobre a noção de raças que aquela instituição patrocinara para combater o preconceito. Na década anterior, Gunnar Myrdal publicara seu monumental livro sobre os negros nos Estados Unidos, *An American dilemma*. Os estudos sobre raça e preconceito ganhavam foro de preocupação científica, como atestam os trabalhos de G. W. Allport, *Prejudice: a problem in psychological and social causation*, ou de A. M. Rose, *Problems of minorities*, citados por nossos dois autores, e que seus alunos, como eu, leríamos com devoção. Florestan sonhava com poder repetir em São Paulo o que os sociólogos da escola de Chicago haviam feito naquela cidade, transformando-a em um verdadeiro laboratório de análises. Estudo proposto pelo editor da revista *Anhembi*, Paulo Duarte, a Roger Bastide e a Florestan sobre a questão do negro em São Paulo abria uma oportunidade para isso. Paulo Duarte não só era o grande patrocinador dos novos sociólogos, publicando-os na revista *Anhembi*, como era muito bem relacionado internacionalmente.

Havia trabalhado no Musée de l'Homme em Paris e mantinha relações de afeto e respeito com Lévi-Strauss.

Foi nesse contexto que o então diretor de Ciências Sociais da Unesco, Alfred Métraux, chegou a São Paulo com a ideia de se fazer uma pesquisa sobre o contacto interétnico no Brasil. Os primeiros passos para tal estudo na cidade de São Paulo já haviam sido dados graças ao referido patrocínio da revista *Anhembi*, anterior à proposta da Unesco. Os prazos requeridos para um trabalho de maior profundidade, como se imaginara, tendo como modelo o que faziam os sociólogos da escola de Chicago, não coincidiam com as exigências do calendário mais burocrático da Unesco – com pressa em combater o preconceito racial. Daí o esperneio de Florestan no prefácio à segunda edição da obra, também publicado neste volume.

Por outro lado, a situação racial no Brasil era vista pela ideologia predominante e pela expectativa dos patrocinadores internacionais como contrastante com a norte-americana. A relação interétnica seria marcada pela ausência de discriminação racial e pela quase inexistência do preconceito de cor, dada a forte miscigenação ocorrida no país. Esses pressupostos não formavam parte, contudo, do horizonte interpretativo que se vê consubstanciado no texto que serviu de base para a pesquisa paulista, denominado "O preconceito racial em São Paulo (projeto de estudo)", também publicado no Apêndice da presente edição.

De qualquer modo, é significativo notar que há mais de cinquenta anos já havia no Departamento de Sociologia da USP quem pioneiramente estivesse se relacionando com o mundo extrauniversitário para buscar apoio para a pesquisa, tivesse conexões com uma instituição internacional, dominasse a bibliografia científica pertinente e ousasse buscar inspiração intelectual em modelo norte-americano. Os autores sabiam que o importante era redefinir a temática em função da situação prevalecente no Brasil e confiavam em sua independência intelectual.

A esse respeito também é significativo que Florestan Fernandes tenha se valido mais de Durkheim do que de Weber ou mesmo de Marx para caracterizar teórico-metodologicamente a pesquisa. Deixava de lado também o formalismo da abordagem funcionalista, que utilizara para escrever *A organização social dos tupinambá* e que estava usando para escrever seu monumental trabalho sobre *A função social da guerra entre os tupinambá*. Em vez disso, escreveu: "Ainda que não seja universalmente aceito por todos os sociólogos, o método que oferece maiores garantias de exatidão à sociologia empírica é aquele que considera os fenômenos particulares investigados em seu modo de integração ao contexto social". Durkheim formulou muito bem o princípio implícito nessa maneira de encarar os fatos sociais ao escrever que "a origem de todo processo social de alguma importância deve ser procurada no meio social interno" (p. 268).

Obviamente, Florestan conhecia os desdobramentos do método funcionalista. Sabia que eles explicavam os fenômenos por suas funções sociais e minimizavam a utilização da noção de *causas eficientes* da análise durkheimiana. Mas, fiel à sua paixão pelas análises empíricas, tão ao gosto também de Bastide, preferia ressaltar a simplicidade da formulação de Durkheim e lançar-se à pesquisa. Como escreveu *Brancos e negros em São Paulo* antes de *Fundamentos empíricos da explicação sociológica,* também não precisou ressaltar que na análise das mudanças histórico-estruturais haveria que utilizar a dialética marxista. Simplesmente formulou as hipóteses básicas mostrando como o preconceito de cor se prendia às estruturas sociais (ao *meio social interno*) e como suas funções se transformam quando as estruturas mudam. Trabalhou, portanto, com grande liberdade intelectual, não se prendendo ao formalismo metodológico.

Nesse aspecto o fio condutor que percorre as análises de nossos dois autores – Bastide e Florestan – é o mesmo: as relações interétnicas e os mecanismos de acomodação social entre negros e brancos se formaram no regime senhorial escravocrata, modificaram-se à medida que ruiu a antiga ordem senhorial-servil, dando lugar a uma sociedade capitalista-competitiva baseada no trabalho livre. O preconceito de cor, entretanto, não desapareceu, embora suas funções tenham variado com as mudanças no *meio interno*. Ao percorrer a trajetória das relações entre brancos e negros, primeiro como senhores e escravos, depois como cidadãos pertencendo a classes sociais diferentes, nossos autores analisaram com minúcias as intrincadas relações entre raça e escravidão em uma sociedade de castas e, posteriormente, entre raça e classe social em uma sociedade capitalista-competitiva em formação.

Isso é dito e redito por ambos os autores: "O que nos parecia importante, na situação racial brasileira, não era a inexistência de atitudes preconceituosas e discriminatórias, mas as formas pelas quais elas se exprimiam e as funções que preenchiam. Sem assumir feições ostensivas e virulentas, características do *estado de conflito*, elas traduzem o que ocorre quando ambos os processos fazem parte de um *estado de acomodação*", diz Florestan Fernandes (p. 19). Todo o primeiro capítulo é dedicado à análise da evolução da estrutura social e econômica na qual o escravo negro se inseria. Região de relativamente poucos negros, de muitos índios e, ao finalizar o século XIX, de ondas maciças de imigrantes europeus, São Paulo, depois da Abolição, foi palco de uma lenta transição para um regime de classes sociais. Entretanto, assim como a transição jurídica foi súbita, pois a Abolição deu ao negro, formalmente, o *status* de homem livre, a transição social e econômica foi lenta: "É que a transição precisava se operar como um processo histórico-social: o negro deveria antes ser assimilado à sociedade de classes, para depois ajustar-se às novas condições de trabalho e ao novo *status* econômico-político que adquiriria na sociedade brasileira" (p. 89).

Curiosamente Florestan Fernandes julga que a diferença de ritmo entre a mudança jurídica e a sociopolítica facilitou a redefinição da concepção que o negro tinha de si e de seus papéis na sociedade, bem como da imagem que os próprios brancos formariam dele na nova sociedade, dando margem a uma *transformação orgânica* (a expressão é dele) dos libertos e seus descendentes à condição de trabalhadores assalariados e, em menor proporção, de empreendedores capitalistas. O leitor atual talvez se espante ao ver essas declarações. Mas é preciso não perder de vista o fio da meada, o fio condutor da análise, como chamei acima, que era a passagem da ordem escravocrata à sociedade capitalista de classes. A superioridade desta última sobre a anterior não se esconde nas análises de Florestan, o que não o leva a endeusá-la nem a imaginar que havendo competição mais livre no mercado e, quebrada a rigidez do sistema de castas que a escravidão impunha, desapareceriam de repente a discriminação e o preconceito. Não desapareceram, mas mudaram de função.

É a riqueza desse vai e vem entre estamento (casta), classe, preconceito de raça e preconceito de classe que fornece o miolo do livro. Desde o segundo capítulo, da lavra, como o primeiro, de Florestan Fernandes, vê-se como o preconceito de cor e a discriminação racial se completavam para preservar a ordem escravocrata (vejam-se as análises das páginas 118 e 119): cor e diferenças raciais são elementos refeitos em seus significados culturais para manter uma situação interétnica desigual, potencialmente violenta, altamente espoliativa, mas que se acomodavam, graças àquelas redefinições culturais, evitando a explosão daquela ordem.

Florestan Fernandes e Roger Bastide não desconheceram a importância da obra de Gilberto Freyre e suas análises sobre o amestiçamento cultural e racial dos brasileiros. Pelo contrário, tanto a ideologia das relações ditas cordiais como as práticas mais suaves de tratamento na *Casa-Grande* e o ambiente cultural-sentimental que envolvia as relações entre negros e brancos, assim como a maior aceitação do mestiço, do mulato, formavam parte das acomodações interétnicas que impediam as relações de conflito aberto e jogavam importante papel na ordem escravocrata (e posteriormente também na sociedade de classes). Nem é certo que pensassem que na nova ordem a classe seria o elemento classificatório exclusivo e, em certas circunstâncias, nem mesmo dominante. Nesse equívoco incorreu o antigo professor de Florestan a quem ele muito devia sua formação de pesquisador, Donald Pierson, para quem no Brasil (em comparação com os Estados Unidos) prevalecia o preconceito de classe, não o de raça.

Florestan ressaltou, pelo contrário, que na nova sociedade, apesar de a cor deixar de ter automaticamente a antiga significação classificatória, pois a identidade imediata entre branco e livre em contraposição a de negro e escravo deixava de ter equivalência em uma sociedade na qual patrões, empregados e operários não se distinguiam racialmente como os senhores dos escravos e libertos, tanto o preconceito quanto a discriminação continuavam a existir. Como não houve a integração imediata do negro liberto e de seus descendentes ao mercado de trabalho, eles se mantiveram em posições sociais de franca inferioridade, semelhantes às ocupadas anteriormente. Assim, as diferenças raciais continuaram a expressar inferioridade social, mantendo-se os preconceitos e as discriminações, embora com as novas funções sociais de os afastar ou prejudicar na concorrência econômica, social e cultural (p. 140).

É curioso que frequentemente se atribua a Florestan Fernandes, nessa matéria, o que ele não pensava. Ao reducionismo atual no qual uns veem em tudo as diferenças de classe (educação e renda) e outros as identidades raciais, nosso autor opunha uma visão bem mais rica e complexa. Não via no preconceito e na discriminação a causa das desigualdades: "A escravidão e a dominação senhorial deram origem a um regime misto de castas e estamentos, em que os níveis sociais prevaleceram sobre as linhas de cor. Estas existiram, mas como consequência daqueles, ou seja, como produto natural da posição ocupada pelos representantes das 'raças' em contato no sistema de relações econômicas" (p. 150). E sua convicção nessa direção era tão forte que acreditava que se a tendência à integração estrutural com base em uma sociedade capitalista de classes se perpetuasse ela faria com que a antiga correlação entre cor e posição social perdesse significado e ponto de apoio estrutural. Não por isso, entretanto, desapareceria o preconceito. Basta ver o que ocorre nos Estados Unidos de hoje, acrescento eu.

É neste ponto que as análises de Roger Bastide ganham realce, nos capítulos terceiro e quarto do livro, que se consagram às manifestações do preconceito de cor e a seus efeitos. Com sutileza, simplicidade e argúcia Bastide se encarregou das análises sobre as manifestações contemporâneas do preconceito e de indagar sobre até que ponto se poderia falar de preconceito de classe ou de raça. Sua interpretação vai ziguezagueando ao passar em revista formas reconhecidas de preconceito e discriminação nas famílias tradicionais, nos grupos de imigrantes (portugueses, italianos, sírios), nos esportes, nas escolas, na carreira profissional, nos clubes, na vida sexual, no casamento, enfim, na tessitura da sociabilidade urbana. Basta lê-lo para sentir o drama não mais do escravo, mas do negro em uma sociedade politicamente democrática (estamos em plena vigência da Constituição de 1946), em expansão econômica do pós-guerra, que se define ideologicamente como alheia ao preconceito e valorizadora da mestiçagem, mas que impõe no dia a dia toda sorte de obstáculos preconceituosos aos negros e mulatos, mantendo-os em posição de inferioridade na competição em todos os aspectos da vida. Sem demagogia e quase despercebidamente Bastide cria um clima de solidariedade espontânea para com aqueles que têm que fazer um esforço muito maior do que os "brancos" simplesmente para levar uma vida digna e, mesmo assim, nem sempre logram seus objetivos. Essa era, e é, a sociedade "sem preconceitos" onde a miscigenação, por si só, faria o milagre da igualdade entre as raças...

Tampouco Roger Bastide foge ao cerne da questão: os valores tradicionais estão desmoronando, pois os valores mudam sempre que as estruturas sociais se modificam (hipótese de ambos os autores). Mas mudam mais lentamente, estão fixados em ideologias e nas relações sociais, e as coisas "estão demasiado entrosadas", as ideologias, são racionalizações do preconceito e, por outro lado, refletem relações socialmente estruturadas. Há um novo negro diante do qual o branco hesita, assim como há uma nova sociedade, ainda muito entrelaçada à antiga (p. 189). Boa parte dos negros pós-Abolição não se "classificou" socialmente, formando uma "plebe" que não faz parte da nova classe operária. Alguns negros penetram nesta, outros, pelo esforço, pela continuidade dos favores da classe dominante e pela educação começam a galgar posições mais elevadas. Pode-se chamar a isso "ascensão social"? Para responder, Bastide faz uma interpretação perspicaz: ocorre uma "infiltração", mais do que uma ascensão, "uma gota negra após outra a passar lentamente através do filtro nas mãos do branco" (p. 223).

Não há espaço nem necessidade de eu me alongar descrevendo o conteúdo deste livro precioso. Mencionei que Bastide ziguezagueava para responder se o preconceito era de classe ou de raça. É óbvio que em uma situação cambiante jogam os dois sistemas classificatórios, um, o último, embotando o outro. Isso é explicitamente reconhecido pelo autor: "De modo que o preconceito de cor identifica-se com o de classe [...] A cor desempenha um papel, evidentemente, mas o papel de um símbolo, é o critério bem visível, que situa um indivíduo num certo degrau da escala social" (p. 166). A tal ponto que entre os mais pobres praticamente inexistiria o preconceito. Mas, e é ainda Bastide quem adverte: "Se o preconceito de cor se confunde com o de classe em um grande número de casos, será possível generalizar o fenômeno?". Para responder Bastide vai analisar o que ocorre na própria classe proletária para marcar em que momento a cor passa a ser um estigma racial e não apenas um símbolo de *status* social. E conclui que "a cor pode prevalecer sobre a classe" (p. 167). Em suma, existem ambos os preconceitos, estão entrelaçados e a verificação de um não nega o outro.

Também não se deve tomar a ideologia do branqueamento como "mera ideologia". Ela opera efetivamente, amortecendo a identidade racial e, portanto, o substrato material e pseudocientífico do preconceito racial. Será que as acomodações sucessivas, sejam as abertas pelas possibilidades verdadeiras de ascensão social, seja pela ideologia predominante de acomodações sem conflitos abertos, serão suficientes para evitar – a pergunta é do autor – a irrupção de um futuro "racismo antirracista" que nos levaria a maiores pontos de similitude com a situação norte-americana? Tanto Bastide como Florestan, há cinquenta anos, se não previam, consideravam essa última hipótese uma possibilidade. Ponderaram, contudo, que mesmo os ativistas mais conscientes da necessidade de uma reação não acomodatícia dos negros – um racismo provisório e mitigado –, quando perguntados sobre se a situação norte-americana seria mais favorável ao negro, manifestavam apego ao clima mais livre e afetivo da situação racial no Brasil.

Nossos autores estavam confrontados com situação semelhante a de muitos de nós hoje em dia quanto às ações afirmativas em contraposição às ações de caráter geral, como, por exemplo, a melhoria e a extensão da educação fundamental, como mecanismos para a promoção social de todos e, portanto, dos negros, que são os mais excluídos dela. Só que não se deixavam embaralhar pelas ideologias racistas. O ideal democrático da igualdade deveria prevalecer sobre os critérios exclusivistas de identidades raciais, mesmo porque não acreditavam na base científica para uma definição de raça. Entretanto, tal reconhecimento não dispensaria uma atenção especial às discriminações baseadas na cor, pois nem todo preconceito poderia ser explicado pelo critério de classe. Abre-se assim um espaço para ações afirmativas, desde que não sejam pensadas em contraposição aos ideais de igualdade e menos ainda em nome de uma imaginária identidade racial absoluta que se oponha à miscigenação.

No capítulo final, escrito por Florestan Fernandes, sobre a luta contra o preconceito racial, bem como nas análises sobre o mesmo tema nos capítulos redigidos por Bastide, há um esforço pioneiro para entender o papel dos movimentos sociais e de seus líderes no esforço de revisão da posição dos negros na sociedade. Para compreender esses processos foi essencial a decisão inovadora de chamar os líderes daqueles movimentos para participarem das discussões e mesmo para orientarem muito das interpretações acolhidas na pesquisa. Houve um ensaio de sociologia *participativa*. Essa técnica, bem como a combinação dela com outras, desde a reconstrução histórica da vida social dos negros e das formas do preconceito até a utilização de técnicas de pesquisa de campo, mostram a ousadia metodológica do empreendimento de Bastide e Florestan. Até mesmo pesquisas psicológicas (não publicadas neste volume) e análises da temática do negro e do preconceito em situações contrastantes com as urbanas, como no estudo feito por outro pioneiro, Oracy Nogueira, serviram de apoio às interpretações contidas neste livro. Nas páginas finais deste volume há uma tentativa de aproveitamento por Roger Bastide e Pierre Van den Bergue de uma pesquisa feita por Lucilla Hermann – falecida antes de completar o trabalho – que dá bem uma noção da variedade de técnicas usadas. É de recordar que Lucilla Hermann, que trabalhava então no Instituto de Administração da Faculdade de Economia da USP – e que foi minha primeira chefe de pesquisa – dedicara-se com afinco às pesquisas de campo, tendo iniciado estudo inovador em São Paulo, inspirado pela escola de Chicago, sobre as radiais urbanas.

É difícil avaliar hoje, mais de cinquenta anos decorridos, o impacto que tudo isso produziu no meio acadêmico da época. Eu mesmo participei, junto com meus colegas de classe, de inúmeras incursões nos cortiços e em umas poucas favelas de São Paulo, com Bastide mascando seu charuto e balbuciando um português que se fazia entender pelos negros mais pela empatia do que pela pronúncia, indagando incessantemente sobre as questões que nos interessavam. E Florestan Fernandes, sempre de bata branca como um cientista no seu laboratório, brandindo seu "projeto de pesquisa", repleto de hipóteses principais e derivadas, à busca da disciplina e do rigor metodológico para distinguir o esforço de pesquisa que se fazia do ensaísmo predominante nas ciências sociais da época.

Dá gosto ver agora, tanto tempo passado, que os trabalhos feitos por aqueles pioneiros continuam a guiar as novas gerações na busca de melhor entendimento da formação social do Brasil.

FERNANDO HENRIQUE CARDOSO

Foi Presidente da República do Brasil por dois mandatos consecutivos, de 1º de janeiro de 1995 a 1º de janeiro de 2003. É presidente do Instituto Fernando Henrique Cardoso, membro do Clube de Madri e professor *at larde* na Universidade de Brown, nos Estados Unidos. Sociólogo, ensinou na Universidade de São Paulo, da qual é professor emérito, bem como em Universidades do Chile, da Califórnia (Stanford e Berkeley), da Inglaterra (Cambridge) e da França (Paris-Nanterre e College de France). Autor de vários livros sobre mudança social e os condicionantes políticos do desenvolvimento do Brasil e da América Latina, publicou em 2006 *A arte da política: a história que vivi* (Civilização Brasileira).

Prefácio da Segunda Edição

Este livro tem uma história recente e curta. Ele foi "precipitado" com a vinda de Alfred Métraux ao Brasil, com o objetivo de conseguir a colaboração de especialistas brasileiros para um projeto de estudos da Unesco, sobre as relações entre negros e brancos na sociedade brasileira. Independentemente disso, entretanto, ele estava em elaboração, pois Paulo Duarte pedira a Roger Bastide que organizasse uma investigação sobre o mesmo fenômeno, a ser patrocinada por *Anhembi*. Quando Métraux travou os primeiros contatos com os estudiosos do assunto, o plano desse trabalho já estava pronto e algumas de suas partes em desenvolvimento. Graças à boa vontade dos colaboradores, que atenderam ao apelo de Roger Bastide, os dois planos foram fundidos e unificados, dando-se maior amplitude à pesquisa de campo e à contribuição da psicologia social. A responsabilidade financeira pelo custeio parcial da coleta de dados recaiu sobre a Unesco e a Reitoria da Universidade de São Paulo.

É impossível frisar a quem o projeto ficou devendo o grau de sucesso alcançado. Sem o apoio da Unesco, os planos jamais poderiam tender para os objetivos consagrados no projeto final; sem a intervenção de Paulo Duarte, por paradoxal que pareça, seria impossível conseguir os fundos fornecidos pela Reitoria da Universidade de São Paulo; sem a presença de Roger Bastide, dificilmente se poderia contar com a cooperação prestimosa e entusiasta de várias instituições e personalidades do meio negro de São Paulo. Por fim, a colaboração graciosa de alunos ou antigos alunos permitiu estender a coleta de materiais a setores que não seriam estudados sem maiores recursos financeiros.

O rendimento da pesquisa foi prejudicado por vários fatores, cuja análise estaria fora de propósito no momento. A verdade é que não chegamos a redigir o estudo sociológico final, tendo-nos limitado à presente exposição, que apenas condensava, de forma predominantemente descritiva, alguns dos resultados da investigação, realizada na capital de São Paulo através de técnicas sociológicas. Com isso, deixamos de dar andamento ao plano anterior, que nos obrigava a tratar dos problemas analisados de uma perspectiva mais ampla, com aproveitamento sistemático dos resultados conseguidos pelas demais equipes de pesquisadores (constituídas por Oracy Nogueira, que estudou o mesmo fenômeno numa situação rural; e por Aniela Ginsberg e Virgínia Bicudo, que estudaram o fenômeno através de técnicas psicológicas). A rigidez revelada pela Unesco na exigência do cumprimento de prazos cuja dilatação nós não havíamos provocado foi a principal causa dessa ocorrência, que nos impediu de pôr ao alcance do público interessado todas as conclusões teóricas a que chegamos.

A acolhida dispensada a esta obra, quando de sua publicação por *Anhembi*[1] e de sua reedição com os demais relatórios dos outros pesquisadores,[2] foi deveras estimulante e compensadora. As críticas recebidas eram de tal ordem, que nos animamos a esperar uma reedição autônoma do nosso trabalho. Semelhante oportunidade foi-nos oferecida pela Companhia Editora Nacional, que lhe deu acolhida em sua Coleção "Brasiliana". O texto corresponde, salvo uma ou outra correção, ao anterior; mas a obra foi aumentada com a reprodução, em apêndice, do projeto original da pesquisa e um pequeno estudo, que corrobora as conclusões teóricas de nossas explanações.

No capítulo das críticas desfavoráveis, pouco há a dizer. Houve quem considerasse a nossa contribuição *perigosa*, como se os investigadores fossem responsáveis pelas tensões latentes ou abertas, que eles se limitaram a descrever e a interpretar. Houve, também, quem lamentasse as lacunas resultantes do próprio teor do trabalho, por esperarem algo parecido com o que os autores desejavam fazer em seu projeto original. Houve, por fim, quem se insurgisse contra o emprego de conceitos como "preconceito" e "discriminação" a uma situação de contato inter-racial como a de São Paulo. Parece-nos dispensável responder à primeira crítica. Quanto à segunda, supomos que as

---

1   Conforme *Anhembi*, vols. X-XI, nº 30-34, 1953.
2   Roger Bastide e Florestan Fernandes, (org.) *Relações raciais entre negros e brancos em São Paulo*, São Paulo, Editora Anhembi, 1955.

informações apresentadas acima, juntamente com os objetivos traçados no projeto original da pesquisa, esclareçam de modo cabal os leitores, mesmo os mais competentes e severos!... Em outros estudos, em elaboração, serão discutidas as questões que precisaram ser negligenciadas ou examinadas de maneira perfunctória. A terceira crítica é mais delicada. Evitamos, por prudência, assimilar a situação de contato racial brasileira com a norte-americana e frisamos por que procedíamos desse modo, como se pode verificar pelo texto do projeto de pesquisa. Ainda assim, os dois conceitos tiveram de ser aplicados. Há certos caracteres que são universais, ocorrendo em todas as manifestações etnocêntricas ou raciais de atitudes preconceituosas e discriminatórias. Doutro lado, o que nos parecia importante, na situação racial brasileira, não era a inexistência de atitudes preconceituosas e discriminatórias, mas as formas pelas quais elas se exprimiam e as funções que preenchiam. Sem assumir feições ostensivas e virulentas, características do *estado de conflito*, elas traduzem o que ocorre quando ambos os processos fazem parte de um *estado de acomodação*. Aí está, porventura, a principal contribuição teórica desta obra ao estudo sociológico desses fenômenos: ela estende a investigação positiva a modalidades de manifestação do preconceito racial e da discriminação racial que ainda não haviam sido consideradas, sistematicamente, pelos sociólogos.

Os autores esperam ter procedido com prudência e tiveram o prazer de encontrar confirmação de suas hipóteses ou explanações nos resultados conseguidos por outros investigadores. As pesquisas feitas no Brasil meridional, especialmente por Fernando Henrique Cardoso, Octavio Ianni e Renato Jardim Moreira, revelam que o quadro aqui esboçado é legítimo e verdadeiro. Em suma, as indagações sociológicas comprovam que o "branco" tende a apreciar seu comportamento de forma muito benigna, como se lhe fosse possível escravizar o "negro" e ficar imune à degradação dos *mores*, produzida pela escravidão. E que o "negro" tende a representar-se, onde a ordem tradicional está se desagregando com maior rapidez, de forma mais realista a natureza dos obstáculos que deve enfrentar socialmente.

Nenhum dos dois autores pretendia tomar partido contra o branco ou contra o negro. Mas sabiam que lhes seria impossível uma análise objetiva da situação se mantivessem suas descrições e interpretações no nível das expectativas tradicionalmente mantidas nos círculos letrados brasileiros, nos quais ainda prepondera uma visão etnocêntrica, estritamente baseada nos interesses e valores das camadas brancas dominantes da população. No fundo, o ponto de vista sociológico só oferece uma perspectiva para a descoberta da verdade. Doutro lado, temos a convicção de que esta será mais útil à melhoria das relações entre "negros" e "brancos" no Brasil que as avaliações etnocêntricas, defendidas de modo inconsciente ou consciente pelos que mantêm as ilusões intelectuais, herdadas do passado escravocrata. Nunca pretendemos *criar* ou *agravar* hostilidades latentes ou tensões mais ou menos abertas. Quisemos, isso sim, mostrar que elas existem, com a intenção de contribuir para o esclarecimento dos espíritos. Pensamos ser indispensável e urgente promover esse esclarecimento. Tanto os "brancos" quanto os "negros" precisam ser reeducados para conviverem de modo construtivo no mundo que está surgindo da nova ordem social igualitária, implantada com a Abolição e com a República.

São Paulo, 18 de agosto de 1958
Florestan Fernandes

Introdução

A cidade de São Paulo apresenta, para o estudo do preconceito de cor, um significado especial, pois transformou-se, em menos de meio século, de uma cidade tradicional numa metrópole tentacular, o maior centro industrial da América Latina. O processo realizou-se com tal rapidez que ainda coexistem, lado a lado, sobrevivências da sociedade escravista e inovações da sociedade capitalista. O preconceito de cor, cuja função era justificar o trabalho servil do africano, vai servir agora para justificar uma sociedade de classes, mas nem por isso vão variar os estereótipos antigos; mudarão apenas de finalidade. Entretanto, um novo tipo de preto afirma-se cada vez mais, com a transformação do escravo em cidadão, e o branco não sabe mais que atitude tomar para com ele, pois os estereótipos tradicionais já não se aplicam a esse negro que sobe na escala social. São fenômenos de gestação, essas metamorfoses e ambivalências que pretendemos estudar neste relatório para a Unesco e Anhembi.

Antes mesmo de iniciar o nosso estudo e conforme o sistema preferido por certos sociólogos norte-americanos, que recomendam o preparo de pesquisas pessoais por uma reunião coletiva, a fim de que todos possam compreender o interesse e as razões das perguntas feitas, reuniram-se numa mesa-redonda os representantes mais qualificados dos paulistas de cor. O êxito dessa primeira reunião foi tal que pediram para trabalhar no inquérito. Tratou-se então de organizar sucessivamente: 1º) uma comissão para o estudo das relações raciais entre brancos e pretos em São Paulo, composta dos pesquisadores escolhidos e dos representantes negros, com reuniões quinzenais no salão da Faculdade de Filosofia, Ciências e Letras de São Paulo, graciosamente posto à disposição pelo seu diretor, prof. Eurípides Simões de Paula, que a todos muito animou e ajudou durante todo o trabalho; 2º) uma comissão especial de alguns intelectuais de cor para preparar as reuniões da comissão precedente e examinar de modo mais profundo certos problemas particularmente delicados; 3º) uma comissão feminina encarregada de examinar os característicos do preconceito de cor relativamente à mulher e à criança, e que se reunia quinzenalmente no gabinete da Cadeira de Sociologia I. Essas diversas comissões, criando um clima de camaradagem, contribuíram particularmente para o êxito da investigação. Mostraram como o preto vê a sociedade, como considera as relações entre brancos e negros em São Paulo e quais as ideologias que elabora.

Mas tais reuniões não podiam compreender senão líderes, intelectuais ou pessoas da classe média. Deixavam de lado a classe baixa, que constitui o grosso da população de cor. Para suprir essa falta, aplicaram-se com o auxílio gracioso dos nossos estudantes, os métodos seguintes: 1º) o método ecológico, pelo estudo sistemático de certos bairros, da zona dos cortiços, como de certos arrabaldes em que uma classe média tende a se destacar lentamente da classe baixa; 2º) a aplicação de questionários especiais cujos resultados foram aproveitados apenas parcialmente no presente trabalho, mas que permitiram compreender-se melhor a evolução da mentalidade do negro; 3º) a técnica das entrevistas ocasionais com negros e brancos, durante os passeios, as corridas de táxi, as viagens de ônibus, como se fossem instantâneos das relações raciais em plena vida cotidiana; 4º) a técnica das entrevistas formais, dirigidas conforme plano previamente estabelecido e cuidadosamente estudado, com diversas personalidades de cor e brancas, englobando perguntas sobre os diversos aspectos da situação econômica, profissional ou social dos negros e de suas relações com os brancos; 5º) a técnica das biografias ou histórias de vida.

Enquanto os questionários e as entrevistas eram padronizados, a fim de permitir que se chegasse a um certo número de generalizações, a técnica da biografia obedeceu ao critério da mais absoluta liberdade, deixando-se o narrador evocar o seu passado e relatar as suas lembranças à vontade, sem nenhuma interferência.

Paralelamente à pesquisa entre os negros, também uma se fez entre os brancos, naturalmente. Mas é claro que, numa população de 90% de brancos, era preciso limitar a atividade dos pesquisadores a alguns setores bem escolhidos. O método ecológico, atrás referido, já permitira compreender as relações entre as cores em certas zonas de concentração da população de cor. Além de aplicar esse método, distinguiram-se dois tipos de famílias, as velhas famílias tradicionais, que conheceram a escravatura e dela viveram, outrora, e as que provêm da imigração. Foram solicitados aos alunos ou amigos pertencentes a famílias tradicionais, relatos de sua própria experiência nas relações com os pretos. Quantos aos imigrantes, procurou-se entrevistá-los através de pesquisadores pertencentes ao seu grupo étnico, a fim de receber respostas mais sinceras.

Era preciso sobretudo examinar o setor industrial e comercial, particularmente importantes, sem esquecer o bancário. A fim de julgar da existência de barreiras profissionais, dos estereótipos da classe patronal, das ideologias dos brancos em suas relações com gente de cor, empreendeu-se uma pesquisa sistemática nesse setor, não em todas as fábricas de São Paulo, evidentemente, mas numas tantas consideradas estratégicas e fazendo-se, além disso, uma série de sondagens: fábricas grandes e pequenas – nacionais e estrangeiras – de mão de obra feminina e de mão de obra masculina – e os diversos tipos de negócio ou de banco. Finalmente, durante todo o trabalho, cada um dos pesquisadores escreveu uma espécie de "diário" em que consignou tudo o que interessava às relações sociais entre brancos e pretos em São Paulo, e que lhe fora dado surpreender nos seus encontros casuais de rua, nas conversas de família, no ônibus e bondes etc.

Graças a essas diversas pesquisas, foi possível colher centenas de fichas.

Até o momento, só se falou do trabalho sociológico realizado em São Paulo. Mas esse trabalho foi complementado por outro, psicológico, feito em grupos infantis pelas doutoras Aniela Ginsberg e Virgínia Bicudo, cujos resultados, como se poderá ver, vêm corroborar os primeiros.

Quanto ao relatório, as diversas partes foram feitas em colaboração amistosa de todos os instantes, porém, de um modo geral, Florestan Fernandes encarregou-se de redigir os capítulos I, II e V respectivamente: "Do escravo ao cidadão", "Cor e estrutura social em mudança" e "A luta contra o preconceito de cor"; e Roger Bastide dos capítulos III e IV, a saber: "Manifestações do preconceito de cor" e "Efeitos do preconceito de cor". As conclusões foram apresentadas parcialmente em cada capítulo, em virtude da própria natureza da obra. Os autores esperavam voltar aos problemas práticos e ao estudo comparativo do preconceito no Brasil e nos Estados Unidos.[1]

---

[1] Ficou de lado a discussão de problemas teóricos fundamentais e sobre a natureza da combinação empreendida entre as diversas técnicas, processos e métodos de investigação, porque tais problemas foram analisados em um trabalho prévio dos autores (cf. Roger Bastide e Florestan Fernandes: O *preconceito racial em São Paulo* [Projeto de Estudo] publicação nº 118 do Instituto de Administração da Faculdade de Ciências Econômicas da Universidade de São Paulo, 1951).

Resta ainda agradecer ao sr. governador do Estado de São Paulo, professor Lucas Nogueira Garcez, pela ajuda financeira e pelo interesse testemunhado pela nossa iniciativa. E, pelo mesmo interesse, ao reitor da Universidade de São Paulo, professor Ernesto Leme. Já mencionamos a colaboração do diretor da Faculdade de Filosofia, Ciências e Letras, professor Eurípides Simões de Paula, e os agradecimentos dos orientadores da pesquisa estendem-se aos assistentes, dra. Lucila Hermann e professor Renato Jardim Moreira, bem como ao secretário da Comissão para o Estudo das relações raciais entre negros e brancos em São Paulo, Jorge Prado Teixeira, que foi também colaborador nas pesquisas ecológicas, e d. Ermelinda de Castro, que estenografou, com a ajuda de alguns colegas, as diversas reuniões. Da mesma forma, o reconhecimento dos orientadores do inquérito vai às diversas associações de negros em São Paulo: Associação José do Patrocínio de São Paulo,[2] Irmandade de Nossa Senhora do Rosário dos Homens Pretos, a Legião Negra de São Paulo; aos informantes de cor, drs. Raul Joviano Amaral,[3] Edgard Santana,[4] Arlindo Veiga dos Santos, Francisco Lucrécio,[5] Geraldo de Paula e Ângelo Abataiguara, e os srs. José Correia Leite,[6] Geraldo Campos de Oliveira, Francisco Morais, Luís Lobato, professor Afonso Dias, José Pelegrini, Vicente de Paula Custódio, Paulo Luz, Vitalino B. Silva, Mário Vaz Costa, Carlos Assunção, Romeu Oliveira Pinho, Joaquim Valentim, Nestor Borges, Cirineu Góis, José Assis Barbosa, Adélio Silveira, Anibal de Oliveira, Luís Aguiar, Benedito Custódio de Almeida,

---

2 A Associação José do Patrocínio colocou à disposição dos pesquisadores, todos os sábados, uma de suas salas para debates da comissão.

3 O dr. Raul Joviano Amaral deu, além das intervenções informativas e criadoras nas reuniões da Comissão para o Estudo das relações raciais entre negros e brancos em São Paulo, uma colaboração especial: um estudo sobre o negro na população de São Paulo, trabalho de análise estatística e histórica que infelizmente não se pode aproveitar, por estar já redigido o trabalho. Em linhas gerais, esse estudo comprova os resultados da investigação e a completa, com novos dados estatísticos, não expostos aqui por limitação de espaço.

4 O dr. Edgard T. Santana elaborou um ensaio sobre relações entre pretos e brancos em São Paulo, *Preconceitos de cor*, São Paulo, 1951, que ofereceu como contribuição pessoal à investigação empreendida.

5 O dr. Francisco Lucrécio fez uma comunicação especial, de muita importância, sobre a situação dos imaturos de cor em face das manifestações do preconceito de cor.

6 O sr. José Correia Leite, além de outras colaborações muito importantes, dispôs-se a cooperar com o pesquisador Renato Jardim Moreira na elaboração de um estudo sobre "os movimentos sociais no meio negro".

Gil de Carvalho, José Inácio do Rosário, Sofia de Campos,[7] Aparecida Camargo, Nair Pinheiro, e sras. Benedita Vaz Costa, Maria de Lourdes Rosário, Maria Helena Barbosa, Ruth de Sousa e Nilza de Vasconcelos. Além dessas pessoas, colaborou diretamente de forma esporádica, um grupo de mais de 100 personalidades, o que explica a impossibilidade de agradecer, publicamente, a preciosa ajuda oferecida. Da mesma forma que os informantes de cor, os estudantes ajudaram com toda a boa vontade e eficiência, sobressaindo-se pelo valor das contribuições especiais, Maria Isaura Pereira de Queirós, Fernando Henrique Cardoso, Lólio Lourenço de Oliveira, Marialice Mencarini, Ruth Correia Leite, Maria Sílvia Carvalho Franco, Maria Neusa Avênia, Helena Maria Paniza, Luís Carlos de Mesquita e Yukio Kitahara. Por fim, resta agradecer ainda ao dr. Benedito J. Duarte e ao Departamento de Cultura da Prefeitura de São Paulo, que puseram à disposição uma série de fotografias para ilustrar as pesquisas.

Mais uma palavra, para terminar. Este estudo trata do problema da cor em São Paulo. É pois, natural, que focalize exclusivamente tal problema. Mas arriscar-se-ia a dar uma ideia falsa ao leitor que supusesse girar tudo em torno do fator *cor*. Um dos resultados mais interessantes das histórias colhidas em que o narrador se deixava levar sem restrições pelas suas lembranças foi justamente que verificar que as fricções ou os problemas produzidos pela cor constituem apenas momentos, e que, no seu conjunto, a vida dos pretos nada oferece de uma perpétua tragédia. É preciso ter em mente esse fato, no momento de começar a leitura deste trabalho sobre a situação racial em São Paulo.

Roger Bastide

---

[7] D. Sofia de Campos prestou uma valiosa cooperação, tanto nas reuniões dos Seminários sobre as relações raciais em São Paulo, realizados na Associação José do Patrocínio, quanto nos trabalhos da Comissão do estudo da situação da mulher negra em São Paulo, que se reunia no Departamento de Sociologia e Antropologia da Faculdade de Filosofia, Ciências e Letras da Universidade de São Paulo.

Capítulo I

Do Escravo ao Cidadão*

A história do negro em São Paulo se confunde, durante um largo período de tempo, com a própria história da economia paulista. Os africanos, transplantados como escravos para a América, viram a sua vida e o seu destino associar-se a um terrível sistema de exploração do homem pelo homem, em que não contavam senão como e enquanto *instrumento de trabalho e capital*. Em São Paulo, essa regra não sofreu exceção. Os movimentos característicos da "população de cor" e as tendências à especialização profissional, que se processaram dentro dela, refletem de forma considerável as flutuações das "fases" ou "ciclos" de evolução da economia paulista.

É impossível precisar a época em que se iniciou a importação do *braço negro* em São Paulo. Presume-se que os primeiros africanos vieram para o Brasil entre 1516 e 1526. No entanto, só a partir dos meados do século XVI principiou o afluxo regular e constante de africanos para a Colônia.[1] Com referência a São Paulo, supõem alguns autores que o tráfico começara com a vinda do donatário

---

* Este capítulo foi redigido por Florestan Fernandes.
1 Maurício Goulart, *Escravidão africana no Brasil (Das origens à extinção do tráfico)*, 2. ed., São Paulo, Liv. Martins Editora, 1950, p. 56-57 e 95-96.

Martim Afonso de Sousa, em 1530; por essa época, os negros não chegariam diretamente da África, mas do Reino, como parte da "bagagem" dos povoadores.[2] Todavia, a documentação disponível nada permite estabelecer de positivo, senão que até os fins do século XVI apenas alguns moradores possuíam um ou outro escravo negro, ocupados especialmente nos trabalhos da lavoura.[3]

Pelos fins do século XVI, o tráfico estabelecera-se diretamente com Angola. Ainda assim, a proporção do elemento negro na população escrava era muito pequena, havendo quem afirme, com base na interpretação de dados contidos em inventários, que, até setecentos, para 34 índios escravos existia um escravo africano.[4] Quer se aceitem, quer não, os resultados desta interpretação, a verdade é que várias razões podem ser aventadas para explicar o baixo número de africanos em São Paulo, na transição do século XVI para o século XVII. A população da Vila de São Paulo era de fato acanhada: Anchieta e Cardim apontam 120 *fogos*, ou habitações, em 1585; documentos oficiais indicam mais de 100 fogos em 23/5/1583 e em 26/4/1585, e mais de 150 fogos em 1/5/1589.[5] A população

---

2 Cf. Goulart, op. cit., p. 96; Ciro Tassara de Pádua, O negro no Planalto (Do século XVI ao século XIX), separata da *Revista do Instituto Histórico e Geográfico de São Paulo*, Imprensa Oficial do Estado, São Paulo, 1943, p. 149.

3 Cf. especialmente Teodoro Sampaio. São Paulo de Piratininga no fim do século XVI, *Revista do Instituto Histórico e Geográfico de São Paulo*, vol. IV, p. 257-79; Florestan Fernandes, *Aspectos do povoamento de São Paulo no século XVI*, publicação do Instituto de Administração da Universidade de São Paulo, 1948, p. 17; Dácio Aranha de A. Campos, Tipos de povoamento de São Paulo, *Revista do Arquivo Municipal*, ano V, nº LIV, São Paulo, 1939, p. 19 e ss.

4 O tráfico com Angola fora organizado por Afonso Sardinha, um poderoso e rico morador; nada indica, porém, que esse tráfico tenha assumido alguma importância. Cf. Afonso d'E. Taunay, *São Paulo nos primeiros anos (1554-1601)*, E. Arrault & Cie., Tours, 1920, p. 158-59, e *São Paulo no século XVI. História da Vila Piratiningana*, E. Arrault & Cie., 1921, p. 185-86; Alfredo Ellis Jr., Resumo da História de São Paulo, *Boletim nº XXXVII da Faculdade de Filosofia, Ciências e Letras da Universidade de São Paulo*, 1944, p. 217 (a proporção estabelecida é extraída dos seguintes dados brutos, concernentes à população escrava: em 196 inventários, foram apurados 8 mil índios para 265 africanos, ou seja, 3,3% de elemento negro, aproximadamente, na população escrava).

5 Joseph de Anchieta, S. J., *Cartas, informações, fragmentos históricos e sermões do padre...*, Civilização Brasileira, Rio de Janeiro, 1933, p. 423 (informação escrita em dezembro de 1585); Padre Fernão Cardim, *Tratados da terra e gente do Brasil*, Companhia Editora Nacional, 2. ed., 1939, p. 314 e 315 (cumpre notar que o cronista assinala simplesmente que os brancos tinham "muita escravaria da terra", não mencionando a existência de escravos africanos); *Actas da Camara da Villa de São Paulo*, pub. oficial do Arquivo Municipal, São Paulo, 1914, vol. I, p. 237, 370 e ainda 410 (para 1591).

assim descrita foi calculada conjeturalmente pelos historiadores como comportando entre 1.500 a 2 mil indivíduos ao todo, incluindo-se brancos, índios, negros e mestiços, tanto livres quanto escravos.[6] É provável que quase três quintos dessa população fosse constituída por indígenas, capturados em diversas regiões pelos brancos. Ou seja, a própria composição da população sugere que as necessidades de mão de obra tendiam a ser supridas, predominantemente, por meio do braço indígena, o que é confirmado por abundante documentação, que infelizmente não pode ser examinada aqui.

Outras razões não menos importantes têm sido postas em relevo. A mais lembrada consiste na pobreza dos moradores, que não possuíam recursos para competir com os senhores de engenho do norte da Colônia na compra de escravos; sem comércio e sem exportação, os moradores gozavam de relativa fartura, mas não possuíam meios para troca e para a aquisição de africanos em quantidade apreciável. Além disso, a obtenção de escravos indígenas era fácil e a própria venda (ou escambo) dos índios capturados nas chamadas "guerras justas" representava uma das principais fontes de renda dos paulistas. É provável que na economia do planalto houvesse lugar para o emprego mais amplo do escravo africano; cultiva-se o trigo, o milho, o algodão, a mandioca, a cana-de-açúcar, a vinha, o marmelo e diversas frutas, nativas ou transplantadas, e existem notícias de que, a partir de 1560, se extraía algum ouro de lavagem nas regiões circunvizinhas. A supremacia da mão de obra africana sobre a mão de obra indígena nessas atividades é muito conhecida. No entanto, parece que o mesmo não acontecia com as atividades de criação (de gado bovino, equinos e suínos), nas quais os escravos nativos superavam os africanos, e está fora de dúvida que as bandeiras de apresamento não poderiam constituir-se e operar regularmente senão com o aproveitamento em larga escala do elemento indígena. Ora, o apresamento e a criação foram, por muito tempo, os dois eixos da economia planaltina. Daí o padrão de composição racial da população escrava, com acentuadíssima predominância dos escravos índios. Na organização da economia paulista da época, as possibilidades de utilização do trabalho do escravo indígena reduziam à lavoura e à obtenção de ouro por lavagem as esferas de exploração regular do trabalho do escravo africano. E sabe-se por documentos históricos fidedignos que mesmo nesses setores somente os

---

6   Cf. Teodoro Sampaio, loc. cit.; Afonso d'E. Taunay, *São Paulo no século XVI*, p. 188.

moradores mais ricos estavam em condições de beneficiar-se com o trabalho do escravo africano, mais produtivo e estimado.[7]

O fato de a proporção do elemento negro na população escrava ser muito pequena, nos fins do século XVI e começos do século XVII, não exclui a participação dos negros nas bandeiras organizadas para a captura de índios. Taunay, autoridade no estudo das bandeiras paulistas, assevera que "a constituição das entradas paulistas nos mostra a coexistência frequente, nas mesmas mesnadas, de índios e de *tapanhunos* (negros) recém-vindos do além Atlântico. Sobretudo depois de passadas as primeiras décadas da colonização".[8] Todavia, o negro não alcançara ainda uma posição definida na estrutura da bandeira. A sua incorporação a ela pode ser considerada ocasional, até a descoberta das minas de ouro, em que o apresamento de índios começa a ser substituído pela mineração. Verifica-se que mesmo no período de pesquisas estimuladas pela Coroa, em que as bandeiras dos paulistas logravam decidido apoio oficial, em virtude da ganância pelo ouro, nas instruções e regimentos reais não se ordena o aproveitamento de escravos africanos, mas sim o de escravos índios.[9]

---

[7] Sobre a economia planaltina no século XVI, cf. especialmente Roberto C. Simonsen, *Os fundamentos econômicos da expansão paulista*, em *História econômica do Brasil (1500-1820)*, São Paulo, Companhia Editora Nacional, 1937, vol. I, p. 311-45; Alcântara Machado, *Vida e morte do bandeirante*, da Liv. Martins Editora, São Paulo, esp. p. 25-57 e 168-71. Quanto aos demais aspectos do problema analisado, cf. Alfredo Ellis Júnior, *A evolução da economia paulista e suas causas*, São Paulo, Companhia Editora Nacional, 1937, p. 55, 89 e 105; *O bandeirismo paulista e o recuo do meridiano*, 2. ed., São Paulo. Companhia Editora Nacional, 1934, p. 42-43; *Resumo da História de São Paulo*, op. cit., p. 203-08; "O ouro e a Paulistânia", *Boletim nº XCVI, da Faculdade de Filosofia, Ciências e Letras da Universidade de São Paulo*, 1948, p. 52-55; Samuel H. Lowrie, "O elemento negro na população de São Paulo", *Revista do Arquivo Municipal*, ano IV, vol. XLVIII, p. 9-10, Sérgio Buarque de Holanda, *Monções*, Rio de Janeiro, Casa do Estudante do Brasil, 1945, p. 13.

[8] Afonso d'E. Taunay, *Subsídios para a História do tráfico africano no Brasil*, publicação do Instituto Histórico, Rio de Janeiro, Imprensa Nacional, p. 553. Cf. ainda: Cassiano Ricardo, *Marcha para o Oeste (A influência da bandeira na formação social e política do Brasil)*, Rio de Janeiro, Liv. José Olympio Editora, 1942, vol. 2, p. 5-47; Ciro T. Pádua, op. cit., p. 149.

[9] Cf. especialmente Pedro Taques de Almeida Pais Leme, *Informação sobre as minas de São Paulo*, Companhia Melhoramentos de São Paulo, s. d., passim (em particular, confrontem-se as p. 141 e 142). Um documento que trata da ida de Afonso Sardinha, o moço, para o sertão, com outros mancebos e "mais de cem índios cristãos", com o fito de "ir tirar ouro" não menciona nenhum escravo africano como membro do grupo (cf. *Actas da Camara da Villa de São Paulo*, vol. II, p. 47).

Ao contrário do que aconteceria mais tarde, a escassez de braços não dá origem, neste período, a pedidos de intensificação da importação de africanos, mas a altivas exigências de permissão da "guerra justa" contra os índios.[10] Por outro lado, alguns documentos indicam que os índios eram empregados regularmente pelos moradores seja "para fazer seus alimentos para comer", seja para "irem às minas para tirar ouro".[11]

No decorrer do século XVII, o panorama das relações raciais se modifica lentamente, graças às transformações introduzidas no sistema econômico de São Paulo pelas descobertas de minas de ouro. Até a última década desse século, a fisionomia da população não se altera profundamente, apesar do aumento progressivo da população escrava negra e do relativo estacionamento da população branca. Os recursos proporcionados pela exploração do ouro aluvial e talvez pela venda de índios permitiam intensificar um pouco a importação de africanos. Sabe-se que um opulento comerciante deixou, num espólio avaliado em quatro contos de réis, um conto de réis de escravos de procedência africana, sendo que cada "peça" custava em média, nessa época (1681), 50 mil réis.[12] Todavia, a porcentagem dos negros na população escrava mantém-se reduzida. Os agricultores e sertanistas são ainda "potentados de arco e flecha", baseando-se sua opulência, prestígio e poder na escravaria indígena que possuíssem.[13] É pelos fins do século XVII, com a localização de minas auríferas pelos paulistas, que começa a se formar o primeiro fluxo regular e apreciável de escravos negros para estas regiões. Então, o negro deixa de ser um membro ocasional das bandeiras para tornar-se uma de suas molas essenciais e o principal agente nos trabalhos de mineração. Em consequência, o valor do escravo africano, que sempre fora maior que o do escravo indígena, quintuplica-se em menos de duas décadas: cada "peça" passa a custar 250 mil

---

10 Na reunião dos oficiais das câmaras, em 26/4/1585, foi requerido ao governo que consentisse na guerra contra os Carijós, como um meio para remediar a falta de braços (cf. *Actas da Camara da Villa de São Paulo*, vol. I, p. 275-77; outros exemplos ocorrem na mesma fonte).

11 Cf. especialmente *Actas da Camara da Villa de São Paulo (1596-1622)*, vol. II, p. 294 e 314 (outros exemplos ocorrem na mesma fonte).

12 Cf. Alfredo Ellis Jr. *A evolução da economia paulista e suas causas*, p. 55; Roberto C. Simonsen, op. cit., p. 333; e, especialmente, Afonso d'E. Taunay, *História Setecentista da Vila de São Paulo*, São Paulo, Tip. Ideal de Heitor L. Canton, 1929, vol. IV, p. 209-11 (quanto à população branca, esse autor consigna a informação de que em 1637 ela passava de 600 vizinhos; cf. p. 334; Alcântara Machado, op. cit., p. 169-71 (esse autor informa que nos inventários do século XVII são enumerados pouco mais de 100 escravos negros).

13 Cf. Afonso d'E. Taunay, op. cit., p. 207-10.

réis.[14] Os recursos para a compra de escravos africanos a preços tão altos provinham da mineração ou da permutação de gêneros e outras utilidades nas minas. Um documento de 13 de março de 1713, relativo aos desvios de ouro em pó, informa: "deste delito ficaram culpados quase todos os moradores desta cidade, seu termo e comarca".[15] O mercado que abastecia os paulistas de escravos africanos era o Rio de Janeiro e não estava em condições de suportar o desordenado aumento da procura; daí a brusca elevação do preço das "peças", notada já por volta de 1700.[16]

A notícia do primeiro ouro descoberto dos paulistas surge na última década do século XVII. A partir de 1693, eles descobrem sucessivamente várias jazidas auríferas em Minas Gerais; pouco depois, fazem novas descobertas em Mato Grosso (de 1719 em diante) e em Goiás (de 1725 em diante). A exploração das jazidas diamantíferas inicia-se, por sua vez, em Minas Gerais, por volta de 1726.[17] Assim que os descobertos dos paulistas foram divulgados, apossou-se da Capitania e de toda a Colônia, bem como da Metrópole, uma verdadeira "febre de ouro". Antonil foi testemunha dessa *corrida para o ouro*, e afirma que ninguém poupava sacrifícios para chegar à zona de mineração; "das cidades, vilas, recôncavos, e sertões do Brasil vão brancos, pardos e pretos, e muitos índios de que os paulistas se servem".[18] Aventureiros de toda espécie chegaram de Portugal para tentar

---

14 Cf. Afonso d'E. Taunay, *História setecentista da Vila de São Paulo*, vol. IV, p. 211. O escravo africano para atingir esse preço precisava possuir um ofício.

15 *Actas da Camara da Villa de São Paulo*, vol. IV, p. 54.

16 Cf. Maurício Goulart, op. cit., p. 125-27; de 40 ou 50 mil réis, o escravo africano passara a custar 200 mil réis no Rio de Janeiro (dados relativos a 1738; cf. J. Lúcio de Azevedo, *Épocas de Portugal econômico. Esboços de História*, 2. ed., Lisboa, Liv. Acadêmica Editora, 1947, p. 326). Os elevados direitos de entrada a que estavam sujeitos os escravos africanos oneravam ainda mais o seu preço (cf. Alcântara Machado, loc. cit.).

17 Vários autores tentaram reunir os dados relativos ao ciclo de mineração e sua importância econômica; cf. especialmente: Roberto C. Simonsen, *História econômica do Brasil*, tomo II, caps. I e II; J. Lúcio de Azevedo, op. cit., cap. VI. Sobre as relações entre a mineração e o desenvolvimento econômico de São Paulo, cf. esp. Mafalda Zemella, *O abastecimento da capitania das Minas Gerais no século XVIII*, Boletim nº 118 da Faculdade de Filosofia, Ciências e Letras da Universidade de São Paulo, 1951, passim; Sérgio Buarque de Holanda, *Monções*, passim; Alfredo Ellis Jr., "O ouro e a Paulistânia", Boletim nº XCVI da Faculdade de Filosofia, Ciências e Letras da Universidade de São Paulo, 1948, passim.

18 André João Antonil, *Cultura e opulência do Brasil*, Salvador, Liv. Progresso Editora, 1950, terceira parte, cap. V; citação extraída da p. 225.

fortuna fácil no Brasil. De modo que bem depressa a "fome do ouro" transformou-se, pela contingência do trabalho servil, em "fome do negro". Os engenhos de açúcar do norte do Brasil sofreram uma terrível sucção de braços;[19] e os preços dos escravos africanos ou crioulos alcançaram nas zonas das minas níveis exorbitantes. Em 1703, eles custavam, em oitavas de ouro em pó: uma negra ladina cozinheira, 350 oitavas; uma mulata, 600 oitavas; um moleque, 120 oitavas; um molecão, 250 oitavas; um negro ladino, 300 oitavas; um crioulo oficial, um trombeteiro ou um mulato oficial, 500 oitavas.[20] A necessidade de braços africanos tornou-se um grave problema para os paulistas; as novas atividades distraíam-nos do apresamento de indígenas, como relata um documento da época: em Guarapiranga o ouro era "em tanta cópia que lhes teve mais conta comprar com o que tiravam negros que divertirem-se a cativar índios".[21] No entanto, o mercado em que se abasteciam não tinha capacidade para supri-los e os entraves coloniais impediam o estabelecimento do tráfico direto com a África. Em janeiro de 1701 obtiveram a permissão de comprar 200 africanos por ano no Rio de Janeiro e em agosto de 1706 essa quantidade foi elevada para 230, sendo que 200 se destinariam aos trabalhos das minas e 30, aos da lavoura.[22] Mas parece fora de dúvida que os escravos comprados no Rio de Janeiro (e provavelmente nas próprias minas, procedentes do norte da Colônia) não preenchiam as necessidades de braços dos paulistas. No documento em que é solicitado o estabelecimento de tráfico direto com Angola e Cabo Verde, por exemplo, afirmava-se que "os moradores desta cidade e dos povos de serra acima são muito mal providos deles", tanto para os trabalhos agrícolas quanto para os de descoberta e de mineração.[23]

Este é um momento decisivo na história do negro em São Paulo. Graças aos descobertos, e às suas repercussões na economia paulista, os escravos negros começam a deslocar os escravos índios da posição que eles ocupavam na organização do trabalho servil. No começo do século XVIII,

---

19 Antonil, op. cit., p. 286. Cf. também John Mawe, que se refere à ida dos primeiros aventureiros às regiões das minas, "trazendo consigo todos os negros que puderam comprar" (*Viagens ao interior do Brasil principalmente aos distritos do ouro e dos diamantes*, trad. de S. B. Vianna, Rio de Janeiro, Zelio Valverde, 1944, p. 172).
20 Cf. Antonil, op. cit., p. 234. É preciso notar que a mesma fonte consigna dados concernentes ao valor de troca de outras utilidades.
21 Provisão régia de 1715, apud Ciro T. de Pádua, op. cit., p. 225; cf. também Alfredo Ellis Jr., *Resumo da história de São Paulo*, p. 367.
22 M. Goulart, op. cit., p. 126-27 e nota de rodapé.
23 Idem, p. 137-38. O documento citado é de 1713.

o índio ainda era o principal agente do trabalho escravo; as atividades das bandeiras e os trabalhos de mineração se desenrolavam sem perturbar a coexistência de ambos. Em certas regiões, mesmo, como aconteceu em Mato Grosso e Goiás, o aproveitamento conjunto do trabalho índio e do trabalho africano pelos paulistas foi além dos primeiros ensaios de exploração das minas, ao contrário do que sucedera em Minas Gerais, onde a competição mais intensa entre brancos de várias procedências forçou com maior rapidez a substituição do índio pelo negro. Porém, vários fatores iriam determinar essa transformação substancial no sistema econômico de São Paulo, a qual redundou na eliminação progressiva do índio como fonte de trabalho servil. Aqui teremos que nos limitar à exposição de alguns deles, os que intervieram de modo mais direto no curso de importação dos escravos negros e na forma de exploração de suas energias.

Em primeiro lugar, deve-se considerar que a mineração deu origem a uma intensa competição dos brancos entre si. Os paulistas não possuíam nem capitais, nem recursos técnicos ou humanos, nem uma mentalidade econômica que lhes garantisse uma supremacia decisiva na exploração das riquezas por eles descobertas. Os regulamentos régios, elaborados entre 1607 e 1702, poderiam conceder-lhes amplas vantagens sobre os demais competidores, que afluíam rapidamente do Reino e de outros pontos da Colônia, se por acaso reunissem condições para transformar-se com relativa presteza e eficiência de agentes das descobertas em agentes da exploração organizada das minas.[24] Logo se evidenciou, porém, que os paulistas não possuíam meios proporcionais à grandeza do empreendimento: os homens vindos da Bahia ou do norte da capitania e de Portugal, alguns dos quais eram ricos e traziam consigo numerosos agregados e muitos escravos negros,[25] desalojaram-nos de importantes posições auríferas e empurraram-nos para outros descobertos, menos produtivos.

---

24 Esses regulamentos são condensados por Simonsen (cf. op. cit., vol. II, p. 67-69). Convém assinalar que foram elaborados antes da eclosão dos conflitos com os emboabas e em uma época em que convinha à Coroa estimular os paulistas e suas bandeiras de pesquisas.

25 Cf. esp. J. Lúcio de Azevedo, op. cit., p. 312 e ss.; o leitor interessado no assunto poderá encontrar alguns dados sobre o financiamento das empresas mineradoras dos paulistas em Afonso d'E. Taunay, *Na era das bandeiras*, São Paulo, Companhia Editora Melhoramentos, 1922, p. 126-37. Apesar das limitações desses dados, eles deixam patente que os paulistas não estavam em condições de competir economicamente com os emboabas.

O desfecho da competição com os emboabas fez que somente os paulistas "mais abastados" pudessem dedicar-se regularmente à mineração[26] e provocou o aparecimento de novos centros de interesses econômicos, ligados à permutação nas minas: o comércio, a exploração dos produtos agrícolas e da criação.[27]

É preciso que se atente para o significado econômico desse processo. Ele marca a primeira etapa da integração da economia paulista, com um papel ativo e construtivo, no sistema econômico da Colônia. Graças a uma série de condições geográficas favoráveis, que não vem em conta examinar agora, São Paulo passou a competir com outras capitanias no abastecimento de uma pequena área de Minas Gerais e tornou-se o próprio eixo comercial de Mato Grosso e Goiás. Os reflexos dessas transformações na organização do trabalho escravo se fizeram sentir de forma imediata. O trabalho escravo indígena descansava em tais bases, que não podia alimentar uma economia de troca, ainda que limitada. Mesmo nos quadros de exploração do apresamento em escala "industrial", ele se mostrara economicamente ruinoso.[28] Tanto nas zonas de mineração quanto nas fazendas agrícolas (e em menor proporção em outras atividades), a substituição do escravo indígena pelo escravo negro, africano ou crioulo, adquiriria o caráter de um imperativo econômico. Em suma, o desenvolvimento de uma produção para escambo ou venda e a intensificação das explorações auríferas produziram efeitos paralelos, no que concerne à organização do trabalho escravo. O trabalho economicamente mais vantajoso expeliu lentamente, mas de forma fatal, o trabalho mais oneroso e menos produtivo. Essa era uma condição para o

---

26 Cf. *Registo Geral da Câmara Municipal de São Paulo (1735-1742)*, vol. V, p. 270.
27 Não é possível analisar aqui todos os aspectos da economia paulista da época; vários obstáculos impediram o desenvolvimento da produção agrícola nas zonas de mineração além dos limites do consumo local (cf. *Roteiro da viagem do dr. Francisco José de Lacerda e Almeida pelas Capitanias do Pará, Rio Negro, Mato Grosso, Cuiabá e São Paulo, nos anos de 1780 a 1790*, São Paulo, Tip. da Costa Silveira, 1841, p. 64; Sérgio Buarque de Holanda, *Monções*, p. 76 e ss.). Em consequência os gêneros deviam ser importados de outras regiões, em parte ou na totalidade, e permutados nas minas; a mesma coisa acontecia com o gado bovino, com os muares, com o ferro e o sal etc. Sobre esses fatos, em conexão com a economia paulista, utilizamo-nos aqui das seguintes obras: Sérgio Buarque de Holanda, loc. cit; Mafalda Zemella, op. cit., p. 49 e ss.: Alfredo Ellis Jr., "A economia paulista no século XVIII". "O ciclo do muar". "O ciclo do açúcar", *Boletim nº 115 da Faculdade de Filosofia, Ciências e Letras da Universidade de São Paulo*", 1950, passim; ibidem, "O ouro e a Paulistania", passim.
28 Cf. Alcântara Machado, op. cit., p. 170.

êxito dos moradores de São Paulo, seja na competição com os comerciantes e os produtores do Rio de Janeiro e da Bahia, que desempenhavam um papel mais importante no abastecimento das minas, seja na competição com os demais mineradores.

Em segundo lugar, o deslocamento do núcleo das atividades econômicas, inicialmente para a mineração e depois para a lavoura, a criação e o abastecimento das minas, provocou o declínio das bandeiras de apresamento. O paulista continuava a usufruir o trabalho indígena e mesmo nos fins do século XVIII não faltavam ficções para justificar a exploração do trabalho dos nativos e sua redução a um cativeiro disfarçado. Os incentivos para o apresamento de índios desaparecem gradativamente, graças às novas condições de organização do trabalho escravo, às transformações por que passara a propriedade agrícola e, principalmente, à atração exercida por atividades mais compensadoras e menos perigosas. Em consequência, o trabalho escravo indígena entra em crise, pois a sua própria fonte de renovação deixara de funcionar regularmente. Foi nessas circunstâncias, quando o trabalho escravo indígena estava condenado ao desaparecimento, que se promulgou o decreto de liberdade definitiva dos índios (1758), o qual ainda arruinou algumas famílias, cujos bens se reduziam à escravaria indígena que possuíam.[29] Daí em diante, todavia, a regularidade do trabalho escravo passou a depender estritamente da importação de negros.

Por fim, é preciso considerar que a decadência das minas foi rápida. Em certas regiões, como em Cuiabá, o declínio fizera-se sentir logo: já em 1727 alguns mineiros começam a abandonar a região, em busca de outros centros de mineração.[30] Em outras, como em Minas Gerais, a produção aurífera resiste maior lapso de tempo; mas, por volta de 1756, o declínio começa a manifestar-se também nessas regiões e se acentua progressivamente.[31] Contudo, a mineração produziria os seus efeitos. Uma incipiente economia de troca desenvolvera-se em São Paulo, com base na produção agrícola e na criação; várias regiões foram povoadas pelos índios, pelos negros, pelos brancos e por seus descendentes mestiços; todo um sistema de comunicações se criara ou se solidificara. E, quando as esperanças do enriquecimento pelo ouro fácil desaparecem, alguns capitais refluem da mineração ou das ativi-

---

29 Cf. J. J. Machado de Oliveira, *Quadro histórico da Província de São Paulo para o uso das Escolas de Instrução Pública, oferecido à Assembleia Provincial por...*, 1864 (Ms. pertencente à biblioteca da Faculdade de Direito da Universidade de São Paulo), p. 219-20.
30 Cf. Sérgio Buarque de Holanda, op. cit., p. 84-85.
31 Cf. Mafalda Zemella, op. cit., p. 258 e ss.

dades econômicas que lhe estavam subordinadas para a agricultura. Alguns "sertanistas" e "mineiros" passam a dedicar-se, então, à criação, à lavoura de cana e à produção de açúcar.[32] Esse deslocamento de capitais e, particularmente, a fixação dos interesses econômicos na lavoura[33] é que iriam garantir a continuidade na procura e importação do *braço negro*. No trajeto percorrido entre os fins do século XVII e o terceiro quartel do século XVIII o negro não só adquirira uma *posição* no sistema econômico de São Paulo. Ele se tornara a própria fonte regular e exclusiva do trabalho escravo e da produção agrícola.

Os fatores que explicam a eliminação progressiva do índio pelo negro na organização do trabalho escravo também esclarecem por que o aumento de importação de escravos africanos ou crioulos não se traduziu por um aumento desproporcional do elemento negro na população de São Paulo. Como vimos, desde 1706 os negros importados se destinavam, na proporção de 20 para 3, aos trabalhos das minas; eles apenas transitavam por São Paulo, em sua maioria, ou eram negociados por intermediários nas zonas de mineração. Os trabalhos nas minas eram muito rudes, exigindo não só trabalhadores robustos, mas ainda contínua renovação de quadros humanos.[34] Segundo documentos da época, os escravos mais debilitados eram escolhidos para a lavoura, enquanto os mais fortes eram remetidos para os serviços de mineração.[35] De modo que a atração exercida pelo ouro atuou como um fator de restrição na fixação de escravos negros em São Paulo. Além disso, a decadência das minas abalou transitoriamente a eco-

---

32   Cf., por exemplo, Manoel Eufrásio de Azevedo Marques, *Apontamentos históricos, geográficos, biográficos, estatísticos e noticiosos da Província de São Paulo seguido da cronologia dos acontecimentos mais notáveis desde a fundação da Capitania de São Vicente até o ano de 1876*, Rio de Janeiro, Tip. Universal de Eduard & Henrique Laemmert, 1879 (2 vols.); vol. I, p. 16 e 17-18. Auguste de Saint-Hilaire, *Voyage dans les Provinces de Saint-Paul et de Sainte-Catherine*, Arthur, Bertrand, Paris, Libr. Édit., 1851 (2 vols.); vol. I, p. 158-59, 173, 175, 178, 186, 190-91 e 199.
33   Cf. J. J. Machado de Oliveira, op. cit., p. 222-24 (este autor se refere à formação da nova mentalidade econômica, que começa a tomar corpo pelos meados do século XVIII, como uma espécie de linha divisória entre a *nova geração* e os "antigos").
34   Cf. Afonso d'E. Taunay, *Subsídios para a história do tráfico africano no Brasil*, p. 624-26. Este autor cita um exemplo: em Goiás acontecia morrerem 100 escravos no período de um ano, "coisa nunca acontecida aos agricultores". Além das próprias condições de trabalho, terríveis e desumanas no começo, alguns autores mencionam a malignidade do clima (cf. F. J. de Lacerda e Almeida, op. cit., p. 64) e os ataques de tribos indígenas hostis (cf. J. J. Machado de Oliveira, op. cit., p. 194).
35   Cf. Ciro de Pádua, op. cit., p. 219-21.

nomia paulista, provocando um interregno de reintegração das atividades de produção e de troca, que se caracterizou pela estagnação de toda a vida econômica. Contínuas sucções de elementos da população masculina para a formação de tropas agravaram ainda mais os efeitos críticos da decadência da mineração.[36] Em consequência, o afluxo de escravos negros para a lavoura perde a intensidade que adquirira no período de apogeu das explorações auríferas, pois os possíveis mercados consumidores da produção agrícola de São Paulo ou perderam capacidade aquisitiva anterior ou já contavam com fontes próprias de abastecimento como acontecera em diversas regiões de Minas Gerais.[37]

Os poucos dados sobre a população no século XVIII, que possuímos, não só comprovam os principais resultados da análise desenvolvida, como ainda deixam patente que se processou um verdadeiro refluxo da população livre e escrava das zonas das minas para a Capitania de São Paulo. Em 1766, por exemplo, toda a capitania contaria com 58.071 habitantes (30.622 homens; 27.449 mulheres).[38] Vilhena aceita como exatas certas indicações,

	BRANCOS	NEGROS	PARDOS	TOTAL
Homens	42.270	20.669	14.236	77.175
Mulheres	47.053	17.971	16.251	81.275
	89.323	38.640	30.487	158.450

---

36 Cf. esp. J. J. Machado de Oliveira, op. cit., p. 267 e ss. Vários autores da época se referem à decadência econômica de São Paulo, nos fins do século XVII; tendo em vista o objeto do presente trabalho, seria supérfluo citá-lo aqui. Veja-se Afonso d'E. Taunay, *História da cidade de São Paulo no século XVIII (1735-1765)*, Departamento de Cultura de São Paulo, 1949, vol. 1, 2ª parte, caps. IX e X; e Roberto C. Simonsen, op. cit., vol. I, p. 364.

37 Samuel H. Lowrie aponta a importância dos dois fatores (emprego preferencial do negro na mineração e estagnação econômica de São Paulo nos fins do século XVIII) na limitação da fixação de negros em São Paulo (cf. op. cit., p. 9-10).

38 José Jacinto Ribeiro, *Cronologia paulista ou relação histórica dos fatos mais importantes ocorridos em São Paulo desde a chegada de Martim Afonso de Sousa a S. Vicente até 1898*, editada pelo Governo de São Paulo, São Paulo, Impressa nas Oficinas do Diário Oficial,1901, 3 vols.; vol. III, p. 617. Os dados foram extraídos de um documento de 10/12/1766; nele não constam indicações relativas à população masculina de seis localidades.

concernentes ao mesmo quartel desse século, segundo as quais viveriam na capitania 52.611 indivíduos, dos quais 11.098 brancos, 32.526 índios e 8.987 negros.[39] Já em 1797 a população da capitania se distribuiria, segundo o sexo e a cor, conforme dados da tabela da página anterior.[40]

Ora, esses dados indicam, quanto aos aspectos aqui considerados, que o elemento indígena prevalecia, ainda no terceiro quartel do século, sobre o elemento negro, na proporção aproximada de 3,6 para 1. O que significa, sem dúvida, que a desproporção existente nos séculos anteriores entre ambos os elementos ia desaparecendo em conexão com o deslocamento do índio pelo negro no sistema de trabalho. Parece ainda que a abolição definitiva da escravidão indígena acentuou a eliminação do braço indígena em vez de poupá-lo, o que é facilmente compreensível tendo em vista a dinâmica das relações de produção sob o regime de trabalho servil.

Quanto à vila de São Paulo, que nos interessa particularmente por ser o próprio campo dos nossos estudos, a documentação revela que se desenvolvera relativamente, beneficiando-se particularmente com o comércio das minas de Goiás e Mato Grosso e com a exploração em escala econômica da produção agrícola e da criação. Em 1766, contaria 833 fogos e possuiria 3.820 habitantes.[41] Os dados relativos a 1777 revelam que a população aumentara, abrangendo 4.409 habitantes, dos quais 2.423 livres (brancos, índios, mestiços e libertos) e 1.986 escravos (africanos e negros crioulos).[42] Em média, cada proprietário possuía de 1 a 5 escravos; mas alguns possuíam mais do que isso: havia os que tinham de 10 a 30 escravos e notam-se dois

---

39   Luís dos Santos Vilhena, *Recopilação de notícias da Capitania de São Paulo dividida em duas partes e acompanhada de duas plantas geográficas interessantes e pouco vulgares para servir na parte que convier de elementos para a História Brasílica* (Lisboa, MDCCII), Imprensa Oficial do Estado da Bahia, 1953, p. 39. Vilhena não indica de que autor extraíra a informação, mas é provável que seja do padre G. T. Raynal (*História filosófica e política* etc., cuja primeira edição é de 1770). Fornece ainda outras informações, pelas quais se infere que a capitania contaria, na época em que redigiu sua *Recopilação*, aproximadamente 140.460 habitantes.

40   *Mapa geral dos habitantes da Capitania de São Paulo no ano de 1791*, em *Documentos interessantes*, São Paulo, Arquivo do Estado de São Paulo, vol. XXXVI, 1901, p. 157.

41   Cf. J. Ribeiro, op. cit., p. 617. Sobre a população da vila de São Paulo em 1767. Cf. *Documentos interessantes*, São Paulo, vol. LXII (Arquivo do Estado de São Paulo, 1937).

42   *Lista geral de todo povo desta cidade e seus subúrbios, pertencentes a Comandância do Capm. da Ordenança da mesma, Antônio Francisco de Sá*. São Paulo, 31/12/1777. Arquivo do Estado. Mapas de população da capital (1765-1782), maço I.

que contavam com 51 e com 104 escravos.[43] Os escravos deveriam ser aplicados, na quase totalidade, nos serviços da lavoura. É conhecida a estrutura profissional e artesanal de São Paulo nessa época. Pela distribuição das ocupações, verifica-se que os artesãos, profissionais liberais e comerciantes se recrutavam na população branca. Os dados concernentes a 1767 patenteiam que somente um negro escravo seria pedreiro; entre os mulatos e pardos, são enumerados um alfaiate, um barbeiro, um sapateiro, um ourives, um pescador, 18 sem profissão definida e um forro, que seria sapateiro.[44] Essas indicações são deveras importantes. Sabe-se que durante o regime de exploração do trabalho indígena os brancos forneceram os quadros de que saíam os artesãos, os homens que se ocupavam com as "profissões mecânicas". Os dados transcritos evidenciam que as tendências de incorporação do negro ao sistema de trabalho servil não abrangiam, de forma apreciável (considerando-se também os mulatos escravos e forros), as ocupações artesanais tradicionalmente exercidas pelos brancos.[45] Em outras palavras, as tendências de especialização do braço escravo negro se dirigiam, de fato, para a lavoura e atividades subsidiárias.

Alguns autores afirmam que a expansão mineradora criara em São Paulo um novo sistema econômico, baseado na produção agrícola e na criação em escala de uma economia de troca. Embora a mineração tenha, de fato, alargado os quadros da economia de subsistência, com a intensificação em pequenas proporções da produção agrícola e da criação, e operado a transformação do escambo puro e simples em atividades mercantis propriamente ditas,[46] essa afirmação está aquém da verdade histórica. É possível, mesmo, que o surto econômico provocado pela mineração não passasse de um episódio efêmero e sem continuidade, se não se processasse uma ampla

---

43 Sérgio Milliet, Recenseamentos antigos, *Roteiro do café e outros ensaios*, 3. ed. revista e aumentada, São Paulo, Departamento de Cultura, 1941, p. 137.
44 Cf. *Documentos interessantes*, vol. LXII, já citado.
45 Sobre a estrutura artesanal da Vila de São Paulo no século XVIII, conforme Afonso d'E. Taunay, *História da cidade de São Paulo no século XVIII*, vol. citado, cap. XXIV. Graças às facilidades encontradas no novo ambiente, alguns artífices compravam escravos, instruíam-nos em suas ocupações e passavam a recolher os seus jornais (cf. op. cit., p. 104; e vol. II, 1ª parte, São Paulo, Departamento de Cultura, 1951, p. 20). Isso deve ter facilitado o acesso de negros e mulatos, tanto cativos quanto forros, a um limitado número de *profissões mecânicas*.
46 Cf. Sérgio Buarque de Holanda, op. cit., p. 200-01, em que analisa a nova mentalidade dos comerciantes que iam de São Paulo negociar nas minas.

redistribuição de populações e de capitais,[47] em conexão com o declínio progressivo da produção aurífera. O que se precisa considerar em primeiro plano é que a mineração não deu origem a um mercado capaz de absorver em quantidades apreciáveis os produtos que alimentavam a "grande lavoura", que se construíra no Brasil colonial em torno da exploração do açúcar, do algodão e do tabaco; ela somente estimulou a produção nos setores da "agricultura de subsistência" e de criação.[48] Donde se conclui que não se poderia explicar o desenvolvimento da "grande lavoura" em São Paulo pelos efeitos imediatos do ciclo de mineração. Aliás, o que se entende por "grande lavoura" surge tardiamente em São Paulo, como uma reação à decadência econômica produzida pelo declínio da mineração. Em outras regiões, como a Bahia, Minas Gerais e o Rio de Janeiro, as reações foram diferentes, mas produziram de maneira uniforme uma intensificação da produção agrícola.[49] Por isso não temos dúvidas em afirmar que o desenvolvimento agrícola de São Paulo, a partir do terceiro quartel do século XVIII, não apresenta outras peculiaridades além daquelas que resultaram das condições locais em que se operou tão importante transformação econômica. No mais esta se explica pelos mecanismos de substituição periódica de uns produtos por outros na economia colonial brasileira.

É necessário dispensar bastante atenção a esta fase da vida econômica de São Paulo. Na história deste estado, o negro não é tão importante pelo papel que desempenhou no período de mineração quando pelo que representou para a constituição e o desenvolvimento da "grande lavoura". Todos reconhecem que o progresso de São Paulo é um produto da expansão agrícola do século XIX, e que ela mesma seria inconcebível sem o negro escravo. No entanto, supõe-se que isso é verdadeiro no sentido mais simples: de que aos negros coubera a parte do agente passivo, do rude e mudo ins-

---

47 As duas coisas são inseparáveis. Não só porque as pessoas transportavam consigo o ouro ou as riquezas, mas principalmente porque os escravos constituíam a principal inversão de capital dos senhores.

48 Os termos "grande lavoura" e "agricultura de subsistência" contrastam os dois tipos básicos de produção na economia colonial: a primeira fornecia os gêneros para o comércio exterior e a segunda, os gêneros destinados ao consumo interno, o que não excluía, naturalmente, a exportação de gêneros de consumo nem o consumo de gêneros de exportação, de uma forma peculiar (cf. Caio Prado Jr., *Formação do Brasil contemporâneo. Colônia*, São Paulo, Liv. Martins Editora, 1942, p. 137; sobre essa importante distinção para a compreensão da economia colonial brasileira, cf. p. 113-63).

49 Cf. Caio Prado Jr., loc. cit., passim.

trumento de trabalho, inexpressivo como fator histórico. Raciocinando-se desta maneira, perde-se de vista que a escravidão, como instituição social, se articula dinamicamente com o sistema econômico de que fazia parte; se era por ele determinada, reagia sobre ele por sua vez, e o determinava. Talvez em bem poucas situações histórico-sociais se poderá apreciar a escravidão operando como um "fator social construtivo", como na fase do desenvolvimento da economia paulista que ora nos preocupa.

Graças às transformações operadas nas relações de trabalho, o negro tornara-se, no decorrer do século XVIII, como vimos, o principal instrumento da produção agrícola. Todavia, esta tendia inevitavelmente para o padrão da "agricultura de subsistência", um pouco alargada pelo comércio de gêneros nas minas, ao longo de alguns caminhos e nos poucos mercados consumidores com que contavam os paulistas.[50] Essas condições correspondiam favoravelmente ao intercâmbio com as minas, pois assim as lavouras não atraíam muitos braços escravos, limitando-se a absorver os elementos residuais ou os excessos de mão de obra. À medida que a produção aurífera declina, porém, observa-se, a partir do terceiro quartel desse século, um progressivo aumento da população livre e escrava, ligado com os deslocamentos demográficos produzidos pela crise da mineração. Ocorre então um fenômeno curioso. O número de escravos se eleva constantemente em flagrante desproporção com as exigências limitadas de uma "agricultura de subsistência", cujas sobras já não poderiam contar com grandes possibilidades de escoamento. Assim, os escravos tornaram-se onerosos para os senhores, sem que se oferecesse, nos quadros da economia de subsistência vigente, um corretivo natural para o desequilíbrio, ao contrário do que sucedera nos fins do século XVI e começos do século XVII com referência ao escravo indígena. Os escravos negros representavam uma imobilização de capital, apreciável em face da estagnação econômica, e davam origem a despesas, consideráveis para as circunstâncias, invertidas em sua alimentação e conservação.[51]

---

50 Sobre a situação da economia paulista nos fins do século XVIII, cf. Manuel Cardoso de Abreu. *Divertimento admirável* (documento relativo a 1780, transcrito por Simonsen, op. cit., vol. I, p. 351-54).

51 Segundo um documento relativo a 1768, só para vestir o escravo o senhor devia gastar 3$480 por ano (apud Roberto C. Simonsen, op. cit., vol. I, p. 368).
O trabalho agrícola do escravo não ocasionava nenhuma compensação econômica atrativa e o tornava, nas condições da economia de subsistência de então, uma fonte de prejuízo (cf. especialmente Afonso d'E. Taunay, *História da cidade de São Paulo*, vol. I, 2ª parte, p. 147).

Esse desequilíbrio, que resultava da incompatibilidade existente entre as proporções assumidas pela escravidão e a "agricultura de subsistência", só se corrigiria pela evolução no sentido da "grande lavoura". A escravidão agia, portanto, como um *fator histórico*, operando dentro da sociedade como um agente de desagregação do antigo sistema econômico e como uma condição favorável à formação de um tipo mais complexo de exploração econômica. Contudo, vários obstáculos se opunham a esta transformação; entre eles, cumpre enumerar os mais importantes: 1) a agricultura não era encarada pelos brancos, tanto os descendentes dos antigos *paulistas* quanto os imigrantes portugueses, como uma atividade social nobilitante e facilmente rendosa;[52] 2) mantinham-se as técnicas agrícolas antiquadas e o seu ritmo de aplicação resultante da produção para subsistência;[53] 3) as vias de comunicação, constituídas por estradas que seriam antes "escavações de trabalhoso trânsito", não comportavam senão o pequeno movimento do acanhado comércio de gêneros;[54] 4) e, por fim, o *círculo vicioso* que surge quando se pretende, no terceiro quartel do século XVIII, iniciar uma economia de troca: ou não existem excessos de produtos para exportação ou, quando eles aparecem, não existem compradores e os entraves coloniais prejudicam o comércio dos artigos.[55] Tais obstáculos nasciam das próprias condições da

---

52   Cf. esp. F. J. de Lacerda e Almeida, op. cit., p. 86-87; J. J. Machado de Oliveira, op. cit., p. 246; Afonso d'E. Taunay, op. cit., vol. I. 2ª parte, p. 88 (dados relativos a 1766 e 1767, no governo do Morgado de Mateus). Mawe afirma que se considerava a lavoura, em São Paulo, como uma "ocupação vil e degradante" (op. cit., p. 82). Era uma consequência da valorização das atividades dos *bandeirantes* e do fascínio exercido pela mineração.

53   Cf. esp. A. d'E. Taunay, op. cit., vol. II, 1ª parte, p. 15-17 (cf. nota anterior). Sobre as técnicas de produção e conservação dos produtos agrícolas, conhecidas em São Paulo nessa época e princípios do século XIX, conforme marechal Daniel Pedro Müller, Ensaio dum Quadro Estatístico da Província de São Paulo ordenado pelas leis provinciais de 11 de abril de 1836, e 10 de março de 1837, reedição literal, O *Estado de S. Paulo*, São Paulo, 1923, p. 24-30. Os viajantes também deixaram descrições dos processos agrícolas; cf. especialmente J. Mawe, op. cit., p. 82-83 e 91.

54   Sobre os aspectos da vida econômica de São Paulo aqui considerados, inclusive a situação das vias de comunicação, cf. Antônio Rodrigues Veloso de Oliveira, *Memória sobre melhoramento da Província de São Paulo, aplicável em grande parte a todas as outras províncias do Brasil*, Rio de Janeiro, Tipografia Nacional, 1822 (oferecida a D. João VI em 1810), parte II, cap. III. A citação no texto foi extraída de D. P. Müller, op. cit., p. 103. Cf. ainda R. C. Simonsen, op. cit., p. 356-61.

55   Cf. esp. A. d'E. Taunay, op. cit., vol. I, 2ª parte, p. 140-46, e vol. II, 1ª parte, p. 17-18 e 23; J. J. Machado de Oliveira, op. cit., p. 283-84 e p. 209-303.

"agricultura de subsistência" e estavam destinados a desaparecer aos poucos, à medida que aquelas condições se transformassem e se ajustassem ao regime econômico da "grande lavoura". Entretanto, quando surgiram as primeiras tendências para a organização da produção agrícola para exportação, esses obstáculos se erigiram em poderosas barreiras à evolução do sistema econômico. A pressão modificadora exercida pela escravidão produziu resultados positivos porque ela se associava a um conjunto de fatores que operavam no mesmo sentido. De um lado, deve-se considerar que a procura de certos artigos tropicais produzidos no Brasil, como o açúcar, o algodão e o café, aumentara no exterior. De outro, que processos não menos importantes ocorreram concomitantemente na economia paulista: 1) duas produções foram selecionadas, graças às próprias condições favoráveis de adaptabilidade ao meio físico ambiente e de exploração econômica – a da cana-de-açúcar e a do café; [56] 2) a aceitação da lavoura como fonte de renda e de equilíbrio econômico se impunha irresistivelmente, já que a *gente de prol* pretendia manter a todo custo o *abastado* padrão de vida ao qual se acostumara no período próspero da mineração, o que não poderia ser con-

---

[56] A cana-de-açúcar desenvolveu-se melhor e mais rapidamente na zona do Oeste Paulista, onde já daria margem a algum comércio por volta de 1760, enquanto o café, no início, se expandiu com maior intensidade no litoral paulista e no Vale do Paraíba. cf. especialmente: a) quanto ao açúcar, Afonso d'E. Taunay. op. cit., vol. I, 1ª parte, p. 142 e 146, e vol. II, 2ª parte, p. 17. As perspectivas de exportação do açúcar para o Reino já começam a ser examinadas sob o governo do Morgado Mateus (em 1768); o aumento da produção se fez paulatinamente, mas na última década do século XVIII os entraves opostos pela legislação colonial começam a ser combatidos. Só em 1808, graças ao ato da *abertura dos portos*, é que a situação se modificou definitivamente, proporcionando melhores condições de exportação para a produção açucareira de São Paulo (cf. J. J. Machado de Oliveira, op. cit., p. 283-303); b) quanto ao café, cf. Afonso d'E. Taunay, *História do café no Brasil*, edição do Departamento do Café, Rio de Janeiro, 1939, tomo II, passim. A produção e a exportação desse produto tinha pequena importância na última década do século XVIII, mas se desenvolveram com tal rapidez, que antes do meado do século seguinte já deslocara o açúcar da situação de produto principal da economia paulista (cf. esp.: A. d'E. Taunay, op. cit., tomo III, p. 31 e ss.; Alfredo Ellis Jr., "O café e a Paulistania", *Boletim nº 141 da Faculdade de Filosofia, Ciências e Letras da Universidade de São Paulo*, 1951, parte II, cap. III).

seguido, indefinidamente, mediante as ficções proporcionadas pela consagração e abuso do crédito.[57]

É impossível dispensar maior atenção às condições econômicas da transição da "agricultura de subsistência" para a "grande lavoura" em São Paulo. O fato relevante é que essa tendência, incipiente nas duas últimas décadas do século XVIII, torna-se progressivamente avassaladora. Como consequência, modifica-se a correlação dos fatores sociais e a "grande lavoura", produto das condições econômicas anteriores, reage sobre elas e as transforma. Elabora-se então a estrutura do novo mundo social, em que o negro e os seus descendentes mestiços viriam a ser, durante quase um século, os únicos agentes do trabalho escravo e os principais artífices da produção agrícola. A fase de prosperidade econômica que se inicia, a primeira de efeitos realmente duradouros, descansar de maneira literal na exploração das energias físicas e morais do escravo negro. O panorama econômico nacional se modifica de tal modo, que o eixo da economia agrícola se desloca do norte para o sul do país (para as províncias do Rio de Janeiro, Minas Gerais e São Paulo), as quais acabariam conhecidas como *as províncias negreiras da Nação*.[58]

O desenvolvimento da "grande lavoura", porém, foi relativamente lento. A situação em que se encontrava a economia paulista, no início do século XIX, nada tinha de brilhante, de acordo com o testemunho dos contemporâneos, os viajantes principalmente. Houve, mesmo, quem se preocupasse com as razões do mau estado da lavoura e com os meios para melhorá-la;[59] e Saint-Hilaire pôde observar, ainda no primeiro quartel do século, quando o açúcar já contava de forma decisiva, que os *senhores de engenho* viviam em "um estado de apuros quase contínuo".[60] Mas, em 1836, na província de São Paulo existiam 576 engenhos de açúcar, 425 destilarias de aguardente e 887 fazendas de café,[61] desprezando-se as

---

57 Cf. os dados relativos à conduta dos "paulistas abastados", contidos em documentos de 1766-1768, expostos por Taunay (*História da cidade de São Paulo*, vol. I, 2ª parte, p. 105-06, e vol. II, 1ª parte, p. 21-23; este autor salienta o contraste entre o luxo da "gente branca" e os demais componentes da população, que viviam em condições de notável miséria).

58 Isso, no último quartel do século XIX (cf. Evaristo de Morais, *A campanha abolicionista (1879-1888)*, Rio de Janeiro, Livraria Editora Leite Ribeiro, 1924, p. 60).

59 Antônio Rodrigues Veloso de Oliveira, op. cit., passim.

60 Auguste de Saint-Hilaire, *Voyage dans les Provinces de Saint-Paul et de Sainte-Catherine*, tomo I, p. 260. Observação concernente ao ano de 1819 (cf. p. 324).

61 Daniel P. Müller, op. cit., Tabela nº 4, p. 130-32.

explorações agrícolas de pequena monta e as engenhocas de rapadura. O açúcar e a aguardente forneciam, em conjunto, o valor mais elevado na produção e na exportação, em que representavam mais do que o dobro do valor alcançado pelo café.[62]

Esse desenvolvimento se refletiu, naturalmente, na composição da população. Os dados estatísticos que possuímos, embora mereçam pequena confiança, revelam que a tendência ao aumento da população, iniciada nos fins do século XVIII, tomara maior ímpeto. O açúcar, a aguardente e o café (este em menores proporções no começo) atraíam para São Paulo tanto a "mão de obra escrava" quanto a "gente branca". A procura e a importação de negros (crioulos ou africanos) aumentava sensivelmente – nem poderia acontecer outra coisa.[63] Nessa época, cada fazenda absorvia de 20 a 30 escravos, em média, havendo contudo plantações em que se empregavam escravarias superiores a 100 ou a 150 indivíduos.[64] Algumas indicações são suficientes para ilustrar as flutuações demográficas apontadas, no quadro seguinte.

---

62 Daniel P. Müller, op. cit., tabela 2 e 3, p. 122-29. Sobre a produção e a exportação do açúcar, em comparação com o café, além de Taunay (cf. nota 56), cf. os dados fornecidos por Paulo R. Pestana, *A expansão econômica do Estado de São Paulo num século (1822-1922)*, Secretaria de Agricultura, São Paulo, Comércio e Obras Públicas do Estado de São Paulo, 1923, p. 11 e ss. Hércules Florence informa que, por volta de 1825, desciam nas mulas para Santos uma média de 500 a 550 mil arrobas de açúcar por ano, o que é consistente como dados estatísticos que possuíamos sobre a exportação do produto (cf. *Viagem fluvial do Tietê ao Amazonas de 1825 a 1829*, trad. de Visc. de Taunay, 2. ed., Companhia Melhoramentos de São Paulo, 1948, p. 37).

63 Em 1825, por exemplo, o maior valor na importação de São Paulo consistia em escravos, que atingiam o montante de 2.491 indivíduos (cf. Paulo R. Pestana, op. cit., p. 39). Sobre o período de 1813-1817, cf. John Luccock. *Notas sobre o Rio de Janeiro e partes meridionais do Brasil tomadas durante uma estada dez anos nesse país, de 1808 a 1818*, trad. de Milton da Silva Rodrigues, Rio de Janeiro, Liv. Martins Editora, 1942, p. 403.

64 Para maiores especificações, por zona e tipo de produção agrícola, cf. A. d'E. Taunay. *História do café no Brasil*, vol. III, p. 67 e ss.

ANO	COR	CONDIÇÃO		TOTAL
		Livre	Escrava	
1811[65]	Branca	112.965	—	112.965
	Parda	44.053	10.548	54.601
	Negra	3.951	37.602	41.553
	Total	160.969	48.150	209.119
1815[66]	Branca	115.203	—	115.203
	Parda	44.289	11.043	55.332
	Negra	4.966	40.229	45.195
	Total	164.458	51.272	215.730
1836[67]	Branca	172.879	—	172.879
	Parda	59.454	14.722	74.176
	Negra	6.811	72.211	79.022
	Total	239.144	86.933	326.077

---

65 Cf. dados obtidos do conde da Barca por Eschwege (*Journal von Brasilien*, II, p. 160), apud A. Saint-Hilaire, op. cit., vol. I, p. 108 e 124-25; *Relatório apresentado à Assembleia Geral na Segunda Sessão da Décima Quarta Legislatura pelo Ministro e Secretário de Estado dos Negócios do Império Paulino José Soares de Souza*, Rio de Janeiro, Tip. Nacional, 1870 (anexo D, p. 106-12); A. d'E. Taunay, *História do café no Brasil*, vol. II, p. 334-40. No *Relatório* constam também dados relativos a 1814 e 1819, que não foram utilizados no texto.

66 *Reise in Brasilien auf Befehl Sr. Majestät Maximilian Joseph I. Königs con Baienn in den Jabren 1817 bis 1820 gemacht und beschrieben von Dr. Joh. Bapt. von Spix und Dr. Carl Friedr. Phil. von Martius*, 1º vol., gedruckt bei M. Lindauer, Munique, 1823, p. 238-39. É preciso notar que foram feitas algumas correções em certas somas. Neste trabalho não foram expostos os dados relativos a 1816, contidos em Antonio Rodrigues Veloso de Oliveira, "A Igreja do Brasil", (*Revista Trimensal do Instituto Histórico, Geográfico e Etnogrático do Brasil*, tomo XXIX, parte 1ª, Rio de Janeiro, 1866, p. 159-99; cf. mapa nº 3), por ser dispensável; nem os do recenseamento de 1822, no qual se cometeram muitas confusões (cf. Paulo R. Pestana, op. cit., p. 3-4).

67 Daniel P. Müller, op. cit., p. 154-69. Nos totais expostos foram excluídos 825 índios, o que elevaria a população total da capitania para 326.902 indivíduos.

Saint-Hilaire tentou explicar o desenvolvimento da população paulista compreendido entre 1811 e 1836 (ou 1813 e 1838, como delimitou, por lapso); interessa-nos, em particular, a relação que esse cientista-viajante descobriu entre o aumento da população escrava e a lavoura do açúcar na zona central do Estado: o desenvolvimento da produção açucareira fez-se acompanhar de um aumento da população de cor negra e escrava, o qual foi mais acentuado nas regiões em que os moradores ou povoadores brancos possuíam maiores recursos.[68] As estatísticas de Daniel P. Müller deixam patente que o mesmo fenômeno se repetia, em proporções menores, na zona norte do Estado, graças à incipiente produção cafeeira. Em suma, a expansão da "grande lavoura" refletiu-se diretamente na composição da população escrava, provocando, de modo bem nítido a partir do primeiro decênio do século, uma elevação progressiva na importação de escravos negros (crioulos e africanos).[69] Os dados aqui expostos, considerando-se também os relativos a 1797 (cf. p. 32), permitem registrar que a média de aumento anual da população escrava, com referência ao elemento negro, cresce continuamente, tornando-se esse crescimento verdadeiramente apreciável depois de 1815.

O processo econômico, que foi tão sumariamente exposto nas páginas precedentes, repercutiu de duas maneiras distintas na constituição do agrupamento social, que é objeto de nossa análise – a cidade de São Paulo. Primeiro, porque as tendências agrícolas se fizeram sentir também no seio de sua população; muitos dos seus moradores, inclusive os que não residiam nas freguesias mais afastadas (como as dos Guarulhos, Nossa Senhora do Ó,

---

A. Saint-Hilaire (op. cit., p. 125) apresenta tais dados como referentes a 1838, e Daniel P. Kidder, *Reminiscências de viagens e permanência no Brasil* (Rio de Janeiro e Província de São Paulo), *Compreendendo notícias históricas e geográficas do Império e de diversas províncias*, trad. de M. N. Vasconcelos, São Paulo, Liv. Martins Editora, 1940, p. 295), como relativos a 1839!

68 Cf. A. Saint-Hilaire, op. cit., p. 126-31, quanto à população considerada um todo, e p. 337-41, p. 364, p. 412-13, quanto a centros de produção agrícola na zona referida (Itu, Porto Feliz e Itapetininga).

69 Seria conveniente observar: a) as estatísticas, a partir de 1836, permitem separar os negros crioulos dos negros africanos; b) parece que a principal fonte do aumento da população escrava consistia, nessa época, na importação de escravos, diretamente do Rio de Janeiro ou através do porto de Santos; c) o leitor interessado encontrará em Samuel H. Lowrie (op. cit., p. 10 e ss.), uma análise estatística do desenvolvimento da população negra em São Paulo, inclusive no período em questão.

Cutia, Juqueri etc.), dedicavam-se a atividades agrícolas, mesmo à plantação da cana-de-açúcar e do café, como testemunham os viajantes e é documentado pelas estatísticas.[70] Segundo, porque a expansão agrícola da zona central do Estado criou novas condições para o desenvolvimento do comércio na cidade de São Paulo. A produção daquela zona (ao contrário da do Vale do Paraíba, subsidiária do mercado do Rio de Janeiro) escoava-se pelo porto de Santos, o que contribuiu poderosamente para transformar a cidade de São Paulo em ponto de trânsito dos produtos de exportação ou importação e em centro comercial das populações de uma parte importante do interior.[71] Essa complicação do sistema econômico da cidade foi o ponto de partida da diferenciação ocupacional mais profunda, que iria operar-se posteriormente, pois então começam a surgir as necessidades de produção e de troca peculiares a zonas urbanas.[72] E serviu como um foco de polarização da mão de obra, tanto *escrava* quanto *livre*. Pelo que parece, os "ofícios" eram desempenhados por homens livres mas entre estes não só contavam os libertos (de preferência os mais claros), como se abriam várias

---

[70] Entre os viajantes, a principal fonte é o livro de Mawe (op. cit., p. 83-85 e p. 88-89), seguindo-se-lhes Saint-Hilaire (op. cit., vol. I, p. 247, p. 291-97 e p. 322-27). Outras indicações, com referência ao período considerado, se encontram nas seguintes obras: Gustavo Beyer, Ligeiras notas de viagem do Rio de Janeiro à Capitania de São Paulo, no Brasil, no verão de 1813, com algumas notícias sobre a cidade da Bahia e a ilha Tristão da Cunha, entre o Cabo e o Brasil e que há pouco foi ocupada, trad. de A. Löfgren, *Revista do Instituto Histórico e Geográfico*, vol. XII, tomo de 1907, São Paulo, 1908, p. 291-92; Daniel P. Kidder, op. cit., p. 197-204; D. Kidder e J. C. Fletcher, *O Brasil e os brasileiros* (Esboço Histórico e Descritivo), trad. de E. Dolianiti, revisão e notas de E. S. de Mendonça, São Paulo, Companhia Editora Nacional, 1941, vol. II, p. 131-32; J. B. von Spix e C. F. P. von Martius, *Viagem pelo Brasil*, trad. de D. F. Lahmeyer e revisão de B. F. Ramiz Galvão e B. de Magalhães. Rio de Janeiro, Imprensa Nacional, 1938, vol. I, p. 210-12. Segundo as estatísticas de 1836, existiam na cidade de São Paulo e seu termo alguns engenhos de destilação de aguardente, 24 fazendas de criar e 3 fazendas de café (cf. Daniel P. Müller, op. cit., p. 310).

[71] A principal fonte para o estudo do comércio em São Paulo dos princípios do século XIX é, sem dúvida, A. Saint-Hilaire (cf. op. cit., vol. I, p. 247, 259, 262, 275-76). Cf. também J. Mawe, op. cit., p. 79.

[72] Saint-Hilaire deixa evidente, em suas explanações, que o nível de vida das populações da cidade e seu termo, e a mentalidade que regulava a produção econômica (tipicamente pré-capitalista), se opunham ao desenvolvimento da economia urbana (cf. esp. vol. I, p. 263-64 e p. 288-91).

perspectivas de aproveitamento do trabalho escravo em tarefas ocasionais, no artesanato urbano e principalmente nos serviços domésticos da residência dos senhores.[73]

Todavia, a nova fase de prosperidade se inaugurava sob a égide da "grande lavoura". As regiões ocupadas pela cidade e seu termo não ofereciam condições favoráveis ao desenvolvimento acentuado das duas produções agrícolas em que ela se alicerçava em terras paulistas: a cana-de-açúcar e o café. Verifica-se isso, indiretamente, pelo valor da produção em 1836, por exemplo, que atingira a 100:006$345, no distrito e seu termo, apesar da variedade dos produtos explorados (café, aguardente, chá, algodão, gêneros de subsistência, criação etc.); essa soma não chegava à metade ou a um terço da produção dos centros agrícolas principais (como Bananal, Lorena, Pindamonhangaba e Jacareí ou São Carlos, Mogi-Mirim e Itu), embora igualasse ou superasse a de outros, que com o tempo viriam a tornar-se grandes produtores agrícolas.[74] Por sua vez, as margens deixadas pela exportação do açúcar e de alguns outros gêneros das regiões subsidiárias do mercado da cidade de São Paulo não eram suficientemente altas para fomentar um comércio consistente e intenso.[75] Os fazendeiros viam-se ainda, em sua maioria, às voltas com os créditos utilizados para a compra

---

[73] Sobre a estrutura profissional da cidade, cf. Daniel P. Müller, op. cit., p. 242 e 244. Cf. ainda A. Saint-Hilaire, op. cit., vol. I, p. 247, 264, 268-69, 271-72, 283-84 e 288-91; J. Mawe. op. cit., p. 79 e 91; J. B. von Spix e C. F. P. von Martius, op. cit., vol. I, p. 209-12; G. Beyer. op. cit., p. 292. Muitos senhores viviam do aluguel dos seus negros e as negras se ocupavam também como quitandeiras. Entre os *camaradas*, que trabalhavam como *tropeiros*, encontravam-se vários negros (cf. H. Florence op. cit., p. 37). Nem todos os fazendeiros dispunham de *tropas* para o transporte dos produtos para Santos e precisavam lançar mão do serviço alugado dos tropeiros profissionais (cf. D. P. Kidder, op. cit., p. 168). Entre os tropeiros profissionais contavam também os negros libertos. Saint-Hilaire chega a afirmar que eles gostavam dessas atividades.

[74] Cf. Daniel P. Müller, op. cit., p. 125; comparem-se os dados que fornece nesta página com os demais (124-29).

[75] Cf. anteriormente referências contidas nas notas 71 e 72. Spix e Martins notaram que o luxo entre os moradores de São Paulo não era tão desenvolvido quanto o que era ostentado pelos moradores da Bahia, Pernambuco e Maranhão, assinalando ainda que a influência civilizadora da Europa era então pequena no acanhado meio social da cidade (cf. op. cit., vol. I, p. 209). Além disso as estatísticas financeiras relativas ao exercício 1835-1836 acusam um déficit de quase 545 contos no comércio pelo porto de Santos (cf. Daniel P. Müller, op. cit., Tabela 12).

dos escravos,[76] não estando portanto em condições de empatar os seus recursos com artigos supérfluos. Isso explica por que o ritmo demográfico da cidade de São Paulo, em rápido crescimento nos fins do século XVIII, estaciona repentinamente e chega a declinar nos quatro primeiros decênios do século XIX. Aparentemente, o fenômeno seria o resultado das sucessivas convocações para a tropa. O engajamento de 1808, em particular, teria sido verdadeiramente desastroso, além de dramático; a ele sucederam-se outros como em 1814 e 1817.[77] Sem dúvida, o recrutamento contribuía para perturbar a evolução demográfica da cidade: aos indivíduos incorporados às tropas é preciso acrescentar-se os que se evadiam visando evitar males maiores. Mas as razões do desequilíbrio parecem ser mais profundas. As perspectivas econômicas abertas para os lavradores na cidade de São Paulo não se comparavam com as que se ofereciam nas zonas prósperas do Oeste Paulista e do Vale do Paraíba. Daí, possivelmente, o abandono da região por fazendeiros que estavam nela instalados e, o que possui maior importância, o pequeno interesse que ela despertava nos que se dispunham a empreender a exploração agrícola segundo o novo estilo.[78]

Os dados sobre a população da cidade e seu termo de que dispomos não merecem senão uma confiança relativa. Saint-Hilaire chega a afirmar, a respeito deles, que criavam dificuldades quase inextricáveis, no que tinha razão. O cômputo da população se fazia por freguesias e o número destas flutua constantemente, ora aumentando, ora diminuindo. O quadro da página a seguir retém as informações de algumas fontes mais completas (senão as mais fidedignas, o que é impossível determinar com precisão), na forma em que ocorrem nos documentos utilizados.

---

76 Cf. A. de Saint-Hilaire, op. cit., vol. I. p. 260-61, e Daniel P. Müller, p. 28-29.
77 Cf. J. J. Machado de Oliveira, op. cit., p. 308-10, 336 e 345.
78 "O distrito de São Paulo passa por um dos menos férteis", escreveu Saint-Hilaire (op. cit., p. 293). Spix e Martius confirmam-no indiretamente, pois asseveram que o algodão e o café não se adaptavam bem na latitude da cidade e seu termo (op. cit., vol. I, p. 211). Aliás, o próprio governo colonial modificou a sua política agrícola com relação a São Paulo (cidade e termo rural). No terceiro quartel do século XVIII, sob o governo do Morgado de Mateus, procurara estimular a plantação do algodão pelos lavradores da região (cf. A. de E. Taunay, *História da cidade de São Paulo*, op. cit., vol. II, 1ª parte, p. 18). Pois bem, as famílias açorianas chegadas por volta de 1815 foram encaminhadas para a zona central, onde a agricultura prosperava a olhos vistos (cf. J. J. Machado de Oliveira, op. cit., p. 337). Em 1827, entre os 336 colonos germânicos destinados à lavoura da capital, muitos abandonaram a região, indo para Sorocaba, Itu, Santos, Tatuí etc. (idem, p. 478-79).

ANO	COR	CONDIÇÃO		TOTAL
		Livre	Escrava	
1804[79]	Branca	112.965	—	112.965
	Parda	44.053	10.548	54.601
	Negra	3.951	37.602	41.553
	Total	160.969	48.150	209.119
1815[80]	Branca	115.203	—	115.203
	Parda	44.289	11.043	55.332
	Negra	4.966	40.229	45.195
	Total	164.458	51.272	215.730
1818[81]	Branca	172.879	—	172.879
	Parda	59.454	14.722	74.176
	Negra	6.811	72.211	79.022
	Total	239.144	86.933	326.077
1836[82]	Branca	9.948	—	9.948
	Parda	5.446	901	6.347
	Negra	599	4.594	5.193
	Total	15.993	5.495	21.488

---

79 Cf. *População do município da capital em 1804* (Recenseamento de 28/12/1804), em J. Ribeiro, op. cit., vol. III, p. 148. Por lapso, esse autor somou de novo, ao total da população da cidade e seu termo, os totais das freguesias de Santo Amaro, São Bernardo, Cutia, Juqueri e Penha.

80 Cf. J. B. von Spix e C. F. P. von Martius, *Reise in Brasilien*, loc. cit. É preciso notar que existem várias indicações sobre a população da cidade nessa época, de 1804 em diante, algumas oficiais outras fornecidas por viajantes (Eschwege, Saint-Hilaire, Florence, Beyer, Kidder); mas julgamos dispensável expor aqui toda a documentação existente.

81 Cf. *População do município da capital em 1818*, (Recenseamento de 31/12/1818), em J. Ribeiro, op. cit., vol. III, p. 779.

82 Cf. Daniel P. Müller. op. cit., p. 158-59 e 169-73.

Como se vê, o setor mais constante da população é constituído pelos elementos negros da população escrava. Isso se explica em parte pelo recrutamento militar, que atingia somente os indivíduos livres, de preferência os "brancos" e os pardos "mais claros" (no fim, a exigência se atenuou no sentido de recrutar-se os pardos "menos escuros"). E, em parte, por causa das próprias exigências da organização do trabalho escravo. Segundo as estatísticas de 1804, concentrar-se-iam na zona "urbana" do distrito 6.358 escravos, enquanto na "rural" viveriam 2.546. Em 1836, pelo que conseguimos apurar somando os dados referentes às freguesias,[83] a proporção seria de 2.843 escravos na zona "urbana" para 2.477 escravos na zona "rural". A freguesia da Sé, com 1.895 escravos, e a de Santa Ifigênia, com 826 escravos, compreenderiam as áreas habitadas pelos moradores mais ricos da cidade propriamente dita. Essas indicações fornecem a base para inferência segundo a qual o número de escravos negros se mantivera mais ou menos constante, depois de uma redução inicial que parece ter afetado antes a escravatura mestiça, por causa das exigências regulares do trabalho agrícola e dos serviços domésticos. Sobre os ombros dos negros repousava o próprio funcionamento das engrenagens que moviam o sistema econômico. Por isso, eles não podiam ser afastados além de certos limites, sem afetar as condições de segurança econômica e de equilíbrio social.

O desenvolvimento posterior da "grande lavoura" durante o século XIX se processou em tal sentido, que o café se transformou no produto tropical por excelência da economia paulista. A planta encontrara nas terras paulistas condições climáticas e ecológicas bastante adequadas à sua exploração em larga escala. Na zona norte da província, o aumento da produção do café assegurou àquela região uma fase sem precedentes de prosperidade econômica, a qual já fazia sentir os seus efeitos nos meados do século XIX. Assim, graças ao café o Vale do Paraíba tornara-se um "centro condensador de lavouras e de população";[84] um viajante, que o percorreu em 1860, observa como o latifúndio se produz em conexão com a lavoura do café e nota que as moradas dos fazendeiros ostentavam muitas vezes um luxo e uma riqueza comparável "à magnificência dos palácios da capital" (Rio de Janeiro).[85] Todavia, o café se propagou com rapidez. As margens de

---

83 Daniel P. Müller, cf. p. 148-52. A soma revela pequena discrepância com relação ao total por condição social.
84 Cf. Caio Prado Jr., *História econômica do Brasil*, 2. ed., São Paulo, Editora Brasiliense, 1949, p. 171-72.
85 Augusto Emílio Zaluar, *Peregrinação pela Província de São Paulo (1860-1861)*, Rio de Janeiro, Livraria de B. L. Garnier, 1862, p. 55 (consultar até a p. 182).

lucro deixadas pelo produto e a conhecida voracidade dessa planta pelas *terras virgens* levaram-no para as terras do Oeste Paulista, a zona central da província, onde os engenhos de cana-de-açúcar e a exploração de aguardente constituíam a principal atividade econômica. As estatísticas mostram que até 1854 o açúcar ainda se mantinha ali como o produto básico da economia agrícola. Mas é logo suplantado pelo café. Assim que as experiências inovadoras de alguns pioneiros se coroaram de êxito, evidenciou-se que o café podia ser explorado em condições mais vantajosas que a cana. O entusiasmo pela exploração do produto se apoderou da maioria dos agricultores e a produção do café cresceu instantaneamente.[86] A fertilidade do solo, as condições climatológicas e o tipo de relevo favoreceram, muito mais que na região do Vale do Paraíba, a cultura extensiva do café. As plantações de cana foram sucessivamente substituídas pelas de café porém em um estilo novo: surgiu o "mar de café", as plantações ininterruptas, que cobriam extensas áreas de terra de maneira uniforme.[87] Em seguida, ainda no século XIX o café se espraia por outras regiões da província, invadindo as zonas que seriam posteriormente chamadas de Paulista e Mogiana. A produção de café nessas duas zonas fora insignificante até meados do século XIX, como o demonstram as estatísticas de 1836 e 1854. Já em 1886 ela era considerável, abrangendo, respectivamente, 23,69 e 21,81 da produção total de café da Província.[88] Em suma, em alguns decênios o café eliminou o açúcar e os subprodutos da cana da posição que ocupavam na economia paulista. Nas estatísticas de 1854, 2.618 fazendas de café produziriam 4.338.756 arrobas, no valor de 10.461:173$000; enquanto 667 engenhos de açúcar produziriam 866.140 arrobas de açúcar e 332 pipas de aguardente, no valor de 1.630:050$000. A lavoura da cana apenas subsiste

---

86 Cf. A. E. Zaluar, op. cit., p. 218-20. Sobre o desenvolvimento do café na região, cf. ainda p. 246, 293, 306; e M. E. de Azevedo Marques, op. cit., vol. I, p. 82, e vol. II, p. 54.
87 Cf. Caio Prado Jr., op. cit., esp. p. 174-75.
88 Sobre o desenvolvimento do café em São Paulo, sob o ponto de vista aqui considerado, cf. o excelente estudo de Sérgio Milliet, *Roteiro do café*, op. cit., p. 5-70 passim. Nele se encontram dados comparativos sobre a produção do café e de outros produtos e sobre o aumento da população em conexão com o desenvolvimento da produção do café. Para completar estas indicações, seria conveniente analisar os dados fornecidos por Taunay, sobre o aumento da produção do café de 1839 a 1899 (cf. *História do café no Brasil*, tomo III, p. 57, 60 e 63; tomo VII, p. 463).

em regiões mais propícias, como Tietê e Piracicaba.[89] O açúcar vai desaparecendo lentamente da exportação e passa a ser produzido como "agricultura de subsistência".[90] Por fim, já se importa o produto, para o consumo local, por volta de 1867 em diante.[91]

Esse período de expansão econômica, caracterizado pelo florescimento e rápido declínio da lavoura canavieira e pela surpreendente vitalidade da lavoura do café, foi, ao mesmo tempo e como consequência, um período de escassez de *mão de obra*. A população escrava, cuja renovação precisava ser constante – um escravo daria, em média, somente dez anos de trabalho, devendo então ser substituído por outro[92] – não poderia corresponder a esse aumento da produção senão através do aumento proporcional dos elementos que a constituíam. Estabeleceu-se assim uma série de correntes demográficas, que drenavam para as fazendas e para as povoações "urbanas" da província de São Paulo contingentes elevados de negros africanos e de negros crioulos, estes procedentes do norte. A ampliação contínua da procura e outros fatores (como a abolição do tráfico, a repressão dos navios negreiros pelos ingleses, a desvalorização do papel-moeda etc.) refletiam-se no custo do escravo, cujo valor subiu rapidamente. Nos meados do século, o preço de um escravo oscilava entre um e dois contos de réis.[93] Entretanto, Debret afirma que os paulistas e mineiros compravam os negros no mercado do Valongo "com dinheiro na mão" e "ao câmbio do dia".[94] Em oito anos, foram remetidos

---

89 Cf. P. R. Pestana, op. cit., p. 14. O leitor que se interessar pelo processo de substituição dos produtos principais, característico da economia brasileira, neste capítulo já ilustrado com vários produtos ou atividades, encontrará em J. F. Normano uma extensa exposição (cf. *Evolução econômica do Brasil*, trad de T. Quartim Barbosa, R. Peake Rodrigues e D. Brandão Teixeira, 2. ed., São Paulo, Companhia Editora Nacional, 1945, p. 23-75).
90 Cf. P. R. Pestana, op. cit., p. 15. Em Limeira, por exemplo, que foi um centro de produção açucareira, a cana-de-açúcar só é cultivada no início do último quartel do século XIX, para o consumo local (cf. M. E. Azevedo Marques, op. cit., vol. II, p. 54).
91 Cf. A. Ellis Jr., "O café e a Paulistânia", p. 301-02.
92 Cf. Conde Auguste von der Straten-Ponthoz, *Le Budget du Brésil ou Recherches sur les Ressources de cet Empire dans leurs Rapports avec les intérets Européens du Commerce et de L'Émigration*, Paris, Libr. d'Amyot, 1854, 3 vols.; vol. III, p. 116.
93 Cf. A. d'E. Taunay, *História do café no Brasil*, vol. IV., p. 153.
94 Cf. Jean Baptiste Debret, *Viagem pitoresca e histórica ao Brasil*, tradução e notas de Sérgio Millet, São Paulo, 1940, 2 vols.; vol. I, p. 189. Suas informações valem até os meados do segundo quartel do século XIX.

do norte para o sul do Império 27.441 escravos, sem contar os que não foram marcados, por terem viajado em companhia dos senhores:

1852	4.409
1853	2.909
1854	4.418
1855	3.532
1856	5.006
1857	4.211
1858	1.993
1859	963[95]

A decadência agrícola das províncias do norte dava origem a migrações internas da população escrava, ou comboios,[96] que alimentavam, com os africanos importados "ilegalmente" pelos traficantes e negociados no mercado do Valongo,[97] as necessidades de braços das fazendas paulistas. Contudo, é importante assinalar que o governo brasileiro proibiu definitivamente o tráfico

---

95   A. d'E. Taunay, *História do café no Brasil*, vol. IV, p. 152-53.
96   Sobre os "comboios" de escravos enviados do norte para o sul, cf. o depoimento de Eloy de Andrade, A. d'E. Taunay, op. cit., vol. V, p. 166-67. Há quem afirme que a crise econômica chegou a compelir os senhores do norte a terem que enxotar seus escravos dos engenhos (cf. Jovelino M. de Camargo Jr., "Abolição e suas causas", *Estudos afro-brasileiros*, Rio de Janeiro, Ariel Editora, 1935, p. 162).
97   Sobre o mercado da rua do Valongo, no Rio de Janeiro, onde se praticava a venda dos negros africanos, cf. esp. João Maurício Rugendas, *Viagem pitoresca através do Brasil*, trad. de Sérgio Milliet, São Paulo, Livraria Martins Editora, 1940, p. 175-76; J. B. Debret, op. cit., vol. I, p. 189-90; Rev. R. Walsh, *Notices of Brazil in 1828 and 1829*, Londres, Frederick Westley and A. H. Davis, vol. II, p. 323 e ss., Maria Graham, *Journal of a voyage to Brasil, and residence there, during part of the years 1821, 1822, 1823*, Londres, Longman, Hurst, Rees, Orme, Brown, and Green, 1824, p. 227 e ss. Naturalmente havia em São Paulo pessoas que se dedicavam profissionalmente ao tráfico dos negros e os próprios mercadores do Rio tinham aqui alguns agentes.

em 1850,[98] extinguindo a fonte de abastecimento regular de mão de obra escrava de que dispunham os brancos, e que os escravos transferidos do norte não eram suficientemente numerosos para atingir os limites de saturação do sistema de trabalho escravo. Ao contrário, a partir dessa época, torna-se cada vez mais notória a insuficiência das reservas de escravos, existentes em disponibilidade em outras províncias do país para fazer face à expansão da agricultura de São Paulo.[99]

Os dados demográficos indicam que o elemento escravo na população de São Paulo continua a aumentar progressivamente até os fins do terceiro quartel do século XIX, sem determinar, no entanto, nenhuma modificação considerável na proporção de negros e mulatos em relação aos brancos, passando a declinar daí em diante.[100] É a seguinte trajetória seguida pelo desenvolvimento da população de toda a província durante a segunda metade do referido século:[101]

---

98 A chamada *lei de extinção do tráfico* foi promulgada em 7 de novembro de 1831, como efeito de pressões diplomáticas da Inglaterra (cf. J. Pandiá Calógeras, *Formação histórica do Brasil*, 4. ed., São Paulo, Companhia Editora Nacional, 1945, cap. X; Evaristo de Morais, op. cit., p. 177-78; e Osório Duque-Estrada, *A Abolição. Esboço histórico, 1831-1888*, Rio de Janeiro, Liv. Ed. Leite Ribeiro e Maurilo, 1918, p. 19-33). A lei não foi cumprida em nenhuma de suas disposições, o que levou a Inglaterra a intervir de uma maneira drástica, sem considerações pela soberania brasileira, de 1845 em diante. O resultado foi que o tráfico aumentou rapidamente, refletindo-se ainda em outros setores: elevação do custo do escravo, ampliação desmedida da margem de lucro dos traficantes, morticínio em massa de africanos (em casos de perigo a "carga" era lançada ao mar), irritação dos ânimos populares, o que tornava o tráfico uma *questão de honra* para os brasileiros etc. A literatura sobre esse importante episódio é demasiado extensa para ser apontada aqui.
99 Veja-se particularmente Caio Prado Jr., *História econômica do Brasil*, p. 184-85; e cf. adiante a sucinta análise da competição do negro com o imigrante europeu.
100 Cf. S. H. Lowrie, op. cit., p. 11-3.
101 Cf., respectivamente: *População da província de São Paulo – 1854*, estatística organizada por Machado de Oliveira, *Discurso com que o Ilustríssimo Excelentíssimo Sr. Dr. Roberto d'Almeida, Vice-Presidente da Província de São Paulo, abriu a Assembleia Legislativa Municipal no dia 18 de fevereiro de 1856*, São Paulo, 1856 (documento anexo); *Recenseamento, 1872 – Quadros Gerais. Recenseamento da População do Império do Brasil a que se procedeu no dia 1º de agosto de 1872; Recenseamento Geral de 1886 – Relatório apresentado ao Exmo. Sr. Presidente da Província de São Paulo pela Comissão Central de Estatística Composta dos senhores Drs. Elias Antonio Pacheco e Chaves (presidente), Dr. Domingos José Nogueira Jaguaribe Filho, Dr. Joaquim José Vieira de Carvalho, Engenheiro Adolpho Augusto Pinto, Abílio Aurélio da Silva Marques*, São Paulo, Leroy King Book-Walter, Tipografia King, 1888, p. 12 e 56.

	1854	1872	1886
População livre	294.612	680.742	1.114.065
População escrava	117.238	156.612	107.329
Total	411.850	837.354	1.221.394

 Esses dados traduzem uma realidade que merece consideração. A evolução da escravidão em São Paulo apresenta algumas peculiaridades, porque a expansão da "grande lavoura" nesta província coincide com o período em que se inicia e se processa o colapso do sistema de trabalho escravo no Brasil. A renovação ilimitada do "braço negro" tornara-se praticamente impossível desde a cessação do tráfico. As correntes de população escrava que se estabeleceram do norte para o sul e, posteriormente, provocaram deslocamentos da população escrava dentro da própria província de São Paulo[102] puderam manter transitoriamente o equilíbrio na organização do sistema de trabalho servil. Mas o trabalho escravo se revelava cada vez mais dispendioso e de aquisição mais difícil. O café oferecia margens para cobrir as inversões de capitais feitas na custosa mão de obra, que se tornara o escravo negro. Contudo, a disponibilidade de mão de obra escrava no mercado interno não podia corresponder ao ritmo de intensificação da procura, resultante da expansão da "grande lavoura", principalmente no decorrer do último quartel do século XIX. Daí a necessidade de procurar um sucedâneo para o trabalho servil. Admitia-se que o escravo se transformaria em trabalhador livre e que o problema da mão de obra encontraria na libertação dos escravos um corretivo natural.[103] Os fazendeiros mais empreendedores de São Paulo, porém, tentaram corrigir as limitações do mercado interno de trabalho através da importação imediata de trabalhadores brancos. O trabalho escravo encontrara finalmente um sucedâneo no trabalho livre, mas no trabalho livre proporcionado pelos imigrantes europeus. Os imperativos de ordem econômica passam a refletir-se na composição da população de outra forma: os fatores que antes determinavam o incremento da população negra irão ocasionar o aumento da população branca, graças à permanente "fome de braços", que drenará sem cessar milhares de indivíduos de diversas regiões da Europa para as lavouras paulistas.

---

102 Sobre a circulação de escravos dentro da própria província, das zonas mais pobres para as mais prósperas, cf. esp. S. H. Lowrie, op. cit., esp. Quadro II e p. 13.

103 Infelizmente, nem todos os pontos de análise podem ser devidamente desenvolvidos aqui. Em trabalhos futuros, pretendemos esclarecê-los melhor.

Os progressos da agricultura se refletiram diretamente na vida econômica da capital. A propagação do café para o Oeste Paulista teve uma importância considerável para a economia da cidade, pois deslocou do Rio de Janeiro para o porto de Santos o movimento comercial provocado pela exportação do produto. A capital de São Paulo transformou-se, em consequência, em eixo comercial da economia paulista,[104] e principia a desenvolver-se em um sentido urbano. Os transportes, que se fizeram até 1860 por meio das tropas de burro, passam a ser realizados por estradas de ferro, cuja extensão e quilometragem aumentam rapidamente.[105] O crédito agrícola, embora deficiente, organiza-se em bases mais amplas, graças ao aparecimento de um incipiente sistema bancário, às operações dos intermediários nos negócios do café e ao crescimento paralelo do comércio.[106] Esses desenvolvimentos se operam de forma acentuada no último quartel do século XIX, sem modificar de modo profundo, contudo, a posição do negro no sistema de trabalho. À medida que se processava a desintegração do acanhado artesanato herdado do período colonial, as ocupações independentes ou rendosas caíam continuamente nas mãos dos imigrantes europeus. É preciso notar que o meio social só começou a comportar a multiplicação de atividades sociais, que garantissem relativa segurança e prosperidade econômica com apoio na aplicação exclusiva de energias pessoais combinadas a reduzidos capitais, num momento em que a escravidão entra em crise e em que a imigração se intensifica. Por isso, as oportunidades criadas pelas tendências de desenvolvimento urbano da economia paulista vão beneficiar os imigrantes europeus e muito pouco os mulatos e negros libertos. Sob este aspecto, a situação de São Paulo é claramente distinta da do Rio de Janeiro, por exemplo, onde os negros chegaram a monopolizar, em pleno regime servil, um grupo apreciável de atividades econômicas ligadas com a vida social urbana.

---

104 Cf. esp. Caio Prado Jr., *História econômica do Brasil*, p. 174-75.
105 Cf. P. R. Pestana, op. cit., p. 7-9; João Pedro da Veiga Filho, *Estudo econômico e financeiro sobre o Estado de São Paulo*, São Paulo, Tipografia do Diário Oficial, 1896, p. 89-115; F. T. Souza Reis, "Desenvolvimento Comercial do Brasil", *Jornal de Economia Política*, vol. I, n. 2, 1913, p. 230 e ss., em que examina as origens dos capitais que tornaram possível a criação da rede ferroviária brasileira.
106 Cf. esp. Richard M. Morse, "São Paulo in the Nineteenth Century: Economic Roots of the Metropolis", *Inter-American Economic Affairs*, vol. V, n. 3, 1951, p. 21 e ss. O artigo em conjunto constitui uma concentrada análise da expansão da economia paulista em um sentido urbano durante o século XIX.

Os dados demográficos atestam que a população da cidade também aumentara, embora seja quase impraticável uma comparação entre as estatísticas de 1854 e 1872.[107] Em 1854, a cidade com seu termo rural compreenderia 31.824 habitantes, dos quais 23.834 seriam *livres*, 7.068 *escravos* e 922 *estrangeiros*.[108] Os dados relativos a 1872 (nos quais não foram computadas as freguesias de Cutia e Itapecerica, como em 1854) contêm maiores discriminações, como se poderá verificar pelo quadro abaixo:[109]

COR	CONDIÇÃO		TOTAL
	Livre	*Escravo*	
Branca	18.834	—	18.834
Parda	5.761	950	6.711
Negra	2.090	2.878	4.968
Cabocla	872	—	872
Total	27.557	3.828	31.385

Quanto a 1886, sabe-se que a população da capital, com seu termo rural, abrangeria 47.697 habitantes, dos quais somente 593 seriam escravos. Nessa ocasião, os imigrantes italianos, portugueses, alemães, austríacos, espanhóis, franceses e ingleses, radicados na cidade, já totalizavam 11.731 indivíduos. A mesma fonte indica que a composição da população da cidade de São Paulo, pela cor, seria a seguinte:[110]

Brancos..	36.334
Pardos..	6.450
Negros..	3.825
Caboclos...	1.088
Total..	47.697

---

107 As estatísticas de 1854 incluem na zona rural da Comarca de São Paulo duas freguesias que não constam nas computações concernentes às estatísticas de 1872.
108 Cf. *População da Província de São Paulo – 1854*, loc. cit. Convém esclarecer que não foram incluídos os totais referentes às vilas da "periferia" da Comarca (Santo Amaro, Parnaíba e Jundiaí).
109 Cf. *Recenseamento – 1872*, loc. cit.
110 Cf. *Recenseamento Geral de 1886*, op. cit., p. 9, 13 e p. 55-56. Dos 593 escravos que ainda existiam na capital e seu termo em 1886, 225 eram homens e 268, mulheres.

Apesar das transformações acarretadas pela expansão da cidade em um sentido urbano, São Paulo foi até o fim do século uma sociedade rural que desempenhava, por circunstâncias peculiares, a função de centro comercial, bancário, intelectual e burocrático de uma província estritamente agrícola. Em sua própria constituição era notável a importância das atividades agrícolas. Seu centro "urbano" se circunscrevia a algumas ruas da freguesia da Sé, que era, ao mesmo tempo, a área em que moravam as famílias mais abastadas (em 1872, por exemplo, a metade da escravaria da comarca estava nas mãos dos seus moradores e nada menos de 1.061 escravos eram ocupados em "serviços domésticos"), e em que vivia o maior contingente de pessoas livres da comarca (7.344 indivíduos, sobre 20.213, que residiam nas oito freguesias restantes). A lavoura, praticada na região, ainda representava a principal fonte de renda dos moradores livres dessas freguesias e continuava a absorver o trabalho de boa parte dos seus escravos. De qualquer forma, parece que as repercussões da complicação da estrutura social na organização do trabalho escravo não foram muito profundas. Todas as ocupações de alguma representação social permaneciam como privilégios das pessoas *livres* e *brancas*, pois só excepcionalmente graças a certos mecanismos de atribuição de *status*, que serão examinados no segundo capítulo, é que os "homens de cor" *livres* ("pardos" ou "negros") conseguiam acesso a tais ocupações. Os dados contidos nas estatísticas de 1872 deixam patente que a incipiente economia urbana de São Paulo não chegara a determinar a elaboração de novas formas de aplicação do trabalho escravo, tendo apenas contribuído para *intensificar* um pouco mais certas formas tradicionais de exploração do trabalhador escravo (ampliação das oportunidades de *alugar* os escravos, por exemplo, para serviços domésticos ou manuais). O quadro da página a seguir reúne os dados relativos às atividades econômicas em que os escravos eram empregados nessa ocasião, em sete freguesias da comarca.[111]

De modo que presenciamos um interessante fenômeno: a agricultura da zona rural da cidade não favorecia o incremento da procura de escravos, evoluindo constantemente, ao contrário, para o trabalho livre, quase sempre do próprio empreendedor, com a colaboração de membros de sua família (o que acontecia com frequência no caso dos imigrantes europeus); por sua vez, as novas atividades econômicas, nascidas do crescimento do comércio e da produção urbana, não se orientavam no sentido do trabalho escravo, mas do trabalho livre. Nas esferas das "profissões manuais ou mecânicas" e

---

[111] Cf. *Recenseamento – 1872*, loc. cit.

PROFISSÕES	FREGUESIAS							
	Sé	Sta. Ifigênia	Consol. e S.J.B.	Brás	Guarulhos	N.S. do Ó	Penha	Total
Costureiras	36	19	6	6	—	2	2	67
Cant. Calc. e mineiros	—	—	—	—	1	—	—	1
Trab. em metais	12	2	—	2	1	—	2	19
Trab. em madeiras	20	6	4	3	—	—	—	33
Trab. em tecidos	116	—	—	—	8	—	—	124
Trab. em edificações	7	1	9	8	—	—	—	25
Trab. em vestuários	—	—	1	1	—	—	—	2
Trab. em couros e peles	29	—	1	—	—	—	—	30
Trab. em calçados	2	1	—	1	1	—	—	5
Trab. agrícolas	—	333	205	105	83	53	47	826
Criados e jornaleiros	402	—	22	35	—	48	—	507
Serviços domésticos	1.061	56	496	37	56	38	7	1.304
Sem profissão	224	53	46	84	75	174	21	677
Total	1.909	471	342	278	226	315	79	3.620

das outras profissões em que se processava o aproveitamento regular do trabalhador escravo, este sofria uma forte competição do trabalhador livre e estava sendo substituído por ele. Assim, tendo-se em vista essas profissões, verifica-se que o escravo compartilhava com o trabalhador livre as funções de agente de trabalho no sistema de serviços e de produção da cidade, de uma maneira que insinua, já em 1872, a eliminação progressiva do primeiro pelo segundo. É o que inferimos da interpretação dos dados que constam do quadro a seguir,[112] o qual se limita às profissões assinaladas no quadro anterior (outras foram omitidas, porque eram exercidas exclusivamente por indivíduos livres).

Isso não explica, porém, a enorme redução da população escrava, observada no período aqui considerado, com referência aos anos de 1854, 1872 e 1886. Sem dúvida, tanto a supressão definitiva do tráfico africano, com suas consequências diretas ou indiretas sobre as condições de renovação da mão de obra, quanto a tendência ao desenvolvimento do trabalho livre, favorecida pelo afluxo de imigrantes europeus, contribuem para esclarecer esse fenômeno no espírito do leitor. Mas o fenômeno em apreço

---

112 Idem.

CONDIÇÃO SOCIAL	ESCRAVOS	TRABALHADORES LIVRES	TOTAL
Costureiras	67	583	650
Cant., Cal. e mineiros	1	41	42
Trab. em metais	19	218	237
Trab. em madeiras	33	260	293
Trab. em tecidos	124	856	980
Trab. em edificações	25	130	155
Trab. em vestuários	2	102	104
Trab. em couro e pele	30	189	219
Trab. em calçados	5	58	63
Trabalhos agrícolas	826	3.747	4.563
Criados e jornaleiros	507	2.535	3.042
Serviços domésticos	1.304	3.506	4.810
Sem profissão	677	8.244	8.921

representa o produto de um conjunto de causas muito mais complexas que determinaram, ao longo da segunda metade do século XIX, um dos processos mais dramáticos que já abalaram a sociedade brasileira: o da desagregação do regime servil. Assim, não é a proporção do elemento negro na população de São Paulo que se altera, como se poderá verificar comparando entre si as indicações relativas às distribuições pela cor.[113] É o *status* do escravo que se modifica, a própria escravidão que desaparece, condenada pelas novas condições de existência social.

Se tomássemos os anos de 1850, em que o tráfico africano foi suprimido efetivamente, e de 1888, em que foi promulgada a abolição do cativeiro no Brasil, como pontos de referência históricos, seríamos levados a convir que a desagregação do regime servil se consumara em menos de quatro décadas. Pois, segundo Nabuco, o movimento abolicionista passara nesse período por suas três fases de evolução: "em 1850 queria-se suprimir

---

113 Aliás, Lowrie conclui, em sua investigação, que "dos fins do século XVIII até o começo da imigração europeia em grande escala, a proporção de mulatos e negros no Estado de São Paulo foi surpreendentemente constante, perfazendo mais de dois quintos de sua população total" (op. cit., p. 54). O mesmo autor assinala que o aumento da população branca, provocado pela imigração, reduzida apenas de 1/6 a porcentagem do elemento de cor na população total do Estado (idem).

a escravidão, acabando com o tráfico; em 1871, libertando desde o berço, mas de fato depois dos 21 anos de idade, os filhos de escrava ainda por nascer; hoje quer-se suprimi-la, emancipando os escravos em massa e resgatando os *ingênuos* da servidão da Lei de 28 de setembro".[114] Foi na década de 1880, quando o movimento abolicionista ganhou sua feição revolucionária, que se fez ouvir o *"protesto negro"*, o *"não quero"* dos escravos. A agitação abolicionista havia atingido as camadas populares e as próprias senzalas, conferindo aos escravos, nos derradeiros anos da existência do regime, uma ação decisiva no solapamento da ordem vigente. Por meio de fugas em massa, ao mesmo tempo que desorganizavam os trabalhos nas fazendas, confundiam e dificultavam a repressão legal.[115] Por isso, como muito bem

---

114 Joaquim Nabuco, O *abolicionismo*, Londres, Tip. de A. Kingdon & Cia., 1883, p. 4.

115 Conforme, especialmente, dados fornecidos por Evaristo de Morais, *A campanha abolicionista*, op. cit., p. 289 e ss., em particular p. 300-12; José Maria dos Santos, *Os republicanos paulistas e a Abolição*, São Paulo, Livraria Martins Editora, 1942, p. 177-83 e 264 e ss.; Dr. Antonio Manuel Bueno de Andrade, "A Abolição", em São Paulo. Depoimento de uma testemunha, O *Estado de S. Paulo* 13/5/1918 (documento transcrito em grande parte, em certos pontos com algumas modificações, na obra de Evaristo de Morais); *Exposição com que o Exmo. Sr. Visconde do Paraíba passou a administração da Província de São Paulo ao Exmo. Dr. Francisco Paula Rodrigues Alves*, São Paulo, 1888, p. 3-4; *Relatório apresentado à Assembleia Legislativa Provincial de São Paulo pelo presidente da Província Exmo. Sr. Dr. Francisco de Paula Rodrigues Alves no dia 10 de janeiro de 1888*, São Paulo, 1888, p. 21-22; *Relatório com que o Exmo. Sr. Dr. Francisco de Paula Rodrigues Alves passou a administração de São Paulo ao Exmo. Sr. Dr. Francisco Antonio Dutra Rodrigues, 1º Vice-presidente, no dia 27 de abril de 1888*, São Paulo, 1888, p. 18 e 23-24; *Relatório apresentado ao Exmo. Sr. Presidente da Província de São Paulo pela Comissão Central de Estatística composta dos senhores Dr. Elias Antônio Pacheco e Chaves (presidente), Dr. Domingos José Nogueira Jaguaribe Filho, Dr. Joaquim José Vieira de Carvalho, engenheiro Adolfo Augusto Pinto, Abílio Amélio da Silva Marques*, op. cit., p. 244-45; Osório Duque Estrada, *A Abolição*, op. cit., p. 225-26; cf. ainda João Pedro da Veiga Filho, *Estudo econômico e financeiro sobre o Estado de São Paulo*, Tip. do Diário Oficial, p. 60-69; e Caio Prado Jr., *História econômica do Brasil*, p. 190-91. Ao tratar de episódios ligados com a desagregação do regime servil, em pleno processo, Antonio Prado salienta no senado que os meios de repressão estavam "já gastos" e que não surtiam efeitos sobre a conduta dos escravos (cf. discursos de 13/9/1887 e de 19/9/1887), em *Antonio Prado, no Império e na República. Seus discursos e atos coligados e apresentados por sua filha Nazaré Prado*, Rio de Janeiro, F. Briguiet & Cia. Editores, 1929, p. 228 e 243-44.

observou um escritor francês, "a lei da Abolição não fez senão sancionar a desorganização já avançada do trabalho servil".[116]

Apesar dos ideais humanitários que inspiravam as ações dos agitadores abolicionistas, a lei que promulgou a abolição do cativeiro consagrou uma autêntica espoliação dos escravos pelos senhores. Aos escravos foi concedida uma liberdade teórica, sem qualquer garantia de segurança econômica ou de assistência compulsória; aos senhores e ao Estado não foi atribuída nenhuma obrigação com referência às pessoas dos libertos, abandonados à própria sorte daí em diante. Em suma, prevaleceram politicamente os interesses sociais dos proprietários dos escravos, à medida que aqueles interesses não colidiam com o fim explícito da lei abolicionista. No passado, definira-se no Brasil toda uma orientação que estabelecia nitidamente a responsabilidade do senhor e do governo na transformação do escravo em trabalhador livre.[117] E mesmo até 1887, já no período agudo das

---

[116] Pierre Dénis, *Le Brésil au XXe Siècle*, 7e tirage, A. Colin, Paris, 1928, p. 120. Um dos presidentes da Província refere-se à Abolição quase nos mesmos termos: "Pode-se, pois dizer sem exagero que ela apenas selou um fato consumado" (*Relatório apresentado à Assembleia Legislativa Provincial pelo Presidente da Província Dr. Pedro Vicente de Azevedo no dia 11 de janeiro de 1889*, São Paulo, 1889, p. 144).

[117] Em São Paulo, Antonio Rodrigues Veloso de Oliveira defendia em 1810 a emancipação dos escravos. Os filhos destes deveriam receber uma educação especial, que permitisse a sua transformação em trabalhadores livres (cf. *Memória sobre o melhoramento da Província de São Paulo*, op. cit., p. 91-93); e José Bonifácio de Andrada e Silva propôs, poucos anos depois, que se amparasse, após a manumissão, os que não possuíssem nenhum ofício: "Todos os homens de cor forros, que não tiverem ofício ou modo certo de vida, receberão do Estado uma pequena sesmaria de terra para cultivarem, e receberão outrossim dele os socorros para se estabelecerem, cujo valor irão pagando com o andar do tempo" (cf. *Representação à Assembleia Geral Constituinte e Legislativa do Brasil sobre a Escravatura*, Paris, Tip. de Firmin Didot, 1825; art. X, p. 29-30). No *Projeto sobre a extinção da escravidão no Brasil* (datado de 1866), o visconde de São Vicente salientava o propósito de não passar os escravos "de improviso e no todo ignorantes do estado de escravidão ao da liberdade" e de "dar-lhes alguma aprendizagem de viver sobre si, da necessidade do jornal, de amor ao trabalho por seu próprio interesse" (cf. *Trabalho sobre a extinção da escravatura no Brasil*, Rio de Janeiro, Tip. Nacional, 1868, p. 18). E, mesmo nas leis do *ventre livre* e de manumissão dos sexagenários, se estabeleciam algumas garantias que redundavam, apesar dos propósitos que as animavam, em benefício dos ingênuos e dos ex-escravos, pelo menos quanto à sua alimentação, vestimenta, alojamento e tratamento nas doenças (cf. Luís Maria Vidal, *Repertório da legislação servil*, nova edição, anotada por M. G. de Alencastro Autran, Rio de Janeiro, Laemmert & Cia., 1886 (3 vols.), vol. II, p. 5-13 e vol. III, p. 60 e ss.).

agitações abolicionistas, vários fazendeiros paulistas e os seus intérpretes mais abalizados[118] defendiam a necessidade de educar o liberto e transformá-lo em trabalhador livre. Não escapara à aguda percepção de alguns dos seus líderes intelectuais que o trabalhador negro, recém regresso da escravidão e por ela *deformado*, não estava em condições de resistir à livre competição com o imigrante europeu.[119] Contudo, os fundamentos dessas ideias se ligavam aos interesses sociais dos senhores, nada tendo a ver com os ideais humanitários dos abolicionistas. Admitia-se, entre os fazendeiros paulistas, principalmente: 1º) que se o concurso dos ex-escravos seria insuficiente a mão de obra europeia proporcionada pelos imigrantes; 2º) que o escravo,

---

118 Um dos fins a que se propunha a *Associação Libertadora e Organizadora do Trabalho na Província de São Paulo* consistia em "promover a modificação do regime de trabalho agrícola nas fazendas, para assegurar a permanência do liberto, pelo menos durante o período de transição, evitando-se a desorganização do trabalho" (cf. 1º Centenário do Conselheiro Antonio da Silva Prado, *Revista dos Tribunais Ltda.*, São Paulo, 1946, p. 21). Por isso, era uma preocupação essencial dos mentores dessa associação: "aconselhar e promover a constituição de um regime de trabalho apropriado para manter os libertos nas fazendas, evitando a desorganização do trabalho" (idem, p. 21-22). Aconselhava-se a libertação com a cláusula de prestação temporária de serviços, com um meio capaz de assegurar (combinado a outros: como melhora da alimentação, pagamento de salário etc.), a continuidade de mão de obra e a retenção dos libertos nas lavouras dos ex-senhores. Aliás, Antonio Prado afirmava, no discurso de 19/9/1887: "É este o único meio de manter o regime do trabalho escravo nas fazendas, até a extinção completa da escravidão" (cf. *Antonio Prado no Império e na República*, op. cit., p. 244). No fundo, atrás dessas noções, tão correntes na época dentro do meio senhorial, se ocultava uma velha convicção: a de que os trabalhos agrícolas dependiam da mão de obra negra. Essa convicção alimentava desde há algum tempo a orientação prática dos que pretendiam transformar os escravos em homens livres. Em 1866, por exemplo, A. da Silva Neto defendia esse ponto de vista com clareza: "Em um país como o nosso aonde a imigração para os trabalhos agrícolas não tem sido bastante, não podemos deixar de olhar com atenção para a população que existe dentro dele. Assim, devemos preparar os braços cativos hoje para quando emancipados amanhã os aproveitarmos na lavoura, pois serão eles que oferecerão mais garantias para o trabalho de parceria" (cf. *Estudos sobre a emancipação dos escravos no Brasil*, Rio de Janeiro, Tip. Perseverança, 1866, p. 45).
119 Antonio Prado, por exemplo, acreditava que o *trabalho livre* "expulsaria" o *trabalho escravo* e que, depois de sua instituição, se prevalecessem as orientações dominantes de evitação do trabalho agrícola pelos libertos, não haveria outro recurso senão o apelo organizado à mão de obra europeia (cf. *Antonio Prado no Império e na República*, op. cit., esp. p. 33 e p. 282-83, 286, 289-90, 306-08).

depois de libertado (pela iniciativa privada ou por medida legal), continuaria a prestar serviços ao seu antigo senhor. A descoberta da inconsistência dessas ideias produziu uma reviravolta nas atitudes dos senhores e, em consequência, foram abandonadas as antigas preocupações de recuperação humana do escravo como homem livre. Passara para primeiro plano a política imigratória; toda a influência dos fazendeiros paulistas, do governo da Província de São Paulo e dos seus representantes no governo imperial orientou-se no sentido de intensificar a transferência de trabalhadores europeus para as lavouras paulistas, com a maior rapidez possível.[120] Ninguém mais se preocupava, oficialmente, com *"o mandato da raça negra"*.

Em conexão com a desorganização do trabalho e com a desintegração da ordem social escravocrata, processou-se a eliminação parcial do negro do sistema de trabalho. As oportunidades surgidas com a instituição do trabalho livre foram aproveitadas pelos imigrantes e pelos então chamados *"trabalhadores nacionais"*, geralmente "brancos" ou "mestiços" (na maioria de descendência cabocla), que constituíam sob o regime servil uma camada social "livre", mas dependente e sem profissão definida.[121] Em resumo, com o desaparecimento da escravidão o

---

120 À medida que se acentuaram duas tendências: 1ª) que os libertos não se transformariam, em massa e de *motu proprio*, em trabalhadores agrícolas; 2ª) que existiam possibilidades de intensificar amplamente a imigração, o eixo da política provincial se deslocou no sentido de defender a intensificação da *colonização* e da imigração. Tanto o governo provincial quanto o imperial tomaram medidas para favorecer ou atender os interesses dos lavradores paulistas, então muito poderosos, econômica e politicamente. Parece-nos desnecessário citar documentos sobre semelhante desenvolvimento da economia e da política de São Paulo. Os dados estatísticos, por sua vez, dão uma representação nítida do que aconteceu nessa época: 1) de 1827 a 1879, entraram na província 21.620 imigrantes; 2) de 1880 a 1890 (fase que nos interessa no momento), entraram 222.370 imigrantes; 3) desses 222.370 imigrantes: a) 22.352 entraram entre 1880-1885; b) 199.918 entraram entre 1886-1890 (cf. *Dados para a história da imigração e da colonização em São Paulo*, Departamento Estadual do Trabalho, São Paulo, Tipografia Rotschild & Cia., 1916, p. 11-13; *A imigração e as condições do trabalho em São Paulo*, São Paulo, Tipografia Brasil de Rotschild & Cia., 1915, p. 8-9).

121 Em um documento oficial, o "nacional" é apontado como um dos "ótimos" agentes de substituição do escravo (cf. *Relatório apresentado à Assembleia Legislativa provincial de São Paulo pelo presidente da província dr. Francisco de Paula Rodrigues no dia 10 de janeiro de 1888*, op. cit., p. 65). O conselheiro Paula Sousa escrevia, por sua vez, "Trabalhadores não faltam a quem os sabe procurar. Primeiramente temos os próprios escravos, que não se derretem e nem desaparecem e que precisam de viver

elemento negro perdera sua posição no sistema econômico de São Paulo. A lei da Abolição do cativeiro não fez senão acelerar a decomposição do trabalho escravo, que em diversas fazendas e cidades da Província de São Paulo já havia chegado a um extremo de desorganização. As fugas em massa, que se intensificaram em 1887, deixaram muitos fazendeiros em situação aflitiva. Para remediar a situação, os senhores desenvolveram uma tática nova: primeiro, começaram a conceder alforria com cláusula de prestação de serviços por tempo determinado;[122] depois, para salvar a safra de café pendente, acabaram desistindo da prestação de serviços, libertando incondicionalmente os escravos e tomando-os como assalariados nas suas fazendas.[123] A orientação dos

---

    e de alimentar-se, e, portanto, de trabalhar, coisa que eles compreendem em breve prazo". "Depois temos um corpo enorme de trabalhadores, como não contávamos. Não aludo ao imigrante que felizmente hoje nos procura com abundância, aludo ao brasileiro, preguiçoso ontem e vivendo de aparas do serviço escravo, e da benevolência do proprietário rural ao qual fazia a corte na qualidade de agregado, capanga ou outra qualquer coisa. Este brasileiro lança-se hoje valentemente ao trabalho, ou porque este se notabilitasse com a liberdade, ou porque lhe tivessem faltado aqueles recursos anteriores. É o que estamos vendo" (Carta ao Dr. César Zama deputado pela Bahia, *A Província de São Paulo*, 8/4/1888).

122 A cláusula de prestação de serviços geralmente obrigava o escravo a prestar um trabalho de compensação aos senhores, que podia estender-se por dois ou três anos. Cf. Evaristo de Morais, *A campanha abolicionista*, p. 163-65 e 315-17; entre as fontes primárias: especialmente 1º *Centenário do Conselheiro Antonio da Silva Prado*, p. 21 e ss.; e *Relatório apresentado ao Exmo. Sr. Presidente da Província de São Paulo pela Comissão Central de Estatística* etc., op. cit., p. 244-45. Convém esclarecer que os escravos distinguidos com essa concessão também lançavam mão da fuga o que a tornou inócua, como meio de vinculação do liberto à casa do senhor rural. Cf. especialmente: *Relatório apresentado à Assembleia Provincial de São Paulo pelo presidente da Província Exmo. Sr. Dr. Francisco de Paula Rodrigues Alves no dia 10 de janeiro de 1888*, op. cit., p. 22; cons. Paula Sousa, loc. cit. ("A libertação condicional mesmo com prazo limitadíssimo não produz efeito algum naquelas almas ulceradas por tão longo cativeiro. Suspeitam e com razão a respeito de alguns, uma tal liberdade é apenas um logro para demorá-los na escravidão, da qual as circunstâncias o tirarão. Trabalham, mas com indolência e má vontade: funciona o corpo, mas não o espírito").

123 Algumas vezes os senhores também introduziam uma cláusula de prestação de serviços por um ano, vencendo porém os libertos salários pelos serviços realizados e usufruindo as vantagens do trabalhador livre. Cf. Evaristo de Morais, *A campanha abolicionista*, loc. cit.; *Relatório apresentado ao Exmo. Sr. Presidente da Província de São Paulo pela Comissão Central de Estatística* etc., loc. cit. Sabe-se que os fazendeiros

abolicionistas foi ao encontro da necessidade de mão de obra dos fazendeiros, pois eles tiveram que procurar uma nova solução para o alojamento dos ex-escravos. Promoveram combinações com os fazendeiros, que se dispunham a aceitar os escravos foragidos como trabalhadores a soldo.[124] Por fim, a desorganização do trabalho servil atingira a tais proporções, que os próprios foragidos se ofereciam por iniciativa pessoal nas fazendas das redondezas e obtinham com frequência trabalho remunerado.[125] A maioria, porém, abandonava os trabalhos agrícolas e procurava as cidades. Para eles, a liberdade significava em grande parte o abandono das antigas ocupações, sua substituição, quando possível, por outras atividades menos degradadas pela escravidão, e o direito de dispor do tempo ou da pessoa de acordo com a própria vontade.[126] A lei

---

faziam essas concessões porque pretendiam garantir a colheita da safra de café pendente (cf. *Relatório com que o Exmo. Sr. Dr. Francisco de Paula Rodrigues Alves passou a administração de São Paulo ao Exmo. Sr. Dr. Francisco Antonio Dutra Rodrigues* etc., op. cit., p. 23 e 24). A modificação da mentalidade dos senhores é patente, aos que lerem o seguinte trecho de um discurso de Antonio Prado: "O que aconselha, portanto, a razão? Que o fazendeiro proporcione-lhe desde logo gozo dessas regalias, retribuindo-lhe o trabalho pelo salário e modificando o regime, e diminuindo-lhe as horas de trabalho abolindo completamente os castigos, dando-lhe melhor alimentação e melhor vestuário deixando-o enfim de considerar como uma simples máquina de trabalho" (*1º Centenário do Conselheiro Antonio da Silva Prado*, p. 22; no texto referia-se aos libertos; o documento é de 15/12/1887).

124 Cf. dr. Antonio Manuel Bruno de Andrade, loc. cit., (este autor serviu como intermediário em contratos dessa natureza); José Maria dos Santos, *Os republicanos paulistas e a Abolição*, p. 239-40.

125 Cf. Evaristo de Morais, *A campanha abolicionista*, p. 307-09.

126 Como já indicamos, os núcleos de atração eram São Paulo e Santos; depois da formação do quilombo do *Jabaquá*, Santos passou a ser o principal centro de fixação dos escravos e libertos condicionais foragidos: cf. dr. Antonio Manuel Bueno Andrade, loc. cit.; Evaristo de Morais, op. cit., p. 264-65; José Maria dos Santos, op. cit., p. 179-83; Afonso Schmidt, *A marcha. Romance da abolição*, São Paulo, 1941, caps. VIII e IX. Sobre as expectativas de abandono das atividades agrícolas pelos libertos (de direito ou de fato): cf. especialmente *Relatório apresentado à Assembleia Legislativa Provincial de São Paulo pelo Presidente da Província Exmo. Sr Dr. Francisco de Paula Rodrigues Alves no dia 10 de janeiro de 1888*, op. cit., p. 21-22; carta publicada em 23/3/1888 em *A Província de São Paulo*, na seção livre; carta do conselheiro Paula Sousa, já citada (inclusive o seguinte trecho, que atesta as proporções dos movimentos de fuga coletiva dos escravos: "Tanto o corpo de trabalhadores desertou das fazendas que ficaram quase todas abandonadas. Não exagero dizendo que sobre 100, 80 ficaram desertas, Procurando os negros as cida-

de 13 de Maio generalizou esse impulso no seio da população escrava, levando-o às zonas em que a desorganização do trabalho escravo não se processara tão intensamente e provocando novos movimentos de evasão coletiva para as cidades.[127] Em consequência, o regime de trabalho que se construíra através da escravidão ruíra completamente, destruindo-se com ele todos os ajustamentos sociais criados anteriormente entre brancos e negros, senhores e escravos. Passados os momentos de *"loucura da liberdade"*, muitos dos libertos pretenderam retornar às antigas fazendas. Onde os senhores não dispunham de outra mão de obra, eles foram readmitidos, na condição de assalariados. Nas regiões em que viviam muitos imigrantes, porém, os senhores replicaram altivamente, chocados com a *"negra ingratidão"* dos ex-escravos: repeliram-nos, acabando de substituí-los por trabalhadores brancos.[128] Pequeno foi o número dos fazendeiros que souberam relegar os ressentimentos pessoais para segundo plano e que se esforçaram para orientar as transformações do

---

des ou aliciadores malévolos. Que será de todos nós? Pensávamos tristemente").

127 Cf. especialmente: Pierre Dénis, op. cit., p. 119-21; Afonso d'E. Taunay, *História do café no Brasil*, op. cit., vol. VII, p. 463; João Pedro da Veiga Filho, *Estudo econômico e financeiro sobre o Estado de São Paulo*, op. cit., p. 67-72; Everaldo Vallim Pereira de Souza, *Reminiscências (em torno de Antonio Prado)*, *1º Centenário do Conselheiro Antonio da Silva Prado*, op. cit., p. 208; Max Leclerc, *Cartas do Brasil*, trad., prefácio e notas de Sérgio Milliet, São Paulo, Companhia Editora Nacional, 1942, p. 82.

128 Segundo as indicações de Rodrigues Alves, os motivos que levaram os fazendeiros a aceitar de novo os escravos que haviam fugido, no período intenso, de desorganização do trabalho, nada tinham que ver com preocupações humanitárias, pois nasciam da própria situação econômica do fazendeiro, que não tinha outra fonte de mão de obra ou não possuía recursos para atrair imigrantes ou que não encontrava no solo já gasto condições para a aquisição de mão de obra mais cara (cf. *Relatório apresentado à Assembleia Legislativa Provincial de São Paulo pelo presidente da Província Exmo. Sr. Dr. Francisco de Paula Rodrigues Alves no dia 10 de janeiro de 1888*, op. cit., p. 22 e 64-65). Por isso, enquanto no Vale do Paraíba os fazendeiros tornavam a aceitar os antigos escravos, em outras zonas, principalmente no *Oeste Paulista*, a preferência pela mão de obra estrangeira revelou-se incontinenti. A expressão "negra ingratidão" é de Antonio Prado (cf. *1º Centenário* etc., op. cit., p. 23). Ela traduz a convicção dos fazendeiros brancos de que os escravos não estariam procedendo corretamente com os senhores, ao abandonar o trabalho como faziam. Doutro lado, mesmo os fazendeiros que aderiram humanitariamente ao abolicionismo admitiam que os escravos cometiam um "erro", ao deixar as fazendas (Paula Sousa, por exemplo, escrevia na carta citada: "Os próprios libertos devem tomar a responsabilidade do erro da retirada da casa, de que foram cativos").

regime de trabalho de modo a garantir aos seus ex-escravos uma situação de relativa segurança e estabilidade econômica.[129]

Os anos posteriores à Abolição foram extremamente duros para as populações negras concentradas nas cidades. Depois de decorrido mais de meio século, ainda se fazem sentir agudamente, no seio dessas populações, os efeitos das comoções que destruíram a ordem social escravocrata e projetaram os ex-escravos na arena de competição aberta com os brancos. De fato, a lei 13 de Maio nada concedeu ao elemento negro, além do *status* de homem livre. O processo de transformação real dos antigos escravos, e dos seus descendentes, em cidadãos, iria começar então, descrevendo uma trajetória que não foi, nem poderia ser, modelada por medidas de caráter legal. No plano econômico, que nos interessa aqui, esse processo se caracteriza pela lenta reabsorção do elemento negro no sistema de trabalho, a partir das ocupações mais humildes e mal remuneradas. Isso se explica por várias razões, que não se ligam à constituição biopsíquica dos negros, mas à herança negativa deixada pela escravidão. Em primeiro lugar, como muito bem salientou Caio Prado Jr., no Brasil *"o trabalho escravo nunca irá além do seu ponto de partida: o esforço físico constrangido; não educará o indivíduo, não o preparará para um plano de vida humana mais elevado"*.[130] O ex-escravo, abandonado a si mesmo, não estava em condições de competir com os imigrantes europeus sequer na lavoura.[131] Em segundo lugar, os dados da matrí-

---

129 Nos depoimentos que reunimos, por meio de entrevistas, colhemos dados que mostram duas coisas: 1ª) em certas regiões, os libertos foram repelidos pelos senhores, ao procurar trabalho nas fazendas, depois da Abolição e da normalização do trabalho agrícola; 2ª) os manumitidos ficaram chocados com as atitudes dos fazendeiros, chegando alguns a pensar que eles *preferiam* os imigrantes. Há todavia exemplos contrários, de fazendeiros que souberam coordenar os seus interesses com os dos ex-escravos. Paula Sousa, por exemplo, descreve como resolveu os seus problemas na ocasião: "Dei-lhes liberdade completa, incondicionalmente, e no pequeno discurso que lhes fiz ao distribuir as cartas, falei-lhes dos graves deveres, que a liberdade lhes impunha, e disse-lhes algumas palavras inspiradas pelo coração, muito diversas aliás daquelas que com antecedência havia preparado". "Concluí dando-lhes uma semana para procurarem o cômodo que melhor lhes parecesse, e declarando-lhes ao mesmo tempo que minha casa continuaria sempre aberta para os que quisessem trabalhar e proceder bem" etc.; loc. cit.
130 Caio Prado Jr., *Formação do Brasil contemporâneo*, op. cit., p. 341-42. (O grifo é nosso.)
131 Cf. nota 119; e, especialmente, as considerações e interpretações de Louis Couty relativas a São Paulo (*L'Esclavage ou Brésil*, Paris, Librairie Guillaumin et Cie., 1881, p. 47-50 e 56); as explanações desse autor sobre os obstáculos culturais e

cula de 1886 revelam que, aproximadamente, 95% da população escrava da Província de São Paulo se fixavam em zonas rurais, dedicando-se quase exclusivamente a atividades agrícolas; os 5% restantes, domiciliados em zonas urbanas, consagravam-se predominantemente aos serviços domésticos.[132] A concentração nas cidades representava, naturalmente, uma fonte de desajustamentos sociais e econômicos. O acesso às oportunidades de trabalho, doutro lado, obedecia em regra aos limites estabelecidos por tais condições: somente as atividades mais simples, que exigiam aptidões elementares, ou as atividades confinadas aos serviços domésticos, todas elas em conjunto pessimamente retribuídas, é que podiam ser disputadas aos brancos pelos egressos do regime servil.[133] Em terceiro lugar, é preciso que se atente para a circunstância peculiar de que a população negra e mulata era constituída por indivíduos que não possuíam, na sua maioria, nenhum pecúlio. Os poucos que dispunham de alguns bens (em geral, pequenos lotes de terras), muito raramente cogitavam de explorá-los em um sentido capitalis-

---

sociais que se opunham à transformação rápida do *escravo* em *homem livre* merecem consideração especial (cf. op. cit., p. 72-84). No que concerne à competição no plano das atividades agrícolas, cf. também Louis Couty, *Le Brésil em 1884*, Rio de Janeiro, Faro & Lino Editeurs, 1884, p. 141-54 (dados referentes à produção agrícola em São Paulo e às perspectivas de competição entre a mão de obra escrava e a mão de obra estrangeira).

132 Cf. *Relatório apresentado ao Exmo. Sr. Presidente da Província de São Paulo pela Comissão Central de Estatística* etc., op. cit., p. 156.

133 Os dados que recolhemos diretamente demonstram que a situação não era a mesma para todos os indivíduos de cor, embora todos tivessem, uniformemente, poucas possibilidades de obter ocupações dignificantes e bem remuneradas. Assim, os que se libertaram antes de 1885-1887 enfrentaram menores dificuldades de ajustamento. Entre estes, os que permaneceram em São Paulo (na zona urbana da cidade), fizeram-no porque possuíam ofícios de que viver. Doutro lado, os "escravos do sobrado" possuíam relações com os membros das famílias senhoriais e, em geral, haviam adquirido melhor educação de maneiras. Obtinham a proteção de pessoas brancas importantes, herdavam o seu "guarda-roupa" (o que era importante, competição por certos cargos) e não poucos sabiam o suficiente para obter colocações modestas no funcionalismo, em escritórios ou casas comerciais. Os que vinham do "eito" não desfrutavam essas vantagens dos antigos libertos e do ex-escravos domésticos. Em regra, não estavam aptos para competir senão na esfera das ocupações brutas e pessimamente retribuídas. Na verdade, eles passaram a constituir uma porcentagem importante na população de cor da cidade. A preocupação de se verem tratados como *homens livres* (referida por várias fontes que compulsamos) não favoreceu de maneira alguma o seu ajustamento ao sistema de trabalho urbano.

ta, ao contrário do que acontecia com os imigrantes e seus descendentes. De modo que se pode afirmar, em poucas palavras, que os males enfrentados pelo elemento negro nas cidades resultavam, em grande parte, da herança por eles recebida do regime econômico anterior. A escravidão degradara a tal ponto o seu agente humano de trabalho, que tornara a sua recuperação econômica extremamente penosa, difícil e demorada.

Esses fatos esclarecem suficientemente por que a importância da mão de obra negra decai nos anos posteriores à Abolição, permanecendo mais ou menos à margem do grande surto comercial e industrial, que iria transformar a cidade de São Paulo em uma metrópole, no decorrer da primeira metade do século XX. Mas a esses se devem acrescentar outros fatos, associados ao repentino crepúsculo do chamado *braço negro*. O mais significativo deles consiste na própria natureza dos serviços que passaram a absorver as reservas de mão de obra na cidade. Eram serviços ligados com o funcionamento do comércio, dos bancos, das indústrias e da burocracia, que faziam parte da esfera da vida econômica de que o regime servil expelira o escravo e todo o *homem* de cor livre que não possuísse a proteção de uma parentela poderosa, de um "padrinho" influente ou um extraordinário talento.[134] Doutro lado, também os nativos brancos nem sempre estavam capaci-

---

134 A grande expansão comercial e industrial de São Paulo se processou em conexão com o desenvolvimento do sistema ferroviário do estado, o qual só toma impulso depois de 1870 (cf. Paulo R. Pestana, *A expansão econômica do Estado de São Paulo num século*, op. cit., esp. p. 27). Nessa época, a eliminação da mão de obra negra já estava em processo, principalmente no artesanato. No que concerne às aptidões dos negros e dos mulatos, egressos do regime servil, para as novas espécies de trabalho, é preciso lembrar o que escrevera Couty sobre os obstáculos culturais que se opunham, naturalmente, à integração desses elementos ao sistema de produção capitalista (cf. nota 131). Isso não significa, é claro, que a mão de obra negra fosse "inferior" à mão de obra estrangeira. Mas, especificamente, que não estava adestrada para competir com ela; a escravidão não legou aos antigos agentes de trabalho experiências ou habilitações que permitissem a sua recuperação automática, sob o regime de trabalho livre. Sabe-se, a esse respeito, que eles eram capazes de um aproveitamento melhor e mais amplo, quando treinados e bem orientados. Assim, a indústria têxtil não encontrou possibilidades de desenvolvimento, em Sorocaba, por falta de mão de obra especializada. Os escravos não realizavam adequadamente suas tarefas e estragavam as máquinas com que deviam operar (cf. A. P. Cannabrava, *O desenvolvimento da cultura do algodão na Província de São Paulo (1861-1875)*, São Paulo, 1951, p. 278-80). Contudo, em Ipanema, onde os operários suecos se encarregaram de adestrar os seus auxiliares negros, estes trabalharam eficientemente, a ponto daqueles ficarem "muito satisfeitos com a aptidão prática dos mesmos". Os motivos de queixa

tados para o exercício de tais serviços. A mão de obra especializada e boa parte da massa de trabalhadores assalariados precisaram ser obtidas, inicialmente, através da imigração europeia.[135] Por fim, parece que prevaleceu entre os manumitidos a tendência a aceitar as ocupações acessíveis, que podiam disputar aos trabalhadores brancos, apesar de serem mal remuneradas e de corresponderem às tarefas degradadas pelo regime servil.[136] Ainda

---

    residiam na "indolência" e na "irregularidade no serviço", reflexos da deformação produzida pelo sistema de trabalho escravo (cf. J. B. von Spix e C. F. P. von Martius, *Viagem pelo Brasil*, op. cit., vol. I, p. 237). Além disso, cumpre acentuar que a expansão da indústria não podia processar-se sob o regime de trabalho servil. Como lembra muito bem Alice Cannabrava, em sua excelente monografia, o preço avultado de mão de obra escrava exigiria a inversão de amplos capitais (cf. op. cit., p. 278). Em consequência, não surgiram condições que estimulassem o aproveitamento da mão de obra escrava, em escala apreciável, fora do plano agrícola e do acanhado sistema artesanal, que existiu na cidade durante a escravidão.

135 Dos imigrantes entrados pelo porto de Santos, no período de 1908 a 1963, por exemplo, aproximadamente "2/5 eram profissionais, habilitados para competir no sistema de trabalho urbano (cf. *Movimento migratório no Estado de São Paulo* [Comentários sobre os dados estatísticos referentes ao período 1827-1936], D. T. C., *Boletim da Diretoria de Terras, Colonização e Imigração*, São Paulo, ano I, nº I, out. 1937, p. 39-40). Aliás, Roberto C. Simonsen indica que a existência de mão de obra especializada entre os imigrantes constituiu uma das condições favoráveis ao desenvolvimento industrial de São Paulo (cf. *Brazil's Industrial Evolution*, Escola Livre de Sociologia e Política, São Paulo, 1939, p. 36).

136 Parece que prevaleceu, entre os ex-escravos, uma tendência comparável à que se formara entre os antigos libertos, no que concerne à evitação de trabalhos, degradados pela escravidão e à exigência de um tratamento compatível com a condição de *homem livre*. Em uma carta publicada em *A Província de São Paulo* (de 23/3/1888), por exemplo, afirma o missivista o seguinte: "Triste verdade: Os escravos, como a maioria dos caipiras, fogem ao trabalho". "Se vão para uma fazenda como camaradas, poucos dias param. São excessivamente exigentes, morosos no trabalho, param a cada momento para fazer cigarro e fumar; nas horas de rejeição demoram-se indefinidamente, bem poucos se sujeitam a fazer um feixe de lenha etc. Qualquer observação que se lhes faça recebem como ofensa, e formalizando-se dizem que são livres, largam a ferramenta e lá se vão." Todavia, como escrevera Paula Sousa (loc. cit.): eles "precisavam de viver e de alimentar-se". Depois de algumas "cabeçadas" e de um interregno de "vagabundagem", viam-se obrigados a "se arrumarem" onde aceitassem os seus serviços. Na capital, a acomodação era mais fácil, como evidenciam os depoimentos que recolhemos, para os que possuíssem uma profissão manual ou se dispusessem a ocupar-se com serviços brutos e mal remunerados. O baixo nível de vida engendrava uma terceira alternativa, a que

assim, a transição foi relativamente mais fácil para a mulher negra do que para o homem. É que no mundo escravo o aviltamento dos serviços domésticos não chegara a ser tão acentuado quanto o de outras atividades manuais ou braçais, realizadas pelos cativos. Daí talvez a maior resistência oferecida pelo homem negro à proletarização, a qual iria alimentar várias apreciações malévolas a respeito das suas aparentes inclinações à vagabundagem e à exploração das companheiras.

As novas condições econômicas se refletiram naturalmente na composição da população. A proporção do elemento negro passou a diminuir continuamente. Primeiro, em consequência do abandono do Estado de São Paulo por numerosos manumitidos que retornavam para o Norte, para as regiões de que foram arrancados em virtude do tráfico interno.[137] Depois, por causa do apregoado "*deficit* negro": desenvolveu-se no seio da população negra um processo de seleção letal, cujos efeitos foram sem dúvida exagerados nas primeiras interpretações. Chegou-se a supor, a princípio, que esse processo resultava inclusive da incapacidade biológica do negro de adaptar-se ao plano paulista e que ele seria suficientemente devastador para produzir a extinção do elemento negro e de seus descendentes mestiços em um período de quarenta ou cinquenta anos.[138] Análises estatísticas mais meticulosas demonstraram, porém, que o referido processo seletivo não alcançara extensões alarmantes e que ele, por si mesmo, não bastaria para determinar

---

> recorriam os que não se conformassem com semelhantes perspectivas: consistia em *viver de expediente*, isto é, dos frutos provenientes de pequenos "biscates" e da cooperação das companheiras. Essas quase sempre proporcionavam aos seus companheiros: alojamento (em quartos de aluguel, dos porões ou dos cortiços); alimentação (geralmente "trazida do emprego", em uma pequena marmita); roupas velhas (obtidas dos patrões); e algum dinheiro (extraído do próprio ganho). Essa espécie, de simbiose entre o homem e a mulher durou até pouco tempo, no meio negro, e nunca foi aprovada pelos brancos, que a ridicularizaram de várias maneiras. Ela teve uma função importante, porém, pois permitiu que os desajustamentos produzidos pelas transformações operadas em consequência da desagregação do regime servil não se manifestassem sob formas mais violentas. Doutro lado, a oposição mais eficiente contra esses comportamentos surgiu no próprio meio negro, através dos movimentos sociais, que serão analisados no último capítulo deste trabalho.

137 Essas migrações teriam assumido proporções relativamente consideráveis. Pelo menos, é o que se fica sabendo pelo conteúdo de uma nota de Antônio Bento, sem assinatura, estampada na folha abolicionista que dirigia (cf. "Os pretos desaparecem do Estado", *A Redenção*, 27/6/1897). Cf., ainda, as referências bibliográficas contidas na nota 127.

138 Cf. Alfredo Ellis Jr., *Populações paulistas*, São Paulo, Companhia Editora Nacional, 1934, esp. p. 107 e ss.

uma alteração brusca na composição da população quanto à cor.[139] Por sua vez, os resultados das investigações sociológicas, feitas por Roger Bastide, levaram-no a concluir que o *deficit* negro" não provinha nem da incapacidade adaptativa do negro, nem de fatores de ordem fisiológica, mas das deploráveis condições de vida enfrentadas nos "cortiços" da cidade.[140] Assim, a falta de vitalidade da população negra seria fruto da miséria, do pauperismo e da promiscuidade, que atingiram tão duramente um largo setor dessa população.

De qualquer modo, os negros e pardos, que perfaziam 23,9% da população do Estado de São Paulo em 1886, pelo censo de 1940 constituiriam 12,01 da população total.[141] Uma redução paralela se operou na população do município da capital, pois em 1886 os negros e pardos representavam, aproximadamente, 21% da população total, enquanto em 1940 eles corresponderiam apenas a 8,19%.[142] Seria conveniente assinalar que, não obstante os dois fatores mencionados anteriormente (migrações de elementos da população negra para outras regiões do país e seleção letal no seio da população negra), a alteração do padrão de composição demográfica das populações do estado e da capital se deve, em grande parte, ao aumento da população branca, produzido pela imigração europeia e por migrações internas, nas quais se verifica a predominância do elemento branco.[143] O *quadro a seguir* apresenta os dados relativos à composição da população do

---

139 Cf. esp. S. H. Lowrie, O *elemento negro na população de São Paulo*, op. cit., p. 22-27.
140 Cf. Roger Bastide, O *negro em São Paulo*, trabalho em Ms., p. 5-6.
141 Cf. respectivamente: *Relatório apresentado ao Exmo. Sr. Presidente da Província pela Comissão Central de Estatística* etc., op. cit., p. 14; e *A composição da população segundo a cor, no Brasil, nas regiões fisiográficas e nas Unidades da Federação*, publicação nº 306-A, do Instituto Brasileiro de Geografia, e Estatística, Serviço Nacional de Recenseamento, s. d., p. 10.
142 Cf. respectivamente: *Relatório apresentado* etc., loc. cit., e A *população do município de São Paulo segundo a cor*, publicação nº 15, do Instituto Brasileiro de Geografia e Estatística, Serviço Nacional de Recenseamento, s. d., p. 2.
143 Cf. *Dados para a história da imigração e da colonização em São Paulo*, op. cit., passim; *Movimento migratório no Estado de São Paulo (Comentários sobre os dados estatísticos referentes ao período 1827-1936)*, op. cit., passim; Vicente Unzer de Almeida e Otávio Teixeira Mendes Sobrinho, *Migração rural-urbana*, Secretaria de Agricultura do Estado de São Paulo, 1951, esp. p. 29 e Quadro VI, na p. 75; Humberto Dantas, "Movimentos de migrações internas em direção do Planalto Paulista", *Boletim do Serviço de Imigração e Colonização*, nº 3, passim; T. Lynn Smith, *Brazil: People and Institutions*, Baton Rouge, Louisiana State University Press, 1946, p. 334 (com cuja interpretação estamos em desacordo, com evidência o texto acima).

Estado e do município de São Paulo pela cor, segundo as apurações do censo de 1940:[144]

GRUPOS DE COR	CAPITAL (dados absolutos)	ESTADO (dados absolutos)
Brancos	1.203.111	6.104.968
Pretos	63.546	525.423
Pardos	45.136	291.665
Amarelos	14.074	215.389
De cor não declarada	394	52.048
Total	1.326.261	7.189.493

Praticamente, os negros e seus descendentes mestiços mantêm posições em quase todos os setores do atual sistema de serviços e profissões da cidade. Os resultados do censo de 1940 mostram que os trabalhadores de cor de ambos os sexos exercem suas atividades em empresas ou estabelecimentos que abrangem todas as esferas da vida econômica. Todavia, os serviços que absorvem maior mão de obra de cor ainda são, predominantemente, os ligados com as atividades domésticas e com as tarefas manuais ou braçais. Os mesmos resultados revelam que o número de empreendedores e capitalistas de cor é muito reduzido. Além disso, eles não conseguiram penetrar nos setores que exigem grandes capitais. Os índices de distribuição proporcional põem em evidência, por sua vez, que as ocupações, tanto as de empreendedor quanto as de assalariado, se concentram nas mãos dos brancos e dos seus descendentes tidos como tal. Na verdade, as coisas não se poderiam passar de outra maneira. O elemento de cor está para o elemento branco, na constituição da população economicamente ativa da cidade (indivíduos de dez anos e mais), na proporção de 8% para 91%, aproximadamente, conforme os resultados do aludido censo. Mas o que é significativo e nos cumpre pôr em relevo aqui é a flagrante desigualdade que separa o negro do branco na estrutura profissional de São Paulo. As *pessoas de cor* não participam, em regra, nem das garantias proporcionadas pelos serviços bem remunerados ou de alguma representação social, nem dos benefícios colhidos pela livre iniciativa em uma economia urbana. Semelhante distribuição das ocupações traduz a persistência das barreiras econômicas, que sempre distinguiram socialmente os representantes das duas raças no Brasil, e de antigos critérios de seleção ocupacional associados à cor. O leitor interessado

---

144 Cf. *A população do município de São Paulo segundo a cor*, op. cit., p. 8.

encontrará os dados que fundamentam a presente análise nos quadros estatísticos postos no apêndice deste capítulo.

Do exposto, não se deve inferir que os efeitos da industrialização e da urbanização de São Paulo não repercutiram na situação econômica dos indivíduos de cor. Porém que as mudanças operadas na organização econômica da cidade possuem um alcance limitado, quanto à redistribuição dos serviços, das ocupações e das rendas entre as pessoas consideradas "pardas" ou "negras". É evidente que a transição para o trabalho livre e a competição com o branco produziram resultados favoráveis à ascensão econômica e profissional dos negros e dos seus descendentes mestiços. Contudo, até o presente esses resultados se restringem consideravelmente: 1º) ao laborioso e lento acesso a determinadas ocupações manuais, desejadas não obstante por causa do significado nobilitante que elas adquiriram entre os indivíduos de cor e da remuneração que elas asseguram; 2º) à formação de um reduzidíssimo grupo de empreendedores capazes de explorar de certa forma a própria iniciativa econômica, mas sem nenhuma possibilidade (em regra) de oferecer atualmente alguma concorrência apreciável aos empreendedores brancos. Isso quer dizer que as mudanças econômicas observadas nos últimos anos não alteraram substancialmente a situação do elemento de cor na organização econômica da cidade, processando-se presumivelmente de modo a mantê-lo nos *status* ocupacionais financeira e socialmente menos compensadores.

O rápido crescimento da cidade e a vigorosa expansão das indústrias criaram, no entanto, novas perspectivas de ascensão dos indivíduos de cor na vida econômica geral. As duas tendências mais significativas, nesse sentido, dizem respeito às pressões da economia urbana no aproveitamento e valorização da mão de obra nacional e à modificação da mentalidade econômica dos indivíduos de cor. Depois de 1930, e em particular durante a II Grande Guerra, São Paulo conheceu uma fase de desenvolvimento sem paralelo na história econômica moderna dos países latino-americanos. As oportunidades criadas por essa fase de prosperidade econômica estimularam o deslocamento de mão de obra nacional para São Paulo,[145] onde aumentara a procura desta além dos limites de disponibilidade interna. Em consequência desse fato, as empresas tiveram que apelar, em grau maior ou menor, para o trabalho de pessoas cuja qualificação profissional era má ou péssima e precisaram elevar consideravelmente os níveis dos salários (para o que concorreram também outros fatores). Os indivíduos de cor partilharam, naturalmente, das

---

145 Cf. esp. V. Unzer de Almeida e O. T. Mendes Sobrinho, *Migração rural-urbana*, op. cit., passim; e *Migrações internas no Brasil. Estudo preliminar*, publicação do Instituto de Economia da Fundação Mauá, Rio de Janeiro, 1952 (o último ensaio relativo às *Migrações intrarrurais. Migrações para São Paulo*).

oportunidades de colocação e de profissionalização abertas à mão de obra nacional. Por meio de entrevistas e da observação direta, verificamos que essas circunstâncias foram responsáveis, em grande parte, pela aceitação do elemento de cor em diversas atividades econômicas (desde as braçais e manuais até as administrativas e burocráticas), e que elas continuarão a operar na mesma direção, pelo menos enquanto se fizer sentir a presente escassez de mão de obra, especializada e não especializada.

Ao mesmo tempo, está se processando a transformação da mentalidade econômica dos indivíduos de cor. Esboça-se no seio da população negra uma reação ao antigo retraimento, que facilitou a substituição do negro pelo imigrante europeu ou pelo trabalhador branco nativo, e que contribuiu para consumar a eliminação parcial dos manumitidos do sistema de trabalho. As polarizações básicas da nova mentalidade em formação (simétrica, nos pontos essenciais, à dos brancos da cidade) acentuam a importância da alfabetização e da aprendizagem sistemática das profissões; reconhecem as vantagens da especialização profissional na competição por colocações; traduzem a predominância de uma perspectiva realista na escolha das ocupações; e, por fim, o que é deveras importante, orientam a conduta dos indivíduos de cor em um sentido competitivo, animando-os a disputar com os brancos as ocupações em que só eram admitidos, no passado, por exceção. As respostas a questionários que distribuímos dão uma ideia do conteúdo positivo dessas polarizações.

À pergunta "Acha que se deve ter uma profissão?" 125 mulheres responderam *sim* e 1 *não* (o total de questionários preenchidos por mulheres é de 130), e 252 homens responderam *sim* e 1 *não* (o total de questionários preenchidos por homens é de 261). À pergunta "Acha que se deve frequentar escola para conhecer melhor a própria especialidade?" 101 mulheres responderam *sim,* 5 *não,* 16 *é melhor* e 8 *nem sempre.* À mesma pergunta, 216 homens responderam *sim,* 9 *não,* 16 é *melhor* e 16 *nem sempre.* À pergunta "Acha que um bom especialista sempre encontra serviço no seu ramo?", 105 mulheres responderam *sim,* 3 *não,* 22 *às vezes;* 206 homens, *sim,* 11 *não,* e 39 às *vezes.* A verificação de que os indivíduos de cor se estão orientando no sentido de escolher de modo realista as ocupações que pretendem conquistar ou a que aspiram idealmente, baseia-se nas respostas dadas à pergunta "A que profissão gostaria de dedicar-se?". Apenas 18 mulheres e 78 homens declararam que a *mesma;* 101 mulheres e 184 homens indicaram que gostariam de dedicar-se a outras profissões. Isso evidencia, sem dúvida, a existência de um profundo desajustamento profissional. Mas a análise das respostas referentes às profissões ideais indicadas demonstra que as preferências tendem para ocupações acessíveis, tendo em vista as possibilidades de aprendizagem, a natureza das profissões escolhidas (por exemplo: entre as mulheres prevaleceram os "serviços de escritório" e "costureira"; entre homens, "motorista" e "mecânico"), e as oportunidades de colocação em um meio urbano em crescimento.[146] As tendências à competição aberta com os brancos, por cargos e posições, são patentes nas respostas às perguntas: "Acha que existem cargos em nossa sociedade que só são concedidos aos brancos?" e "Acha que os pretos devem pretender os referidos cargos?". À primeira questão, 74 mulheres e 164 homens responderam *sim*, e 49 mulheres e 74 homens responderam *não*. A segunda pergunta foi reelaborada mentalmente pelos pesquisados, sendo entendida na seguinte acepção: "Acha que os pretos devem pretender os cargos que habitualmente são ocupados pelos brancos em nossa sociedade?".[147] Cento e três mulheres e 225 homens responderam *sim*, enquanto apenas 7 mulheres e 12 homens responderam *não*! Dados colhidos através da observação participante e de depoimentos pessoais corroboram esses resultados.

A disposição de competir com o branco é relativamente recente e nasce da incorporação dos ideais de vida urbanos à personalidade do negro. Sua importância prática é evidente, pois de uma impulsão psicossocial desse gênero é que está dependendo, em parte, a exploração das novas oportunidades econômicas, de assalariamento ou de empreendimento, pelos indivíduos de cor. Em conjunto, as polarizações básicas da mentalidade em formação correspondem às pressões da economia urbana no que se refere à utilização e à valorização da mão de obra nacional. Elas próprias são produtos culturais da participação do negro na vida econômica urbana. A garantia de colocação, a vigência do "salário mínimo", o aumento natural dos níveis de rendas, as facilidades concedidas pela expansão do sistema de vendas a crédito (de utilidades, de terrenos e de casas) se refletiram também no padrão de vida do negro da cidade e em seus ideais de segurança econômica. O abandono dos "cortiços", o cuidado na apresentação pessoal (em particular, com o vestuário), o conforto na vida doméstica, a educação dos filhos, a posse de bens econômicos (inclusive imóveis) são preocupações que já se fazem sentir com muito vigor em diversas camadas da população de cor de São Paulo. Tais preocupações alimentam e dão corpo a aspiração de "melhorar economicamente", de "subir de posição", e redundaram na disposição de competir com o branco, de usufruir com ele, em condições de igualdade, as garantias sociais proporcionadas pelo trabalho livre.

Os resultados de nossas investigações, apresentados de modo tão sumário, patenteiam que a transição do regime escravocrata para o regime de classes não se operou com a mesma rapidez que a transformação do *status* político do negro. A medida legal abolicionista, promulgada sob o governo

---

[146] Este aspecto da situação social do negro em São Paulo será retomado adiante, no cap. V.
[147] A enumeração dos cargos em questão abrangeria muito espaço, por isso não foi tentada aqui.

Município de São Paulo

Distribuição da população de 10 anos e mais, segundo ramos de atividade principal com discriminação do sexo e da cor. (Cf. Recenseamento de 1940)

RAMO DE ATIVIDADE PRINCIPAL	HOMENS Brancos	Pardos*	Pretos	Amarelos	Total	MULHERES Brancas	Pardas*	Pretas	Amarelas	Total
Agricultura, pecuária etc.	11.342	535	736	1.434	14.047	530	23	41	168	762
Indústrias extrativas	1.755	154	192	63	2.164	69	11	9	1	90
Indústrias de transformação	162.750	5.087	7.697	704	176.238	48.946	1.488	1.620	73	52.127
Comércio de mercadorias	73.758	1.119	1.462	1.030	77.369	7.457	103	96	97	7.753
Comércio de valores etc.	9.983	114	107	65	10.269	743	5	2	8	758
Transportes e comunicações	26.444	1.285	1.821	64	29.614	1.380	24	12	2	1.418
Administração pública, justiça e ensino público	20.908	1.272	1.639	41	23.860	7.396	146	93	4	7.639
Defesa nacional e segurança pública	10.894	1.265	924	11	13.094	170	27	11	—	208
Profissões liberais, ensino particular, culto etc.	12.051	235	148	211	12.645	4.695	67	49	40	4.851
Serviços e atividades sociais	37.554	1.367	1.882	703	41.506	23.286	1.356	1.778	182	26.602
Atividades domésticas e escolares	71.134	1.972	2.558	1.114	76.778	376.020	15.648	24.655	3.833	420.156
Inativos etc.	39.288	1.631	2.231	404	43.554	14.865	855	1.263	184	17.167
Total	477.861	16.036	21.397	5.844	521.138	485.557	19.753	29.629	4.592	539.531

* Inclusive os habitantes de cor não declarada.

Município de São Paulo

Distribuição dos homens e das mulheres de 10 anos e mais ocupados em alguns ramos de atividades extradomésticas, segundo a posição na ocupação, com discriminação da cor.
(Cf. Recenseamento de 1940)

RAMO DE ATIVIDADE PRINCIPAL E POSIÇÃO NA OCUPAÇÃO	HOMENS Brancos	HOMENS Pardos*	HOMENS Pretos	HOMENS Amarelos	MULHERES Brancas	MULHERES Pardas*	MULHERES Pretas	MULHERES Amarelas
Agricultura, pecuária etc.	11.342	535	736	1.434	530	23	41	168
Empregador	817	5	1	99	43	2	—	1
Empregado	5.083	391	597	290	211	18	27	21
Autônomo	4.624	123	115	724	125	—	5	27
Membro da família	767	10	19	317	131	1	7	114
Posição ignorada	51	6	4	4	20	2	2	5
Indústrias extrativas	1.755	154	192	63	69	11	9	1
Empregador	55	—	—	—	4	—	—	—
Empregado	1.359	138	172	32	54	11	9	—
Autônomo	283	12	17	19	1	—	—	—
Membro da família	42	4	3	12	6	—	—	—
Posição ignorada	16	—	—	—	4	—	—	1

(continua)

---
* Inclusive os habitantes de cor não declarada.

RAMO DE ATIVIDADE PRINCIPAL E POSIÇÃO NA OCUPAÇÃO	HOMENS					MULHERES			
	Brancos	Pardos*	Pretos	Amarelos	Brancas	Pardas*	Pretas	Amarelas
Indústrias de transformação	162.750	5.087	7.697	704	48.946	1.488	1.620	73
Empregador	5.798	19	10	56	114	1	2	1
Empregado	147.085	4.877	7.371	533	47.957	1.452	1.579	66
Autônomo	8.935	170	298	101	377	6	18	2
Membro da família	716	12	7	10	132	1	5	3
Posição ignorada	216	9	11	4	366	28	16	1
Comércio de mercadorias	73.758	1.119	1.462	1.030	7.457	103	96	97
Empregador	5.551	22	15	90	144	2	—	4
Empregado	43.645	898	1.212	563	5.692	81	75	61
Autônomo	23.077	185	212	346	950	14	15	15
Membro da família	1.299	8	16	28	506	5	6	15
Posição ignorada	186	6	7	3	165	1	—	2
Comércio de valores etc.	9.983	114	107	65	743	5	2	8
Empregador	232	—	—	1	6	—	—	—
Empregado	7.298	95	93	47	692	5	2	8
Autônomo	2.418	19	14	17	42	—	—	—
Membro da família	21	—	—	—	2	—	—	—
Posição ignorada	14	—	—	—	1	—	—	—

(continua)

* Inclusive os habitantes de cor não declarada.

RAMO DE ATIVIDADE PRINCIPAL E POSIÇÃO NA OCUPAÇÃO	HOMENS				MULHERES			
	Brancos	Pardos*	Pretos	Amarelos	Brancas	Pardas*	Pretas	Amarelas
Transportes e comunicações	26.444	1.285	1.821	64	1.380	24	12	2
Empregador	190	1	3	1	—	—	—	—
Empregado	21.554	1.207	1.709	39	1.334	21	9	1
Autônomo	4.584	71	98	24	28	1	2	1
Membro da família	69	3	1	—	2	—	—	—
Posição ignorada	47	3	10	—	16	2	1	—
Serviços e atividades sociais	37.554	1.367	1.882	703	23.286	1.356	1.778	182
Empregador	1.775	11	11	78	230	6	7	5
Empregado	22.807	919	1.272	369	10.736	602	840	94
Autônomo	11.778	266	390	198	10.887	666	837	59
Membro da família	416	3	2	49	461	8	14	17
Posição ignorada	778	168	207	9	972	74	80	7
Profissões liberais, ensino, particular, culto etc.	12.051	235	148	211	4.695	67	49	40
Empregador	264	3	2	6	38	—	—	—
Empregado	5.945	163	109	162	2.545	47	38	31
Autônomo	5.373	49	25	38	966	13	5	6
Membro da família	26	—	—	—	48	1	—	—
Posição ignorada	443	20	12	5	1.098	6	6	3

* Inclusive os habitantes de cor não declarada.

Município de São Paulo

Distribuição proporcional,* segundo a cor dos homens e das mulheres de 10 anos e mais, em cada ramo de atividade e classe de posição na ocupação. (Cf. Recenseamento de 1940)

RAMO DE ATIVIDADE PRINCIPAL E POSIÇÃO NA OCUPAÇÃO	HOMENS Brancos	Pardos**	Pretos	Amarelos	MULHERES Brancas	Pardas**	Pretas	Amarelas
Agricultura, pecuária etc.	8.074	381	524	1.021	6.955	302	538	2.205
Empregador	8.861	54	11	1.074	9.348	435	—	217
Empregado	7.991	615	938	456	7.617	650	975	758
Autônomo	8.278	220	206	1.296	7.962	—	318	1.720
Membro da família	6.891	90	171	2.848	5.178	39	277	4.506
Posição ignorada	7.846	923	616	615	6.896	690	690	1.724
Indústrias extrativas	8.110	712	887	291	7.667	1.222	1.000	111
Empregador	10.000	—	—	—	10.000	—	—	—
Empregado	7.990	811	1.011	188	7.297	1.487	1.216	—
Autônomo	8.550	362	514	574	10.000	—	—	—
Membro da família	6.885	656	492	1.967	10.000	—	—	—
Posição ignorada	10.000	—	—	—	8.000	—	—	2.000
Indústrias de transformação	9.235	288	437	40	9.390	285	311	14
Empregador	9.856	32	17	95	9.661	85	169	85
Empregado	9.201	305	461	33	9.393	285	309	13
Autônomo	9.401	179	314	106	9.355	148	447	50
Membro da família	9.611	161	94	134	9.362	71	354	213
Posição ignorada	9.000	375	458	167	8.905	681	389	25

(continua)

* Em cada 10 mil indivíduos; os cálculos foram feitos pelos técnicos do Serviço de Recenseamento.
** Inclusive os habitantes de cor não declarada.

RAMO DE ATIVIDADE PRINCIPAL E POSIÇÃO NA OCUPAÇÃO	HOMENS				MULHERES			
	Brancos	Pardos**	Pretos	Amarelos	Brancas	Pardas**	Pretas	Amarelas
Comércio de mercadorias	9.533	145	189	133	9.618	133	124	125
Empregador	9.776	39	26	159	9.600	133	—	267
Empregado	9.423	194	262	121	9.633	137	127	103
Autônomo	9.678	78	89	145	9.557	141	151	151
Membro da família	9.615	59	119	207	9.511	94	113	282
Posição ignorada	9.208	297	346	149	9.821	60	—	119
Comércio de valores etc.	9.722	111	104	63	9.802	66	26	106
Empregador	9.957	—	—	43	10.000	—	—	—
Empregado	9.688	126	124	62	9.788	71	28	113
Autônomo	9.797	77	57	69	10.000	—	—	—
Membro da família	10.000	—	—	—	10.000	—	—	—
Posição ignorada	10.000	—	—	—	10.000	—	—	—
Transportes e comunicações	8.929	434	615	22	9.732	169	85	14
Empregador	9.744	51	154	51	—	—	—	—
Empregado	8.794	493	697	16	9.773	154	66	7
Autônomo	9.596	149	205	50	8.750	313	625	312
Membro da família	9.452	411	137	—	10.000	—	—	—
Posição ignorada	7.833	500	1.667	—	8.421	1.053	526	—

* Em cada 10 mil indivíduos; os cálculos foram feitos pelos técnicos do Serviço Nacional de Recenseamento.
** Inclusive os habitantes de cor não declarada.

(*continua*)

RAMO DE ATIVIDADE PRINCIPAL E POSIÇÃO NA OCUPAÇÃO	HOMENS				MULHERES			
	Brancos	Pardos*	Pretos	Amarelos	Brancas	Pardas*	Pretas	Amarelas
Serviços e atividades sociais	9.048	329	454	169	8.754	510	668	68
Empregador	9.467	59	58	416	9.274	242	282	202
Empregado	8.991	362	501	146	8.748	491	684	77
Autônomo	9.324	210	309	157	8.745	535	672	48
Membro da família	8.851	64	43	1.042	9.220	160	280	340
Posição ignorada	6.695	1.446	1.781	78	8.579	653	706	62
Profissões liberais, ensino particular, culto etc.	9.530	186	117	167	9.678	138	101	83
Empregador	9.600	109	73	218	10.000	—	—	—
Empregado	9.320	255	171	254	9.564	177	143	116
Autônomo	9.796	89	46	69	9.758	131	50	61
Membro da família	10.000	—	—	—	9.796	204	—	—
Posição ignorada	9.229	417	250	104	9.865	54	54	27

* Inclusive os habitantes de cor não declarada.

Município de São Paulo

Empregados domésticos segundo o sexo e a ocupação. População de 10 anos e mais.
(Cf. Recenseamento de 1940)

GRUPO DE COR	HOMENS					MULHERES				
	População de 10 anos e mais		Empregados domésticos			População de 10 anos e mais		Empregados domésticos		
	Número absoluto	Percentagem	Número absoluto	Percentagem	Proporção por 100 hab. em cada grupo de cor	Número absoluto	Percentagem	Número absoluto	Percentagem	Proporção por 100 hab. em cada grupo de cor
Brancos	477.861	91,69	4.011	80,53	0,84	485.557	90,00	22.010	58,92	4,53
Pardos*	16.036	3,08	327	6,56	2,04	19.753	3,66	4.663	12,48	23,61
Pretos	21.397	4,11	552	11,08	2,58	29.629	5,49	10.501	28,11	35,44
Amarelos	5.844	1,12	91	1,83	1,56	4.592	0,85	183	0,49	3,99
Total	521.138	100,0	4.981	100,0	0,96	539.531	100,0	37.357	100,0	6,92

* Inclusive os habitantes de cor não declarada.

monarquista e consagrada pelo governo republicano que o substituiu em 1889,[148] concedeu aos manumitidos direitos formais, o que levaria um dos paladinos do movimento abolicionista a afirmar que a Abolição se revelara uma *ironia atroz*.[149] É que a transição precisava se operar como um processo histórico-social: o negro deveria antes ser assimilado à sociedade de classes, para depois ajustar-se às novas condições de trabalho e ao novo *status* econômico-político que adquiriria na sociedade brasileira.

Essa transição parece ter entrado em sua fase inicial em nossos dias. A proletarização dos indivíduos de cor e a integração concomitante de uma porção deles às classes médias marcam o fim de um período e o começo de uma nova era na história do negro na vida econômica de São Paulo. Estamos diante de um processo de recuperação econômica desse elemento, de sua reabsorção pelas condições materiais e morais de existência social vigentes contemporaneamente na cidade. Restaria saber se a desproporção entre o ritmo do processo político (a transformação do escravo em cidadão foi súbita) e o do processo econômico (a transformação do manumitido em trabalhador ou em empreendedor livre foi muito lenta) favoreceu ou prejudicou o ajustamento do negro ao regime de produção capitalista e à sociedade de classes. Uma interpretação *ex post facto*, que focalizasse o assunto do ângulo das relações raciais, conduziria a três evidências fundamentais, todas tendentes a mostrar que atrás dessa desproporção se oculta a emergência de condições favoráveis ao ajustamento inter-racial. Primeiro, a transição lenta para o regime de trabalho livre constituiu um fator de acomodação social inter-racial: os ressentimentos contra os manumitidos se localizaram socialmente, circunscrevendo-se à camada social cujos membros se julgavam "prejudicados" pela Abolição (a dos senhores), e o afluxo da mão de obra negra no mercado de trabalho livre não deu origem a novos conflitos sociais, pois os trabalhadores brancos em geral não se sentiram ameaçados pela concorrência que ela poderia provocar. Segundo, a transição lenta assegurou as condições para a "transformação orgânica" dos manumitidos e dos seus descendentes em trabalhadores assalariados e, em menor escala, em empreendedores capitalistas. É possível que os problemas sociais, enfrentados pelo

---

148 Cf. *O Brasil e seus regimes constitucionais*, A. Coelho Branco (ed.), Rio de Janeiro, Companhia Brasileira de Artes Gráficas, 1947; Constituição de 1891, art. 72, § 2º, o qual será transcrito adiante, no cap. V.
149 Cf. *Obras completas de Rui Barbosa*, vol. XI, 1884, tomo I. *Discursos parlamentares. Emancipação dos escravos*, Rio de Janeiro, Ministério de Educação e Saúde, 1945; no prefácio de Astrojildo Pereira, p. 37-38.

elemento negro no período que vai de 1888 a 1930, fossem agravados se os manumitidos tivessem sido expostos a uma competição imediata mais dura e intensa com os trabalhadores brancos (em consequência de uma "política de mão de obra" oficial, por exemplo). Terceiro, a transição lenta permitiu a formação de novas representações sociais sobre o negro como agente de trabalho ou como empreendedor, tanto no seio da população *branca* quanto no da população negra. Isso é deveras relevante. A aceitação do negro em seus novos papéis econômicos se subordinou, e continua a depender estreitamente, da concepção que os brancos e os próprios negros elaboraram a respeito do *status* do elemento de cor na nova ordem social.

Capítulo II

Cor e Estrutura Social em Mudança*

Como o demonstra o capítulo anterior, a situação econômica do elemento negro manteve-o, constantemente, no nível social mais baixo da sociedade paulistana. Só em época muito recente se manifestaram algumas tendências de alteração de semelhante ordem de ajustamento inter-racial. As implicações sociológicas da análise desenvolvida para chegar a esse conhecimento merecem ser postas em relevo, já que foi por causa delas que fomos levados a dedicar tanta atenção ao estudo da posição do negro na história econômica de São Paulo.

Tais implicações podem ser reduzidas a três: 1º) na seleção da mão de obra sempre prevaleceram motivos que nada têm a ver com a *raça* ou com a *cor* dos trabalhadores; 2º) a *raça* ou a cor não exerceram por si mesmas, aparentemente, nenhuma influência como fatores sociais construtivos na constituição ou na transformação da ordem de ajustamento inter-racial; 3º) as condições sociais de exploração econômica da mão de obra escrava favoreceram a formação de símbolos sociais e de padrões de comportamento

---

* Este capítulo foi redigido por Florestan Fernandes.

polarizados em torno da raça ou da cor, os quais se ligaram, como causa ou como condição operante, à determinação da dinâmica dos ajustamentos entre negros e brancos em São Paulo.

Quanto à primeira implicação, ficou bastante claro, segundo nos parece, que os moradores brancos de São Paulo nunca atribuíram muita importância nem à raça nem à cor dos agentes do trabalho escravo ou do trabalho livre. O recurso à escravidão se impôs como um imperativo de adaptação dos colonizadores à economia colonial, na forma que ela deveria assumir nas regiões tropicais.[1] Se o escravo era indígena, africano, negro, crioulo, mulato escuro ou mulato claro, pouco se lhes dava. E, quando a mão de obra escrava começou a periclitar, não tiveram dúvidas em substituí-la pela mão de obra do branco europeu e de transferir-lhe as tarefas comumente realizadas pelo escravo. Isso produziu efeitos que não foram mencionados anteriormente: como a degradação inicial do trabalho livre, a atribuição do antigo *status* do escravo, durante algum tempo, ao trabalhador branco, e uma série de conflitos entre os imigrantes e os fazendeiros, cuja mentalidade não se transformou tão depressa quanto o sistema de trabalho de suas fazendas.[2] O fato é que foram econômicas as razões que impuseram

---

[1] Caio Prado Jr. *Formação do Brasil Contemporâneo*, cf. esp. p. 21-26 e 113 e ss.

[2] Podem-se encontrar dados sobre esses fenômenos, com referência aos imigrantes que vieram para São Paulo, nas seguintes obras: sobre os alemães, austríacos, belgas e suíços – Thomas Davatz, *Memórias de um colono no Brasil*, op. cit., p. 37, 72, 74, 114, 122-23, 125, 130-31, 147, 201, 211-12, 218-19 e 223; Dr. Luís Correia de Azevedo, *Da cultura do café*, em Francisco Peixoto de Lacerda Werneck, Barão do Pati do Alferes (cf. nota 34, adiante), p. 230-317 (refere-se ao tratamento dispensado aos imigrantes nas p. 276-78); Louis Couty, *Le Brésil en 1884*, op. cit., p. 15 e ss. e 112, 125-26; Idem, *L'Esclavage au Brésil*, op. cit., p. 50; sobre os italianos – *L'Immigrazione italiana dal 1886 ad Oggi. Il Lavoro nelle "Fazendas" e la formazione dela piccolo Proprietà*, in *Cinquant'anni di Lovoro degli Italiani in Brasile*, São Paulo, Societá Editrice Italiana, 1936, vol. I, p. 174-75 (conforme, na mesma obra, também p. 229); Dott. Antonio Piccarolo, *L'Emigrazione italiana nello Stato di São Paulo*, São Paulo, Livraria Magalhães, 1911, p. 32 e 35-48; Max Leclerc, *Cartas do Brasil*, op. cit., p. 86; Dunshee de Abranches, *O cativeiro* (Memórias), Rio de Janeiro, 1941, p. 227-28; sobre os portugueses (e açorianos): Augusto de Carvalho, *Estudo sobre a colonização e emigração para o Brasil*, Porto, Tip. do Comércio, p. 188-89 e 296; Luiz Agassiz e Elizabeth Cary Agassiz, *Viagem ao Brasil 1865-1867*, trad. 607. Referências de caráter geral, inclusive contrastes entre as expectativas dos imigrantes e as condições reais de trabalho, cf. também: A. d'E. Taunay, *História do café no Brasil*, vol. VIII, cap. XV; Pierre Dénis, *Le Brésil ou XX e Siècle*, op. cit., p. 122-27; L. Michaux-Bellaire, *Considerations sur L'abolition de l'esclavage et sur la colonisaton ou Brésil*, Paris, Librairie Guillaumin & Cie., 1876, p. 50-54. Conde A. von der Straten Ponthoz, *Le*

as sucessivas substituições da mão de obra, quer sob o regime de trabalho escravo, quer sob o regime de trabalho livre. A segunda implicação é óbvia, por sua própria natureza. De tudo que expusemos, infere-se naturalmente que a estratificação social de São Paulo nunca representou o produto de diferenças de raça ou de cor. Ao contrário, ela sempre se calcou na posição que os componentes de cada uma das raças em contato ocupavam no sistema de relações materiais, constituindo portanto um produto dos processos sociais que operam no plano econômico da vida social. Daí a tendência que se fez notar dentro dela, desde os primórdios do século XVI, de exprimir concomitantemente as diferenças de situação econômica, de posição social, de raça ou de cor. Quem pretender evitar certas confusões correntes nesta matéria deverá então admitir que estamos diante de um caso típico de estratificação social, em que as diferenças de situação econômica e de posição social, fundamentais e determinantes, são igualmente significativas quando consideradas em termos de raça e de cor. Ou, em outras palavras, que à estratificação social de São Paulo corresponde ou se superpõe uma estratificação interétnica e racial. Essa observação é comprovada pelos resultados das investigações de outros autores. No que tange ao passado, Oliveira Viana, por exemplo, escrevera que, ao encerrar-se o século XVIII, "o branco, o mestiço e negro se mostram estratificados em camadas perfeitamente distintas. Das três classes rurais – a dos "escravos", a dos "foreiros", a dos "senhores" – cada uma se faz o centro de polarização de um tipo étnico específico. Entre os "escravos" – o negro. Entre os "foreiros" – o mestiço. Entre os "senhores" – o branco".[3] No que se refere ao presente, Lowrie for-

---

Budget du Brésil, op. cit., vol. III, p. 55 e ss. Sérgio Buarque de Holanda procurou explicar a conduta dos fazendeiros paulistas diante dos imigrantes em termos da hipótese sociológica da demora cultural (cf. introdução ao livro de Davatz, p. 17). A mesma coisa ocorreu em outras regiões do país, onde a imigração se desenvolveu: cf. esp. Emílio Willems, *Associação e populações marginais no Brasil*, Companhia Editora Nacional, São Paulo, 1946, p. 119 e ss. e p. 171, Gilberto Freyre, *Interpretação do Brasil*, introdução e tradução de Olívio Montenegro, Rio de Janeiro, Livraria José Olympio Editora, 1947, p. 203-04 e p. 209-10.

3   Oliveira Viana, *Populações meridionais do Brasil, história, organização, psicologia*. Primeiro volume. *Populações rurais do Centro-Sul paulistas, fluminenses-mineiros*, 4ª ed., São Paulo, Companhia Editora Nacional, 1938, p. 140; cf. também a obra do mesmo autor *Evolução do povo brasileiro*, 2ª ed., São Paulo, Companhia Editora Nacional, 1933, p. 150 e ss. Sobre a relação entre estrutura social e composição racial da população no mundo colonial, cf. ainda sobre São Paulo, especificamente, A. d'E. Taunay, *História da cidade de São Paulo no século XVIII*, op. cit., vol. II, 1ª parte, p. 20; sobre a sociedade brasileira em geral: Caio Prado Jr., *Formação do Brasil contemporâneo*, p. 340 e ss. e p. 105-06.

nece os seguintes dados, obtidos por meio de pesquisa estatística em três grupos da população da cidade: o "grupo superior", sondado através dos alunos da Universidade, comportava somente 1% de pardos ou negros; a "classe trabalhadora", estudada através das crianças matriculadas nos parques infantis e entre as quais prevalecia a ascendência estrangeira, compreendia apenas 3% de pardos ou negros; a "classe semidependente", analisada através dos recém-nascidos em seções gratuitas da maternidade, contaria com 27% de pardos ou negros. Apoiado nessas indicações, Lowrie salienta que as "linhas de cor" interferem na diferenciação das classes sociais em São Paulo.[4]

Quanto à última implicação, embora a análise desenvolvida seja insuficiente para esclarecer todo o assunto, ela permite entrever que diversos tipos de associações se polarizavam em torno da cor. A forma de organização do trabalho sob a escravidão estabeleceu uma relação tal entre o branco, o negro e o mestiço, que estes estavam para aquele assim como o *escravo* está para o *senhor*. As gradações da cor da pele não chegaram a ser, por si próprias, bastante impositivas a ponto de atenuar as determinações sociais contidas nessa relação de subordinação e de dominação inter-racial. O princípio que regulava a transmissão do *status* aos filhos de escrava estipulava que *partus sequitur ventrem*.[5] Os descendentes das escravas nasciam escravos, independentemente da condição social dos pais. Daí o número enorme de mestiços sujeitos à escravidão, entre os quais se contavam indivíduos muitas vezes descritos como "mulatos claros" e "quase brancos"; e o espanto dos estrangeiros, que percorreram o Brasil. Saint-Hilaire, por exemplo, escreve o seguinte a respeito dos senhores paulistas: "Assim, ainda existem homens livres de nossa raça que têm bem pouca alma para deixar seus filhos na escravidão".[6] A alforria, em tais casos, dependia da iniciativa do pai, e era com frequência relativa concedida aos

---

4   S. H. Lowrie, *Origem da população da cidade de São Paulo e diferenciação das classes sociais*, Revista do Arquivo Municipal, ano IV, vol. XLIII, 1938, p. 195-212; cf. também do mesmo autor: *O elemento negro na população de São Paulo*, op. cit., p. 27 e ss.

5   Agostinho Marques Perdigão Malheiro, *A escravidão no Brasil. ensaio histórico-jurídico-social*, Rio de Janeiro, Tipografia Nacional, 1866, vol. I, p. 41-42.

6   *Voyage dans les provinces de Saint-Paul et de Sainte-Catherine*, op. cit., vol. I, p. 128. Perdigão Malheiro escrevia: "Dessas uniões entre as diversas raças resultou que fossem escravos indivíduos de todas as cores, desde o negro até o quase branco, como foi reconhecido formalmente no alvará de 16 de janeiro de 1773; o que ainda hoje se observa" (op. cit., vol. III, p. 14).

filhos bastardos.⁷ De qualquer modo, porém, o matiz da pele servia como uma espécie de índice da condição social das pessoas. Quem não *fosse* branco corria o risco de ver-se considerado e tratado como escravo. Isso é posto em relevo por diversas fontes. No que concerne a São Paulo, afirma um historiador, reportando-se ao período colonial: "distintivo da nobreza, da superioridade social e moral é, segundo as ideias do tempo, o ter a pele branca, provir de sangue europeu, não ter mescla com as raças inferiores, principalmente a negra. Mesmo entre os homens do baixo povo, o fato de ser branco é o mesmo que ser nobre".⁸ É que, no passado, de acordo com a opinião do grande líder abolicionista negro, José do Patrocínio, "o homem de cor precisa de provar que é livre".⁹ Ainda agora os termos *negra* e *negro* ocorrem em um dicionário brasileiro como sinônimos de *escravo*.¹⁰ Provavelmente por causa dessa associação, esses termos e a palavra "preto" adquiriram um sentido pejorativo[11] e até ofensivo.

A cor foi, portanto, selecionada como a marca racial que serviria para identificar socialmente os negros e os mestiços. Ela passou a ser um símbolo de posição social, um ponto de referência imediatamente visível e inelutável, através do qual se poderia presumir a situação de indivíduos isolados, como *socius* e como pessoa, tanto quanto definir o destino de uma "raça". Neste sentido, pode-se afirmar que a cor não só transparecia na "anatomia" da sociedade escravocrata de São Paulo, mas ainda intervinha, dinamicamente, em sua "fisiologia". De um lado, ela permitia distinguir os indivíduos, por meio de caracteres exteriores, de acordo com sua posição na estrutura social. De outro, funcionava como um núcleo de condensação e de ativação de uma

---

7   Os documentos oficiais relativos a São Paulo mostram que as alforrias tanto podiam ser concedidas em vida quanto por testamento. Isso explica por que o número de pardos escravos é menor que o número de negros escravos, enquanto acontecia o inverso com relação aos pardos e negros livres (conforme as estatísticas do capítulo anterior).
8   Oliveira Viana, *Populações meridionais do Brasil*, p. 127; sobre as atitudes quanto aos mestiços com índios, cf. Sérgio Buarque de Holanda, *Raízes do Brasil*, op. cit., p. 58-60.
9   Conferência pública do jornalista José do Patrocínio feita no Teatro Politeama em Sessão da Confederação Abolicionista de 17 de maio de 1885, Folheto, nº 8. Rio de Janeiro, 1882 (sic), p. 30.
10 Cf. *Pequeno Dicionário Brasileiro da Língua Portuguesa*, organizado por Hildebrando de Lima e Gustavo Barroso e revisto na parte geral por Manuel Bandeira e José Baptista da Luz, 6ª ed. revista e aumentada por Aurélio Buarque de Holanda Ferreira, Rio de Janeiro, São Paulo e Bahia, Editora Civilização Brasileira S. A., 1946, p. 863 e 864, respectivamente.
11 Cf. Caio Prado Jr., op. cit., p. 272.

série de forças sociais, que mantinham a unidade e a estabilidade da ordem vigente. Pensamos, assim, que não foi por acaso que a cor foi selecionada, cultural e socialmente, como marca racial. Se as condições de convivência entre os "senhores" e os "escravos" favoreciam a retenção de um caráter físico que poderia, por sua natureza, exprimir simbolicamente a distância que existia entre as duas camadas sociais, não é menos verdade que a própria dinâmica da sociedade de castas, que eles constituíam, dependia estreitamente de um elemento que servisse como fonte de justificação e de legitimação da conduta espoliativa e exclusivista dos "senhores". Esse elemento foi a cor, que passou a indicar mais que uma diferença física ou uma desigualdade social: a supremacia *das raças brancas*, a inferioridade *das raças negras* e o direito natural dos membros daquelas de violarem o seu próprio código ético, para explorar outros seres humanos. O fundamento pecuniário quer da escravização, quer da exploração do escravo, compeliu os "brancos" a procurar as razões emocionais e morais da escravidão fora da relação senhor-escravo. O contraste da cor da pele, sublinhado por incompatibilidades culturais (as mais notadas foram as de ordem religiosa), facilitou esse processo que, sob a inspiração de ideais cristãos, degradou uma parcela da humanidade ao estado de "coisa", de utilidades mercantis.

Por aqui se verifica que a ligação entre a escravidão e a seleção da cor como marca racial, para denotar culturalmente as prevenções, os sentimentos e as ideias das raças dominantes sobre as raças dominadas, não é fortuita nem circunstancial. A alienação social da pessoa do negro se processou inicialmente como alienação social da pessoa do escravo. Mas, presumimos, ela não se institucionalizaria se o elemento cor permitisse ou obrigasse a incluir os prejudicados no círculo do *nosso grupo* ou da *gente igual a nós*. Alguns acidentes nas relações dos brancos entre si no período colonial mostram que o respeito pela pessoa humana e a lealdade dele resultante para com o conforto ou a segurança de terceiros não era muito grande.[12] Todavia, não chegavam ao extremo de desrespeitar generalizadamente, com o apoio

---

12 Cf., por exemplo, o que escrevem, respectivamente, Knivet e Staden de suas relações com os portugueses e com um francês (cf. *Vária fortuna e estranhos fados* de A. Knivet, São Paulo, Ed. Brasiliense Ltda., 1947, passim; Hans Staden, *Duas viagens ao Brasil*, transcrito em alemão moderno por Carlos Fauquet e traduzido por G. de Carvalho Franco. Notas de F. de Assis Carvalho Franco, São Paulo, 1942, Livro primeiro, cap. 26). Aliás, a situação inicial dos colonos brancos sem recursos era tal, que já se chegou a ver na dependência do trabalhador português branco, para com os senhores rurais da mesma etnia, uma espécie de "escravidão temporária" (cf. Caio Prado Jr., op. cit., p. 23-24).

explícito e estimulante das instituições reguladoras (como a Coroa e a Igreja), os mores estabelecidos solidamente na própria cultura.

Parece-nos que a função do preconceito de cor e da discriminação racial na antiga sociedade de castas de São Paulo corrobora inteiramente a interpretação desenvolvida. A relação entre o preconceito de cor e a preservação da ordem senhorial se manifesta, desde os primeiros tempos, na tendência nítida e forte de recrutar os cônjuges dos filhos entre pessoas *de raças brancas*, isentas de "impureza de sangue" e de "comprovado sangue limpo". Segundo Frei Gaspar da Madre de Deus, os pais, na escolha dos maridos para as filhas, "mais atendiam aos seus genros: ordinariamente as desposavam com seus patrícios, e parentes, ou com estranhos de nobreza conhecida; em chegando da Europa, ou de outras capitanias brasílicas, algum sujeito desta qualidade, certo tinha um bom casamento, ainda que fosse muito pobre".[13] Os princípios, através dos quais se estabeleciam formalmente o grau de *nobreza* do indivíduo em questão, pressupunham um duplo reconhecimento: a) de que ele se achava livre da suspeita de "condição mecânica" (princípio estamental); b) de que ele possuía "limpo sangue", estando por conseguinte isento de "toda a raça de mácula de Judeu, ou outra qualquer mácula" (princípio de integridade social da camada dominante).[14] De acordo com ocorrências notórias, o casamento de um indivíduo de "nobre sangue" com uma mulata podia ser encarado por seus parentes como uma "injúria", que lhes causava "um geral luto de sentimento", e o marido se julgava com o direito de romper os laços matrimoniais com a mulher legítima, desde que suspeitasse, com fundamentos positivos, de sua "pureza de sangue". Essas atitudes perduraram com certa tenacidade. No período de crises econômicas, iniciado com o abandono das minas e com a libertação dos índios (pelos meados do século XVIII), as exigências se atenuaram, levando os pais a aceitar ricos naturais da região (portanto, mestiços), como noivos de suas filhas.[15] Mas um interessante depoimento demonstra que, ainda no fim do Império, a escolha dos futuros genros cabia ao pai e se pro-

---

13 *Memórias para a história da capitania de São Vicente hoje chamada de São Paulo por Frei Gaspar da Madre de Deus*, 3. ed. com um estudo biográfico e notas de A. d'E. Taunay, São Paulo e Rio de Janeiro, Weiszflog Irmãos, 1920, p. 168.

14 Cf. Frei Gaspar, op. cit., p. 154-56; Luiz Gonzaga da Silva Leme, *Genealogia Paulistana*, São Paulo, Duprat & Cia., 1903-1905 (volumes 1 a 9), passim; introdução de A. de E. Taunay à *Informação sobre as minas de São Paulo*, de Pedro Taques (op. cit.), item IV, em que examina os preconceitos genealógicos do autor da *Nobiliarquia paulistana*.

15 Frei Gaspar, op. cit., p. 168.

cessava tendo em vista a cor da pele dos candidatos: "... Mas o papai era escrupuloso: atendia a todas as recomendações, procurava obter informes. Com que cuidado intentava saber se na família (do pretendente) havia mescla de sangue de cor! O principal era que fosse de boa família. Já havia sido recusado um bom partido para uma das manas, por ser um tanto duvidosa a sua ascendência. Isso decidia o papai, mesmo sem consultar as filhas, porque, dizia ele, – "impedir em certos casos um casamento é meu dever – obrigar, nunca".[16] Os especialistas que investigaram esses problemas são unânimes em ressaltar que o intercasamento estava estreitamente subordinado e limitado pelas determinações do preconceito de cor.[17] Ao padrão de que a escolha do cônjuge era demasiado importante para ficar ao arbítrio dos jovens, associava-se o de que "só raça boa produz boa raça".[18]

Os fatos expostos dão margem a que se considerem três questões básicas: 1º) por que o preconceito de cor se concentrou em torno das proibições de casamento?, 2º) por que razão as proibições apontadas não se estenderam às uniões sexuais extraconjugais e não exerceram nenhuma reação limitativa na miscigenação de "brancos" com "negros"? e 3º) qual seria, então, a relação específica entre o preconceito de cor e a preservação da ordem senhorial existente? A primeira questão encontra uma resposta óbvia no significado do parentesco no sistema social;[19] o parentesco representava o princípio fundamental de atribuição de *status* social. A incorporação do elemento de cor no núcleo legal da família grande acarretaria o reconhecimento formal da igualdade social entre o *branco* e o *negro* ou o *mulato*. Para evitar que isso acontecesse, formaram-se as representações contrárias ao intercasamento, as quais subordinavam as relações matrimoniais a padrões endogâmicos. Nesse sentido, os dois grupos raciais se integravam, originariamente, em um sistema de castas, e as proibições de casamento inter-racial asseguravam, pela base, a integridade social do grupo

---

16 Maria Pais de Barros, *No tempo de dantes*, prefácio de Monteiro Lobato, São Paulo, Editora Brasiliense Ltda., 1946, p. 114.

17 Cf. Alcântara Machado, *Vida e morte do bandeirante*, op. cit., p. 145 e ss.; Oliveira Viana, *Populações meridionais do Brasil*, op. cit., p. 73, 120, 127-28, 133 e ss.; Antonio Candido, *A família brasileira*, original em português em Ms., p. 3 e ss. (esse trabalho já foi publicado em inglês: *Brazil: portrait of half a continent*, T. Lynn Smith e Alexander Marchant, (Eds.), Nova York, The Dryden Press, 1951, cap. 13, e trata particularmente da família patriarcal no sul do país).

18 Antonio Candido de Mello e Sousa, op. cit., p. 60.

19 Conforme os autores e obra citados na nota 17, em particular o estudo de Antonio Candido.

racial dominante. Daí a concentração do preconceito de cor em torno das proibições de casamento e a tenacidade à mudança revelada pelos padrões de comportamento desenvolvidos culturalmente. Essas considerações permitem responder de modo parcial à segunda questão. As proibições não incidiam sobre as relações sexuais, porém, sobre as relações matrimoniais. Não só as parceiras sexuais escravas não se elevavam à situação social dos senhores, como os filhos nascidos dessas uniões se conservavam na mesma condição que as mães (princípio do *partus sequitur ventrem*). Reconhecera-se juridicamente, inclusive, que os filhos de pais naturais nobres não podiam sequer herdar *ab intestato*.[20] Acresce que duas impulsões favoreciam a procura do "prazer sexual" fora dos quadros legais da família grande. De um lado, havia escassez de mulheres brancas. De outro, a própria organização da família patriarcal impelia os homens a procurar satisfação sexual na constelação periférica da família grande, constituída por criados, crias, escravos e agregados.[21] Seria uma "função" regular da escrava proporcionar aos senhores a satisfação de suas necessidades sexuais.[22] Em consequência, o padrão endogâmico resultante da ordem matrimonial existente era contrabalançado por uma vida sexual livre e ativa, através da qual se processava a miscigenação entre negros e brancos. Quanto à terceira questão, parece-nos que resulta do que vimos até agora que o preconceito de cor contribuía para perpetuar a ordem senhorial vigente à medida que ele operava como um fator de segregação social. Ele não visava evitar nem mesmo restringir a miscigenação. Mas, ao contrário, fazer que esta se processasse sem afetar substancialmente as posições recíprocas dos dois grupos de raças no sistema social.

Inerente à própria organização da sociedade escravocrata, a discriminação racial manifestava-se sob todas as suas formas típicas. Praticamente, o escravo não conhecia outro direito senão o que estipulava a vontade ou o arbítrio do senhor, não gozava de nenhuma capacidade civil e suportava todos os deveres que a mesma vontade ou arbítrio julgasse conveniente imputar-lhe. Como escreveu Perdigão Malheiro, o grande estudioso da escravidão no Brasil, "desde que o homem é reduzido à condição de *coisa*,

---

20 Cf. Frei Gaspar, op. cit., p. 155.
21 Sobre esse aspecto, cf. especialmente Antonio Candido, p. 11 e ss.
22 Segundo Caio Prado Jr., op. cit., p. 342. Sobre esse assunto, consulte-se a obra clássica de Gilberto Freyre, *Casa grande & senzala. Formação da família brasileira sob o regime de economia patriarcal*, 3. ed., Rio de Janeiro, Schmid, Editor, 1938, especialmente os dois capítulos sobre "O escravo negro na vida sexual e de família do brasileiro", p. 197 e ss.

sujeito ao *poder* e ao *domínio* ou propriedade de um outro, é havido por morto, privado de *todos os direitos*, e não tem representação alguma..."; transforma-se, em virtude da própria condição, em "um inimigo doméstico" e em "um inimigo público", no "vulcão que ameaça constantemente a sociedade...".[23] Por isso, apesar de todos os contatos, intercomunicações e intimidades que sempre existiram entre negros e brancos, as duas camadas raciais constituíam dois mundos cultural e socialmente separados, antagônicos e irredutíveis um ao outro. As diferentes modalidades através das quais se processou a discriminação racial tinham por função manter as distâncias sociais intransponíveis, que dividiam os dois mundos coexistentes e superpostos, e garantir a partilha desigual de direitos e deveres, assegurada pelo regime servil.

A discriminação econômica operava-se de diversas maneiras. Quanto às condições de vida material, os escravos eram alimentados, vestidos e alojados de forma diferente dos demais membros da coletividade.[24] A *senzala*, onde eram fechados ao anoitecer e da qual soltavam-nos ao amanhecer, não se confundiam com um estábulo porque era mais propriamente uma prisão, habitualmente sem iluminação nem ventilação convenientes. Localizada no porão da *casa grande* ou dela separada alguns metros, sua característica permanente consistia em nunca proporcionar o menor conforto aos seus moradores, amontoados em pequenos espaços, em um estado de promiscuidade e abandono extremos.[25] Quanto às ocupações, todas as tarefas árduas ou degradantes eram relegadas ao escravo, como já vimos. Mesmo os mestres de ofícios

---

23 A. M. Perdigão Malheiro, op. cit., vol. I, p. 2 e 32-33, respectivamente: grifos no texto original.

24 O padrão de construção que prevaleceu em São Paulo vem descrito em *Vida e morte do bandeirante*, de Alcântara Machado (cf. p. 52-54), que teve o cuidado de pôr em relevo as diferenças existentes entre a *casa da povoação e a casa da roça*. Em ambas, porém, o escravo se via segregado espacialmente dos mais componentes do grupo doméstico.

25 As melhores descrições da *Senzala* são fornecidas por viajantes que percorreram a zona fluminense; o leitor encontrará interessantes ilustrações, em que são reproduzidas *sedes e senzalas*, em *Lavoura cafeeira paulista. Velhas fazendas do município de Campinas*, texto de J. E. Teixeira Mendes e aquarelas de José de Castro Mendes, Departamento Estadual de Informações, São Paulo, 1947. Recomendamos a descrição feita por Charles Ribeyrolles (*Brasil pitoresco. História-descrições-colonização-instituições*, ilustrado com gravuras de Victor Frond, tradução e notas de Gastão Penalva, São Paulo, Livraria Martins Editora, 1941, vol. II, p. 32-33).

e os fâmulos, em chegando do Reino, procuravam desde logo tornar-se senhores, transferindo para os escravos as suas obrigações, ou se "desprezavam de seus amos".[26] A ociosidade podia não ser um ideal, mas era um apanágio das pessoas de "dom" e da "gente de prol". Daí a chocante disparidade entre a vida laboriosa do escravo e a tranquila existência dos senhores, a qual ainda se fazia notar fortemente nos fins do século XIX. "Todo esse aspecto de uma serena vida familiar constituía flagrante contraste com a rude e trabalhosa existência dos escravos. Estes desde a madrugada, ao toque do sino, até o anoitecer, com a enxada na mão iam executando, quase sem descanso, sob o chicote do feitor, os mais árduos trabalhos – vida essa que somente o espírito obtuso e submisso do africano podia suportar sem revolta".[27] Sob este aspecto, os escravos que viviam nas zonas urbanas ou que se ocupavam nos afazeres da *casa grande* gozavam de algumas regalias com relação aos *escravos do eito*, cujo regime de trabalho chegava a ser desumano.[28] De qualquer maneira, ambos estavam confinados às ocupações socialmente degradadas e não auferiram nenhum benefício do próprio trabalho, pois a lei assegurava ao senhor "o direito de auferir do escravo todo o proveito possível" e de "exigir os seus serviços gratuitamente pelo modo e maneira que mais lhe convenha". Quanto à apropriação dos proventos do trabalho excedente e à formação de pecúlio pelos escravos, até 1871 nenhuma lei lhes garantiu "o pecúlio; e menos a livre disposição sobretudo por ato de última

---

26 Cf. A. d'E. Taunay, *História da cidade de São Paulo no século XVIII*, op. cit., vol. II, 1ª parte, p. 20-21.

27 M. Pais de Barros, *No tempo de dantes*, op. cit., p. 99. A documentação relativa ao extenuante regime de trabalho do escravo é relativamente rica, mas dispensamo-nos de enumerá-la aqui.

28 Os viajantes, principalmente os que estiveram na zona fluminense, notaram continuamente esse fato. O cultivo do café era menos duro que o da cana; o trabalho na época da colheita era, por sua vez, muito mais intenso. Em regra, os escravos da roça trabalhavam no período da manhã, da tarde e da noite (serão). Rugendas informa que o esforço constante e com pequeno descanso chegava a esgotar os escravos a ponto de "eles adormecerem onde quer que se encontrem, donde o ditado: dorminhoco como negro de engenho" (João Maurício Rugendas, *Viagem pitoresca através do Brasil*, op. cit., p. 179). Louis Couty, cuja experiência sobre a organização do trabalho escravo abrangia igualmente o Rio de Janeiro e São Paulo, afirmava que os campeiros, os artesãos das zonas urbanas e os escravos domésticos teriam "mais liberdade, mais prazeres, e menos trabalho que os nossos assalariados da Europa" (cf. *L'Esclavage au Brésil*, op. cit., p. 24-25).

vontade, nem a sucessão ainda quando seja escravo da Nação".[29] Contudo, tanto nas fazendas quanto nas cidades, conseguiam alguns proventos, resultantes seja do cultivo de pequenas hortas que os senhores lhes concediam (nas quais trabalhavam nos domingos e feriados), seja do excesso de jornal pelos serviços prestados a terceiros.[30] A lei de 28 de setembro de 1871 regulou juridicamente a matéria, estabelecendo: "É permitida ao escravo a formação de um pecúlio do que lhe provier de doações, legados e heranças e com o que, por consentimento do senhor, obtiver do seu trabalho e economias".[31] Todavia, a aplicação da lei dependia estreitamente da vontade dos senhores, que a fraudaram de vários modos.[32] O seu interesse, no caso, estava em impedir que os escravos constituíssem pecúlios suficientes para o próprio resgate; se isto era difícil para os escravos da roça, era bem mais fácil para os das cidades. A escassez de braços, porém, impeliu os fazendeiros paulistas, fluminenses e mineiros a adotar certos estímulos que contribuíram para simplificar a formação de pecúlios: o pagamento de jornais pelo trabalho prestado aos sábados e domingos ou pelos excedentes da colheita média estipulada.[33] Parece que alguns fazendeiros não punham obstáculos a que seus escravos negociassem os produtos de suas hortas nas vilas próximas e lá adquirissem as mercadorias que desejassem (em geral, roupas, fumo e a chamada "comida de regalo").[34] Outros fazendeiros achavam que eles mesmos deviam comprar os produtos, pagando por eles "um preço razoável".[35] O depoimento de um senhor da zona fluminense demonstra que todas essas pequenas concessões, no tocante à propriedade, eram feitas tendo em vista a fixação do escravo e o prazer pessoal do seu dono: "Estas suas roças, e o produto que delas tiram, fazem-lhes adquirir certo

---

29 A. M. Perdigão Malheiro, op. cit., vol. I, p. 55.
30 Idem. Cf. também Rev. R. Walsh, *Notices of Brazil in 1828 and 1829*, Londres, Frederick Westley e A. H. Davis, vol. II, p. 241; J. M. Rugendas, op. cit., p. 188; Charles Ribeyrolles, op. cit., vol. II, p. 38; com referência a São Paulo, cf. A. d'E. Taunay, *História do café no Brasil*, vol. VII, p. 436-37.
31 Cf. Luiz, Maria Vidal, *Repertório da legislação servil*, op. cit., vol. II, p. 9 (Lei 2.040, art. 4º).
32 Cf. Joaquim Nabuco, *O abolicionismo*, op. cit., p. 127.
33 Cf. A. d'E. Taunay, loc. cit.; L. Agassiz e E. C. Agassiz, op. cit., p. 154-58.
34 Cf. M. Pais de Barros, op. cit., p. 100; e também Francisco Peixoto de Lacerda Werneck (Barão do Pati do Alferes), *Memória sobre a fundação e custeio de uma fazenda na província do Rio de Janeiro*, anotada por Luís Peixoto de Lacerda Werneck, 3. ed., Rio de Janeiro, Eduardo & Henrique Laemmert, 1878, p. 25.
35 Cf. F. P. de Lacerda Werneck, op. cit., p. 24-25.

amor ao país, distrair um pouco da escravidão, e entreter-se com esse seu pequeno direito de propriedade. Sem dúvida o fazendeiro enche-se de certa satisfação quando vê chegar o escravo de sua roça trazendo o seu cacho de bananas, o cará, a cana etc.".[36] Essa atitude também era partilhada pelos fazendeiros paulistas.[37] O escravo não chegou a gozar, portanto, de um direito de propriedade, mas de uma ficção, criada para alimentar certas conveniências sociais dos senhores.

As discriminações legal e política se processavam concomitantemente, como decorrência da própria condição do escravo. "O nosso Pacto Fundamental, nem lei alguma contempla o *escravo* no número dos *cidadãos*, ainda quando nascido no Império, para qualquer efeito em relação à vida social, política ou pública".[38] As leis relativas ao escravo não se incorporavam à Constituição, nem à Consolidação das Leis Civis; elas faziam parte do chamado *Código Negro*.[39] De modo que o escravo estava sujeito a uma plena incapacidade civil. Assim, não era admitido a dar queixa, por si, devendo fazê-lo por intermédio do senhor, ou então do promotor público ou de algum cidadão que se dispusesse a isso; não podia dar denúncia contra o seu senhor; não era aceito como *testemunha jurada*, mas apenas como informante, quando de interesse público; acusado ou réu, seu senhor constituía o curador nato; se o senhor se recusasse a desempenhar os papéis de curador nato, seria substituído por outro cidadão, indicado pelo juiz do processo; proibia-se ao escravo, sob penas severas, atentar contra a vida ou segurança do senhor, de seus parentes e dependentes, e no caso de ser condenado à pena capital não se lhe reconhecia nenhum direito a recurso.[40] Em suma, "o escravo, subordinado ao poder (potestas) do senhor, e além disso equiparado às *coisas* por uma ficção da lei enquanto sujeito ao domínio de outrem, *não tem personalidade, estado*. É pois privado de toda capacidade civil".[41] Com exceção de atos criminosos ilícitos e imorais, o senhor tudo podia exigir do escravo com o beneplácito da lei, obrigando-se em troca, exclusivamente, a vesti-lo, alimentá-lo e proporcionar-lhe assis-

---

36 Idem, p. 25.
37 Conforme o que escreve dona Maria Pais de Barros, op. cit., p. 104.
38 A. M. Perdigão Malheiro, op. cit., vol. I, p. 2; cf. também J. Nabuco, op. cit., p. 124-26.
39 Conforme J. Nabuco, loc. cit.
40 A. M. Perdigão Malheiro, op. cit., vol. I. p. 22, 24 e 62.
41 Idem, vol. I, p. 44-45.

tência em suas doenças.[42] A legislação vigente só não concedia aos senhores o direito de vida e de morte sobre seus escravos, bem como a faculdade de infligir-lhes sevícias e castigos corporais (*açoitamento doméstico*) além de certos limites.[43] Sob o ponto de vista legal e político, portanto, o contraste entre as duas camadas sociais era completo: todas as garantias sociais desfrutadas pela camada dominante não tinham aplicação, de nenhuma forma, à camada servil. A lei consagrava a escravidão e sancionava, sem restrições, a espoliação de um grupo racial por outros.

A discriminação social abrangia naturalmente todas as esferas ou situações da vida social. As fronteiras que separavam o senhor e o escravo só permitiam que eles se encontrassem nessa qualidade, em todas as circunstâncias, ainda que existissem laços afetivos entre ambos. Na verdade, senhores e escravos formavam duas "sociedades" distintas, que coexistiam no seio de uma ordem social inclusiva. Aqui não nos interessa esse aspecto, já que o objeto do nosso estudo é outro, e nos obriga a considerar apenas certas consequências da relação senhor-escravo, que excluíam os cativos das probabilidades de atuação social e das compensações ou garantias sociais asseguradas pela ordem senhorial. Porém, uma coisa precisa ficar clara: é que no meio de tanta heterogeneidade racial, cultural e social, o código ético dos senhores sobressaía por sua unidade e pela vigência dos valores e das normas que o constituíam. As menores concessões não se faziam sequer aos estranhos à localidade, que ignoravam os costumes dos paulistas e os hábitos de uma sociedade em que a escravidão deturpara o antigo sentido europeu das noções de trabalho, de honra, de dignidade e de moral. Uma pequena anedota poderá ilustrar esta afirmação. Durante sua permanência em São Paulo, um viajante foi recebido por uma importante família do lugar. À sobremesa, lembrou-se de elogiar a dona da casa, atribuindo-lhe a confecção dos doces que comera; esta melindrou-se, pois aquela era uma ocupação das escravas, e não ocultou o seu desagrado. O pobre viajante

---

42 Idem, vol. I, p. 67. Esse aspecto da legislação não deve ser tomado ao pé da letra. Havia senhores que compeliam as escravas ao meretrício e recolhiam os proventos de suas atividades. Nem por isso os tribunais viram no fato razão suficiente para libertar as escravas exploradas dessa maneira (cf. Evaristo de Morais, *A campanha abolicionista*, op. cit., p. 174-76).

43 Cf. A. M. Perdigão Malheiro, op. cit., vol. I, p. 7-13; E. de Morais, op. cit., p. 207-10 e 301. Aliás, as limitações sobre o direito de castigar os escravos sempre foram inócuas; e a instituição pode durar quase tanto quanto o próprio regime servil, pois só foi abolida em novembro de 1886.

ficou deveras embaraçado...[44] A suscetibilidade às conveniências exteriores ia tão longe que o menor deslize no trato de uma pessoa da mesma condição social chegava a acarretar animosidades e até a brusca ruptura de relações de amizade.[45] Assim, é compreensível que não se abrissem brechas no que concerne ao tratamento do escravo, e que os círculos de convivência dos brancos fossem realmente fechados. Os senhores, pelo que sabemos, aceitavam três exceções à regra de exclusão do escravo de sua vida social. Primeiro, davam liberdade aos filhos menores para se associarem com os filhos dos escravos em seus folguedos, visando estimular a lealdade destes para com aqueles. Foi o que observou Mawe, quando de sua passagem por São Paulo: "Seria desejável instituir-se algumas reformas no seu sistema de educação; os filhos dos escravos são criados com os dos senhores; tornam-se companheiros de folguedos e amigos e, assim, estabelece-se entre eles uma familiaridade que, forçosamente, terá de ser abolida na idade em que um deve dar ordens e viver à vontade, enquanto o outro terá de trabalhar e obedecer. Diz-se que unindo assim, na infância, o escravo ao dono, asseguram a sua fidelidade, mas o costume parece encerrar grandes inconvenientes e deve, ao menos, ser modificado de forma a tornar o jugo da escravidão menos penoso pela revogação da liberdade primitiva".[46] O costume perdurou mas, ao contrário do que supunha Mawe, os escravos aceitavam como natural as transformações que se operavam no ânimo do antigo companheiro, quando este empolgava a direção da casa.[47] Segundo, as relações das crianças com as *mucamas* não estavam sujeitas a restrições e chegavam a assumir uma tonalidade afetiva acentuada. O seguinte depoimento parece-nos, a respeito, muito significativo: "Como era boa a Joaquina! Nela estava personificada a devotada afeição que os africanos sentem em geral pelas crianças. Quando estavam doentes,

---

44 É claro que a imutação de ocupações servis às pessoas da camada senhorial implicava desconsideração social e podia ser interpretada como uma ameaça ao prestígio das pessoas afetadas.

45 O cumprimento ou saudação cerimoniosa entre amigos (e mesmo entre desconhecidos) nos encontros fortuitos é muito conhecido. Saint-Hilaire se refere a ele como sendo um hábito incômodo, destinado "menos à pessoa, do que à posição" (op. cit., vol. I, p. 271). Um de nossos informantes, pertencente a uma das famílias tradicionais, relatou-nos como o seu avô, no começo do século, disse um desaforo e rompeu relações com um amigo, da mesma posição social, só porque este ao cumprimentá-lo limitou-se a acenar com a mão, em vez de tirar o chapéu.

46 John Mawe, *Viagens ao interior do Brasil, principalmente aos distritos do ouro e dos diamantes*, op. cit., p. 91.

47 Dados obtidos diretamente de um informante de cor com experiência a respeito dos comportamentos descritos.

levava-lhes alimento e o remédio que a mamãe mandava; quando adormeciam, sentava-se no chão, ao pé da cama, vigiando-lhes o sono; quando sãos, contava-lhes histórias... Era um prazer ouvir as lendas africanas sobre meninas roubadas que, metidas em sacos, cantavam pelas ruas. Ou, então, sobre cavaleiros perseguidos, que fugiam a todo o galope do inimigo e atiravam para trás um alfinete que se transformava em bosque de espinhos".[48] Terceiro, admitia-se um certo paternalismo na conduta do senhor para com seus escravos, principalmente os do serviço doméstico, e mesmo um franco favoritismo para com os chamados "crias da casa". Esperava-se que ele libertasse (em vida ou por testamento) os filhos naturais com as escravas e que fizesse alguns legados em benefício de escravos fiéis ou dos filhos naturais manumitidos.

A discriminação social se evidencia com grande nitidez, quando se considera o regime de vida sexual dos escravos, a rejeição formal de determinadas ocupações a frustração de direitos estabelecidos, o tratamento recíproco nas relações sociais, e os meios de persuasão, incentivação ou acomodação dos escravos à ordem social vigente. A vida sexual dos escravos não encontrava uma expressão normal e reguladora no matrimônio. Parece que reinou, durante muito tempo, um regime de *pater incertus, mater certa* no interior das *senzalas*, o qual seria incentivado pelos próprios donos das escravas. Debret, por exemplo, afirma isto explicitamente: "Como um proprietário de escravos não pode, sem ir de encontro à natureza, impedir aos negros de frequentarem as negras, tem-se por hábito, nas grandes propriedades, reservar uma negra para cada quatro homens; cabe-lhes arranjar-se para compartilharem sossegadamente o fruto dessa concessão feita tanto para evitar os pretextos de fuga como em vista de uma procriação destinada a equilibrar os efeitos da mortalidade".[49] De fato, a escassez de mulheres criava uma fonte de insatisfação para os escravos, obrigando-os a desenvolver técnicas especiais de frustração da fiscalização exercida sobre eles e a envolver-se em conflitos com os companheiros por disputas amorosas. As escapadas noturnas para entrevistas de amor eram frequentes;[50] e Florence relata o assassínio de um escravo da sua comitiva, em consequência da luta por uma negra.[51] Além disso, as mulheres mais bonitas e novas eram requestadas pelos senhores, por seus filhos ou por outros homens da família, e não se levava a sério as uniões feitas pelos próprios escravos. Separava-se o *homem*

---

48 M. Pais de Barros, op. cit., p. 81-82.
49 Jean Baptiste Debret, *Viagem pitoresca e histórica ao Brasil*, op. cit., vol. I, p. 196.
50 Cf. Charles Ribeyrolles, op. cit., vol. II, p. 32; F. P. de Lacerda Werneck, op. cit., p. 21.
51 Cf. Hércules Florence, *Viagem fluvial do Tietê ao Amazonas de 1825 a 1829*, op. cit., p. 49.

da *mulher* tão facilmente quanto os filhos das mães, sem nenhuma consideração para com os sentimentos dos prejudicados.

Com o tempo, principalmente depois da cessação do tráfico, manifestaram-se algumas tendências humanitárias, nascidas antes dos interesses dos senhores, que da sua compreensão ou humanidade. Preocupados com a escassez de braços, procuravam ligar emocionalmente os escravos às suas fazendas e se esforçavam por não perder "peças" em virtude de doenças, brigas, evasões ou falta de assistência às gestantes, parturientes e recém-nascido. O "casamento" do escravo com uma companheira representava um bom recurso para prendê-lo ao senhor e sua família. Conta-se que em São Paulo, quando um escravo começava a mostrar-se irrequieto e rebelde, o senhor dizia: "É preciso casar esse negro e dar-lhe um pedaço de terra, para assentar a vida e criar juízo".[52] Quanto ao tratamento da parturiente e do recém-nascido, as palavras do Barão do Pati do Alferes reproduzem exatamente as preocupações dos senhores da época: "Não mandeis à roça, por espaço de um ano, a preta que estiver criando; ocupai-a no serviço de casa, como em lavar roupa, escolher café e outros objetos. Quando ela tiver seu filho criado, irá, então, deixando o pequeno entregue a uma outra, que deve ser a ama-seca de todas as mais crias para lavá-las, mudar-lhes roupa, e dar-lhes comida, que deve ser apropriada a sua idade e forças".[53]

Entretanto, ainda no terceiro quartel do século XIX, escrevia Perdigão Malheiro que, tanto no meio urbano quanto no meio rural, prevaleciam as *uniões ilícitas* entre os escravos; reconhece que alguns senhores (na maioria fazendeiros) procuravam casar os escravos, mas embora a Igreja sancionasse aqueles matrimônios, o "Direito Civil quase nenhuns efeitos, em regra, lhes dá".[54] Somente em 1869 se proibiu a separação dos cônjuges

---

52 M. Pais de Barros, op. cit., p. 104. J. M. Rugendas observa que o casamento constituía "a melhor maneira de prendê-los à fazenda e a mais forte garantia de sua boa conduta" (op. cit., p. 180). Quando Saint-Hilaire esteve em São Paulo, os senhores "começavam" a casar seus escravos (cf. op. cit., vol. I. p. 119 e 126).

53 F. P. de Lacerda Werneck, op. cit., p. 26-27.

54 A. M. Perdigão Malheiro, op. cit., vol. I, p. 49. Isso fez com que se valorizasse, na poesia negra, como reação às avaliações depreciativas do branco, o casamento "diante da natureza", a união por amor:

> *Quem vive na boa fé*
> *Aqui, ou onde estiver,*
> *Amando sua mulher*
> *Muito bem casado é!*

(poesia selecionada de *Vigília de pai João*, de Lino Guedes; São Paulo, 1938).

escravos e se estipulou que os filhos escravos de menos de 15 anos não podiam ser separados dos pais. A mesma lei estabeleceu que o casamento do escravo dependia do consentimento do senhor.[55] Quanto aos filhos das relações extramatrimoniais com os senhores, um acórdão de 1875 proibiu a venda dos filhos naturais com concubinas escravas e obrigou aqueles a continuar com ambos, mães e filhos, em sua escravaria.[56] Em suma, legalmente não existia uma família escrava e socialmente tanto a estabilidade quanto a harmonia dos matrimônios feitos formalmente dependiam de modo direto dos senhores. Os escravos, excluídos do núcleo legal da família patriarcal, viam seu próprio casamento continuamente ameaçado pela concupiscência ou pela devassidão dos senhores. Corre em São Paulo que não eram poucos os senhores que "enchiam as negras" e depois obrigavam seus escravos a casarem-se com elas ou que "desrespeitavam" sem rodeios as escravas casadas. Esses fatos repercutiam no ânimo dos escravos, como o demonstra a seguinte descrição de uma cerimônia de noivado: "O avô de uma das moças presentes se encarregava do casamento dos escravos. Tendo o pagem Joaquim chegado à idade própria o senhor lhe disse que fosse à sala onde estavam costurando as escravas, lançasse uma vista d'olhos e viesse dizer qual a escolhida. Havia então na fazenda uma escrava de notável formosura; o pagem Joaquim andara a lhe deitar olhadelas doces e o senhor, ao vê-lo regressar, não se conteve e exclamou: "Já sei, manganão, já sei, é Fulana a escolhida". A resposta foi imediata: "Quá o quê! P'ra depois, quarqué dia deste, mecê ficá meu rivá? Muié p'ra mim é p'ra mim só, não é p'ra dividi c'os outro". A escolhida foi uma preta forte, mas feia...".[57]

A rejeição do escravo nas ocupações nobilitantes, praticadas correntemente na vida social, era sancionada pela lei. Em virtude de sua incapacidade civil, os escravos não tinham acesso a cargos públicos e eclesiásticos, não podendo sequer ser admitidos como praças, no exército e na marinha.[58] A carreira eclesiástica, em particular, era encarada como uma espécie de comprovação de ascendência pura e sem máculas raciais. Por isso, as famílias mais importantes faziam empenho "em ter entre seus membros padres ou religiosos".[59] E em São Paulo a simples nomeação de um padre como familiar do Santo Ofício teria sido suficiente para pulverizar a male-

---

55   Cf. J. Nabuco, op. cit., p. 127-28.
56   Cf. Evaristo de Morais, op. cit., p. 174.
57   Conforme dados recolhidos pela pesquisadora Maria Isaura Pereira de Queirós.
58   Cf. esp. A. M. Perdigão Malheiro, op. cit., vol. I, p. 3-4.
59   J. Pandiá Calógeras, *Formação histórica do Brasil*, op. cit., p. 36.

dicência dos que lhe atribuíam *impureza de sangue*.⁶⁰ As "tropas de linha", por sua vez, compunham-se de homens brancos. O seguinte documento atesta as perplexidades criadas pelo recrutamento, nos princípios do século XIX em São Paulo, quando o governo se empenhava na formação urgente de forças militares: "tendo-me presente, q. as recrutas q. lhe enviou o Cap. mor da Villa da Concom. (sic), são quazi negros, q. vmce. por isso se acha perplexo sobre assentar-lhes praça ou não. Sou a dizer-lhe, q. se forem taes q. não deverão servir em hum regimto. de homẽs brancos, Vmce os torne a remetter ao Cap. Mo., fazendo-lhe ver da minha parte q.'Eu mando recurtar pa. tropa de linha, q. se compõem de homẽs brancos, e qdo. mto. de alguns pardos vistas as actuaes percizoens, e q. asim mande recrutas de homẽs brancos (...) bem entendido, q. deixo a sua ponderação, q.'havendo percizão de soldos. deve Vmce, recuzar os homẽs pardos com a maior parcimonia possível".⁶¹ A discriminação nesse terreno encontrou, porém, uma curiosa sublimação, quando as circunstâncias o exigiram (no caso da guerra do Paraguai, por exemplo, em 1865): os senhores manumitiam os escravos e depois os incorporavam, na qualidade de "voluntários"!⁶² Tamanho era o poder dos costumes, que em São Paulo houve quem julgasse o escravo indigno do arranjo: "Os fazendeiros que não queriam ou não podiam mandar seus filhos, libertavam um bom número de escravos, logo enviados para as fileiras do exército". "Mas o Comendador, fiel aos seus princípios idealistas, não quis mandar negros para defenderem a Pátria: ajustou e equipou homens brancos, que fossem combater em lugar dos seus filhos".⁶³

No Brasil, as leis relativas aos escravos sempre foram frustradas pelos senhores. Os escravos tinham o direito de trabalhar para si próprios aos domingos e feriados; de comprar sua alforria, ou a de outrem, se conseguissem reunir o preço do resgate; se dessem dez filhos ao senhor, as escravas deviam ser libertadas. Walsh observa que essas e outras disposições legais, destinadas a limitar os castigos, não passavam de *letra morta*.⁶⁴ Em parte ou

---

60 Cf. A. d'E. Taunay, introdução à *Informação sobre as minas de São Paulo*, de Pedro Taques, p. 42-43.
61 *Documentos interessantes*, vol. LVIII, p. 43-44.
62 É preciso notar que essa era a vida legal. Escravos recrutados ou incorporados como "voluntários" tiveram que ser restituídos aos donos anteriormente, por força das disposições contidas no alvará de 28/1/1811, que excluía os escravos das forças armadas (cf. A. M. Perdigão Malheiro, op. cit., vol. I, p. 3, nota 6).
63 M. Pais de Barros, op. cit., p. 126.
64 Cf. Rev. R. Walsh, op. cit., vol. II, p. 242-43 e 359-60; e também J. M. Rugendas, op. cit., p. 181 e 185.

no todo, elas seriam simplesmente ignoradas pela maioria dos senhores e, com razões especiais, pelos escravos.[65] Apesar de tudo, as disposições legais tendiam a ser observadas; mais nas cidades, que no campo, onde o poder público penetrava com maiores dificuldades.[66] Nas fazendas afastadas e isoladas, os caprichos e as crueldades dos senhores só encontravam freios "no medo de perder o escravo, pela morte ou pela fuga, ou no respeito à opinião pública".[67] Acontece que a opinião pública, em um meio escravocrata e escravista, revela pouca sensibilidade às extravagâncias ou arbitrariedades dos senhores, enquanto se mostrava exigente para com as faltas cometidas pelos escravos. Ela se manifestava positivamente através das relações dos próprios senhores, quando um deles se dispunham a pedir a outro, em favor de algum escravo: "se encontra um vizinho que o proteja, basta uma carta, uma palavra, e o senhor o perdoa e os feitores se desarmam. Os próprios desertores tornam ao trabalho ou às senzalas sem passar pelas prisões".[68]

Ora, por causa das condições peculiares do desenvolvimento econômico de São Paulo, somente no terceiro quartel do século XIX é que começa a formar-se uma opinião pública "independente", isto é, capaz de julgar as ações dos senhores fora da perspectiva fornecida pelo código dos direitos de escravos. Aí, a frustração dos direitos dos escravos passou a encontrar uma verdadeira oposição, que ia além do mero compromisso, da troca de gentilezas entre iguais. A princípio, os inconformistas não eram muitos. Alguns advogados, tabeliães, engenheiros, serventuários da justiça, estudantes de direito; alguns burgueses (pequenos comerciantes, na maioria); alguns oficiais, que haviam lutado na guerra do Paraguai; pessoas, enfim, mais ou menos vinculadas a interesses sociais ou a ideais de vida urbanos, dispostas a combater moderadamente os todo-poderosos senhores rurais. Com eles, sob a liderança de Luís Gama, iniciou-se o período das chamadas "lutas judiciárias" e de "ação abolicionista dentro do Foro", em São Paulo.[69] Depois, tornaram-se numerosos, contando-se entre eles pessoas de todas as camadas sociais, embora predominassem os elementos populares. Então, os inconformistas transformaram-se em

---

65 Cf. J. M. Rugendas, op. cit., p. 181 e 185.
66 Cf. Ch. Ribeyrolles, op. cit., vol. II, p. 35; J. M. Rugendas, loc. cit.
67 Cf. M. Rugendas, loc. cit.
68 Cf. Ch. Ribeyrolles, op. cit., vol. II, p. 36.
69 Cf. esp. dr. Antônio Manuel Bueno de Andrada, "A Abolição em São Paulo. Depoimento de uma testemunha", O *Estado de S. Paulo* (13/5/1918), op. cit., e Evaristo de Morais, op. cit., p. 250-70.

revolucionários, evoluindo na esfera da ação (como o seu líder Antônio Bento, a partir de 1880), da defesa dos direitos individuais menosprezados para a da "redenção" coletiva dos escravos. Definiram-se intelectualmente pelo desmascaramento do escravismo e decidiram-se praticamente pela ação direta no meio escravo e no ambiente senhorial.[70] A importância do fato descrito consiste na correlação que se estabeleceu, graças a ele, entre o progresso da legislação emancipacionista no Brasil e o aparecimento, em São Paulo, de meios efetivos de vigilância na sua aplicação e aproveitamento. Com exceção das leis de 25 de maio e de 7 de novembro de 1831, que declaravam livres os africanos importados daí em diante, as leis que concederam aos escravos alguns direitos concretos foram: a de 28 de setembro de 1871, que declarou de *condição livre* os filhos de mulher escrava que nascessem a partir daquela data, dispunha sobre a formação do pecúlio dos escravos e concedia liberdade aos escravos da Nação; e a de 28 de setembro de 1885, que declarava libertos os escravos septuagenários e estipulava as condições em que a transferência de domicílio dos escravos não implicava manumissão automática.[71] Como era de esperar, os senhores ludibriaram à vontade os escravos, desrespeitando de modo quase completo os seus novos direitos.[72] Os adeptos de Luís Gama, de Antônio Bento e da *Confederação Abolicionista*, cada qual a seu modo, muito fizeram em São Paulo, conquistando alforrias e impedindo a consumação de graves injustiças.[73] Mas eles não podiam fazer tudo e ainda

---

70 O movimento chefiado pelo dr. Antônio Bento possuía ampla base popular e tinha meio de atingir as *senzalas*, dentro do seu raio de agitação, como o conseguir fazer. Possuía uma folha abolicionista, *A Redempção*, e contava com o apoio da *Irmandade Nossa Senhora dos Remédios*, de que se tornara um dos mentores. Depois da Abolição, muitos membros das camadas dominantes se inculcaram como antigos colaboradores de Antônio Bento; este afirma, porém, que não recebera auxílio de *ricos*. As contribuições eram obtidas dos abolicionistas mais ativos, quase todos pobres. "A abolição foi feita pela pobreza com o maior sacrifício que é possível imaginar-se" (cf. *A Redempção*, 29/9/1897). Sobre esse movimento, além das obras citadas na nota anterior, cf. José Maria dos Santos *Os republicanos paulistas e a Abolição*, op. cit., p. 177-84 e 310-11.
71 Cf. L. M. Vidal, *Repertório da legislação servil*, op. cit., vol. II, p. 5-13, e vol. III, p. 60-97.
72 Cf. esp. E. de Morais, op. cit., p. 1-9.
73 Além das obras citadas nas notas 69 e 70, que tratam predominantemente do grupo de Luís Gama e do movimento dos *caifazes*, conviria mencionar a de Osório Duque-Estrada, *A Abolição* (op. cit.), em que o autor descreve as técnicas usadas pelos abolicionistas filiados à *Confederação abolicionista* (cf. especialmente p. 96-97).

menos eliminar a malícia, que existia no texto das leis, as quais obrigavam os menores libertos e os septuagenários manumitidos à prestação de serviços gratuitos aos antigos senhores. Os donos de escravos é que elaboravam as leis. Por isso, seria natural que defendessem as "suas" *propriedades* e não fizessem nenhuma concessão legal, que representasse um direito líquido e pleno.

Nas relações sociais, o escravo estava para o senhor, ou os familiares e dependentes *brancos* dele, na mesma posição que uma "coisa" está para o seu "dono". Como salienta Calógeras, na Colônia "constituíam os negros a camada social mais baixa. Tão desconsiderada, que lhe discutiam a qualidade humana. Foi preciso que a Santa Sé os declarasse homens, para serem reconhecidos como tais".[74] Aceitos como "homens", não eram porém *pessoas* mas *homem-escravo* e *mulher-escrava*, como transparece na linguagem empregada nos textos legais. Ainda nos meados do século XIX, alguns capelães efetivos das fazendas continuariam a pregar noções abolidas pela Igreja, nos sermões destinados aos escravos: "Que pregam aos escravos esses pastores de almas? A obediência absoluta, a humildade, o trabalho, a resignação. Alguns vão ao ponto de dizer que os negros são filhos de Caim – filhos do maldito – e que para a sua raça condenada não há reabilitação possível. Dupla excomunhão: a de Adão e a do filho de Noé, a da alma e a da pele".[75] A uma desigualdade tão fundamental tinha que corresponder, forçosamente, um tratamento assimétrico. De um lado, estavam os que podiam "mandar" e "conceder"; de outro, os que deviam "obedecer" e "consentir". Portanto, o código ético do senhor não podia confundir-se, em nenhum ponto, com o dos escravos. Na conveniência de ambos, quando um julgava desfrutar um "direito", o outro se sentia cumprindo um "dever". Essa conexão de reciprocidade se refletia tanto na etiqueta das relações sociais quanto na formação ou no respeito às expectativas de comportamento.

Quanto à etiqueta das relações sociais, o que mais chamou a atenção dos viajantes foi o cumprimento que o escravo devia ao senhor e aos *brancos* em geral. O cumprimento era feito em diversas circunstâncias (pela manhã, ao saírem para o trabalho; à noite, ao se recolherem; nos encontros fortuitos etc.), e consistia no seguinte: o escravo cruzava as mãos sobre o peito e dizia "Louvado seja Nosso Senhor Jesus Cristo", ao que respondia

---

74 J. Pandiá Calógeras, op. cit., p. 35.
75 Charles Ribeyrolles, op. cit., vol. II, p. 35.

o senhor: "Para sempre seja Louvado".[76] Ele não se aplicava exclusivamente à relação senhor-escravo, porém; Florence nos esclarece a esse respeito: "É o *bons dias* do escravo para o amo, do filho para o pai, do afilhado para o padrinho, do aprendiz para o mestre".[77] Portanto, o peculiar seria a obrigação do escravo de "dar louvado", indiscriminadamente, a todas as pessoas que estivessem para ele na mesma relação que o senhor. Nas festas, os escravos também deviam exteriorizar sua gratidão e alegria, dando os "Viva sinhô! Viva sinhá! Viva sinhô moço!".[78] Mais importantes eram as normas de boas maneiras, que evidenciam melhor o caráter assimétrico das relações. Os dados que conseguimos reunir, através de informantes pertencentes ou ligados à antiga camada senhorial paulistana, compreendem normas que regulavam seja a exteriorização de certas atitudes, seja a exclusão do uso de certas palavras ou artefatos. Chamado diante do senhor (ou de outra pessoa que estivesse na mesma relação para com ele), o escravo devia: mostrar respeito e humildade nas palavras, nos gestos, no tom da voz e na fisionomia; manter uma postura aproximadamente ereta, sem o relaxamento dos membros ou o bamboleio do corpo; só falar quando recebesse ordem para isso; calar-se, quando fosse mandado; falar sem alterar a voz, quase mansa e cerimoniosamente; receber a ordem, que fosse dada, com satisfação aparente; não replicar de forma alguma nem discutir, tendo em vista o conteúdo da ordem recebida; sair sem voltar as costas (parece que o escravo "não devia dar as costas para o senhor" em outras situações). Além disso, devia receber os castigos, aplicados repentinamente pelo próprio senhor, para punir faltas reais ou imaginárias, com serenidade e submissão; não devia usar as palavras "senhor", "senhora", "dona" etc., no tratamento de pessoas da mesma condição social que ele; proibia-se-lhe conversar com os companheiros, animada ou discretamente, nos ambientes em que estivessem os senhores; devia andar no meio da rua, ainda que chapinhasse na lama (conta-se que os bran-

---

76 Essa cerimônia foi descrita por D. Kidder (cf. *Reminiscências de viagens e permanência no Brasil*, op. cit., p. 203), que a presenciou em São Paulo. Todavia, a melhor descrição se encontra em Hércules Florence (op. cit., p. 193) e diz respeito ao que este autor viu em Cuiabá. Sobre essa cerimônia: cf. ainda Maria Graham, *Journal of Voyage to Brazil, and Residence There, During Part of the Years 1822, 1823*, Londres, Longman, Hurt, Rees, Orme, Brown and Green, Patternoster-Row, 1824, p. 197; Charles Ribeyrolles, op. cit., vol. II, p. 33; Rev. R. Walsh, op. cit., vol. II, p. 341.
77 H. Florence, op. cit., p. 193. Cf. também Antonio Candido, loc. cit.
78 Cf. M. Pais de Barros, op. cit., p. 100.

cos os "enxotariam" da calçada, em caso contrário); não devia usar, sem ordem ou consentimento do senhor, calçado, chapéu e roupas ou adornos iguais aos dos amos.

No que concerne ao vestuário e aos adornos, Kidder assevera que "as senhoras capricham em bem vestir suas escravas. Às vezes o ouro e a pedraria adquiridos para refulgir nos salões são vistos cintilando pelas ruas, em curioso contraste com a pele negra das domésticas, efêmeras e humildes representantes da abastança da família".[79] Parece duvidoso que isso acontecesse, pelo menos com escravas. Desde o período colonial, tornou-se comum em São Paulo a proibição do uso de roupas finas e o porte de armas pelos escravos;[80] e um documento relativo a 1720 proibia-lhes taxativamente o uso de roupas de "seda e outros vestidos como brancos". Deveriam vestir-se com "pano da terra" e "só aquilo que for bastante para cobrir e livrar da inclemência do tempo, porque assim perderiam os brios e entenderiam que nasceram para escravos dos brancos".[81] No período imperial, segundo um depoimento fidedigno, os escravos transitavam pelas ruas paulistanas "de calça, e camisa de algodão, pés nus, cabeça descoberta"; em dias de festa, apenas, certos escravos (como o pagem, que acompanhava a família à Igreja), vestiam-se de modo diferente (no caso: "se apresentava calçado e todo fardado").[82]

Quanto às expectativas de comportamento, teremos que nos limitar a três tópicos. Primeiro, o senhor esperava do escravo a mais completa lealdade à sua pessoa e aos liames que prendiam um ao outro. Dados que não podemos examinar agora mostram que os senhores ficaram surpreendidos com as atitudes dos escravos em São Paulo, depois de 1885; particularmente, chocaram-se com as fugas em massa das *senzalas*, na fase de agitação abolicionista, e com o abandono das fazendas, depois da Abolição.

---

79 D. P. Kidder, op. cit., p. 193.
80 Nos fins do século XVII, proibiu-se às escravas de "usar de vestido algum de seda, nem se sirvam cambraias ou holandesas, com rendas ou sem elas, para nenhum uso, nem também de guarnições de ouro e prata nos vestidos" (cf. Dario Aranha de A. Campos, *Tipos de povoamento de São Paulo*, op. cit., p. 15; o documento citado, cujo trecho transcrevemos, é de 20/11/1696). Durante todo o século XVIII proibiu-se não só o porte de armas, mas o uso de roupas que permitissem ocultar as armas, por parte de todas as pessoas que não "lograssem" nobreza, tanto de dia quanto de noite. As proibições não se aplicavam, apenas, aos senhores "nobres repúblicas", atingindo também os mamelucos (cf. *Registro Geral da Câmara Municipal*, vol. IV, op. cit., p. 12-14, 116, 177-78 e 263-64; cf. também: A. d'E. Taunay, *História da cidade de São Paulo no século XVIII*, op. cit., vol. I, 1ª parte, p. 108-10).
81 Documento transcrito, Ciro T. de Pádua, O *negro no planalto*, op. cit., p. 216.
82 M. Pais de Barros, op. cit., p. 12 e 40, respectivamente.

Acoimaram os escravos de "ingratos" e de "gente sem reconhecimento". Acostumados a pensar que a escravidão constituía um regime *"natural"*, pretendiam que os escravos partilhassem dos mesmos sentimentos que eles a esse respeito. Segundo, algumas expectativas se polarizavam em torno da conduta do senhor para com o escravo ou da fidelidade para com o regime servil.

Assim, era bastante consistente a ideia de que o senhor precisava ser ao mesmo tempo "moderado"e "duro" no tratamento dos escravos. No Oeste paulista dizia-se, quando ocorriam rebeliões: "ou castigo excessivo ou camaradagem demasiada".[83] Essa ideia é definida com precisão, tendo em vista os valores da ordem senhorial, na seguinte explanação: "O extremo aperreamento disseca-lhes o coração, endurece-os, e inclina-os para o mal. O senhor deve ser severo, justiceiro e humano". "Nem se diga que o escravo é sempre inimigo do senhor; isto sucede com os dois extremos, ou demasiada severidade, ou frouxidão excessiva, porque esta torna-os irascíveis ao mais pequeno excesso do senhor frouxo, e aquela leva-os à desesperação".[84] E não era menos consistente a expectativa de solidariedade entre os senhores no julgamento das ações dos próprios pares e na defesa da escravidão. Ainda aqui, os dados mais significativos dizem respeito à fase de desagregação do regime servil: os fazendeiros paulistas reprovavam a conduta dos colegas que se associavam aos ideais abolicionistas e tomavam medidas concretas para libertar seus escravos. Incriminavam-nos como *traidores e exemplos perigosos*. (Cf. esp. as referências de J. Maria dos Santos, op. cit., p. 110-11.) Terceiro, os senhores não se sentiam obrigados moralmente a corresponderem às expectativas de comportamento dos escravos, dirigidas para as suas pessoas. Tendo em vista a natureza da relação senhor-escravo, que analisamos, isso é compreensível. Para o escravo, porém, aí estava uma fonte de decepções, insegurança, insatisfação e amarguras. Walsh testemunha, com referência ao Rio de Janeiro (o que, sem dúvida, ocorria em outras regiões do Brasil), que o desapontamento de alguns escravos, em assuntos concernentes à manumissão, chega a conduzi-los ao desespero e ao suicídio.[85]

Os meios de persuasão, incentivação ou acomodação dos escravos à ordem vigente não poderiam ser, naturalmente, os mesmos que se aplicavam aos membros das demais camadas sociais. A coerção, a repressão e

---

83 Cf. A. de E. Taunay, *História do café no Brasil*, vol. VII, p. 436.
84 F. P. de Lacerda Werneck, op. cit., p. 25 e 26.
85 No caso, por exemplo, de verificarem, depois da morte do senhor, que este não lhes legara a liberdade ou o fizera de tal modo que ainda deveriam continuar no cativeiro por mais algum tempo (cf. Rev. Walsb, op. cit., vol. II, p. 350-51).

mesmo a violência constituíam as principais formas de controle social do comportamento dos escravos. A ordem social, que se elaborou no Brasil com a escravidão, não chegou a conhecer, até a sua desagregação final, técnicas sociais de distensão de emoções ou sentimentos e de solução de divergências ou conflitos, que se baseassem no respeito à *pessoa* dos seres submetidos à dominação da casta senhorial. É que a escravidão com fundamento pecuniário reduzia o escravo à condição de *coisa*, conferindo aos senhores a possibilidade de racionalizar a própria conduta espoliativa através de argumentos que, no fundo, equiparavam a energia humana de trabalho à força bruta animal. E, doutro lado, eliminava ou restringia irremediavelmente nos escravos (é claro que no plano da relação com o senhor), os incentivos ao trabalho e à ação nascidos da compreensão do dever, do espírito de competição com os companheiros e da consciência de retribuição pelo esforço despendido. Assim, impunha-se o apelo generalizado à disciplina exterior e o cerceamento das possibilidades de autorrealização do escravo pela compulsão à mais completa heteronomia social.

A insatisfação que isso provocava nos escravos manifestava-se socialmente de várias maneiras. O desmazelo, o descuido e o afrouxamento no trabalho; a tentativa de suicídio, de aborto ou de fuga; a rebelião e o ataque ao senhor ou aos seus prepostos. A documentação demonstra que tais eclosões de desajustamentos e conflitos sociais, inerentes ao próprio regime servil brasileiro,[86] ocorreram abundantemente em São Paulo. Em consequência, o recurso aos castigos corporais, às torturas, ao *tronco*, aos *capitães do mato* e à repressão policial,[87] não foi aqui menos intenso que em outras

---

[86] Cf. anteriormente, referência contida na nota 23; e, em particular, Astrojildo Pereira, "Sociologia ou apologética?", *Interpretações*, Rio de Janeiro, 1944, p. 161-78.

[87] Cf. esp. *Registro Geral da Câmara Municipal*, vol. IV, loc. cit.; A. de E. Taunay; *História da cidade de São Paulo no século XVIII*, vol. I, 1ª parte, cap. XII; M. Pais de Barros, op. cit., p. 103-04; em diversos documentos já citados, como a carta de Paula Sousa e os relatórios dos presidentes da Província, vem mencionado o fato de que muitos senhores se viram sem ter quem cuidasse das fazendas, depois de 1887, por causa dos maus-tratos infligidos anteriormente aos escravos. Castigos cruéis deveriam ser pouco frequentes no município da capital, como o demonstra a repulsa da população ao seviciamento do negro Serafim, ocorrido em Campinas e tornado público pela exibição da vítima através de uma procissão organizada por Antônio Bento e seus *caifazes*.

A participação da polícia paulista na captura dos escravos fugidos foi regulada definitivamente pela lei de 21/3/1860 e pela de 7/7/1869 (cf. João Carlos da Silva Telles, *Repertório das leis promulgadas pela Assembleia Legislativa da Província de São Paulo desde 1835 até 1875*, Tipografia do Comércio, São Paulo, 1877, p. 359-60).

regiões do país. Todavia, graças ao aparecimento de uma opinião pública que revelara crescente sensibilidade contra ações desse gênero, as práticas repressivas e punitivas se suavizaram ou foram abolidas completamente, muito antes que em outras zonas do mesmo estado. Por iniciativa de um líder abolicionista, chegou a ser elaborada uma técnica de combate às práticas violentas de tortura e repressão. Essa técnica abrangia a coleta de instrumentos de tortura e sua exposição pública (na forma das coleções de museu e nas procissões da *Irmandade da Nossa Senhora dos Remédios*); o registro dos casos mais violentos ou deprimentes de punição e sua denúncia, por meio de discursos ou da imprensa; e, como aconteceu pelo menos uma vez (pelo que se sabe), a exibição da própria vítima, para pôr em evidência o alcance dos estropiamentos, que podiam ser produzidos pelas torturas e sevícias.[88] Parece que persistiram apenas os "pequenos castigos" (ligados com o hábito de bater no escravo por qualquer razão), mas a ponto de continuarem a ser aplicados mesmo depois da Abolição, principalmente contra as empregadas domésticas. Ainda por volta de 1917, corria na tradição oral paulistana uma quadrinha, provavelmente do tempo da escravidão, em que eram invocadas cenas desta espécie:[89]

> *A mulata do "senhô coroné"*
> *"Bota" a "chicra" e não "bota" o café;*
> *"Boto" mesa, "cuié" não "boto",*
> *"Apanho" de chicote e "choro".*

Os fatos expostos nas páginas precedentes, relativos às condições de ajustamento social entre senhores e escravos, põem em evidência duas coisas. Primeiro, que não se praticava a discriminação racial por causa de "prevenções" ou "ojerizas" *inevitavelmente* ou *voluntariamente* associadas a dife-

---

Os apreensores dos fugitivos ganhavam gratificações dos senhores, estipuladas pelas leis, em dobro no caso de prendê-los em quilombos. Doutro lado, a polícia local sempre esteve pronta para intervir na repressão de sedições ou de levantamento de escravos, assim que sua colaboração fosse solicitada pelos senhores (cf. J. P. da Veiga Filho, op. cit., p. 59). A intervenção regular da polícia nessas atividades só foi suprimida com a lei de 28/2/1888 (cf. Alberto Sousa e José Jacinto Ribeiro, *Repertório das leis promulgadas pela Assembleia Legislativa Provincial desde 1876 a 1889 em continuação do ordenado pelo Dr. João Carlos da Silva Telles* (1835-1875), São Paulo, Tipografia do Diário Oficial, 1898, p. 102).

88 Cf. referência bibliográfica das notas 69 e 70.
89 Afonso A. de Freitas, Tradições e reminiscências paulistanas, edição da *Revista do Brasil*, São Paulo, Monteiro Lobato & Cia. Editores, 1921, p. 37. Cópia integral, como ocorre no texto.

renças raciais, por meio de determinações desencadeadas através de processos culturais. Como umas raças exercem a dominação senhorial, e outras a suportavam, a estratificação em casta produziu uma desigualdade de direitos e de deveres que se traduzia socialmente, sem a intervenção de "ódios" ou de "antagonismos" raciais, em medidas de discriminação racial. Segundo, as medidas discriminatórias assim produzidas, primariamente vinculadas à própria dinâmica da ordem social escravocrata, acabavam por desempenhar uma função social específica. É que elas contribuíam poderosamente para conservar e alimentar as condições sociais em que se engendrava a submissão de umas raças a outras, sob a forma de apropriação mercantil dos indivíduos pertencentes às raças dominadas, e nas quais a legitimidade da dominação senhorial encontrava justificações ético-jurídicas e um fundamento econômico-racional. Em outras palavras, as formas de discriminação racial apontadas se vinculavam à perpetuação da ordem social escravocrata como e enquanto processos sociais, que operavam no sentido de manter a posição e a relação recíprocas existentes entre as "raças" a que pertenciam os *senhores* e as "raças" em que se recrutavam os *escravos*.

Isso significa que, vistos em termos da função social que preenchiam, o preconceito de cor e a discriminação racial se completavam como processos de preservação da ordem social escravocrata. Se um produzia efeitos que implicavam a defesa da integridade social das "raças" dominantes, o outro produzia efeitos que asseguravam a continuidade da dominação senhorial sobre as *"raças"* reduzidas à escravidão. De modo que a *cor* e as *diferenças raciais* acabaram, de fato (cf. anteriormente, p. 91-97), interferindo na dinâmica da antiga sociedade de castas de São Paulo. É que ambas constituíam dentro dela ingredientes essenciais à integração e ao funcionamento do próprio regime servil.

De acordo com o espírito e com os resultados da análise desenvolvida, a *cor* e as *diferenças raciais* tornaram-se elementos funcionalmente significativos e operantes por causa da elaboração social que sofreram. *Negro* e *escravo*, como objetivações culturais correlatas, adquiriram um sentido mais profundo do que se tem pensado. Na linguagem cotidiana, principalmente na das pessoas que pertenciam à camada senhorial, elas eram noções sinônimas e intercambiáveis. Mas é evidente que nessas noções se projetavam associações culturais muito mais complexas. De um lado, deve-se notar que o essencial, para os membros das "raças" dominantes, não era a ideia de que faltavam ao negro "qualidades humanas" ou que eles "nasceram para escravos dos brancos". Esta ideia tinha muita importância, circulando amplamente, como meio de autojustificação e como forma de racionalização de todo um complexo de comportamentos, incongruente com os mores cristãos da cultura.

O que definia socialmente a noção de "raça", no entanto, era o sentimento de comunhão dentro de um sistema de graduação social, de prestígio e de valores culturais. Daí a preocupação dos brancos: evitar o acesso dos negros e dos mestiços, tanto quanto possível, ao núcleo legal da família patriarcal; impedir toda espécie de equiparação com o negro, em qualquer esfera da vida social. Os atributos propriamente raciais contavam como decorrência. Por isso, para eles, as "raças" negras se compunham de indivíduos que se caracterizavam duplamente: pela condição de escravo e pela cor da pele. De outro lado, é preciso considerar que estes dois elementos se confundiam completamente na representação social da personalidade-*status* do negro e do mulato. *Negro* equivalia a "indivíduo privado de autonomia e liberdade"; *escravo* correspondia (em particular do século XVIII em diante), a "indivíduo de cor". Daí a dupla proibição, que pesava sobre o negro e o mulato: o acesso a papéis sociais que pressupunham regalias e direitos lhes era simultaneamente vedado pela "condição social" e pela "cor". Em situações concretas, uma pessoa de cor tanto podia ser tratada como escravo por ser notória a sua posição real quanto por causa de passar por "negro", sendo irrelevante para os brancos que assim procedessem que ela fosse um *liberto* ou um *homem livre*. A representação social da personalidade-*status* do negro e do mulato e a autoconcepção que estes possuíam de seus papéis sociais tendiam, em geral, a orientar univocamente as expectativas de comportamento nessa direção.[90] Burton revela um aspecto desse drama, ao afirmar que "todos os brancos, e não todos os livres, são iguais, tanto social quanto politicamente" na sociedade brasileira.[91]

Agora, coloca-se, naturalmente, outra questão. Como os padrões de ajustamento inter-racial, elaborados através do significado que a *cor* e as *diferenças raciais* adquiriram socialmente sob o regime servil, reagiram às transformações da ordem social escravocrata? Se a interpretação que desenvolvemos é correta, as transformações da estrutura social, significativas do ponto de vista do ajustamento inter-racial, exercerão forçosamente influências modificadoras sobre as expectativas e os padrões de comportamento polarizado em torno da raça e da cor. Os limites de espaço nos obrigam a considerar somente as duas grandes transformações que alteraram, em pro-

---

90 Adiante veremos como isso se refletia na conduta dos mulatos e como se quebrou a univocidade de expectativa de comportamento, a que nos referimos.
91 Cap. Richard F. Burton. *Viagem aos planaltos do Brasil* (1868). 1º tomo, trad. de A. Jacobina Lacombe, edição ilustrada, São Paulo, Companhia Editora Nacional, 1941, p. 417.

porções e em sentidos diversos, a posição do negro e do mestiço na sociedade paulistana. Uma diz respeito a inconsistências da ordem social escravocrata, que possuía, em sua própria constituição, fatores de solapamento dos critérios de atribuição ou de aquisição de *status* pelos membros da camada submetida à escravidão. Outra refere-se aos efeitos da Abolição, que marca a ascensão coletiva dos negros o dos mestiços ao *status* jurídico-político de *cidadão*.

A miscigenação e o fundamento pecuniário da escravidão constituíam dois fatores de perturbação e de instabilidade nos liames que determinavam a relação senhor-escravo. Como indicamos anteriormente, o senhor-pai concedia, com frequência, a alforria dos filhos naturais com as escravas. Desde o período colonial, transparece nos inventários e testamentos a dupla preocupação dos pais-senhores: a de deixar os filhos bastardos *forros e sem obrigação a ninguém*; e a de compelir os herdeiros a dispensar-lhes pelo menos um mínimo de assistência material e moral.[92] O fundamento pecuniário da escravidão permitia a formação e a vigência do princípio segundo o qual a restituição da liberdade era *negociável*. A indenização pelo valor do escravo tanto podia proceder de recursos fornecidos por pessoas da camada dominante (em geral, alforria de recém-nascidos e menores por seus pais naturais ou por seus padrinhos brancos) quanto de recursos amealhados para esse fim, pelos próprios interessados.[93] A lei sancionava esse tipo de transação, que facultava ao escravo a compra de sua liberdade ou a de outrem, desde que possuísse a quantia necessária e esta tivesse sido obtida sob autorização do senhor.[94] E, em 1871, acabou prescrevendo taxativamente: "o escravo que, por meio do seu pecúlio, obtiver meios para indenização do seu valor, tem direito à alforria", permitindo ainda "ao escravo, em favor de sua liberdade, contratar com terceiro a prestação de futuros serviços por tempo que não exceda de sete anos, mediante o consentimento do senhor e aprovação do juiz de órfãos".[95] Além disso, é preciso lembrar duas condições peculiares à formação do município de São Paulo. No termo rural, quase sempre prevaleceu a pequena lavoura, de produtos de subsistência. No núcleo urbano,

---

92 Cf. Alcântara Machado, op. cit., esp. 141 e ss.
93 Cf. esp. J. M. Rugendas. op. cit., p. 188 e 190-91; Charles Ribeyrolles, op. cit., vol. II, p. 38. Esse aspecto da escravidão é ressaltado na poesia negra; Lino Guedes, por exemplo, escreveu sobre o tema o poema "Ouro ingrato", em que descreve como Mestre Domingos ajuntou a quantia necessária para libertar do cativeiro a mulher com quem queria casar-se (*Mestre Domingos* (Poema), São Paulo, 1937).
94 Cf. Rev. R. Walsh, op. cit., p. 242-43.
95 Cf. L. M. Vidal, op. cit., vol. II, p. 15-17.

concentravam-se as moradias de fazendeiros que deixavam as suas fazendas entregues à administração de outrem.[96] Eram essas, presumivelmente, duas condições favoráveis ao aumento de alforrias. Nas pequenas fazendas, as relações entre o escravo e o senhor tornavam-se mais estreitas e mais íntimas;[97] as circunstâncias faziam que os senhores se compenetrassem da lealdade dos escravos e da gratidão que lhes deviam, por causa da dedicação demonstrada. Existia, pelo que se sabe, o costume de conceder, por testamento, a alforria a todos os escravos (ou parte deles, apenas).[98] E o testemunho de Saint-Hilaire nos sugere que esse costume estava associado ao desejo de recompensar os negros pelos serviços prestados.[99] No núcleo urbano, por sua vez, as facilidades de obter alforria eram maiores. Quer porque os escravos domésticos se insinuavam mais na boa vontade e simpatia dos senhores.[100] Quer porque o meio urbano, apesar de pouco diferenciado, oferecia algumas oportunidades de ganho tendentes a favorecer a formação do pecúlio, quer porque nele os contatos sociais redundavam no aparecimento de protetores, capazes de orientar os escravos na aquisição da alforria ou de obtê-la para eles de outras formas.[101]

---

96 Cf. esp. Alcântara Machado, caps. "O povoado e O sítio da roça", op. cit., p. 37 e ss.; D. P. Kidder, op. cit., p. 191; e os dados fornecidos por Saint-Hilaire e Maria Pais de Barros. Como se verá, comparando-se essas fontes com Alcântara Machado dos séculos XVI e XVII, para o século XIX, alterara-se completamente a relação *campo-cidade*. Antes, a casa da freguesia era apenas um pouso para as pequenas estadias da família no núcleo urbano; depois, tornou-se o lugar de residência fixa de muitos fazendeiros, que só iam às fazendas em determinadas épocas do ano.

97 Cf. Henry Koster, *Travels in Brazil*, Londres, Longman, Hurst, Rees, Orme, and Brown, Patternoster Row, 1816, p. 439-40; J. M. Rugendas, op. cit., p. 184.

98 Cf., por exemplo, M. E. de Azevedo Marques, *Apontamentos históricos* etc., op. cit., vol. I, p. 27-28.

99 A. de Saint-Hilaire, op. cit., vol. I, p. 128.

100 Cf. Charles Ribeyrolles, op. cit., vol. II, p. 38 (este autor salienta: "tais graças são mais raras nas fazendas que na cidade, e quase sempre recaem nos operários, nas mucamas e nos pagens").

101 Por meios jurídicos, por exemplo, como se passou a fazer frequentemente na cidade, depois de 1870, sob a influência de Luís Gama e dos abolicionistas que cooperavam com ele na libertação "pelo foro" (cf. principalmente o depoimento já citado de Antônio Manuel Bueno de Andrada). Parece que os negros, por sua vez, depois de conseguirem o necessário pecúlio, dependiam da orientação de pessoas capazes de dar os necessários passos para a sua libertação: alguns senhores não tinham dúvidas em ludibriar os seus escravos e, doutro lado, o processo de manumissão continha as suas complicações. No poema acima citado de Lino Guedes ("Ouro ingrato",

Em suma, são diversas as razões que explicam por que a população de São Paulo abrangia, entre os indivíduos de condição livre, um número relativamente alto de pardos e de negros. As mesmas causas introduziam uma desproporção acentuada entre os pardos e os negros livres, fazendo com que aqueles predominassem sobre estes numa razão que oscilou constantemente, mas de uma maneira tal que as flutuações nos três primeiros quartéis do século XIX ficaram contidas nas proporções extremas: aproximadamente, 6:1 e 2,5:1 (conforme os dados demográficos expostos na primeira parte). É que os mulatos se beneficiaram mais que os outros componentes da população de cor, no aproveitamento das possibilidades de manumissão asseguradas pela ordem social escravocrata. Todavia as garantias sociais conferidas aos homens de cor que herdavam, ganhavam ou compravam sua liberdade equiparavam-nos aos demais cidadãos? Elas aboliam, por acaso, a desigualdade de direitos e deveres, introduzida nas relações raciais pela escravidão?

A resposta a essas perguntas depende de algumas distinções. Primeiro, quanto às expectativas das pessoas de cor que fossem livres, dos mulatos em particular. Elas esperavam e exigiam um tratamento conforme o seu *status* formal na sociedade. Evitavam as ocupações degradadas pela escravidão e reagiam, às vezes com violência, aos que teimassem em tratá-las do mesmo modo que aos escravos. Assim, preferiam a vida errante dos *camaradas* ao labor regular nas fazendas;[102] e dificilmente se dispunham a realizar tarefas consideradas como indignas para as pessoas de sua condição social. Saint-Hilaire refere que um de seus *camaradas*, um negro crioulo, "orgulhoso de sua dignidade de homem livre, dedicava o mais profundo desprezo pelos trabalhos que se consideram como apanágio do escravo, e era o botocudo Firmiano, estranho a todos os preconceitos de casta, que ia procurar a água e a lenha de que tínhamos necessidade".[103] Outro exemplo é ainda mais esclarecedor. Um mulato, que servia como trombeteiro da legião dos voluntários reais, revidou à arma branca a uma bofetada que lhe

---

em *Mestre Domingos*), há uma ligeira referência à necessidade do intermediário (no caso: Luís Gama).
102 Cf. A. de Saint-Hilaire, op. cit., vol. I, p. 128; cf. ainda Oliveira Viana, *Populações meridionais do Brasil*, op. cit., p. 80-81.
103 Idem, vol. I, p. 298. O texto original é digno de ser consultado.

desferira seu capitão.[104] Essa e outras ocorrências da mesma espécie mostram que o mulato e o negro livres não se submetiam, voluntariamente pelo menos, à tendência dos brancos a tratar os indivíduos de cor como se todos fossem escravos. Reunindo suas observações sobre a sociedade carioca, Rugendas desenvolve uma explanação sobre as relações entre as pessoas de cor livres e os brancos, que parece aplicar-se inteiramente a São Paulo: "[...] e são tanto mais susceptíveis e desconfiadas quanto não ignoram que sua cor é a cor dos escravos. Fazem muita questão, nas menores coisas da vida, de não ser tratados como escravos e de que ninguém se esqueça de sua qualidade de homens livres. Quando um branco se mostra franco para com eles, e delicado, quando não faz diferença de cor, eles não perdem nenhuma oportunidade de prestar serviços e demonstrar a sua consideração; ao contrário, qualquer alusão desdenhosa à sua cor fere-lhes o orgulho e provoca-lhes a cólera, coisas que não deixam de ter importância, pois, para obter satisfação, não carecem de audácia. Nessas ocasiões, os crioulos têm por costume responder aos sarcasmos com a seguinte frase: *"negro sim, porém direito"*.[105] Doutro lado, existem referências segundo as quais os mulatos e os negros livres não só desprezariam as pessoas da mesma cor sujeitas à escravidão, como se prestavam aos odiosos papéis de "capitão do mato" na perseguição dos escravos.[106]

Segundo, o que significava, econômica e socialmente, a aquisição do *status* de *liberto* pelo mulato ou pelo negro? A massa dos *forros* e *libertos* ficava gravitando, econômica e socialmente, em torno da família patriarcal, pertencendo ao núcleo de seus dependentes. Quando isso não acontecia, deixavam de ser *agregados*, para tornar-se *camaradas*, dedicando-se a trabalhos incertos como "tropeiros", "guias" e "jornaleiros". Está claro que, num e noutro caso, a segurança econômica diminuía com a liberdade. Davatz, comparando a situação deles com a dos escravos, assevera que "estes vivem por assim dizer melhor do que muitos pretos livres, forçados a cuidar deles pró-

---

104 Cf. M. E. de Azevedo Marques, op. cit., vol. I, p. 78-80; Brigadeiro J. J. Machado de Oliveira, *Quadro histórico da província de São Paulo* etc., op. cit., p. 260-65. O mulato em questão chamava-se Caetaninho e foi condenado à forca por causa do revide.
105 Cf. J. M. Rugendas, op. cit., p. 193.
106 Cf. esp. H. Koster, op. cit., p. 424; Oliveira Viana, op. cit., p. 80. Essas ideias são correntes até hoje no Brasil. No entanto Rugendas informa o contrário: os escravos feitores tornavam-se mais severos, porém, os feitores mais duros seriam os europeus empregados nesse mister. Afirma que o "mulato livre" era o melhor feitor para os escravos, pois seria mais suave que os outros (cf. op. cit., p. 182-83).

prios, de arranjar trabalho e sustento".[107] Paralelamente, as compensações morais resultantes eram antes subjetivas que práticas. Inclusive perante a lei, seus direitos não se equiparavam aos dos demais membros da população livre. O liberto podia ser considerado cidadão tanto por nascimento quanto por naturalização.[108] "Mas a lei, atendendo a preconceitos de nossa sociedade, originados já não tanto no vil e miserável anterior estado do liberto, como da ignorância, maus costumes, e degradação, de que esse estado lhe deve, em regra, ter viciado o ânimo e a moral, e bem assim ao preconceito mais geral contra a raça africana, da qual descendem os escravos que existem no Brasil, tolhe aos libertos alguns direitos em relação à vida *política* e *pública* assim que o liberto cidadão brasileiro só pode votar nas eleições primárias, contanto que reúna as condições legais comuns aos demais cidadãos para tal fim. Não pode, porém, ser eleitor; e conseguintemente exercer qualquer outro cargo, quer de eleição popular, quer não, para o qual só pode ser escolhido aquele que pode ser eleitor ou que tem as qualidades para sê-lo, tais como: deputado geral ou provincial, senador, jurado, juiz de paz, subdelegado de polícia, promotor público, conselheiro de estado, ministro, magistrado, membro do corpo diplomático, bispo, e outros semelhantes".[109] No entanto, podia ser vereador (no caso de ser cidadão brasileiro), servir na marinha, no exército e na guarda nacional (sem ter acesso aos postos de oficial, para os quais se exigia a qualidade de eleitor).[110]

Terceiro, conviria indagar por que as restrições de direitos dos libertos não se aplicavam a todas as pessoas de cor de condição livre, em particular e concretamente a certos *mulatos claros*.[111] É sabido que as limitações jurídico-políticas apontadas não impediram (é verdade que em São Paulo em

---

107 Cf. Th. Davatz, op. cit., p. 61-62. Sobre os aspectos em questão, concernentes à posição dos negros e dos mestiços livres na estrutura social, cf. Oliveira Viana, op. cit., p. 80 e ss. e 127-29.
108 Cf. A. M. Perdigão Malheiro, op. cit., vol. I, p. 206.
109 Idem, p. 207-08.
110 Idem, p. 209-10.
111 "Os que não são de um negro muito pronunciado, e não revelam de uma maneira incontestável os caracteres da raça africana, não são necessariamente homens de cor; podem, de acordo com as circunstâncias, ser considerados brancos." "De há muito, no Brasil, caíram em desuso as leis que excluíam os mulatos de todos os cargos civis e eclesiásticos. Encontram-se homens de cor em todos os ramos da administração, no sacerdócio, no exército, e muitos há de excelente família" (J. M. Rugendas, op. cit., p. 94). As "circunstâncias", a que se refere Rugendas, são explicadas condicionalmente: *Quando os interesses de família o implicassem* (cf. p. 94-95).

muito menor escala que em outras regiões do Brasil), que "homens de cor" ascendessem a cargos da administração pública, da carreira militar e eclesiásticos, em especial a partir dos meados do século XIX. A principal razão, pelo que parece, consiste em que, entre os mulatos, nem todos eram *camaradas* e *agregados*. Pelo casamento, associado à posse de riquezas e da terra (nos fins do século XVIII) ou ao prestígio conferido por títulos acadêmicos e as atividades sociais correspondentes (nos fins do século XIX), alguns mulatos mais claros conseguiram incorporar-se ao núcleo legal das famílias senhoriais.[112] Nessas circunstâncias, o grau de riqueza e o prestígio social da família a que pertencessem, eles e os seus descendentes, relegavam para segundo plano todas as determinações concernentes à tonalidade da pele.[113] Apesar das leves referências irônicas à sua cor (na conversa dos componentes da camada senhorial: "olha que fulano coça a orelha com o pé", por exemplo, era um dito empregado para significar *bode* ou *cabrito*, um sinônimo de mulato) e da resistência mais ou menos aberta ou declarada de algumas pessoas mais intolerantes, eles se incorporavam à camada dos senhores. Identificavam-se com os ideais senhoriais de comportamento e de personalidade, partilhando igualmente dos interesses e dos valores sociais da camada dominante. Segundo Oliveira Viana, isso só ocorreria com os mulatos claros, cuja aceitação seria mais fácil,[114] mas, de qualquer maneira, o resultado do processo de ascensão social transparecia no desaparecimento do mestiço, assimilado cultural e psicologicamente aos brancos.[115] É natural que a eles não se aplicassem nem os padrões de tratamento social dos libertos, negros ou mulatos pertencentes à camada social dos *agregados* e *camaradas*; nem as restrições legais aos direitos dos cidadãos. Como dispunham de meios econômicos e sociais para se qualificarem como eleitores, podiam desfrutar plenamente todos os direitos assegurados pela lei.

As distinções examinadas mostram que a miscigenação e o fundamento pecuniário da escravidão produziram, de fato, efeitos que acarretavam a alteração da posição recíproca das personalidades polarizadas nos

---

[112] Cf. Frei Gaspar da Madre de Deus, op. cit., p. 168; e Oliveira Viana, op. cit., p. 131--33. Convém notar que as razões alegadas por Oliveira Viana, para explicar a ascensão social do mulato "superior", são cientificamente infundadas.

[113] Cf. nota 111. Rugendas deixa claro que as atitudes nasciam de conveniências sociais, pois se aplicavam a mulatos que pertenciam a famílias ricas e consideradas (cf. esp. p. 95).

[114] Cf. *Populações meridionais do Brasil*, p. 133.

[115] Idem, p. 133 e 142.

dois extremos da relação senhor-escravo. Todavia, tais efeitos solapavam os critérios de atribuição ou de aquisição de *status* e de papéis pelo escravo (e por seus descendentes), sem refletir-se, de forma alguma, em outras determinações sociais da relação senhorial. Isso significa, segundo pensamos, que o tipo de dominação racial nascido da relação senhorial não sofria, em consequência, nenhuma alteração. A manumissão, sob qualquer das modalidades em que era praticada na ordem social escravocrata, em geral não fazia senão transformar o escravo em *dependente social* do senhor e de sua família (ou do "branco" da camada dominante), seja diretamente como *agregado*, seja indiretamente como *camarada*. E é visível que ela se realizava como um processo de peneiramento social, cuja função consistia em selecionar, na população escrava, personalidades aptas para o exercício de papéis sociais que não poderiam ser preenchidos de outra maneira. A escassez de braços para certas espécies de *trabalho livre*, nas quais a exploração do escravo dependeria de uma fiscalização ou de uma assistência muito dispendiosas, e a premência de completar os quadros humanos das fazendas com agentes que não pertencessem (e, mesmo, que se distinguissem subjetivamente) à escravaria, criavam as condições sociais necessárias ao funcionamento regular do referido processo. Do ponto de vista das relações raciais, o *status quo* permanecia inalterável. A mobilidade que afetava a constituição da população de cor não repercutia na posição recíproca das "raças brancas" e das "raças negras" na estrutura social. Daí a plena vigência da noção que associava a cor da pele dos representantes das raças negras a uma condição social infimamente baixa e a uma absoluta incapacidade de autodeterminação socioeconômica. Mas a posição de *homem livre* contribuiu para modificar ligeiramente a representação social da personalidade-*status* do *negro*, pois provocou uma restrição da esfera em que se operavam as medidas discriminatórias.

A elevação à condição de *homem livre* produziu, porém, profundas repercussões na conduta e na mentalidade dos negros e mestiços. Nela encontramos a explicação de dois processos muito importantes para a compreensão da dinâmica das relações raciais na antiga sociedade paulista: 1) a elaboração de uma nova autoconcepção de *status* e papéis sociais, por parte dos negros e mestiços; 2) a formação, entre os mestiços principalmente, de ideais de personalidade e de vida que enalteciam e valorizavam a cor, a pessoa e a cultura dos brancos.

A nova autoconcepção de *status* e papéis, por parte dos libertos, evidencia-se na preocupação de não serem equiparados aos escravos, em particular nas relações com os brancos, e na pretensão a exercer, de preferência, ocupações e tarefas que não se incluíssem na órbita do trabalho servil. Essa nova concepção de *status* e papéis animava, pelo que parece, duas tendências contraditórias de comportamento. De um lado, alimentava ela uma atitude de reação latente à associação entre a cor da pele e uma situação social degradante. Mas, de outro, sublinhava a excelência dos valores da camada racial dominante, à medida que os transformava em símbolos de *dignidade* e de *independência*, e desencadeava sentimentos de inferioridade, que compelia as pessoas de cor livres a evitar o convívio com os brancos[116] e a submeter-se às suas expectativas de comportamento. Daí resultava o peculiar drama moral do negro e do mestiço, classificados socialmente como *agregados* e como *camaradas*, e a inércia do seu inconformismo contra as manifestações do preconceito de cor. O respeito às expectativas de comportamento dos brancos fazia que eles se mantivessem, em regra, "no seu lugar". Por sua vez, a excessiva sensibilidade à consideração exteriormente dispensada aos papéis sociais contribuía fortemente: a) seja para impedir a constituição de laços de solidariedade racial, que ligassem acima das diferenças de *status* as pessoas marcadas pela mesma *cor*, isto é, que unissem moralmente libertos e escravos; b) seja para tolher a elevação das condições espoliativas de existência, a que eram submetidos igualmente escravos e libertos, à esfera de consciência social dos negros e mestiços livres. Assim, a insatisfação que estes sentiam contra a ordem social vigente não encontrou meios para exprimir-se como "fermento social", embora fossem o elemento predominante na composição da população de cor da cidade, desde o início do século XIX (conforme os dados expostos na primeira parte, relativos a 1804, 1815, 1818, 1836 e 1872). Ela eclodia através de desajustamentos sociais (comumente sob a forma de vagabundagem, prostituição e delinquência), sendo raramente canalizada como força de rebelião social na luta do escravo contra o senhor.[117] Por isso, não produziu outro efeito senão o de separar social-

---

116 Esse aspecto é documentado com referência à sociedade carioca. Rugendas, por exemplo, observou que os homens de cor preferiam conviver entre si (cf. p. 193).
117 Os viajantes que estiveram em São Paulo, inclusive Saint-Hilaire, tão arguto na percepção de outras coisas, não conseguiram estabelecer uma relação entre a conduta dos mulatos e negros livres e as insatisfações procedentes de sua situação na sociedade. Os brancos nativos por sua vez, apenas descobriram que os *negros crioulos* (em geral os vindos do norte do país, mas também os nascidos no próprio Estado), eram menos dóceis que os negros africanos e se insubordinavam com maior facilidade, criando sérios problemas à sua fiscalização (cf. esp. A. d'E. Taunay, *História do café no Brasil*, vol. V, p. 166-67; M. Pais de Barros, op. cit., p. 99).

mente os negros e mestiços *libertos* dos negros e mestiços *escravos*, facilitando a dominação senhorial exercida pelos brancos.

Nas condições de ajustamento inter-racial, criadas pela ordem social escravocrata-senhorial, a formação do sentimento e da *vontade* de *passar por branco* constituía um processo espontâneo. Isso menos por causa do poder coativo da "mística da branquidade",[118] que da ausência quase completa de laços morais, que integrassem os indivíduos de cor em unidades existenciais e solidárias de vida. Ser aceito como *branco*, ou igualar-se aos brancos representava, sem dúvida, um incentivo fundamental. Mas esse incentivo poderia sofrer uma neutralização (e mesmo uma repulsão), se existisse entre os indivíduos de cor algum sentimento de lealdade de fundo racial ou alguma identificação racial de interesses sociais. Como esses sentimentos não existiam, ou se manifestavam em casos singulares, todo indivíduo de cor que conseguisse livrar-se da condição heteronômica de *agregado* ou de *camarada* passava a sofrer a influência de um complexo conjunto de impulsões sociopsíquicas. De um lado, via-se automaticamente poupado de diversas limitações associadas à cor. Essas operavam através de controles sociais imanentes à posição social. Quando as circunstâncias introduziam uma modificação tal na situação do sujeito, que a "cor e o *status*" deixavam de coincidir, aqueles controles perdiam seu ponto de apoio estrutural e funcional. Em consequência, atenuavam-se as restrições e as discriminações ligadas com a cor, flutuando as expectativas de comportamento ao sabor de peculiaridades pessoais, como: a habilidade do

---

[118] A expressão "mística da branquidade", utilizada literalmente por diversos autores brasileiros, compreende um duplo significado: o que traduz a atitude dos que se orgulham com o "sangue limpo" dos ancestrais; e o que exprime a tendência corriqueira, principalmente nos mulatos mais claros, de ignorar o mestiçamento e as distinções associadas com as gradações da cor da pele (o que, frequentemente, os expõem à ironia dos mulatos escuros e dos negros, tanto quanto à maledicência maliciosa dos brancos). No fundo, essas atitudes são responsáveis pela valorização das relações sexuais ou do casamento com branco (ou com pessoas mais claras, apenas), coisa a que se referem os indivíduos de cor, atualmente, com a expressão *"melhorar a raça"*. Por isso, merecem ser ponderadas as seguintes interpretações de Caio Prado Jr. (*Formação do Brasil contemporâneo*, p. 105-06): "O paralelismo das escalas cromáticas e social faz do branco e da pureza de raça um ideal que exerce importante função na evolução étnica brasileira; ao lado das circunstâncias assinaladas mais acima, ele tem um grande papel na orientação dos cruzamentos, reforçando a posição preponderante e o prestígio de procriador do branco. Dirige assim a seleção sexual no sentido do branqueamento".

sujeito em estabelecer "boas relações" e em captar as simpatias dos *brancos*;[119] o grau de tolerância revelado por estes a semelhantes tentativas de aproximação social. De outro, sentia-se solicitado, sem nenhuma fonte apreciável de refreação interior, pelos poderosos estímulos do desejo de *passar por branco*. Pelo que parece, os reflexos desses estímulos na conduta do sujeito só esbarravam com inibições internas quando o sentimento de direitos, *conferido* pela posição social, não fornecesse um amparo subjetivo suficientemente sólido. Em consequência, os malogros e os dissabores prováveis nas tentativas de aproximação social não chegavam a adquirir o significado de experiências frustradoras ou de sentido exemplar.

Acreditamos que as interpretações apresentadas facilitam a compreensão dos estímulos sociopsíquicos, que provavelmente orientavam a conduta dos mestiços que "subiam" socialmente. Todavia, restaria saber se as impulsões indicadas encontravam canais regulares de expressão na ordem escravocrata-senhorial. Supomos que é nítido o processo social subjacente àquelas impulsões: a tendência a quebrar os laços de solidariedade que poderiam desenvolver-se na população de cor, com base na identidade de interesses diante da dominação senhorial, revela-se claramente nas atitudes de aceitação assumidas pelos *brancos*. No exame dos fatos desta natureza, é preciso não esquecer o padrão de configuração demográfica da cidade de São Paulo durante quase todo o século XIX: os mestiços livres constituíam a maior massa da população livre de cor; a população livre de cor sempre representou, a partir do primeiro decênio do século, maior massa da população negra e mestiça total; apenas nos meados do século é que começa a ser alterado o desequilíbrio demográfico, que concedia ao elemento negro e mestiço uma pequena superioridade numérica na composição global da população. Ora, a ordem social escravocrata--senhorial não se mantinha através de sanções sobrenaturais. Mas graças à forma senhorial aqui desenvolvida de apropriação e pessoal, de riquezas e do poder. Daí a convergência dos freios sociais no sentido de impedir o acesso dos indivíduos de cor às prerrogativas e aos direitos sociais dos senhores. Se um indivíduo de cor conseguisse êxito econômico, por esta ou aquela razão, e tivesse probabilidade de compartilhar de um certo número de comportamentos senhoriais, transformava-se naturalmente em uma fonte de insegurança para a ordem social. Tanto no que concerne à

---

119 Gilberto Freyre já procurou interpretar sociologicamente uma parte dessas técnicas de ajustamento social, exploradas pelos mulatos nas relações com os brancos (cf. *Sobrados e mucambos. Decadência do patriarcado rural no Brasil*, São Paulo, Companhia Editora Nacional, 1936, p. 355 e ss.).

"desmoralização" dos comportamentos senhoriais quanto no que diz respeito ao incitamento e à organização de rebeliões, ali estava um líder potencial. Nenhuma outra garantia de socialização de personalidades desse tipo poderia ser mais satisfatória que a incorporação à camada dominante, por meio do casamento ou da atribuição de uma posição nobilitante na estrutura senhorial. Esse mecanismo de acomodação esbarrava com condições desfavoráveis, como as resultantes do arraigamento do preconceito de cor e das medidas discriminatórias. Porém era favorecido por outras condições, em particular por aquelas que se criavam graças aos critérios de atribuições de *status* e papéis sociais através da integração ao núcleo legal ou ao círculo de protegidos e apaniguados da família patriarcal. Se aceitássemos as interpretações de Oliveira Viana (naquilo em que elas são positivas), veríamos que mesmo o preconceito de cor não levantava obstáculos muito sérios ao referido processo. É que, graças ao preconceito de cor, os mulatos cujos caracteres físicos se chocassem menos com os padrões estéticos dos brancos podiam ser selecionados positivamente.[120]

Isso mostra que a miscigenação não foi, por si mesma, nem a causa principal nem a condição determinante da ascensão social dos mestiços e da agregação deles ao grupo racial dominante. Em segundo lugar, chama a nossa atenção para um problema que tem sido encarado inadequadamente: o do significado da miscigenação. A tendência a defini-la como índice da ausência de preconceitos, por parte dos colonizadores portugueses e de seus descendentes considerados *brancos*, não encontra uma comprovação analítica consistente. Seja porque a miscigenação se desenrolou em um plano meramente material e sexual, como foi apontado antes; seja porque só excepcionalmente ela se associou a efeitos que implicavam a aceitação de alguns mestiços de brancos e negros como *brancos*. Isto ocorria apenas nos casos em que a mistura racial era acompanhada, seguida ou reforçada por duas condições, a primeira das quais determinante: a aquisição de *status* na camada senhorial; e a herança atenuada de caracteres físicos das "raças negras". A primeira condição, principalmente, dificultou deveras a modificação do padrão de composição racial da camada social dominante, limitando a ascensão social dos mulatos antes do advento da Abolição e restringindo, em São Paulo, a sua participação das regalias sociais desfrutadas pelos que exercem a dominação

---

[120] Cf., a esse respeito, Oliveira Viana, *Populações meridionais do Brasil*, op. cit., p. 80-87, 127-29, 131-33.

senhorial.[121] Por sua vez, os processos que determinavam a aceitação de certos mestiços como *brancos* beneficiavam, exclusivamente, os indivíduos peneirados e os seus descendentes que se mantivessem na mesma posição social. Eles não repercutiram, pelo que se pode perceber, nas atitudes e avaliações sobre o negro e o mulato, incorporadas à cultura da camada senhorial e partilhadas, com maior ou menor intensidade, pelos "brancos" em geral. Aliás, os efeitos produzidos pela incorporação de mestiços à camada senhorial faziam que sua aceitação como *brancos* contribuísse: a) para perpetuar e reforçar praticamente a representação de personalidade-*status* do negro e do mulato, eliminando ou circunscrevendo a concessão de novos papéis sociais aos que não combinassem em certo grau prestígio social e herança atenuada de caracteres raciais do *negro*; b) para manter os estereótipos correntes sobre a incapacidade intelectual e moral de negros e mestiços mais escuros, pois deu origem a mecanismos de avaliação que submetiam as ações das personalidades de cor bem-sucedidas a uma apreciação restrita; c) para conservar o sistema de relações raciais criado pela ordem social escravocrata-senhorial, mediante a assimilação dos elementos mestiços capazes de competir econômica, social e politicamente com os brancos.

Até agora, lidamos com processos sociais cujos efeitos podiam ser regulados pelas forças que mantinham a estabilidade da ordem social escravocrata-senhorial. A Abolição dirige nossa atenção para processos sociais que desempenharam a função oposta: a de desagregar e destruir aquela ordem social. Por isso, a Abolição representa um marco na história social do negro em São Paulo. Ela localiza no tempo o fim de um processo histórico-social, o da desagregação do regime servil, e o início de outro, o da equiparação coletiva dos negros e seus descendentes mestiços, sob o ponto de vista jurídico-político, aos demais cidadãos brasileiros. Através da análise sociológica verifica-se, porém, que ela não provocou diretamente nenhuma alteração substancial na posição recíproca dos negros, mestiços e brancos na estrutura social da cidade. A transformação dos ajustamentos inter-raciais se processará lenta mas ininterruptamente graças à influência dos fatores que intervieram nos processos do movimento abolicionista ou que se vinculam à emergência da nova configuração social de vida, industrial e urbana.

---

121 Os resultados desta interpretação trazem uma convocação indireta à teoria de Lowrie sobre a composição étnica das camadas constituídas pelos descendentes da antiga estirpe brasileira, exposta nos dois trabalhos desse autor citados anteriormente (cf. nota 4).

A desagregação do regime servil vincula-se casualmente a transformações que se operaram na estrutura da sociedade paulistana. É preciso notar que o equilíbrio da ordem social escravocrata-senhorial dependia de preservação de um certo padrão de composição da população e de integração do sistema de trabalho. A reserva de mão de obra escrava devia ser suficiente para compensar os efeitos dos processos de seleção letal, que dizimavam a população escrava, para atender às possíveis flutuações da produção, e para manter a própria população escrava em uma densidade que permitisse o recrutamento contínuo, dentro dela, de indivíduos aptos para o exercício de ocupações regulares ou instáveis, que não podiam ser preenchidas por escravos. O sistema de trabalho não comportava uma diferenciação muito grande da esfera de ocupações braçais e mecânicas nem a expansão do trabalho livre, além dos limites restritos em que este suplementava o trabalho escravo ou se aplicava a atividades senhoriais. Ora, depois dos meados do século XIX, nenhum desses pré-requisitos, de que dependia o padrão de composição da população e de integração do sistema de trabalho, pôde ser efetivamente satisfeito. Fatores diversos, como a supressão do tráfico africano, o esgotamento das disponibilidades de mão de obra escrava existente no Brasil, a complicação do sistema de trabalho em conexão com o crescimento comercial e urbano da cidade, com o afluxo de imigrantes europeus e com o rápido desenvolvimento em um sentido autônomo da esfera de trabalho livre (examinados no capítulo anterior), fizeram que a decomposição do regime servil se iniciasse antes mesmo da eclosão dos movimentos abolicionistas. Enfim, uma nova ordem social se elaborava no seio mesmo da ordem social escravocrata-senhorial.

Todavia, os interesses sociais e os ideais de vida emergentes não coincidiam em tudo com os ideais de vida dos fazendeiros-senhores. No plano dos interesses sociais imediatos, o contraste não provocava consequências sensíveis. A economia da cidade não tinha existência própria; gravitava em torno das riquezas produzidas no campo. O espírito de conciliação diante das exigências e das expectativas dos fazendeiros-senhores se impunha até dentro de organizações revolucionárias, com o *partido republicano paulista*.[122] Porém, no plano dos ideais de vida, os conflitos se expandiram com

---

[122] Os mentores do Partido Republicano transigiram, quase todos, diante das expectativas e dos interesses sociais dos fazendeiros paulistas, tergiversando na elaboração do programa concernente à abolição da escravidão (cf. J. Maria dos Santos, op. cit., p. 106-13, 118, 189, 195-98, 211-12 e 219-22. Por fim, a orientação do Partido Republicano se modifica, mas sob a pressão dos fatos: cf. p. 225, 249 e 261 e ss.).

intensidade. Na nova ideologia em formação, a escravidão deixa de ser aceita como uma *instituição natural* e um *mal necessário*. É representada como uma desumanidade, uma ignomínia e uma fonte de dupla degradação a do *branco* e a do *negro* – sendo responsável pela triste reputação do Brasil e dos brasileiros entre as pessoas e os países *civilizados*.[123] Na verdade, a ordem social escravocrata-senhorial constrangia a expansão econômica, social e política da cidade. A acomodação estabelecida no plano dos interesses sociais imediatos não podia ocultar essa realidade.

Sob este aspecto, os movimentos abolicionistas que se formaram na capital, estendendo dali o seu raio de ação organizada até as fazendas mais longínquas da Província,[124] serviam ao mesmo tempo a dois fins, o último dos quais oculto à consciência social dos seus agentes: 1º) a emancipação dos escravos; 2º) a destruição das barreiras opostas ao "progresso" pela ordem social escravocrata-senhorial. O primeiro motivo forneceu o móvel aberto dos movimentos sociais contra o regime. Mas o segundo é que constituiu o ingrediente propriamente revolucionário, que impulsionou a conduta dos brancos, embora disfarçando-se sob a forma de ideais humanitários.[125] Esse disfarce era necessário, pois nas condições de vida social e

---

[123] Talvez não seja demais assinalar que essas atitudes representavam menos o produto de um provincianismo acentuado do que consequências da crítica dos *mores* de uma perspectiva cosmopolita, que se desenvolve em conexão com a transformação do Brasil em nação independente e com a intensificação dos contatos com os países europeus, como a França e a Inglaterra. Dispensamo-nos, de outro lado, de apresentar referências bibliográficas em que se evidenciam aquelas atitudes, por serem elas muito numerosas e conhecidas.

[124] Os estudos em que esses movimentos são analisados já foram apontados anteriormente: cf. notas 69 e 70.

[125] Essa interpretação colide com o que parecia pensar a respeito desses fenômenos o esclarecido líder abolicionista, Joaquim Nabuco, que afirma o seguinte: "Os que lutavam somente contra a escravidão eram como os liberais de 1789, cegos de boa vontade", enquanto aponta o líder negro Patrocínio como "a própria revolução" (cf. *Minha formação*, em *Obras completas*, vol. I, p. 178). Isso implicaria aceitar que o abolicionismo constituía uma teoria política revolucionária, elaborada em coerência com os interesses sociais das camadas sujeitas à escravidão e à exploração senhorial, coisa que o próprio Nabuco repelia, ao afirmar que os abolicionistas obedeciam ao mandato inconsciente da *raça negra*. Sem dúvida, os abolicionistas desempenharam o papel histórico de *cegos de boa vontade* e através deles se revelou o espírito revolucionário "que a sociedade abalada tinha deixado escapar pela primeira fenda dos seus alicerces..." (cf. op. cit., p. 179). Mas por outras razões, segundo pensamos as que apontamos no texto anterior.

política, criadas pela dominação patrimonialista, a oposição à ordem vigente não podia processar-se abertamente. As insatisfações polarizaram-se espontaneamente em torno de argumentos inconformistas cujo debate público podia ser aceito, apesar de ofenderem alguns *mores* da cultura da camada senhorial. Na prática, os efeitos se equivaliam aos de uma oposição aberta à dominação senhorial e às suas consequências, já que a desagregação do regime servil acarretaria, inevitavelmente, uma decomposição da ordem social correspondente. Alguns fazendeiros paulistas compreenderam o alcance desse processo e tomaram várias medidas seja para impedi-lo, seja para evitar que a emancipação legal dos escravos acarretasse modificações da posição da camada a que eles pertenciam na estrutura econômica e de poder da Nação.[126]

Através dessa interpretação, não pretendemos pôr em dúvida a lealdade dos abolicionistas aos ideais humanitários que defendiam nem insinuar que eles dissimulavam convictamente os propósitos da agitação emancipacionista. O que temos em mira é procurar um ponto de referência, na estrutura social, que nos permita compreender por que a ideologia abolicionista se confinou à *libertação do escravo*, em vez de evoluir no sentido da recuperação econômica, social e moral das vítimas diretas ou indiretas do cativeiro, os negros e seus descendentes mestiços excluídos do *grupo branco*.

---

[126] Nesse processo, os conservadores tiveram uma importante atuação e conseguiram "remar contra a corrente", graças à sagacidade dos seus líderes, de Antonio Prado especialmente. Eles souberam compreender o sentido econômico das transformações que se estavam processando e procuraram elaborar uma política que permitisse duas coisas: 1) reter o trabalhador negro pelo maior tempo possível nas atividades agrícolas, de modo a favorecer a sua substituição; 2) intensificar a substituição da mão de obra sem fazer oposição (a partir do momento agudo da crise em diante) às correntes abolicionistas. Poucos abolicionistas chegaram a ter uma noção clara do que os líderes conservadores (secundados em São Paulo também por fazendeiros amigos, pertencentes ao Partido Liberal) estavam fazendo, em defesa dos próprios interesses e prejudicando frontalmente os resultados da campanha abolicionista, pelo menos quanto à recuperação econômica e social dos manumitidos. Entre os abolicionistas em questão se encontra Dunshee de Abranches, que não poupa os fazendeiros paulistas nos depoimentos que acolheu em sua obra (cf. *O cativeiro*, op. cit., p. 226-27). Quanto à preservação da posição da camada senhorial na estrutura de poder, cf. também J. Pandiá Calógeras, *Formação histórica do Brasil*, p. 338; e Sérgio Buarque de Holanda, *Raízes do Brasil*, p. 253 e ss., que apanhou com muita felicidade as consequências renovadoras da revolução social a que nos referimos.

E, em segundo lugar, porque homens tão esclarecidos chegaram a supor, generalizadamente, que a medida legal de 13 de maio de 1888 punha fim ao movimento abolicionista, consagrando os seus princípios e os seus objetivos.[127] Não se procurou impor aos senhores outro "prejuízo" senão aquele que era irremediável: a manumissão dos cativos. Tampouco se pensou em assegurar qualquer espécie de retribuição aos manumitidos, recentes e antigos, o que equivalia a um tácito reconhecimento da legalidade e da moralidade da espoliação anterior. Em contraposição, aguardava-se utopicamente que os negros e os mestiços, egressos do regime servil, desfrutariam imediatamente e sem limitações as vantagens asseguradas pela reconstrução do Brasil "sobre o trabalho livre e a união das raças na liberdade".[128] Tudo indica que a intervenção dos brancos em favor dos negros e mestiços escravos correspondia a móveis limitados, que podiam ser satisfeitos sem identificar-se e independentemente de confundir-se com os verdadeiros interesses sociais dos espoliados propriamente ditos.

Em consequência, a campanha abolicionista contribuiu de modo muito parcial para modificar as atitudes e as expectativas de comportamento dos brancos com relação aos negros e aos seus descendentes mestiços tratados como "negros". De um lado, os abolicionistas ativos, que participaram de tarefas de agitação com companheiros de cor, puderam ser reeducados, alguns a ponto de aprenderem a grandeza moral de certas personalidades negras ou mestiças.[129] De outro, a campanha despertou no momento agudo das fugas em massa sentimentos e ações de solidariedade para com

---

[127] Na cidade, pelo que parece, somente Antônio Bento, entre os antigos abolicionistas, permaneceu leal aos ideais humanitários que havia defendido, e que insensivelmente acabaram estendendo-se do *escravo* para o *negro*, como se poderá verificar pela análise dos números de *A Redempção*, publicados depois da Abolição. Todavia, ele representa um caso isolado e suas decepções são patentes, inclusive no que diz respeito à falta de entusiasmo nas comemorações do 13 de Maio, que ele se encarregou de exprobrar.

[128] Cf. a exposição dos fins do abolicionismo, feita por Joaquim Nabuco (*O abolicionismo*, op. cit., p. 19 e ss.; cf. também: *Manifesto da sociedade brasileira contra a escravidão*, Rio de Janeiro, Tipografia de G. Leuzinger & Filhos, s. d., passim; José do Patrocínio, *Conferência Pública* etc., op. cit. passim.

[129] Tome-se como exemplo o testemunho do dr. Antônio Manuel Bueno de Andrada, e as avaliações nele contidas sobre a personalidade de Luís Gama ou sobre os agitadores negros ligados às atividades abolicionistas de Antônio Bento.

os escravos rebeldes.[130] A outros respeitos, porém, a chamada *emancipação dos cativos* nada mais foi do que uma alforria coletiva dos escravos, imposta pelas circunstâncias e sancionada pela lei. As condições de ajustamento inter-racial não foram transtornadas por ela, que se processou sem alterar senão formalmente a posição recíproca dos grupos de "raças", no sistema econômico e na vida social.

A população de cor não possuía, por sua vez, meios para obter qualquer espécie de compensação. Durante todo o regime servil, tanto os escravos quanto os libertos foram reduzidos a um permanente estado de anomia. Não dispunham nem de autonomia econômica e política, nem de um sistema de solidariedade grupal, que comportassem a formação de anseios comuns na luta pela liberdade. Por isso, no momento em que se intensifica a desagregação da ordem social escravocrata e senhorial, a direção dos movimentos emancipacionistas e abolicionistas cai naturalmente nas mãos dos brancos. A *morte civil* não proporcionava aos maiores interessados meios adequados de ação independente; como afirma Nabuco, ao escrever sobre "o mandato da raça negra": "O mandato abolicionista é uma dupla delegação, inconsciente da parte dos que a fazem, mas em ambos os casos interpretada pelos que a aceitam como um mandato que se não pode renunciar. Nesse sentido deve-se dizer que o abolicionista é advogado gratuito de duas classes sociais, que de outra forma não teriam meios de reivindicar os seus direitos, nem consciência deles. Essas classes são: os escravos e os ingênuos".[131] A projeção dos brancos na condução desses movimentos (a qual foi notória em São Paulo, como o atesta a influência de Antônio Bento e de seus *caifazes*), além de acentuar a antiga representação do *branco* como personalidade dominante, reduzia o alcance revolucionário da agitação antiescravocrata. Para eles, o esclarecimento cabal dos escravos, por exemplo, encontrava um limite no próprio receio que sentiam de agitar sentimentos cujo domínio lhes poderia escapar posteriormente. Assim, a pretexto de que não deviam instilar

---

130 A documentação disponível mostra que a cooperação dos brancos nas fugas dos escravos criava situações que variavam do autêntico companheirismo (participação contínua, em condições de igualdade, de tarefas que pressupunham sempre algum risco iminente) até as manifestações ativas de simpatia (acolher em casa, assistir os fugitivos, enganar ou combater a repressão legal etc.).

131 J. Nabuco, op. cit., p. 17. A expressão O *mandato da raça negra* constitui o título do capítulo III, traduzindo, simbolicamente, o estado de "morte civil" (cf. p. 20) a que estava sujeito o escravo.

"ódios raciais" ou despertar nos escravos "paixões" que não seriam satisfeitas sem o recurso à violência,[132] evitaram tomar posição diante da delicada questão das reparações aos manumitidos, antigos e recentes, questão essa que nem Antônio Bento teve coragem de discutir e de levar à agitação nas *senzalas*. Em consequência, os líderes abolicionistas de cor ficaram presos a uma ideologia que presumivelmente não os satisfazia em todos os pontos, mas que precisava ser aceita, respeitada e prestigiada. Mesmo Patrocínio, que a todos ultrapassou em espírito revolucionário, viu-se na contingência de justificar-se em público, declarando o seguinte: "Por minha parte, desde o primeiro dia da propaganda abolicionista abri a minha estrada, dando-lhe por margens o direito e a lei"; "Quando foi que desta tribuna se pregaram ideias subversivas? Quando foi que proclamamos o direito do punhal do escravo contra a vida do senhor, ainda que tivéssemos para apoiar-nos a indignação de Raynal?".[133] Em suma, faltou aos escravos quem lhes comunicasse reivindicações que fossem além do eixo de gravitação da ideologia abolicionista e que lhes assegurassem uma soma de direitos tangíveis. E não surgiu, no seio da população de cor, nenhum movimento social que exercesse pressão no sentido de modificar as condições vigentes de ajustamento inter-racial, herdadas com a Abolição do passado escravocrata.

É claro que a Abolição criou uma situação nova. A *condição civil* perdera sua importância, como fonte de reconhecimento formal da desigualdade introduzida nas relações raciais pela escravidão. A equiparação entre brancos e negros perante a lei se impunha, pois mesmo a restrição de direitos, que pesava sobre os *libertos*, deixava de ter sentido. Um dos fermentos dos movimentos emancipacionistas e abolicionistas fora a ideia de *união nacional*, de integração política acima das diferenças de raça ou de cor; na ideologia abolicionista, esboçou-se com clareza o ideal de *unidade nacional* baseado na harmonia das raças, sendo os negros desejados como "elemento permanente" da população brasileira e "parte homogênea da sociedade".[134] A dissolução da ordem escravocrata-senhorial permitia atingir esse alvo, como sucedeu, mediante a extensão do princípio de igualdade jurídico--política dos cidadãos, contido na carta constitucional do Império e mantido na República, a todos os indivíduos que estivessem em gozo dos seus direi-

---

132 Cf. J. Nabuco, op. cit., p. 17; *Manifesto da sociedade brasileira contra a escravidão*, op. cit., p. 12.
133 Extraído de José do Patrocínio. *Conferência Pública* etc., p. 4-5.
134 Cf. J. Nabuco, op. cit., p. 19-20.

tos civis.[135] Todavia, cabe-nos indagar, depois do que acabamos de ver, se podia existir algum sincronismo entre uma revolução social, cujas forças ativas nasciam de interesses sociais[136] e de aspirações econômico-políticas propugnados por um setor das "raças" dominantes contra outro, e a destruição das condições de existência social que restringiam, com base na cor, a participação das garantias sociais. Em outras palavras, isso equivale à pergunta: o abolicionismo alimentava, de fato, ideais de "emancipação das raças negras" ou era um simples episódio da desagregação da ordem escravocrata-senhorial e da emergência, no seio dela, da ordem social capitalista?

A análise histórica revela que a desagregação final do regime servil e a equiparação consequente dos negros e mestiços manumitidos aos demais cidadãos brasileiros não destruíram a equivalência que se estabelecera na ordem social escravocrata senhorial entre a estrutura da sociedade paulistana e o padrão de estratificação racial que dela deriva. *Grosso modo*, a população de cor da cidade não colheu nenhum proveito imediato com aquelas transformações, exceção feita à reduzida parcela de manumitidos por efeito da lei de abolição da escravidão.[137] Ela permaneceu na mesma situação de dependência econômica, sem poder beneficiar-se coletivamente com as novas oportunidades oferecidas pela renovação do sistema de trabalho e pela livre-iniciativa (cf. capítulo anterior). A alteração do *status* formal do negro não impôs, por sua vez, uma substituição rápida das atitudes e representações sociais, que regulavam os ajustamentos inter-raciais. Entre os brancos, a antiga representação da personalidade-*status* do *negro* continua a ter plena vigência; entre os indivíduos de cor a antiga autoconcepção de *status* e papéis não se modifica sensivelmente, apesar do sentimento de dignidade provocado pela convicção de que já não poderiam ser confundidos com "escravos". Em consequência, mantém-se o velho padrão de relação

---

135 Sob a Constituição republicana, a condição de saber ler e escrever restringiu, durante certo tempo, o exercício dos direitos eleitorais de um número extenso de cidadãos, entre os quais se contavam, naturalmente, muitos negros e mestiços.

136 Infelizmente, não podemos dar atenção, aqui, a todos os tópicos que merecem uma análise especial, inclusive o que diz respeito ao conflito que se estabeleceu entre os fazendeiros paulistas, na questão da emancipação dos cativos e da substituição da mão de obra escrava pela mão de obra estrangeira.

137 A Abolição, de fato, já estava consumada; na cidade, segundo notícia impressa em *A Província de São Paulo* (21/2/1888), faltavam somente 30 alforrias para a completa extinção da escravidão. Segundo Evaristo de Morais (cf. op. cit., p. 317), em 25 de fevereiro já não existiria nenhum escravo, do que se pode duvidar, dado o contraste com a notícia citada.

assimétrica no comércio social dos negros com os brancos e perpetuam-se, com o sistema de controles sociais correspondente, as manifestações de preconceito e de discriminação, que antes se aplicavam ao *escravo* e ao *liberto*. Segundo pensamos, essa é uma comprovação empírica à interpretação do significado histórico e do alcance revolucionário do abolicionismo, apresentada anteriormente. Pelo menos, positiva-se *ex post facto* que as forças sociais, que solaparam e destruíram a ordem senhorial, atuaram em um sentido bem diverso que o da subversão do sistema de acomodações raciais herdado do passado escravocrata. No plano dos ajustamentos raciais, só foram visadas e eliminadas diretamente certas normas que representavam um obstáculo à expansão da ordem social capitalista, como parece ser o caso da própria relação senhor-escravo.

Os resultados da interpretação desenvolvida nos animam a admitir que a transição da ordem social senhorial para a ordem social capitalista se processou em São Paulo sem que se fizesse necessário introduzir inovações na esfera de ajustamentos sociais entre brancos, negros e seus descendentes mestiços. Diversas condições estruturais contribuíram para isso. As mais significativas, do ponto de vista que nos poderia interessar aqui, são as seguintes: a) ao contrário do que acontecera no passado rural, a mão de obra negra deixara de ter uma importância relevante na vida econômica da cidade e perdera a possibilidade de uma exploração regular, adequada aos quadros de uma economia com urbanização; b) as atividades e as ocupações em que a mão de obra negra encontrava aplicação corrente, em parte devido à concorrência com imigrantes europeus, não proporcionavam bons salários, melhora do padrão de vida, ou aumento da consideração social; c) essas condições, associadas à dissolução do antigo sistema de trabalho e com os processos patológicos que afetaram a população negra da cidade, contribuíram para dificultar a "classificação" dos *negros* e dos *mulatos* na nova estrutura social em emergência; d) na sociedade de classes em formação, diminui inicialmente o número de situações de convivência entre brancos e negros – de um lado, por causa da composição étnica das camadas sociais (os estrangeiros nem sempre aceitam as atitudes receptivas dos brancos nativos, em particular dos que ocupavam na ordem senhorial uma posição simétrica à dos libertos: os camaradas e agregados brancos); de outro, porque os padrões de decoro da incipiente classe média e da recente burguesia urbana restringiam o contato com indivíduos de nível social "baixo", em especial com as "pessoas de cor" (o que não ocorria com os membros da antiga camada senhorial, que podiam exibir atitudes paternalistas e mesmo afetivas para com os negros e mestiços escuros, sem correr o risco de perder prestígio social).[138] Em resumo, nas condições em que se operou estruturalmente a transição para o regime de classes, o *trabalho livre* não serviu como um meio de revalorização social do negro. Em vez de contribuir para a reintegração desse elemento às situações emergentes de existência social, provocou ou o seu desajustamento ou a sua fixação em atividades sociais tão pouco consideradas quanto as que se atribuíam anteriormente aos "escravos".

Em semelhantes condições estruturais, a transferência de representações sociais ou de expectativas e padrões de comportamento aplicáveis às relações entre brancos e negros haveria de sofrer uma orientação adversa a estes últimos. É verdade que na nova ordem social em emergência, a *cor* deixara automaticamente de ter a antiga significação. Os *patrões*, os *empregados* e os *operários* não se distinguiriam como os *senhores*, os *escravos* e os *libertos*, mediante a combinação de posição social à cor da pele ou à ascendência racial; ao inverso do que sucedia no passado, em que "nenhum branco poderia ser escravo", agora "qualquer branco pode ser empregado, operário ou patrão". Assim, na ordem social capitalista, quebra-se a tendência ao desenvolvimento paralelo da estrutura social e da estratificação racial. A incapacidade de ajustamento econômico dos negros impediu que eles se localizassem coletivamente nas posições sociais *conspícuas*, o que acarretou uma situação muito parecida à que existia na ordem senhorial, nas relações entre os negros e os mestiços libertos com os brancos. Daí a seleção e a perpetuação de representações sociais e de expectativas ou padrões de comportamento cuja sobrevivência parece incompatível com a nova condição civil dos indivíduos de cor e com a organização da sociedade de classes em emergência.

Subsistiram representações e estereótipos associados à cor e às diferenças raciais; uma parte considerável do velho sistema de etiqueta das relações raciais; o antigo padrão básico através do qual o preconceito de cor sempre se manifestou em São Paulo; e certas medidas discriminatórias, principalmente as que atingiam os negros e os mestiços libertos na ordem senhorial. Entre as representações e estereótipos, salienta-se a noção de que o negro é "inferior" ao branco. Em depoimentos que colhemos, verificamos que prin-

---

138 Nas explanações do texto anterior, a), b) e c) fundamentam-se nos dados e interpretações expostos no capítulo anterior; d) baseia-se em dados obtidos diretamente pelos autores, através de entrevistas com indivíduos de cor e brancos, tanto nativos quanto imigrantes ou descendentes de imigrantes. Daqui em diante, serão aproveitados, predominantemente, dados recolhidos pelos autores.

cipalmente nas famílias tradicionais pensava-se que "o negro não é gente" e que sua *"inferioridade"* com relação ao branco seria ao mesmo tempo moral, mental e social. Mas também nas camadas populares se admitia isso, como demonstram certos dados que serão expostos no próximo capítulo.

Aliás, essa noção revelou-se tão consistente, que se perpetuou até nossos dias. Um jovem branco nos declarou que se nega, por "hipocrisia" somente, que o negro seja inferior ao branco; outro escreveu textualmente que "a essa raça se conferiram sentimentos, dotes morais e ideias que ela nunca possuiu", explicando que, se "alguns negros são capazes de exercer qualquer atividade profissional", "a maioria da raça é, como mostram os fatos cotidianos, totalmente incapaz". Os resultados de uma pesquisa recente ainda evidenciam que as rejeições de negros e mulatos por parte de universitários que estudam em São Paulo se justificam através da "pecha" de que eles são "inferiores".[139]

As representações coletivas sobre o negro, incorporadas ao folclore paulistano, também se perpetuaram. Nessas representações, o negro é apresentado como: a) etiologicamente inferior ao branco; b) biologicamente superior ao branco; c) socialmente inferior ao branco. As representações sobre a origem inferior do negro se encontram principalmente no ciclo de lendas relativas à formação das *raças*: a cor da pele se explicaria pelo fato de ter sido criado pelo Diabo (e não por Deus, como o branco), ou por causa da maldição de Caim, ou ainda por ser menos diligente que o branco no cumprimento das instruções divinas.[140] As representações sobre a superioridade biológica do negro estão formuladas em alguns "ditos", como os seguintes: "Negro é como gato, tem sete fôlegos"; "Negro é vaso ruim, não quebra"; "Negro, quando pinta, tem sessenta mais trinta" ou "Negro, quando pinta, três vezes trinta"; "Negro não tem dó da pele"; "Trabalhar é p'ra negro". Outras composições, que não podemos transcrever aqui, ressaltam igualmente a grande resistência física do negro, sua longevidade e sua capacidade para os *trabalhos pesados*. As representações sobre a inferioridade social do negro transparecem em várias objetivações folclóricas como: "Negro, quando não suja na entrada, suja na saída"; "Negro não nasce, apa-

---

139 Cf. Carolina Martuscelli, *Uma pesquisa sobre a aceitação de grupos nacionais, grupos "raciais" e grupos regionais em São Paulo*, Boletim nº CXIX da Faculdade de Filosofia, Ciências e Letras da Universidade de São Paulo, São Paulo, 1950, p. 65-66 (confrontar com as tabelas fornecidas pela autora nas p. 59-61). Os jovens do sexo feminino revelam-se mais intolerantes que os do sexo masculino.

140 Cf. Florestan Fernandes, "O negro na tradição oral. Representações coletivas do negro – O ciclo de formação de raças", *O Estado de S. Paulo*, 15/7/1943.

rece"; "Negro não casa, se ajunta"; "Negro não morre, desaparece"; "Negro não acompanha procissão, persegue"; "Negro não almoça, come"; "Negro não come, engole"; "Negro não canta, negro grita"; "Negro não dorme, negro cochila"; "Negro não fuma, negro pita"; "Negro não faz feitiço, negro faz é mandinga"; "Negro não vive, negro vegeta"; "Negro não fala, negro resmunga"; "Negro não bebe água, negro engole pinga".[141] Além desses, alguns "ditos", como "Fazer papel de negro" ou "Porco como um negro" se aplicavam a brancos que "não procedessem direito"; e "Logo se vê que é negro", usado como réplica verbal às ações desagradáveis das *pessoas de cor*. Em quase todas as composições transcritas se evidencia a tendência do branco a representar o negro de uma forma intencional deprimente e desabonadora. Embora seja provável que elas não determinassem condutas e avaliações concretas, é evidente que elas ajudavam a manter todo um *clima* de sentimentos de ideias, desfavorável ao negro. As *pessoas que se tornavam objeto de semelhantes "ditos", pelo que se pode inferir de suas ações manifestas, não lhe davam muita importância*, encarando-os como *brincadeiras de mau gosto*; mas muitas se agastam com eles ou se mostram magoadas e irritadas com outros costumes da mesma natureza, como seja o das mães assustarem crianças quando veem um negro: "Olhe, fulana, que eu chamo aquele negro p'ra te pegar" ou "Entra depressa, senão aquele negro te pega" etc.[142] Deve-se considerar, doutro lado, que as representações indicadas constituem reflexos das atitudes dos brancos para com os negros e que, como tais, se incorporavam a um complexo mais amplo e ativo de objetivações culturais, dotadas de idêntico sentido. Os mesmos estereótipos surgem em outras esferas da cultura, identificando o negro através de caracteres físicos grosseiros, ou de um estado de ignorância extremo, ou de uma situação social subalterna, como *criado* do branco, o objeto de sua "piedade" e da sua "proteção". Na música popularesca, nos contos, nos romances, nas peças teatrais e até nos livros didáticos destinados aos imaturos: o negro tende a ser representado de maneira similar, em face do branco, embora o seja com maior sutileza.[143]

---

141 Cf. Florestan Fernandes, "O negro na tradição oral. A superioridade biológica e a posição social do negro. Consequências", *O Estado de S. Paulo*, 22/7/1943.

142 Dados extraídos de depoimentos pessoais de pessoas de cor. Esse costume é antigo e parece que se liga ao medo que os escravos fugidos despertavam nas crianças, por causa do açulamento dos brancos (cf. M. Pais de Barros, op. cit., p. 103-04).

143 Conforme dados obtidos por nossos pesquisadores, que não puderam ser expostos aqui. Sobre as representações que ocorrem nos livros didáticos, cf. Dante Moreira Leite, "Preconceito racial e patriotismo em seis livros didáticos primários brasileiros", *Boletim nº CXIX da Faculdade de Filosofia, Ciências e Letras*, op. cit., passim.

Enfim, trata-se menos de projeções pitorescas, sem nenhuma consequência, que de um verdadeiro sistema de pressões culturais, direta ou indiretamente ligadas à valorização das qualidades, das maneiras, dos ideais de vida e das "pessoas" dos brancos. Elas se perpetuavam em conexão com a preservação da distância social, que separava e distinguia os dos setores da população.

Na etiqueta das relações raciais conserva-se o antigo padrão de tratamento recíproco assimétrico. Vários documentos demonstram que as expectativas de comportamento se mantiveram intactas em ambos os lados. O branco esperando do negro um tratamento respeitoso e atitudes de submissão e acatamento; o negro submetendo-se a essas expectativas, às vezes por coação, mas quase sempre espontaneamente. Os dados recolhidos revelam que, nessa esfera, a resistência à mudança de atitudes tem sido muito intensa. Os brancos descendentes de famílias tradicionais, principalmente, não toleram ou toleram muito mal as inovações no tratamento recíproco, impostas pelos indivíduos de cor. Acham que elas sublinham um *atrevimento* da parte dos negros. Estes, por sua vez, sentem-se inseguros e mostram-se indecisos em semelhantes ocasiões, em particular aqueles que experimentaram a dominação senhorial no passado ou foram educados no regime de "respeito aos brancos". O seguinte depoimento contém indicações realmente esclarecedoras: "Minha avó está com 83 anos. No seu entender, a transformação das relações entre brancos e pretos – a 'insolência' dos pretos – é coisa recente, de 10 anos para cá. Nem mesmo depois do 13 de Maio os pretos ficaram como estão agora. [...] De volta, retomaram os negros o padrão antigo de comportamento, o respeito aos ex-senhores, a consulta, os pedidos de licença até para casamento. [...] Desse comportamento respeitoso, que hoje, segundo ela, é muito raro, dá minha avó dois exemplos: 1) Encontrando uma negra velhíssima que não via há tempo, deu-lhe minha tia tratamento de *dona*; ao que a velha replicou imediatamente: 'Que é isso, sinhá? Dona não. Deste estofo (e batia no peito) não sai dona, não!' 2) Mãe e filha que trabalharam algum tempo em casa de minha avó vão lá visitar de vez em quando; a mãe não foi *cria* da família e sim da de um dos primos longe, mas serviu como cozinheira em casa algum tempo. A filha, sem a menor cerimônia, entra, senta-se, conversa; a mãe não se senta, 'não acha jeito de se sentar na frente do patrão'; só à força de muita insistência da parte de minha avó e da filha (esta um pouco impaciente: 'Sente, minha mãe'), é que por fim ela senta, na beirinha da cadeira'".[144] Da mesma forma, a "mística da branquidade" e o tabu da cor continuam a pesar na sociedade.

---

144 Parte do material recolhido pela pesquisadora Maria Isaura Pereira de Queirós.

As referências à cor da pele precisavam ser feitas ocultamente ou sob ficções aceitas socialmente. De acordo com os materiais recolhidos, a preocupação de ostentar antepassados ou ancestrais "puros de mestiçagem" e a disposição dos mulatos claros de passar por brancos, especialmente os que faziam parte de famílias *brancas*, não diminuíram de intensidade. Em alguns círculos, onde a mistura com o negro ou com o mulato não se processara, ou permanecia ignorada, mantinha-se a velha norma: "Quem escapa de branco é negro", devendo ser tratado como tal. E nas conversações, em todos os níveis sociais, evitava-se o termo *negro*, como ainda hoje se pratica correntemente. Com referência aos *mulatos claros*, o receio das suscetibilidades conduzia à evitação de qualquer "indireta" à cor; quando se tratava de *mulatos escuros* ou *pretos*, as alusões à cor precisavam ser encobertas por meio de palavras como "moreno", "morena", "um brasileiro assim" etc. Prevalecia a antiga noção de que o termo seria injurioso e que ofenderia, por conseguinte, a pessoa a quem se aplicasse. Alguns "ditos" davam expressão a esse sentimento: "Coitado, ele não tem culpa de ser negro"; "Ele é negro, mas tem alma de branco"; "É negro, mas é melhor do que muito branco"; ou "Sou negro, mas não é da sua conta"; "Sou negro, mas não devo nada a ninguém; "A alma não tem cor"; "Sou negro, mas direito" etc. Nas camadas populares, a cor retinha o significado de uma desgraça contagiante, como certas doenças, cujos nomes não devem ser mencionados.

As condições culturais e estruturais em que ocorriam no passado escravocrata as manifestações do preconceito de cor não foram, portanto, alteradas profundamente. É verdade que a simples integração a uma parentela tradicional ou a um círculo social exclusivista já não garantiria, como anteriormente, elevação de posição social e de prestígio. A família patriarcal entrara em desintegração, concomitantemente com a ordem senhorial, perdendo a sua função classificadora e a sua importância política. Talvez por isso mesmo o problema da cor se tornou mais grave para os componentes das famílias tradicionais paulistanas. Uma orientação demasiado democrática na aceitação de indivíduos de cor, quer através do casamento, quer com *habitués* das reuniões sociais familiares, poderia ser interpretada como sinal de decadência. Daí a firmeza com que se mantiveram, nos momentos de crise econômica, política e social, atitudes de rejeição que não possuíam mais, com a desagregação simultânea da ordem senhorial e da família patriarcal, nem o significado nem a função sociais anteriores. No plano das relações raciais, porém, os efeitos eram os mesmos; elas impediam ou restringiam o acesso do negro e do mulato, este em menor escala, às posições e às prerrogativas sociais desfrutadas pelos brancos dos grupos dominantes. Reduziam ao mínimo as possibilidades de intercasamento e neutralizavam ao máximo a atuação dos novos canais de ascensão social dos mestiços e dos negros. Tomamos conhecimento de vários casos dramáticos, cujos desfechos poderiam ter sido diferentes, se o preconceito de cor se manifestasse de forma mais atenuada. Assim, a proscrição da filha que casasse com pessoa de cor contra a vontade dos pais chegava às vezes a tornar-se definitiva. Relataram-nos, por exemplo, que uma senhora não alcançou o "perdão" e a "bênção" de sua mãe no próprio leito de morte desta. Ao pranto e ao desespero da filha, a anciã correspondeu voltando-lhe o rosto, suprema manifestação de desprezo que lhe estava ao alcance. Sabe-se também que as consequências de preconceito de cor não eram menos funestas para os membros da população de cor. Em 1898, por exemplo, um operário negro suicidou-se porque a polícia se recusara a tomar providências, visando a compelir um sedutor a casar-se com a filha daquele, "só porque ela era negra e ele branco!" Acrescenta a notícia: "Benedito Fumaça, desgostoso de morar nesta terra, onde os pretos não têm garantia, apesar de serem homens honrados, não podendo suportar esta vida, vendo sua filha prostituída por não achar justiça nesta terra, resolveu suicidar-se".[145] A oposição ao intercasamento não se confinava, como se poderia pensar, à camada social dominante. Com maior ou menor intensidade, ela era posta em prática em todas as camadas sociais. Por sua vez, os graus de aceitação do negro e do mulato no convívio social variavam sensivelmente, de acordo com a tonalidade da pele daqueles e com a posição social dos brancos com que entrassem em relações. Os mulatos mais claros encontravam menor resistência, principalmente se estivessem em boa situação econômica ou pertencessem a uma família importante, inclusive nas camadas mais altas; os mulatos mais escuros e os negros sofriam, ao contrário, mais intensamente as restrições associadas à cor, inclusive nas relações com pessoas de classes médias ou da camada trabalhadora.[146] Veremos, no próximo capítulo, os comportamentos que persistiram até nossos dias.

---

145 *A Redempção*, 13/5/1898, p. 2.
146 A exposição anterior baseia-se em dados recolhidos pelos autores. Foram também tomados em consideração os dados fornecidos pelas seguintes fontes: Roger Bastide, "Introdução ao estudo de alguns complexos afro-brasileiros", *Revista do Arquivo Municipal*, São Paulo, ano VIII, vol. XC, 1943, p. 7-54; Samuel H. Lowrie, *O elemento negro na população de São Paulo*, op. cit., p. 28-32; E. Willems, "Race Attitudes in Brasil", *The American Journal of Sociology* – vol. LIV, n° 5, 1949, p. 402-08. Haddock Lobo e Irene Aloisi, *O negro na vida social brasileira*, São Paulo, S. E. Panorama Ltda., 1941, esp. p. 80 e ss.; Oracy Nogueira, "Atitude desfavorável de alguns anunciantes de São Paulo em relação aos empregados de cor", *Sociologia*, vol. IV, n° 4, São Paulo, 1942, p. 328-58; Fernando Góis, "Variações sobre o negro", *Seiva*, I, 4, 1939; Coriolano Roberto Alves, "O reajustamento étnico-social do negro e do mestiço no após-guerra", separata dos *Arquivos da Assistência aos Psicopatas do Estado de São Paulo*, vol. IX, n° 3-4, 1944, p. 237-46.

As mesmas condições culturais e estruturais favoreceram a perpetuação de medidas discriminatórias, principalmente de natureza econômica, política e social. Com isso, não pretendemos insinuar que os brancos desenvolveram um esforço deliberado e obstinado para afastar os negros e os mestiços das probabilidades de atuação social, que desfrutavam com uma quase exclusividade. Mas queremos chamar a atenção do leitor para o fato essencial: a igualdade jurídica não garantia aos negros e mestiços uma participação integral de todos os direitos sociais, em particular não podia ter nenhum efeito com referência àqueles que eram assegurados aos brancos acima do próprio sistema jurídico, através da situação econômica e da posição social. Subsistia, portanto, uma desigualdade fundamental e irredutível, que facilitava e solicitava a preservação da antiga representação da personalidade-*status* do *negro*, elaborada pelos brancos e da autoconcepção de *status* e papéis, desenvolvida anteriormente pelos negros e mestiços. Em consequência, os ajustamentos que tendiam a eliminar o negro e o mestiço das oportunidades econômicas, das regalias políticas e das garantias sociais usufruídas pelos brancos (e frequentemente também pelos mulatos claros) se processavam espontaneamente. Os resultados de nossas entrevistas com personalidades de cor, que viveram nesse período de transição, mostram que "a falta de preparo", "a timidez" e "o medo" fizeram que os negros e os mestiços "não ambicionassem" ocupar cargos e posições encarados como apanágio da *gente branca* e com que desistissem de pretender participar ativamente de sua influência política ou da sua vida social. Enfim, aceitavam as circunstâncias, "ficando em seu lugar". Os inconformistas, que rompiam esse padrão dominante de ajustamento inter-racial, sofriam decepções e em geral "falhavam", pois dificilmente veriam correspondidas as suas expectativas. É que os brancos não os "aceitavam" e entendiam que alimentavam "pretensões" descabidas. As aspirações à melhoria de situação econômica ou de posição social só eram reconhecidas por eles excepcionalmente ou quando a iniciativa partisse deles próprios. Muitos pensavam que os negros e os mestiços seriam "incapazes" de desempenhar papéis sociais não compreendidos na representação social da personalidade-*status* do *negro* e alguns achavam incrível que se "pagasse" o *negro* para fazer qualquer espécie de serviço. As exceções se faziam, entretanto, em dois sentidos: para os chamados "*crias da família*", isto é, negros e mestiços ligados a pessoas brancas por liames criados na extinta ordem senhorial, os quais obtinham, por intermédio da proteção daquelas pessoas, empregos no funcionalismo (quase sempre cargos subalternos e mal remunerados) ou facilidades na concretização de suas ambições,[147] e para os *"negros* de fibra", os "negros de caráter" aqueles que podiam ser apontados como "diabo de *negro* inteligente, esse!" ou como *"negro* de confiança", todos eles, em geral, personalidades que demonstrassem excepcional capacidade de trabalho, de dedicação aos interesses do patrão e de autorrealização. Isso significa, naturalmente, que as possibilidades de ascensão social do negro e do mestiço, como no passado, estavam sujeitas à habilidade de identificação com o branco, revelada de forma concreta e contínua. Contudo, não só deviam ser capazes de corresponder às expectativas de que agiriam *"como branco"*, pelo menos com referência a determinados papéis sociais; fazia-se também mister que essa capacidade fosse aceita, reconhecida e legitimada pelos brancos (ou, de fato: por alguns brancos). Daí surgirem "graves injustiças",[148] que muito contribuíram para desenvolver nos negros e nos mestiços um forte sentimento de inferioridade e o medo da competição com os brancos. Aliás, essas "injustiças" persistem, embora se tenham atenuado, como veremos no próximo capítulo, e não faltou quem as incriminasse entre os brancos, no momento mesmo em que se esperava que elas desapareceriam prontamente: "Depois da lei de 13 de Maio, julgávamos que os pobres pretos podiam

---

147 Os informantes esclareceram que a situação dos negros vindos do "eito" não era a mesma que a dos negros do "sobrado". A carreira daqueles era mais difícil ou espinhosa que a destes (cf. anteriormente, capítulo I, nota 133).

148 Na imprensa, são registradas as ocorrências de algumas delas; sob o tópico: "matar preto não é crime", *A Redempção* (29/8/1897) acusa a polícia de não prender o assassino de Pedro Clemente, por se pensar "não ser crime matar-se os pretos...". No mesmo jornal, acusa-se a não aceitação de alunos negros nas escolas-modelo e a rejeição de órfãos negros em um seminário da capital (cf. *A Redempção*, 13/5/1897). Em outros números, faz uma campanha contra os que continuavam a explorar o trabalho dos ingênuos e contra os que desrespeitavam os negros, como um delegado de Itu, que se divertia "em prender pobres negras, unicamente por andarem bem vestidas e penteadas, para na cadeia rasparem a cabeça dessas infelizes que ainda apanhavam bolos". Personalidades entrevistadas relataram-nos diversos casos de rejeição, que tiveram sérias repercussões na vida psíquica das vítimas, conduzindo-as ao isolamento, ao desequilíbrio ou ao desespero. Segundo Roger Bastide, a tendência ao suicídio, entre os negros e os mestiços no período considerado, se explica pelos desajustamentos sociais e pelo drama interior; cf. "Os suicídios em São Paulo, segundo a cor", *Boletim nº CXXI da Faculdade de Filosofia, Ciências e Letras da Universidade de São Paulo*, São Paulo, s. d., p. 1-49.

sossegar, constituir família, adquirir bens, e colaborar para a riqueza da nossa pátria. Enganávamos-nos redondamente".[149]

Depois de uma discussão tão extensa, podemos voltar ao nosso tema (cf. anteriormente, p. 111). Os padrões de ajustamento inter-racial, elaborados através do significado que a *cor* e as *diferenças raciais* adquiriam sob o regime servil, conseguiram resistir: 1º) sincronicamente, às transformações internas que se operaram no seio da ordem social escravocrata e senhorial; 2º) diacronicamente, à desintegração e à dissolução final dessa ordem social. De fato, como supúnhamos, as transformações ocorridas na estrutura social da sociedade paulistana, significativas do ponto de vista das relações raciais, exerceram influências modificadoras sobre as expectativas e os padrões de comportamento polarizados em torno da *raça* e da *cor da pele*. Todavia, aquelas transformações não foram suficientemente profundas para desorganizar o sistema de relações raciais, que se elaborara como conexão da escravidão e da dominação senhorial. Elas só produziram alterações consistentes com o significado e com a função sociais que a cor acabou possuindo na ordem social escravocrata e senhorial. Não determinaram, pelo menos em algum sentido reconhecível interpretativamente, qualquer espécie de modificação que envolvesse a eliminação da cor como símbolo de posição social e como ponto de referência exterior na emergência de expectativas de comportamento ou nas presunções de direitos e deveres recíprocos em relações sociais. Nota-se que, por causa disso, enquanto se restringiu relativamente a esfera de situações em que se aplicavam contra o *negro* medidas discriminatórias, permaneceu inalterável o padrão básico através do qual o preconceito de cor se tem manifestado na sociedade paulistana.

De acordo com a teoria sociológica segundo a qual os fatores sociais podem modificar-se concomitantemente, sob a influência dos mesmos processos sociais, com intensidade variável, deveríamos admitir que, em São Paulo, o sistema de relações raciais não se transformou tão rapidamente quanto o sistema total e inclusivo de relações sociais. Depois do esfacelamento da ordem social escravocrata e senhorial, continuaram a ter plena vigência normas sociais e tipos de controle das relações sociais, aplicáveis a situações de contato entre *brancos, negros* e *mestiços*, que só tinham sentido naquela ordem social. É que, como vimos, as condições estruturais que suportavam a correspondência ou o paralelismo entre o "nível social" e a "cor" não foram destruídas, com a transição para a nova ordem social capitalista. Em outras palavras,

---

[149] Tópico de Antônio Bento, *A Redempção*, 13/5/1897.

as mudanças que se operaram não produziram a assimilação dos negros e dos mestiços, coletivamente, ao novo regime de classes sociais em emergência. As diferenças de posição social e de padrão de vida não perderam, por conseguinte, a função de servir como fundamento material e como fonte de justificação ou de disfarce às manifestações do preconceito de cor.

Essas inferências são da maior importância para a compreensão e para a explicação da presente situação de contato inter-racial em São Paulo. O leitor verá, nos capítulos seguintes,[150] que algumas descrições, relativas ao passado, são igualmente significativas na atualidade. Várias restrições associadas à *cor* se perpetuaram, criando zonas de fricção ou motivos de desapontamento nas relações dos negros e dos mulatos com os brancos. Certas tendências de modificação do sistema de relações raciais se esboçam ou já começam a fazer sentir os seus efeitos. Cumpre ao sociólogo interpretar esses fenômenos, procurando esclarecê-los à luz das situações histórico-sociais herdadas e dos processos sociais que se formaram no seio delas, mas operam como fatores de mudança social.

Quanto à herança do passado, os resultados de nossas pesquisas indicam que a representação social da personalidade-*status* do *negro*, elaborada pelos brancos, não encontrou até o presente condições que determinassem a sua transformação em sentido radical. Compreende-se que ela só poderá transformar-se radicalmente sob a pressão dos fatos. Sem que a posição social dos negros e dos mulatos se modifique radicalmente, em escala coletiva, é pouco provável que o êxito alcançado na competição com os brancos por algumas personalidades de cor produza repercussões tão profundas em atitudes arraigadas em expectativas de comportamento tradicionais. Daí resulta uma espécie de antinomia social que prejudica os interesses e as aspirações das pessoas de cor e reduz inevitavelmente o intercâmbio dos negros e dos mulatos entre si e com os brancos. É que a vigência da antiga representação da personalidade-*status* do *negro* dificulta (e às vezes impede) o acesso daquelas pessoas a *status* e papéis sociais que poderiam acelerar a ascensão econômica e social dos negros e dos mestiços. Assim, cria-se um círculo vicioso: a modificação das atitudes dos brancos sobre os negros e os mestiços depende da alteração da posição social destes; de outro lado,

---

150 Isso nos dispensa, naturalmente, de expor aqui os dados recolhidos, de cujo exame surgiram as inferências apresentadas. O leitor encontrará nos dois capítulos seguintes os elementos que permitirão fundamentar empiricamente a análise desenvolvida nesta e nas páginas que encerram o presente capítulo. Em algumas passagens, vimo-nos forçados a lançar mão de dados significativos, que não obstante são expostos e interpretados adiante, nos capítulos III e IV.

porém, a perpetuação de atitudes desfavoráveis aos negros e aos mestiços tende a limitar o acesso deles, pelo menos em condições de igualdade com os brancos, às probabilidades de atuação social asseguradas pelo regime de classes, em cada um de seus níveis sociais.

Em suma, quanto a esse aspecto, deveríamos convir que na herança do passado estão compreendidas tendências que atuam como forças de conservantismo cultural e social. Todavia, seria o caso de perguntar se não se transmitiram também tendências que podem operar, nas circunstâncias presentes, como fatores de desagregação do atual sistema de relações raciais. Presumimos que a análise desenvolvida acima, a respeito da constituição e da dissolução da ordem social escravocrata e senhorial, deixou patente uma coisa: a tendência típica de configuração morfológica da sociedade paulistana sempre se orientou no sentido de fazer prevalecer os princípios de integração estrutural sobre as diferenças raciais, étnicas e culturais. Por isso, a escravidão e a dominação senhorial deram origem a um regime misto de castas e estamentos, em que os *níveis sociais* prevaleceram sobre as linhas de cor. Estas existiram, mas como consequência daqueles, ou seja, como produto natural da posição ocupada pelos representantes das "raças" em contato no sistema de relações econômicas. Embora o branco não fosse redutível à condição de escravo, as castas e os estamentos possuíam certa permeabilidade, o que permitia a elevação de *escravos* à condição de *homens livres* e o acesso de mestiços à camada senhorial. Ora, se essa tendência de integração estrutural se perpetuasse, nas condições de existência social proporcionadas pelo regime de trabalho livre e de dominação capitalista em uma sociedade de classes, é óbvio que a antiga correlação entre a *cor* e a *posição social* perderia ao mesmo tempo o seu significado e o seu ponto de apoio estrutural. Em outras palavras, ela passaria a atuar como um processo de integração dos *negros* e dos *mulatos* às classes sociais (função correspondente à que preenchera no passado, incorporando-os às castas e estamentos sociais), produzindo efeitos que repercutiriam diretamente na própria constituição do sistema de relações raciais.

Parece fora de dúvida que a referida tendência de integração estrutural continua a manifestar-se como uma força social construtiva. Os resultados de um inquérito sociológico, levado a efeito em São Paulo, comprovam que "a classe social aparece com um fator de integração mais forte do que a influência segregadora das diferenças raciais".[151] Doutro lado, é patente que a identificação que se estabelecera no passado entre a dominação senhorial e a dominação de um grupo de "raças" sobre outro tende a desa-

---

151 E. Willems, "*Race attitudes in Brazil*", op. cit., p. 407.

parecer na nova ordem social, que se elabora em conexão com o desenvolvimento de São Paulo como uma sociedade de classes. Em consequência, estão ocorrendo três fenômenos paralelos na esfera das acomodações raciais: 1º) os padrões de comportamento e as ações sociais deixam de objetivar-se, progressivamente, como valores característicos do nível de vida e da capacidade de poder de um setor da população, dos *brancos*; 2º) os controles sociais que se aplicavam discriminadamente nas relações entre *negros* e *brancos* tendem a desaparecer ou a ser substituídos por controles sociais conformados aos padrões de comportamento vigentes no seio de cada classe social e às normas de relação categórica e impessoal, criadas pelo desenvolvimento da economia urbana; 3º) a assimilação dos negros e dos mulatos às classes sociais está favorecendo a emergência de atitudes e de movimentos de inconformismo contra as manifestações do preconceito de cor e a da discriminação econômica ou social com base na cor, os quais sublinham a tendência dos indivíduos de cor a modificarem a representação que mantinham da personalidade-*status* do *branco* e da própria autoconcepção de *status* e papéis, em sentido nivelador e igualitário.

Todavia, convém salientar que não se pode inferir, tendo em vista a tendência de integração estrutural apontada, que o preconceito de cor e as medidas de discriminação baseadas na cor sejam completamente eliminados no futuro. O que se evidencia é que se está constituindo uma nova constelação das relações raciais, na qual a integração social não sofrerá, provavelmente, uma influência tão intensa de determinações socioculturais ligadas com as diferenças raciais e com as gradações da cor da pele, como ocorreu no passado. E não se deve excluir a hipótese sugerida pela própria dinâmica das relações sociais em uma sociedade de classes: a desigualdade econômica e de nível de vida entre as camadas sociais poderá oferecer novos pontos de referência para a reelaboração do significado da *cor* e das *diferenças raciais* como símbolos sociais. As "tendências emergentes", como gostaríamos de chamá-las, já apresentam algumas facetas relativamente nítidas. Assim, nota-se que a esfera mais afetada pelas transformações recentes é antes da discriminação econômica e social, com base na cor, que a do preconceito de cor propriamente dito. As condições de existência social em uma sociedade em secularização e em urbanização, como a cidade de São Paulo, favorecem sensivelmente esse processo, que confere aos "brancos" o *direito* de aceitar os "negros" e os "mulatos" como colegas, no serviço ou nas escolas; como clientes, nas lojas, escritórios ou consultórios; como companheiros, nos partidos ou nos movimentos políticos; como convivas, em reuniões formais ou em banquetes, sem modificar suas avaliações etnocêntricas sobre os *negros* e, sobretudo, sem levá-los assiduamente à sua intimidade.

Em outras palavras, é preciso distinguir a aceitação que se dá no plano das relações categóricas e formais, que dependem em grau maior ou menor da convergência de interesses sociais, das relações com fundamento na correspondência afetiva e na simpatia. Forma-se entre os brancos a opinião de que as questões dessa natureza são de "foro íntimo" e de que qualquer pessoa tem plena liberdade de proceder como julgar melhor no "recesso do lar". Numa entrevista com um motorista branco, colhemos declarações que permitem esclarecer o contraste que se estabelece, em determinadas situações, entre as atitudes exteriorizadas e os sentimentos reais dos que aparentam aceitar os "pretos" sem restrições: "Eu não gosto deles. A gente precisa aceitá-los. Se não, dizem que a gente é orgulhoso. Mas não gosto deles. O que se vai fazer? A gente precisa viver de acordo com os costumes do país. Aqui o nosso costume é esse. Eu não posso destoar dos outros. Acham que a gente deve aceitar os pretos; eu aceito. Mas sei que eles não valem nada". Semelhantes orientações são reforçadas por outros fatores. Um diz respeito ao padrão de composição das classes sociais; outro, à heterogeneidade étnica de São Paulo. É sabido que os negros e os mulatos não contam senão com escassos representantes nas camadas "ricas" da população da cidade, e que os brancos descendentes das famílias tradicionais, em sua maioria distribuídos pelas classes médias e superiores, são os seus descendentes (estes com menor intensidade), fazem com frequência restrições que atingem mesmo os *brasileiros* considerados "brancos". Embora não exista consenso nesse assunto, prevalece entre eles a disposição de evitar, na medida do possível, *intimidades* com as *pessoas de cor*.

Em segundo lugar, é notável a permeabilidade dos indivíduos de cor, que conseguem "subir", aos valores e às conveniências sociais das camadas às quais passem a pertencer. É comum encontrar-se entre eles pessoas que "têm vergonha de ser negro", por causa dos *costumes* dos negros e mulatos pobres. Alguns chegam a extremos, na evitação social de "conhecidos" e "amigos" da mesma cor e inclusive na sua avaliação. Uma senhora mulata, que pertence à classe média de cor, disse-nos sem rebuços: "A polícia devia fazer uma limpeza na sociedade negra. Devia livrá-la dos maus elementos. Prender todos eles e mandá-los para trabalhar no interior". Por *maus elementos*, entendia tanto os criminosos quanto os que se veem compelidos a viver sob um baixo padrão de vida. Um senhor negro informou-nos por que evita relações com antigos amigos de cor: é que formam rodas em botequins ou são "malvistos". Para demonstrar que é "pessoa de educação e bem colocada", afasta-se deles; não pretende, porém, "magoá-los". Cumprimenta-os, troca rapidamente algumas palavras com eles, e trata de "dar o fora". Alguns criticam, dizendo que "eu sou cheio de história. Mas nunca fui de muita conversa". Atitudes como essas, e nós descreveremos outras semelhantes no próximo capítulo, não são singulares na classe média de cor. Ao contrário, repetem-se com certa frequência. E o interessante é que são partilhadas por pessoas vivamente empenhadas na luta contra o preconceito de cor e solidárias com os movimentos pela "elevação moral e social" do "negro". Em conjunto, portanto, podemos admitir, com referência às "tendências emergentes" em questão: a) é possível que o preconceito de cor encontre na sociedade de classes condições estruturais favoráveis à sua perpetuação; b) é provável que se desenvolvam, na população negra e mestiça, preconceitos de classe, aplicáveis nas relações dos indivíduos de cor entre si.

Capítulo III

Manifestações do Preconceito de Cor*

Manifestações larvais

A industrialização, urbanização da cidade de São Paulo, o afluxo de imigrantes, o aparecimento de classes sociais bem estratificadas, deixando, porém, subsistir subterraneamente, como num edifício em conserto, partes inteiras da antiga sociedade tradicional não podem deixar de ter consequências nas manifestações externas, evidentes ou larvais do preconceito de cor. Mas a heterogeneidade é tal que já não se sabe como nem onde discerni-las sob seus múltiplos disfarces. Isso explica as respostas contraditórias a que chegou o nosso inquérito entre brancos e negros: uns negam, outros afirmam a existência do preconceito. Se os brancos fossem os únicos a negá-lo, poder-se-ia pensar numa autojustificação: "o preconceito de cor", diz o jornal *A Voz da Raça*, "somente nós, negros, podemos senti-lo". Entretanto, muitos negros, sobretudo das classes baixas, dão respostas exatamente iguais às dos brancos nesse capítulo. A situação complica-se quando se analisam as respostas tanto dos que afirmam como dos que negam. O

---

* Este capítulo foi redigido por Roger Bastide.

negro que nega o preconceito reconhece a existência de certas barreiras a suas atividades; sobretudo, como dizia um chefe de cor: "O negro que não vê o preconceito é o que ainda não conhece o valor da sua personalidade; não pode sentir-se ferido uma vez que ainda não chegou ao senso da dignidade humana". Por sua vez, os que tentam apresentar exemplos de preconceitos em geral dão apenas ilustrações do preconceito de classe, não de cor. É que não há no Brasil, como nos Estados Unidos, uma pressão maciça de um grupo sobre outro; os estereótipos variam conforme os setores da sociedade; as relações humanas atomizam-se numa poeira de relações interindividuais; as atitudes raciais variam conforme as famílias ou as pessoas. Entretanto, por trás desse caos aparente, é possível descobrir certas leis.

"Nós, brasileiros", dizia-nos um branco, "temos o preconceito de não ter preconceito. E esse simples fato basta para mostrar a que ponto está arraigado no nosso meio social." Muitas respostas negativas explicam-se por esse preconceito de ausência de preconceito, por essa fidelidade do Brasil ao seu ideal de democracia racial. Contudo, uma vez posto de lado esse tipo de resposta, que não passa de uma ideologia, a mascarar os fatos, é possível descobrir a direção em que age o preconceito.

É verdade que esse ideal de democracia impede as manifestações demasiado brutais, disfarça a raça sob a classe, limita os perigos de um conflito aberto. Se a isso acrescentarmos certa bondade natural do brasileiro, o hábito adquirido há séculos de viver com os negros, e mesmo, por vezes, uma certa displicência, compreenderemos melhor que o preconceito não se exprima abertamente, mas de um modo mais sutil ou encoberto. Os estereótipos recalcados agem nas fronteiras indecisas do inconsciente, menos por construções sociais, um ritual institucionalizado, do que por repulsões instintivas, tabus pessoais. O negro, aliás, é eleitor, e os partidos políticos disputam os seus votos como os dos brancos. A opinião pública é sensível ao bom nome do Brasil, a tudo o que poderia prejudicar a sua tradição de democracia racial. As reações da imprensa de São Paulo contra anúncios de jornais tais como: "Procura-se uma cozinheira branca. Inútil apresentar-se se for preta" – ou contra a queixa dos comerciantes da rua Direita a propósito da afluência dos pretos naquela artéria – ou ainda contra a recusa, pelo Hotel Esplanada, de receber Katherine Dunham, são testemunhos disso. De modo que o crime de que mais amargamente se queixam os pretos é o que se poderia chamar de "pecado de omissão", a falta de uma política governamental a favor da ascensão do homem de cor na sociedade, por um auxílio econômico e medidas educativas apropriadas, quando há tantas leis a favor dos imigrantes. O branco cumprimenta o negro, abraça-o, manifesta-lhe amizade, mas deixa-o mergulhar nas camadas mais baixas da sociedade, sem estender-lhe, no seu orgulho étnico, uma mão caridosa para favorecer-lhe a ascensão.

É sempre mais fácil descrever manifestações aparentes. Ora, o Brasil, nas suas constituições, leis, imprensa, proclama altamente a sua repulsão a todo e qualquer ataque à dignidade do homem negro. É mais difícil descobrir o que pode estar oculto sob a indiferença, as omissões ou as faltas. Será preciso recorrer, muitas vezes, não à análise de comportamentos, mas à da ausência de comportamentos.

A família tradicional

Se São Paulo é uma cidade heterogênea, em plena transformação, e se o preconceito varia conforme os grupos sociais, devemos começar por estudar as velhas famílias tradicionais, as que conheceram a escravatura e dela viveram, algumas arruinadas pela abolição do trabalho servil, outras ainda ricas, porque souberam encontrar na industrialização novas oportunidades, mas tendo conservado, todas elas, o orgulho das suas origens, e sustentando ciosamente, na medida do possível, contra os descendentes de imigrantes, os seus antigos valores. Elas mantêm, sobre o negro, as antigas ideologias do tempo da escravatura, de uma época em que os escravos trabalhavam duro nos campos, mas em que as criadas de cor eram integradas à vida da família, de certo modo como parentes pobres, e em que finalmente o branco distinguia, na massa cativa, certos elementos mais inteligentes, e ajudava-os, com sua poderosa influência, a subir na escala social, aos postos de funcionários, à carreira de advogado, jornalista, espécie de clientela de cor a gravitar em torno do patrão branco.

Essas famílias tradicionais não aceitam "o novo negro", que se veste "à americana", ousado e empreendedor, que, numa palavra, "não sabe ficar no seu lugar". Que, filho de empregada, senta-se numa poltrona em vez de ficar respeitosamente em pé. Que recusa um convite para almoçar se for servido na copa em vez de na sala de jantar. E, como essas famílias não compreendem que a urbanização é responsável por esse novo tipo de negro, acusa a demagogia do partido trabalhista ou a ditadura de Getúlio Vargas:

> "Os negros de hoje não conhecem mais o seu lugar. São mal-educados, atrevidos, e até grosseiros. A minha antiga cozinheira, Anísia, saiu fazendo uma porção de sujeiras, dizendo que o negro é melhor que o branco, que o negro sabe criar os filhos, que o negro não é vadio... Quanto a Alvina era uma mulata educada, parecia fina, mas tinha um certo "azedume" devido à sua cor. Quando entrou aqui, disse-me que

tinha saído da casa de outra patroa porque era muito orgulhosa, não considerava os negros como gente, não queria que o filho da empregada entrasse na casa para ver a mãe. Tinha de ficar na porta de entrada. Eu lhe disse então que ela podia receber o filho no quarto, dar-lhe café e mesmo almoço de vez em quando. Sabe o que aconteceu? Um dia eu desci para verificar uma trouxa de roupa e vi o mulatinho de Alvina refestelado na poltrona da sala de jantar, lendo revistas, com os pés na mesa... Quando eu disse a Alvina que podia receber o filho no quarto mas não na sala de visitas, ela ficou furiosa: os brancos são todos iguais, para eles os negros não são gente! No entanto, um professor ocupa sua cadeira, uma enfermeira cuida do gabinete do seu médico. Cada macaco no seu galho. Mas os negros, quando são bem tratados, pensam que são iguais a nós, que podem fazer o que querem. Também tive uma negra com uma voz de homem... completamente impossível. Ela não trabalhava mal, mas passava o tempo em namoricos e dizia sempre: o meu negro vale mais que qualquer branco!"[1].

Entretanto, se o negro quiser respeitar a antiga etiqueta da polidez e conservar uma posição subordinada, é considerado membro da família, é tratado com bondade. Os seus filhos assistem às festas de aniversário dos meninos brancos e brincam com eles. Se forem inteligentes, os patrões lhes pagam os estudos, ensinam-lhes um ofício. O branco tudo faz para não os ferir; quando as senhoras se visitam, se a conversa girar em torno de negros, todas baixam a voz, fecham as portas. Em geral, aliás, evita-se o assunto. Há uma espécie de "tabu da cor" que se aprende desde a infância; desenvolve-se na criança um duplo mecanismo de comportamento, paternalista com relação aos negros, igualitário com relação aos brancos, pelo menos aos brancos da mesma classe.

O preconceito de cor apresenta-se, pois, diluído nesse sentimentalismo. Aparece na ausência de um sistema de reciprocidade nas relações entre brancos e negros. O negro é tratado afetuosamente, mas basta que um estranho chegue na casa para que logo surja outro tom entre o patrão e o visitante. Se um homem de cor acompanhar um branco a um bar e o assunto girar em torno do negro, atacar-se-ão os seus defeitos, "bêbados, mal-educados, grosseiros", mas para abrir uma exceção ao que está com os brancos: "O senhor é um preto de alma branca", "O senhor não é como os outros." Os velhos empregados aceitam passivamente essa posição subordinada, estão fielmente ligados aos patrões, que os ajudam na necessidade e cuidam dos seus filhos. Porém, os jovens se ressentem dessa falta de recipro-

---

1 Entrevista com uma velha família tradicional, originária de Minas domiciliada em São Paulo.

cidade. A amizade de que são objeto sublinha para eles a distância social, em vez de fazê-la desaparecer. Conhecemos alguns que fugiram, que preferiram a miséria a esse paternalismo condescendente.

> "Fui criado por uma família de brancos, que pertencia a um tronco tradicional de 300 anos. Sempre fui muito bem tratado quando não havia estranhos. Mas, quando os havia, todas as atitudes mudavam. Os contactos eram simpáticos na casa. Fora da casa tornavam-se categóricos. Aqui está um exemplo que ainda me dói: convidei para ser madrinha da minha formatura do colégio uma das meninas da casa, a que me considerava como um meio-irmão. Ela aceitou o convite. Foi à festa e tudo correu bem até o baile. Mas, chegado o momento em que os diplomados deviam dançar a valsa com suas madrinhas, ela me mandou um bilhete desculpando-se por estar doente [...] No dia seguinte eu soube que ela havia passado a noite jogando pife-pafe."

> "[...] Nessas festas, em que a eleição era rigorosa, os meus colegas haviam-me nomeado diretor dos festejos e das caravanas do grupo, porque assim, nos bailes, sessões literárias, teatro, piqueniques, eu estava sempre ocupado em organizar, e não em me divertir; e, nas caravanas, de alojar os colegas [...] Entretanto acontecia às vezes que o meu trabalho terminava antes do fim da festa. Então os colegas me enviavam algumas meninas, entre as que eu conhecia melhor, em comissão, para que eu escolhesse uma para dançar. Eu achava aquilo deprimente e ridículo. Eu era o cavalheiro, tinha o direito de escolher. Desculpava-me dizendo que não sabia dançar. Então seis dos meus melhores colegas, compreendendo a situação dolorosa em que me encontrava, isolado no meio da alegria que eu havia organizado, deixavam o baile e vinham fazer-me companhia. Sentávamo-nos a uma mesa e bebíamos até mais não poder."[2]

Assim, a família tradicional conservou seus antigos valores, essa mistura de bondade e de superioridade racial, que já não se pode adaptar à situação nova, criada pela metrópole industrial. A jovem geração afirmará a existência do preconceito. Somente a velha o negará. Contudo não podíamos contentar-nos com essas afirmações negativas das domésticas integradas nas famílias dos patrões. Tentamos, com o auxílio de técnicas psicanalíticas, mostrar, até nesses conformados, a presença de um ressentimento recalcado que só se revela na filigrama das imagens noturnas. Um exemplo bastará para mostrar o aparecimento, no sonho, da oposição da doméstica de cor ao meio branco:

---

2   Biografia de J.

"Uma colega de grupo escolar tomou um tonel de salmoura e despejou-o sobre Gisela (uma branca) porque ela era 'puro sangue'. A filha da patroa perguntou: mas onde está Gisela? A minha colega respondeu-lhe: veja, é um monte de sangue."

O grupo dos imigrantes

No outro extremo da escala, temos o recém-chegado, estrangeiro ou filho de estrangeiros. Há quem atribua o nascimento ou a exasperação das ideias racistas, na sociedade paulista, sobretudo os brancos nacionais e os mulatos claros, ao estrangeiro. Mas o preto retinto em geral repele essa insinuação; para ele, o imigrante chega ao Brasil sem preconceito; é aqui que o aprende, através das velhas famílias tradicionais. Assimilar o preconceito é, para ele, um meio de se elevar na sociedade. A questão, contudo, não é tão simples. Pode muito bem ser que se trate de um processo de autojustificação do negro. Este afirma que o preconceito é de origem econômica, que provém da escravatura, não da cor, e a prova, diz ele, é que o estrangeiro recém-chegado, que não conheceu o servilismo, nos considera seu igual. Devemos pois estudar o problema por nossa conta, baseando-nos em provas.

Em primeiro lugar, o grupo estrangeiro é dos mais heterogêneos. Latinos, eslavos, germânicos, anglo-saxões, sírio-libaneses, japoneses, cruzam-se pelas ruas de São Paulo. É preciso examinar o comportamento desses diversos grupos, tão diferentes pela origem e pelas tradições. Mas não devemos fazer o inquérito entre os homens de cor; as suas opiniões são contraditórias; por exemplo, alguns afirmam que os italianos são os que têm mais forte preconceito contra os negros, enquanto outros afirmam o contrário: tudo depende com efeito das experiências pessoais.

Foi, portanto, dentro dos grupos de imigrantes, que fizemos o nosso inquérito. E, como carecíamos de tempo para examiná-los todos com vagar, escolhemos os grupos português e italiano, considerados em geral os mais favoráveis ao negro, e o grupo sírio, considerado um dos mais desfavoráveis.

O grupo sírio

Antes de 1914 havia poucos negros africanos na Síria e no Líbano. Apenas alguns funcionários que tinham vivido no Egito ou no Sudão tinham alguns pretos como criados. Foi somente com a ocupação francesa (1918-1944) e a presença dos soldados senegaleses que os sírios e libaneses se familiarizaram com os homens de cor. Mas, justamente por se tratar de tropas de ocupação, os nacionais julgavam-se humilhados pela presença desses negros, e detestavam-nos.

Os árabes designam os negros pelo termo de "Abd" no plural "Abid", escravo, servo, trabalhador – raramente pelo termo de "Asuad", negro. E o uso do primeiro termo já é pejorativo. É preciso, porém, notar o costume, que continua ainda hoje, da adoção, pelas grandes famílias, de negrinhos que passarão a fazer parte integrante da casa. Os sírios e os libaneses transplantarão esse costume para as plagas americanas.

Os primeiros árabes chegaram ao Brasil em 1880, mas foi apenas em 1895 que se iniciou um movimento imigratório organizado. Essas famílias tomaram negras e mulatas como domésticas e estas integraram-se tão bem que algumas chegaram a falar árabe. Os filhos eram criados pelos patrões. O termo "Abd" conserva-se ainda no Brasil, mas perdeu-se a consciência da sua etimologia, e aqui significa, simplesmente, "preto".

Tratava-se porém de velhas famílias de antes da urbanização de São Paulo. O sírio de hoje é refratário ao negro. O jornalista árabe, José Elydd, diretor da revista *Unión arábica* de Buenos Aires, escreveu, após uma viagem ao Brasil em 1948: "Há no Brasil nove milhões de negros e de mulatos. A raça está dominada pelos mulatos, orgulhosos e vaidosos. A maioria dos crimes deve-se a esses mulatos na Amazônia. Eles são malvados e invejam a riqueza alheia".

As famílias sírias atuais de São Paulo não apreciam empregadas de cor. Não as aceitam senão na falta de brancas. Dizem que as negras bebem e fumam, que cheiram mal, que são muito nervosas e que não têm constância. Ainda preferem as mulatas às negras.

Em geral, dão às negras o trabalho mais pesado. A cozinha é uma responsabilidade séria demais para confiá-la a uma negra. Aliás os sírios têm pratos especiais e é a dona da casa que cuida do seu preparo. Aceitam-se lavadeiras negras, porque ficam somente algumas horas e depois voltam para casa, mas, mesmo assim, preferem-se as brancas.[3]

É inútil acrescentar que tanto o sírio como o libanês são endógamos: se não se casam com gente de cor, tão pouco se unem facilmente com brasileiros brancos. Entretanto, citaram-nos o caso de um sírio de São Paulo casado com uma mulata, repelido pela família e vivendo penosamente como eletricista. Em suma, encontramos no sírio algo de análogo

---

[3] Resumo do inquérito feito, a nosso pedido, por Jamil Selim Safady, num grupo sírio-libanês.

ao que se vê nas velhas famílias tradicionais de São Paulo, o que se explica pela estrutura patriarcal do regime doméstico – a integração, outrora, da doméstica de cor à casa, mas numa posição subalterna – a recusa, hoje, do "novo negro".

O grupo português

O português tem fama de correr atrás das negras e das mulatas. E, com efeito, os casos de uniões mistas duradouras não são raros nesse grupo. Mas dir-se-ia que hoje o português se desculpa e lamenta o fato: "Dizem aqui que os portugueses não têm preconceitos", afirma um descendente de lusitanos; "é que, no início, não havia mulheres brancas. Todos foram obrigados a casar com o que havia, sem cuidar da cor. Deixavam suas esposas e filhos em Portugal. Mas agora tudo mudou. Há portuguesas no Brasil, filhas de imigrantes. Já se pode encontrar casamento melhor. E também não é difícil mandar buscar a mulher na Europa ou fazer uma viagem até lá. Com um pouco de dinheiro tudo se arranja". O português tem mesmo um certo orgulho em opor o seu país ao Brasil do ponto de vista da composição étnica do povo. "Lá não temos esses mouros", disse um deles, "ao passo que o Brasil está cheio deles e por isso não progride. Não há flagelo maior." Outro explicou-nos que a derrota do São Paulo, numa competição de futebol, era devida à presença de Leônidas, o célebre "diamante negro", como técnico do quadro: "O negro nada pode dar de bom. Não pode comandar, muito menos a brancos. Leônidas, como todos os negros, é desorganizado e insubordinado. Sobretudo considerando que o clube compreende brancos de boa família, até advogados. Como é possível que eles aceitem ordens de um negro?" Em suma, há uma revolta do português de hoje contra o estereótipo acerca dos seus antepassados, amantes da Vênus negra. "Ele sempre tem algum parente de cor", disse-nos um velho paulista; "por isso não gosta que lhe falem em negros, pois tem contra eles o mais violento preconceito". Mas tal prejuízo, ao examinarmos os casos particulares, atinge sobretudo a classe média e os filhos de imigrantes mais que os próprios imigrantes, os que querem subir ou que já começaram a ascensão. No meio das espeluncas, dos apartamentos baratos nos bairros miseráveis, com uma única exceção, não encontramos essa repulsa, do português com relação aos homens de cor, e muitos vizinhos escuros acentuaram, ao contrário, o seu espírito de camaradagem, e mesmo de amizade. Dir-se-ia que o preconceito se aprende, que é menos uma tendência étnica natural do que uma luta contra uma tendência que o impele, atualmente como dantes, a ligar-se afetivamente aos negros, sem levar em conta a cor da pele. É uma forma primária de um nacionalismo nascente.

O grupo italiano

Se os portugueses amam os pretos, o caso é diverso com os italianos. A situação típica das regiões rurais é a seguinte: o italiano que chega pobre, que quer enriquecer no novo país, obriga a mulher e os filhos a trabalhar duro, sob o sol tórrido, nas plantações de café ou de algodão. A mocinha encontra, ao casar-se com um negro, a possibilidade de fugir a essa tirania paternal, a essa labuta extenuante. O negro tem apenas carinho e ternura para com a sua branca, não a deixa trabalhar fora de casa. Mas na cidade de São Paulo a situação é diferente. E se ainda existem, sobretudo nas classes baixas, casos de casamentos mistos, ou amizades entre membros dos dois grupos, não é essa a regra geral. Acontece mesmo que esse imigrante, que nunca viu negros na sua terra, sente-se a princípio assustado à vista deles, e os da primeira geração nem sempre conseguem dominar esse espanto.

> "Um filho de italianos disse-nos que o pai não gosta de negros. Chegou ao Brasil aos oito anos. Gosta de contar ainda hoje que, ao desembarcar em Santos, os italianos tinham muito medo dos pretos, pensavam que eles não fossem seres humanos. Quanto a ele, ainda garoto, cada vez que encontrava um preto, fugia para longe. Outro nos disse que a mãe tinha tido muito medo dos negros ao chegar, e nunca saía sozinha de noite. Não aceita lavadeira de cor, não quer que uma negra pegue na sua roupa. É costureira, mas não trabalha para clientes de cor. Quando alguma aparece, ela sempre acha uma desculpa: não tem tempo etc."

O hábito da convivência, um conhecimento mútuo melhor, nem sempre melhorou essas primeiras relações. Encontramos, nos filhos de italianos, como nos de portugueses, os estereótipos mais desfavoráveis para o negro: macacos – gente falsa – sem moral – todos os negros são tarados – as mulheres de cor entregam-se a qualquer um, contanto que lhes paguem – são mais bichos do que gente. No Brás, bairro dos italianos, há um *footing* nas noites de verão; pois bem, o italiano não se mistura com os negros, cada qual tem o seu passeio separado. Compreendemos assim melhor a observação do português que acentuava a diferença entre o Rio, onde o preconceito não existe, e São Paulo, onde é nítido, e que atribuía a diferença ao fato de quase não existir uma colônia italiana carioca, ao passo que em São Paulo é a italiana a mais importante de todas as colônias estrangeiras.

Não se pode pois negar que, mesmo na classe baixa, exista um certo preconceito italiano contra o negro. Mas esse preconceito vai-se intensificando à medida que se sobe na escala social.

"Os italianos da alta burguesia", notou uma das nossas informantes de origem italiana, "consideram o negro como um elemento estranho ao seu mundo e que não pode de modo algum, mesmo quando instruído e rico, participar de sua vida. Na minha família", acrescentou ela, "até estes últimos anos, nunca tivemos criadas de cor, e se hoje minha mãe aceita é porque já não se encontram brancas. Meu pai, na sua fábrica, não aceita operários negros, salvo para os trabalhos pesados, que os brancos não querem fazer." E essa informante, comparando as famílias da burguesia estrangeira com as de aristocracia tradicional paulista, observa que elas têm duas concepções da vida bem diversas, que se manifestam justamente nos seus comportamentos para com o negro. A família tradicional, habituada ao contato íntimo com o negro na escravatura, aceita-o sempre como doméstico e trata-o com bondade, contanto que ele fique no seu lugar, enquanto a burguesia saída da imigração se recusa a pactuar com o negro, mesmo quando este último tem uma posição subordinada. Repele-o pura e simplesmente.

Naturalmente tudo isso precisa ser matizado. O Brasil é o tipo do país das meias-tintas. As atitudes variam de um indivíduo para outro, formando uma gama que vai do máximo de preconceito à sua ausência total. Se insistimos entretanto nessas manifestações por parte de grupos considerados geralmente favoráveis à gente de cor, é porque são reveladoras de sentimentos muitas vezes ocultos. O imigrante que quer ser bem visto, que quer evitar complicações que mais tarde poderiam prejudicá-lo na sua ascensão, não demonstrará exteriormente atitudes que o oporiam a um meio no qual está destinado a viver, não exprimirá senão os sentimentos que lhe parecem corresponder à opinião pública; mas bastará naturalizar-se para sentir-se autorizado a dizer o que pensa; se não o fizer, seu filho o fará:

"Claro, é preciso aceitar os pretos; senão acusam a gente de orgulhoso. Eu não os aprecio, mas temos de aceitar os costumes da terra. Os brasileiros acham que é preciso admitir os pretos; pois bem, eu os admito. Mas sei que não valem nada". Essa espécie de mimetismo gregário que constitui, diga-se de passagem, o maior elogio para o Brasil, corre o risco de induzir em erro o observador superficial, que só vê o comportamento aparente, sem lhe perscrutar os motivos íntimos. De fato, o imigrante toma, em geral, com relação ao negro, a atitude do grupo em que entrou. Se for a classe baixa, não se recusará à camaradagem. Se for um grupo burguês, tomará atitudes altaneiras.

Nota-se um fato curioso entre os franceses, os suíços e os belgas. Teoricamente eles não têm nenhum sentimento de discriminação racial. Mas chegados a São Paulo, no seu desejo de viver na alta sociedade brasileira, imediatamente imitam-lhe a elegância e a discriminação racial. "Conheço bem esses povos porque visitei os seus países e porque os frequento aqui. Quando chegam, são europeus, não têm preconceitos. Mas quando começam a frequentar a boa sociedade então adotam as mesmas ideias".[4]

Mais particularmente, o empreiteiro ou o industrial estrangeiro reserva, na proporção permitida pelas leis trabalhistas, os melhores lugares para os seus compatriotas ou descendentes deles. Muitos negros queixam-se da recusa polida mas inflexível que esses patrões opõem aos seus pedidos de emprego. O Hospital Alemão recusou-se a tratar de operários de cor feridos por um desmoronamento, mas recebeu os operários brancos. Um inquérito recente, feito numa cidade vizinha de São Paulo, para verificar se os estrangeiros aceitariam para os filhos um cônjuge de cor, concluiu pela rejeição dos casamentos mistos, e as razões invocadas são reveladoras: 75% por inferioridade racial contra 25% por condição social inferior.

Preconceito de classe ou de cor

Encontramos, nos dois grupos constitutivos da população paulista branca, opiniões desfavoráveis contra o negro. Essas opiniões dizem respeito ao negro como tal ou ao negro como fazendo parte da camada mais miserável da população? Um certo número de fatos já nos permitem discernir um preconceito de cor independente do de classe; outros fatos permanecem duvidosos. Ora, é esse o ponto essencial do nosso inquérito. Se o negro é repelido como classe, uma melhora da sua situação econômica fará automaticamente desaparecer o problema. Se é repelido como negro, a questão torna-se mais grave. É preciso, pois, agora, esquecendo as origens étnicas, considerar a população paulista sob outro ângulo, como uma pirâmide de ocupações, de "*status*" e de "papéis" sociais, e examinar sucessivamente as relações dos brancos com os negros das duas classes superpostas e dentro de cada classe.

Não existe, legalmente, segregação racial no Brasil. O branco e o negro encontram-se por toda parte, na rua, no bar, nos jardins públicos, no teatro e no cinema. A lei inflige uma pena de multa ou prisão aos que se recusarem

---

[4] Extrato do dr. Edgard Santana, "Relações entre pretos e brancos em São Paulo" (estudo de cooperação à Unesco).

a aceitar um homem de cor. Todavia, quando um negro sobe no ônibus, o branco senta-se raramente ao seu lado; prefere ficar de pé durante todo o trajeto; quando se entra num cinema superlotado depois de iniciada a projeção, e se acaba por encontrar um lugar vazio, percebe-se muitas vezes, uma vez acesas as luzes, que o vizinho é um preto. Mas tais fatos não demonstram necessariamente um preconceito de cor, pois o negro é muitas vezes pobre, mal vestido ou sujo, e a gente também não se senta perto de um branco esfarrapado. Os hotéis elegantes, os cassinos, recusam também a entrada em seus estabelecimentos a negros, mas é que o negro é considerado *a priori*, pela boa sociedade, um homem sem educação, bêbado ou vagabundo.

> "Num bar, entra um casal de cor; imediatamente um branco resmunga: este bar era antigamente um lugar bem frequentado. Basta isso. O garçom aproxima-se do casal, murmura algumas palavras no ouvido do marido. Os dois deixam o salão. Num outro bar, um negro aparece, o garçom imediatamente tira a garrafa de pinga; o cliente protesta: quero uma coca-cola; o sr. não pode ver um negro sem imaginar logo que se trata de um bêbado."

O segundo fato esclarece o primeiro. O estereótipo de cor é no fundo um preconceito de classe. O brasileiro gosta de passear depois do jantar. Nas cidadezinhas do interior faz-se imediatamente uma separação, nesses passeios, de casta e de classe: a elite no centro do jardim, a classe branca baixa na calçada externa, e os negros na calçada da rua. Em São Paulo fatos análogos se encontram: há o *footing* dos brancos, como o da avenida Ipiranga, e o dos negros, como o da rua Direita. Podem-se até observar os efeitos da invasão, pelo negro, de uma dessas áreas ecológicas: outrora a rua Direita era a mais elegante da cidade, o centro dos estudantes de Direito, filhos das famílias tradicionais. Os negros passeavam no Largo do Arouche. Mas como um dia estudantes caçoaram de uma preta grávida que tinha tomado a liberdade de passar pelo bairro deles, os negros do Arouche, amotinados, decidiram descer em massa a rua Direita. O resultado foi que os brancos abandonaram aos poucos o seu antigo passeio. Mas essa segregação no passeio não é bastante significativa, pois entre a rua Direita, abandonada aos negros, e a avenida Ipiranga, domínio dos brancos, há a rua de São Bento, em que as cores, pelo menos por enquanto, ainda se misturam. Sobretudo os líderes dos grupos de cor reconhecem que os negros que frequentam a rua Direita são os menos recomendáveis possível, que fizeram daquela rua um "centro de perdição", ou de prostituição barata. Esses chefes procuraram, quando os comerciantes se queixaram à polícia, solicitando a expulsão dos negros, encontrar uma solução que não ferisse a dignidade do homem de cor, nem a sua liberdade de movimentos. Há ainda o caso das *boates*, dos auditórios de rádio, das piscinas e dos clubes, cujos estatutos excluem os negros; mas é preciso notar que estão igualmente fechados aos brancos da classe baixa, que não aceitariam um operário mal vestido; e que a maioria dos clubes de São Paulo cobram dos seus membros enormes joias para melhor barrar a entrada a todos os que não pertencem ao seu meio.

Não se deve confundir preconceito com seleção. A seleção faz-se aparentemente conforme a linha das cores, mas porque a cor é, em todos esses casos, sinônimo de baixa condição social.

> "Um negro de boa posição social quer entrar numa *boate*. O porteiro aborda-o: – Por favor, entre pela porta de serviço. Uma preta está à janela. Um vendedor ambulante passa: – Vá dizer à patroa que tenho frutas bonitas. – Mas eu sou a patroa. – Não brinque, não tenho tempo a perder. Vá avisar a patroa."

Na ideia do porteiro como na do comerciante, um negro só pode ser um entregador ou uma criada. De modo que o preconceito de cor identifica-se com o de classe. Ninguém abre o seu salão, a sua amizade, o seu clube a qualquer um; a burguesia não quer misturar-se e isso acontece em qualquer parte do mundo. A cor desempenha um papel, evidentemente, mas o papel de um símbolo, é o critério bem visível, que situa um indivíduo num certo degrau da escala social; e as exceções são ainda demasiado raras para solapar a força desse símbolo. São tão raras que o negro que subiu é sempre considerado com espanto admirativo, sobretudo pela velha geração: é respeitado, mas o respeito é o segundo momento de uma dialética afetiva, que começa por rebaixar o negro e que corrige em seguida esse primeiro ponto de vista adotado.

Isso é tão verdade que encontramos fenômenos análogos no próprio grupo de cor. Criou-se uma elite, composta de médicos, advogados, professores, e uma classe média, composta de pequenos funcionários, de proprietários de casas ou terrenos, puritana, respeitável, ciosa de bem criar os filhos. Essa classe sem dúvida se compõe sobretudo de mulatos, mas compreende também alguns pretos. Ora os negros censuram-lhe o seu "esquecimento da raça", a fuga à solidariedade de cor, com o fito de participar somente da vida dos brancos. O dinheiro ou o talento diminuem efetivamente o preconceito: um médico está em bons termos com os colegas, lê trabalhos científicos nos congressos, cuida dos doentes pobres, brancos e pretos, e o mesmo se pode dizer das outras profissões liberais. Os da classe média organizam os seus próprios clubes recreativos, como o dos

Evoluídos, particularmente severos na seleção dos seus membros; ou arranjam festas de família, reuniões dançantes em suas casas, a fim de dar aos filhos oportunidade para casar dentro da classe, e evitar que se percam nos bailes da baixa classe de cor, as "gafieiras". Preocupam-se sobretudo em encontrar ou criar um "meio decente".

Os negros sentem essa cristalização, em vias de se formar em seu grupo, entre duas classes de níveis e de valores diferentes. E, como o fenômeno é recente, reagem com paixão. Essa paixão fervilha aliás dos dois lados da barreira ascendente. Os negros da elite ou da classe média queixam-se do ciúme dos negros das classes inferiores que preferem, segundo afirmam, consultar um médico ou um advogado branco; e que não votam em negros nas eleições. É verdade que a classe baixa de cor tem no seu linguajar uma série de termos depreciativos para zombar dos negros que sobem: dir-se-ia que ela deseja rebaixar até o seu nível os descendentes de africanos que triunfaram. Por seu lado, estes últimos queixam-se de que a imoralidade, a vadiação ou a preguiça dos negros das classes inferiores lhes acarretam um prejuízo enorme, fortificando nos brancos os estereótipos tradicionais contra os negros, que recaem sobre eles também. Seria fácil provar que essa classe alta ou média de cor aceitou e adotou os preconceitos do branco contra os negros.

Mas, se o preconceito de cor se confunde com o de classe, num grande número de casos será possível generalizar o fenômeno? Devemos agora passar das relações verticais às horizontais, isto é, dentro da mesma classe social, para ver em que momento a cor começa a ser um estigma racial e não apenas um símbolo de *status* social. Em primeiro lugar, na classe proletária, a consciência de classe dominará ou não os conflitos étnicos? Essa primeira pergunta apresenta de antemão o problema de saber se existe uma consciência classista no proletariado de São Paulo. O problema ultrapassa o quadro desse relatório. Digamos apenas que: 1º) o proletariado paulista é formado de tantos elementos heterogêneos, brancos e negros nacionais e imigrantes europeus (estes últimos com uma mentalidade muitas vezes pequeno-burguesa, a de gente vinda para "fazer a América", para enriquecer no Brasil), que a solidariedade entre eles não pode ser tão forte como na Europa; 2º) o sindicalismo brasileiro é diferente do europeu, foi criado pelo Estado em vez de surgir da camada inferior, das reivindicações operárias, e os seus chefes são uma espécie de funcionários. Tudo isso faz-nos entrever que a cor pode prevalecer sobre a classe. Deve-se acrescentar a isso o fato de tender a classe proletária a situar-se, numa cidade enriquecida pela indústria, não no nível mais baixo da sociedade, mas num nível intermediário, acima da "plebe"; essa plebe, que servirá de tela de fundo sobre a qual o operário se destacará como um elemento progressista e adiantado, será constituída justamente pelos homens de cor, vagabundos, mulheres semiprostituídas, e por gente que só trabalha intermitentemente, para ganhar alguma coisa e descansar até que se acabe o dinheiro. Um dono de gafieira disse: "Uma branca, mesmo prostituída, não vai dançar com todos esses negros vagabundos", e, quando um branco se aventura num desses bailes, sempre terá receio de receber uma facada. Porém, outros elementos intervêm, capazes de exasperar o conflito das cores. A concordância do imigrante eliminou o negro e o mulato do artesanato, que era seu monopólio durante a era colonial, atirando-os à plebe. Por outro lado: 1º) a industrialização abriu ao negro a possibilidade de ascensão social; o seu realismo permitiu-lhe ver que tinha interesse, do ponto de vista econômico e da segurança familial, em não visar demasiado alto, em não desdenhar os ofícios, embora duros ou sujos, uma vez que fossem bem remunerados, de modo que ele se integrou à estrutura profissional da cidade industrial. Tornou-se operário especializado; 2º) com a última guerra, a imigração europeia interrompeu-se justamente na ocasião em que o desaparecimento do comércio marítimo favorecia a criação de novas fábricas em São Paulo. O negro aproveitou a oportunidade para manter e aumentar os seus primeiros ganhos profissionais. Sem dúvida, o negro plebeu, que vive à custa de mulheres, ainda existe. Mas o negro tornou-se gradualmente proletário como o proletário branco. Já não pode servir de contraste para melhor salientar o operário de origem europeia, com sua mentalidade de trabalhador incansável. Assim, duas forças contraditórias agem, uma separando, outra unindo.

Nos bairros pobres, em que os brancos vivem em promiscuidade com os negros, a mistura é tal que qualquer preconceito seria ridículo. Em nossas visitas aos cortiços tivemos ocasião de verificá-lo: as crianças brincam juntas; as disputas de adultos são inexistentes.

Um grau acima, nos apartamentos baratos de um ou dois cômodos, já existe uma linha de separação nas relações entre vizinhos, mas não coincide com a linha de cor: baseia-se na limpeza da casa, e na moralidade. A escolha de amigos faz-se entre pessoas que se parecem, que têm um certo capricho no arranjo do apartamento, que se interessam pela educação dos filhos, qualquer que seja a cor da pele. Contudo, certos brancos se julgam superiores, não frequentam os pretos, embora os tratem com polidez.

No trabalho, as relações entre brancos e pretos são boas e, sempre que se esboça uma consciência de classe, seja para uma reivindicação de salário, seja para uma greve, a união é estreita. Entretanto, à saída da fábrica, formam-se grupos, e pode-se então notar que em geral os brancos vão para um lado, os pretos para outro. O que não impede que nas ruas, nos bares, nas conversas entre homens, as cores se misturem. Porém o lar é um terreno sagrado, em que se recebem os amigos. Ora, aqui, com todas as reservas que o clima democrático do Brasil favorece, seja por etnocentrismo, seja por timidez, o preto não frequenta em geral senão outros pretos, e o branco, outros brancos. O que é mais grave é que, nas fábricas, quando se criam clubes recreativos para os operários, o negro é barrado dos bailes. Como nos disse um dos nossos informantes de cor: "No trabalho, só a classe conta; mas, depois do trabalho, a cor reaparece". E aparece na vida social da classe baixa mais que na vida profissional, justamente porque o que caracteriza por definição a vida social é a importância que assume a aparência, e a cor faz parte das aparências. Todavia, mesmo no trabalho, o preconceito intervém por vezes e sob três formas diferentes: 1º) nas brincadeiras de mau gosto que trocam os camaradas e em que todas as representações coletivas do folclore se manifestam; 2º) no esforço dos brancos para que as relações não se tomem demasiado estreitas, para que permaneçam no terreno do serviço, não tomem um caráter demasiado afetivo; 3º) nas palestras dos brancos entre si, as que se fazem por trás do negro, quando ele não pode ouvir: "Bem se vê que é um negro". Quantos comentários tivemos ocasião de ouvir nas corridas de táxi, toda vez que um motorista branco se viu obrigado a parar devido a um carro ou caminhão dirigido por um preto: "Logo vi que era um negro!" – "Raça danada. Negro não é gente. Deus é branco. A Virgem é branca. Raça que não vale nada." Assim a cor não se confunde completamente com a classe, dentro da própria classe desempenha um papel discriminador. Compreende-se, nessas condições, a história da criadinha tão ligada aos patrões e que os acompanhara ao Rio: quando resolveram voltar a São Paulo, encontraram-na em prantos, ela não queria voltar, lamentava muito deixar a família, mas preferia ficar no Rio: "O sr. compreende, aqui os pretos são gente".

O que acabamos de dizer sobre a classe baixa aplica-se ainda melhor à classe média e à alta. Aqui a discriminação surge sob a forma de restrições mais ou menos severas à atividade social ou mesmo à atividade profissional. O caso de dois professores de Direito que foram barrados ou dificultados nas suas promoções dentro da Faculdade é célebre. Um dentista de cor queixa-se de que os dentistas brancos do seu bairro lhe fazem uma concorrência desleal, alegando, não a sua incompetência profissional, mas a sua cor, para afastar a clientela. Um médico escreve:[5]

---

5 Dr. Edgard Santana, op. cit.

"Na Medicina socializada, apesar de vencedor, fui eliminado pela cor, não como nas regiões do sul dos Estados Unidos, em que se diz claramente que a razão é a cor, mas de modo velado, o que é pior, com o auxílio de artifícios que mascaram a linha de cor, e com os quais se espezinha a honra das vítimas... O setor da enfermaria é um dos que revelam mais nitidamente a discriminação racial; os pretos são afastados, e quantas vezes ouvi as histórias das enfermeiras de cor, vindas de outros Estados, que não conseguiram colocar-se em São Paulo."

Mas é sobretudo a oposição velada dos salões que atinge o homem de cor. As famílias tradicionais, como as da burguesia de origem estrangeira, recusam-se a tratar o preto como um igual, mesmo superior. As primeiras só podem aceitar aquele que se elevou graças ao seu favor, com a condição que o reconheça, por uma atitude de respeito que destrói a igualdade na reciprocidade das relações. As segundas, que chegaram a uma boa posição, temem perdê-la recebendo gente considerada de classe inferior. Talvez apenas o mundo intelectual, dos artistas, escritores, jornalistas – excluindo os *snobs* – esteja aberto ao homem de cor, pois nele o que importa é o talento, o diálogo dos espíritos. Outro médico de cor explicou-nos a sua estratégia para não sentir o preconceito: com os colegas brancos ele se limitava às relações profissionais ou científicas e evitava a vida mundana, dedicando os seus lazeres à família. Sem dúvida, um observador desprevenido poderia ser induzido a erro: as barreiras estão geralmente dissimuladas por um verdadeiro ritual de polidez amável. O operário não conhece essa cortesia; não receia, nas conversas, nos palavrões, aludir à cor do companheiro; já com o burguês não se dá o mesmo. A sua casa oculta-se por trás de um complicado ritual de etiqueta. Mas por vezes aparece, apesar de tudo, com mais brutalidade, principalmente nos bailes. Um professor de cor queria levar as suas duas filhas a um baile do professorado paulista; não recebe convite, e, como ele insiste, são obrigados a dar-lhe a razão da recusa. Uma assistente social, organizando umas férias, e dispondo apenas de quartos com duas camas, quebra a cabeça para descobrir um companheiro para um empregado de cor. Por fim, quando um preto distinto é admitido a uma recepção, admitem-no como "pessoa de cor", isto é, manifestam para com ele marcas especiais de cortesia. Mas essa cortesia voluntária é demasiado visível e acentua, em vez de fazer desaparecer, a distância social.

Esportes e cor

A distinção entre a vida profissional e a vida social manifestar-se-á ainda mais claramente no terreno do esporte, em que o negro ocupa um lugar de honra. Escreveu-se muito no Brasil sobre a ascensão do negro através do atletismo e do futebol. Os clubes brancos disputam os negros, o público tem seus favoritos de cor, os jornais estão cheios de suas biografias e de suas proezas. E, apesar de tudo, apesar da auréola das vitórias, do dinheiro e das honras, ainda existem clubes, como o Palmeiras, que não aceitam negros em seus quadros; outros, como o São Paulo e o Tietê, que durante muito tempo mantiveram bailes separados e ainda os mantêm, para brancos e para pretos. Outros ainda, como o Corinthians, não aceitam negros em suas piscinas, sendo uma das barreiras mais difíceis de transpor.

"Um professor universitário, disse-nos o presidente de um clube, é alguém. Mas, como não traz letreiro na testa, não pode frequentar a piscina." Outro forneceu-nos a racionalização seguinte: "a transpiração do negro cheira mal, por mais que tome banho com sabonete perfumado e use água de colônia. Basta que se mexa um pouco para que o cheiro volte. É uma moléstia contagiosa. É bastante nadar na mesma água. Houve um caso no Corinthians. Embora haja alguns jogadores pretos, não têm o direito de entrar na piscina".

Enquanto o esporte foi um divertimento e uma forma de lazer, o negro foi barrado. O tênis, considerado esporte elegante, ainda lhe é vedado. O Clube Atlético Paulistano e o Clube de Regatas Tietê não tiveram sócios pretos até 1930, data em que o Paulistano aceitou um mulato, filho de um preto e de alemã. Foi a passagem do clube de recreação ao clube comercializado, foi a entrada nas competições internacionais, que permitiu a ascensão do homem de cor. Mas o que lhe dão de um lado recusam-lhe do outro, pela distinção entre duas espécies de membros, os esportistas e os associados. Os primeiros jogam, os segundos dançam. Se esta última discriminação ainda se pode justificar por uma diferença de classe, sendo o esportista preto originário das classes inferiores da sociedade, a cor desempenha sem dúvida o papel principal no caso da natação e da proibição das piscinas.

O problema do mulato

A cor age, pois, de duas maneiras, seja como estigma racial, seja como símbolo de um *status* social inferior. Se assim é, quanto mais o negro se aproximar do branco, pela tez, pelos traços do rosto, nariz afilado, cabelos lisos, lábios finos, maiores as suas probabilidades de ser aceito. Se nos Estados Unidos há uma definição do negro (aquele que tiver uma gota de sangue negro é um negro), não existe uma definição sociológica do "negro" ou do "mulato" no Brasil. Tentamos, através de um questionário, colher as representações coletivas que permitem distinguir o mulato do negro. Mas os resultados são tão variáveis que não permitem delimitar conceitos. Os dois provérbios, igualmente tradicionais:

"Quem escapou de negro é branco" e "Quem escapou de branco é negro", mostram bem a ambivalência do mulato. Há quem se recuse a fazer a distinção: o mulato é um negro. Outros distinguem um do outro por caracteres exteriores às vezes divertidos: "Ele tem a pele mais clara e veste-se melhor". Mas os que fazem a distinção, muitas vezes, condenam ainda mais o mestiço: o preto conhece o seu lugar, é mais fiel, mais ligado aos patrões, tem bom coração – o mulato é vaidoso, pernóstico, pretensioso, desagradável nas suas relações, impõe-se atrevidamente, julga ter todos os direitos. Outros ainda consideram-no quase um branco e aceitam-no sem dificuldade no círculo dos amigos. De um modo geral, é inegável que o mulato é mais aceito que o preto retinto, e as biografias que colhemos provam que os obstáculos diminuem à medida que a cor da pele clareia. Aqui também a cor age duplamente, aproximando o mulato do branco pela cor, e, como símbolo social, permitindo-lhe ocupar, em geral, uma posição superior à do negro. Compreende-se nessas condições que o mulato "passável" procure fazer esquecer as suas origens. E o melhor modo ainda é atacar os pretos. Todos os nossos informantes estão de acordo em sublinhar que as famílias mais ferozmente prevenidas contra os pretos são as que têm algumas gotas de sangue africano nas veias. E isso verifica-se melhor na cidade grande que na zona rural. No campo, todo mundo se conhece, não se pode adulterar a própria genealogia. O anonimato da vida em São Paulo permite dissimular os antepassados. O preconceito de cor torna-se então a melhor fórmula para que os vizinhos não desconfiem da parcela de sangue negro que corre nas veias de famílias, para eliminar aos olhos de todos a hipótese de alguma mestiçagem longínqua, para demonstrar a pureza racial de suas origens.

As barreiras raciais na ascensão do homem de cor

Num dos seus artigos, o sociólogo norte-americano Donald Pierson escreveu: "O branco nunca achou que o negro ou o mulato representasse uma ameaça para o seu próprio *status*", e assim explica a ausência de um preconceito de cor como o que prevalece nos Estados Unidos. O negro que subia, e às vezes subia bem alto, só o fazia quando ajudado, protegido pelo branco, que fiscalizava assim a seleção durante o processo todo, e por conseguinte não podia ver um perigo nisso. Mas se a frase de Pierson ainda se aplica a muitas regiões do Brasil, já não se aplica a São Paulo, onde a facilidade da instrução, as oportunidades da industrialização, o enfraquecimento do controle dos brancos devido à dispersão das famílias tradicionais numa imensa cidade, permitiram uma ascensão dos negros já não como indivíduos isolados, mas como grupo social. A partir desse momento, o branco começou a sentir-se ameaçado nos seus postos de direção e de mando. Vai reagir, e essa reação, destinada a manter o negro no fundo da escala social, vai intensificar o preconceito de cor, dar-lhe formas mais agudas, e ao mesmo tempo a segregação vai aparecer em todos os degraus da escala, desde a escola, que revela as capacidades, até as promoções aos graus superiores. Uma espécie de solidariedade racial vai estabelecer-se entre as diversas etnias brancas numa mesma política de autodefesa, englobando o brasileiro de 400 anos, o descendente de imigrante e o capitalista estrangeiro.

Mas não se deve esquecer que a lei e a tradição criaram um clima afetivo e cordial que se mantém: as barreiras nunca tomarão uma forma cínica ou brutal. A cor permanece um assunto tabu. Predominam as formas polidas: "falta de lugar", "o lugar acaba de ser preenchido", "no momento não há nenhuma possibilidade", "queiram deixar-nos o seu endereço, assim que aparecer alguma coisa, escreveremos". Mas ninguém se iluda, e mal o negro se afasta o lugar "já preenchido" é dado ao primeiro branco, ainda que menos capaz. Até no inquérito que fizemos entre os industriais e comerciantes, os brancos mascaram a sua recusa por trás de estereótipos antigos, "imoralidade", "perigo do ponto de vista sexual para as operárias menores", "falta de tenacidade do negro no trabalho", "o negro não se preocupa com o acabamento nem com o trabalho limpo" etc. Mas é suficiente levar a conversa um pouco além para ouvir o motivo profundo: "Não gosto dessa raça". O regime capitalista desenvolveu o espírito de concorrência no mercado do trabalho, o branco defende o seu irmão de cor. O branco só gosta dos negros de longe para dedicar-lhes belos versos. Mas não os aceita senão como domésticos ou concubinas.

Todos se esforçam por salientar as exceções, glorificar os negros que se tornaram célebres, para melhor fazer esquecer situação da massa. Esse elogio de raça não passa de um subterfúgio em que o branco se gaba da sua bondade, de seu espírito aberto, e que desvia o pensamento de todas as barreiras que ele opõe à ascensão do grupo de cor. O preconceito de cor torna-se um instrumento na luta econômica, a fim de permitir a dominação mais eficaz de um grupo sobre o outro.

A linha de cor na escola

A maioria da população negra não possui uma cultura escolar satisfatória, e o número de pretos que responderam aos nossos questionários e que tinham aprendido seus ofícios nas escolas técnicas ou profissionais é relativamente pequeno. Entretanto o negro percebe cada vez melhor o valor dos diplomas e já descobriu a importância das escolas técnicas como meio de ascensão social. Não somente descobriu-o mas começou a utilizá-lo. A escola constitui pois a base de toda elevação. Haverá barreira nela?

Não há barreiras ostensivas na escola primária, que é obrigatória por lei. Mas as barreiras aparecem nas escolas secundárias religiosas ou em certos colégios particulares reservados à elite. Voltaremos um pouco mais tarde ao caso das escolas religiosas. No momento, estamos tratando apenas do futuro operário; somente a escola primária nos interessa. Ora, se ela está teoricamente aberta a todos, muitos pais se queixam de que, sob formas diversas, há uma tendência para repelir o negro.

> "Uma mãe vai queixar-se ao diretor, o filho já é grande, tem 9 anos, todo ano ele se apresenta e nunca existe vaga para ele, enquanto alunos brancos, vindos depois dele, foram aceitos. Um inquérito feito nos arquivos da escola mostra o fundamento da queixa. A dificuldade que tem o preto em encontrar lugar na escola é tal que muitas vezes os pais desanimam e acabam por desinteressar-se da inscrição [...] Os professores brancos, pela falta mais insignificante, punem severamente o negro. Se há uma desordem qualquer na classe, é sempre ele o responsável. O resultado é que a criança entra todos os dias chorando em casa e a mãe acaba por tirá-la da escola."

Não se deve exagerar. A má vontade dos educadores, quando existe, apoia-se na indiferença dos pais. A descoberta do valor da educação é, no negro, relativamente recente. As barreiras na escola são mais de classe que de raça. Vão aumentando ao passar do ensino primário para o secundário e o superior. As humanidades são consideradas um privilégio da burguesia branca. Um professor de Direito fazia sempre as perguntas mais difíceis aos candidatos de cor dizendo: "Negro não precisa ser doutor". Mas esse preconceito é duplamente combatido pelo desenvolvimento do Ideal Democrático nos educadores e pela necessidade de operários especializados e de técnicos para a industrialização baseada nas máquinas. Uma mão de obra preparada, egressa das escolas de artes e ofícios, é recebida de braços abertos pelos patrões, mesmo que se componha de gente de cor. Com a criação dos cursos noturnos, vemos aumentar o número de pretos nas universidades. Mas é evidente que um certo número de brancos toleram com irritação esse transtorno da sociedade tradicional.

Essa irritação talvez se traduza, dos pais através dos filhos, nos grupos de jogos. No fundo, as dificuldades maiores que o pretinho encontra na escola vêm menos da preferência dos mestres brancos pelos alunos brancos do que das brigas de colegas e feridas de amor-próprio. O preconceito não existe nos pequenos até uma certa idade, são os pais que o inculcam aos filhos. O fato é muito conhecido em São Paulo e alhures. Uma mãe de cor nos disse:

"Até os 10 anos os nossos filhos vivem todos juntos, os brancos com os pretos, mas depois vemos a nossa filhinha quieta preocupada, sem companhia. Não está preparada para a traição das suas melhores amigas. Interrogada, ela se recusa a responder. À medida que crescem, as relações da infância se desfazem; iam juntas à escola, convidavam-se mutuamente em suas casas; agora as crianças brancas procuram as brancas, preferem o filho do mau vizinho aos seus antigos amigos de cor." Quando um pretinho se aproxima do grupo das crianças brancas que brincam, as mães gritam: "Volte depressa senão o negro pega você!"

São essas disputas, e em certos casos somente as injustiças dos educadores, essas brigas nas quais os meninos brancos fazem sentir ao preto a diferença de pele, que explicam o horror da criança de cor pela escola e levam os pais a afastar os filhos. É a primeira barreira informal. É preciso energia para transpô-la. Sobretudo da parte dos pais de cor, uma vontade firme e terna: "Para educar uma criança, é necessária toda uma ciência, notava um deles; mas, para educar uma criança de cor, uma ciência e meia... Vejo o meu filho chegar da escola sempre cheio de raiva. Tenho de acalmá-lo, dizer-lhe que aceite".

Claro que o diploma não confere, automaticamente, um meio de ascensão social, como vamos ver, se o preto não tiver um padrinho branco influente para protegê-lo. Mas um título universitário qualquer confere ao seu portador, perante os brancos, certas vantagens honoríficas; "é um preto formado", que rompeu assim com certas pretensas características da sua raça, que se aproximou do branco, de quem o branco espera, nesta ou naquela situação, um comportamento idêntico ao seu próprio. Eis por que os pais compreensivos tratam de incitar os filhos para que não parem no meio do caminho, mas prossigam até os exames finais. Trata-se de criar, na alma dos brancos, uma nova visão do preto, a do preto instruído e educado.

A barreira na escolha de uma profissão

A industrialização de São Paulo permitiu ao preto melhorar muito a sua situação econômica, e em quase todas as profissões encontram-se homens de cor. Mas a curva de distribuição mostra que o preto é uma exceção em certos setores, ao passo que, em outros, domina, nos trabalhos duros ou sujos, como no trabalho manual não especializado. A questão é saber até que ponto essa situação depende da falta de preparo do preto e em que medida é fruto da vontade do branco. Os empreiteiros dizem que, ao selecionar ajudantes, não se importam com a cor mas com a capacidade; e um grande número de pretos concordam com o critério e consideram que não estão em condições de subir, e que um branco do mesmo nível profissional, tão pouco iria mais longe. Porém outros estereótipos ainda funcionam, além da falta da capacidade, e que se referm à moralidade ou ao comportamento do preto.

> "Exemplo: Por que não aceita pretos? Por causa da clientela? – Não, na nossa casa (acessórios de automóveis) o público não tem muita importância. É por causa do próprio serviço. Precisamos de pessoas honestas, com quem se possa contar. Ora, a maioria dos pretos não tem senso de responsabilidade. Além disso, precisamos de operários cuidadosos, as peças não podem ser retiradas e depois largadas em qualquer lugar. Ora, os negros não têm ordem. Outro fator importante aqui é a limpeza, e os pretos não têm nenhuma higiene."

Todas essas razões fazem que o negro seja barrado. Seria fácil estabelecer uma lista das empresas industriais ou comerciais que não aceitam negros, exceto para o serviço pesado, que o branco se recusa a fazer. As técnicas de seleção variam aliás conforme as profissões. Nos lugares preenchidos por concurso é impossível impedir que um preto se apresente, mas resta sempre o recurso do exame médico que permite eliminar os elementos cuja cor dê muito na vista.

Quando o exame é feito por testes ainda é mais fácil recusá-los, pois os pretos não conhecem em geral as técnicas da psicologia. Faz-se preencher uma ficha de candidatura ao emprego, obrigatoriamente acompanhada de uma fotografia, ou então põe-se um sinal disfarçado para designar as pessoas de cor. Não que esse sinal seja em si uma razão de recusa, mas o candidato será orientado para as firmas ou para os trabalhos que aceitam pretos. Por vezes certas casas põem anúncios nos jornais e pedem referências. Fica fácil, assim, convocar apenas as pessoas cujas referências parecem recomendáveis; é então que o estigma da cor aparece na sua forma mais brutal, pois, quando o empregador percebe que está tratando com um preto, é obrigado a inventar uma desculpa para repelir aquele que convocou: o empregado que ia partir resolveu ficar; ou então: acaba de dar o emprego a outro...

Trata-se de saber se é o homem ou a mulher que mais sofre com a discriminação. Pretendem alguns que é o homem, porque a mulher pode ficar em casa, enquanto o homem é forçado a procurar emprego. Mas outros sustentam, com igual razão, que a mulher, porque o homem instruído acaba sempre por encontrar alguma coisa, enquanto a mulher instruída é sempre repelida. Chegamos assim a uma forma do preconceito particularmente marcante, é o preconceito estético. Uma população branca na sua maioria desenvolve com efeito uma série de normas de beleza relacionadas com a sua própria cor, e, na medida em que um indivíduo se afasta dessas normas, é considerado feio. A preta é particularmente vítima desse estado de coisas. As pessoas de cor são relegadas para longe da vista do público, nas oficinas internas; não são aceitas nos escritórios a que o público tem acesso, como secretárias ou datilógrafas. Encontram-se algumas mulatas claras, em geral nas lojas de bairros populares ou nos escritórios de pequenas firmas, que pagam mal os empregados. O chefe do pessoal de uma loja, frequentada sobretudo pela classe média, não pôde disfarçar a sua pena: "Sinto muito ser obrigado a recusar moças diplomadas e inteligentes".

Uma exceção deve ser feita para os empregos públicos, em que não há remédio senão respeitar a lei, como a repartição dos Correios. Está claro que, se o preconceito estético atinge sobretudo a mulher, não isenta o homem de pagar o seu tributo, sempre que a profissão exige contato com o público. Porém essa prevenção não se baseia na cor da pele, mas na apresentação exterior, a cortesia, a afabilidade: "é preciso antes de tudo evitar dificuldades com o público". Um mulato, que passava por branco, não conseguiu o emprego de porteiro por ser considerado ainda um pouco escuro demais.

Mas, mesmo nos escritórios fechados, o homem de cor penetra mais dificilmente que os brancos. Para recusá-lo, afirma-se que ele criaria problemas com os colegas. Há assim uma vontade manifesta de desanimar o preto na sua busca de empregos importantes, de "deixá-lo no seu lugar", de fixá-lo nos trabalhos pesados, sujos, nos cargos que o branco de bom grado lhe deixa. E isso qualquer que seja o seu valor pessoal, as suas capacidades ou os seus diplomas. Dois fragmentos de biografias ilustrarão esse esforço do branco para não deixar que lhe escapem os postos de mando:

Um preto com diploma de ginásio vem procurar emprego em São Paulo. Um amigo dá-lhe uma carta de recomendação para que possa entrar como jornalista num grande jornal da tarde. Mas o chefe do pessoal declara-lhe que não há outro cargo vago senão o de varredor da sala de redação, e o preto é obrigado, apesar de ter instrução secundária, a aceitar esse posto humilde. Outro preto apresenta-se à Escola Técnica de Aviação, mas não aceitam a sua matrícula. Entretanto dizem-lhe que se ele quiser há um emprego mas com a vassoura. Ele teve de aceitar para viver e trabalhou algum tempo como doméstico. Como um dia um comandante norte-americano lhe pedisse uma informação e ele lhe respondesse em inglês, aquele interessou-se por ele e falou com o chefe da Escola a fim de permitir a sua inscrição no concurso.

Sem dúvida em São Paulo tudo depende dos indivíduos, e nós poderíamos, para contrabalançar essas histórias de recusa, contar outras em que brancos impuseram amigos pretos, defenderam-nos e mantiveram-nos em excelentes empregos. O preconceito, uma vez mais, pulveriza-se, atomiza-se numa multiplicidade de relações possíveis entre brancos e pretos. Mas o etnocentrismo parece despertar cada vez que surge uma possível concorrência entre brancos e pretos; que dizer que diminui nas carreiras em que a procura de mão de obra é maior que a oferta, como na construção (São Paulo constrói uma casa de quinze em quinze minutos e considera uma casa de mais de vinte anos própria para ser demolida); e aumenta nos empregos considerados bons, decentes, remuneradores.

O estudo estatístico do questionário que aplicamos aos negros e que se referia às barreiras profissionais demonstra que se dão conta de todas essas diferenças. Fazem uma distinção entre os empregos de onde são repelidos por causa da cor, como certos empregos domésticos para a mulher (ama-seca, arrumadeira), os cargos de vendedores para homens – e os ofícios considerados exclusivos do branco. Os postos que pressupõem o exercício da direção, como os de mais prestígio e de remuneração alta, e os empregos em que não são aceitos porque os brancos querem manter a sua posição de domínio: o fator estético de um lado e o econômico-social do outro. É certo que nos últimos dez anos o negro adquiriu vantagens consideráveis do ponto de vista profissional, devido à interrupção do movimento imigratório. Mas isso não impede que o branco defenda tenazmente os seus privilégios. Se a imigração recomeçar amanhã, intensificando a concorrência para os empregos, terá o negro tido tempo de consolidar definitivamente as suas posições?

A barreira nas promoções

Se o preto pôde, apesar dos estereótipos desfavoráveis, insinuar-se em todos os setores profissionais, nem por isso deixa ele de ocupar, em geral, em cada um deles, postos subalternos. Como no parágrafo precedente, é difícil aqui também separar o preconceito de cor de todos os outros fatores que agem contra o preto: falta de instrução, lacunas da educação etc. Entretanto é certo que "quanto mais o preto sobe mais encontra barreiras". É a conclusão que se depreende de quase todas as nossas biografias (e se não dizemos todas é por causa dos mulatos, que podem não encontrar obstáculos).

Essa resistência cada vez maior, à medida que subimos na escala social, é o sinal de que o branco não se deixa facilmente destituir dos postos de mando e de direção. "O mundo pertence aos brancos", conforme a justa expressão de um preto nosso amigo. E esses brancos defendem asperamente o seu *status*, sempre que o consideram ameaçado. Contra o negro que sobe, outros estereótipos vão agir, além dos que mencionamos, falta de moralidade ou de capacidade: por exemplo, diz-se que o preto que se eleva e não tem prática de mandar é autoritário, tirânico, desagradável para com os colegas e subordinados, pretensioso e arrogante, que se vinga, por meio de mesquinharias ou de sadismo, de todas as humilhações que possa ter sofrido para subir.

Note-se que aproximadamente os mesmos estereótipos agem contra os mulatos, os quais ocupam em geral postos superiores aos dos pretos retintos. O branco que é mandado por um superior de cor tem a sensação de uma degradação, não individual, mas coletiva, como membro da coletividade branca. "Consinto que os pretos trabalhem aqui", disse-nos um diretor de serviço, "mas não que ocupem bons lugares que se poderiam dar aos brancos." No inquérito que fizemos entre os brancos e que continha a pergunta: "Aceitaria ter um chefe preto?" apuramos que 60% não viam inconveniente nisso, mas esses mesmos fizeram várias reservas. Pergunta-se: até que ponto eram sinceros? O que vale são os fatos e não as opiniões.

"Um funcionário dos Correios, subchefe de seção, é nomeado substituto do seu chefe, em gozo de licença por doença. Mas é um preto. Os seus colegas brancos não estão satisfeitos. Intrigam contra ele. O preto fica firme, o diretor confiou-lhe o emprego. Saberá fazer-se obedecer." Outro caso: "Numa repartição pública discute-se o envio de uma delegação ao Prefeito. Há um preto na repartição, mas ninguém cogita de mandá-lo. Mandar um preto representar-nos junto ao Prefeito, que ideia estapafúrdia!"

O preto é bem aceito como porteiro, moço de recados, guarda-livros, caixa, mas não pode pretender elevar-se acima do posto de subchefe de seção; contam-se nos dedos os que se tornaram chefes de departamento. "Nos bancos, os negros recebem a missão dolorosa", disse um deles, auxiliar de escritório, "de ensinar aos jovens brancos a arte de passar na sua frente". Certos brancos se dão conta da dificuldade, num país democrático, de impedir as promoções, uma vez que o preto entrou na empresa; toda oposição demasiado evidente poderia ferir a opinião pública. E é por isso que preferem pôr a barreira na entrada; um preto aceito num banco e muito protegido fora enviado como gerente a uma sucursal do interior; mas o gerente de um banco é uma personagem, é convidado a todas as reuniões oficiais, às recepções da boa sociedade local, e um preto destoa. Foi devido às queixas recebidas que o chefe do pessoal desse banco decidira não aceitar mais negros na casa, salvo para a limpeza. Portanto, se encontramos nos altos postos algumas pessoas de cor, são casos excepcionais. Um contador, depois de ter lutado muito tempo para se manter no seu posto, vendo todos os colegas brancos passarem-lhe à frente, acabou por chamar o patrão perante os tribunais. Porém, arquivado o processo, decidiu instalar-se por conta própria. Outro empregado, cansado de marcar passo, tirou aposentadoria antes do tempo: azedo, permanece o dia todo sentado, sem falar, lendo. Por vezes a solução é mais dramática: cita-se o caso de um jovem engenheiro, formado pelo Mackenzie, que, aceito por carta para um cargo importante e recusado quando se apresentou pessoalmente, não resistiu ao choque e se matou.

Entretanto, a ascensão social pode produzir-se em certas circunstâncias favoráveis. Por exemplo, na construção, onde a procura de mão de obra é grande, devido ao movimento de urbanização. Aqui, malgrado o preconceito e todos os estereótipos desfavoráveis, o patrão é obrigado a recorrer a homens de cor. Às vezes mesmo, a homens de cor, ou brancos, que conhecem mal o ofício. O preto em geral ocupa somente o posto de ajudante de pedreiro, mas chega facilmente a pedreiro.

> "Chico, um preto, arranjou um lugar de ajudante de pedreiro. Trabalhava muito e por isso agradou ao empreiteiro. Este facilitou-lhe a aprendizagem. Em quatro ou cinco meses, aprendeu a levantar um muro e alguns rudimentos do ofício. Ele nunca sonhara tornar-se pedreiro com uma bagagem tão reduzida. Mas, apesar disso, pediu um aumento. O patrão recusou, dizendo que ainda lhe restava muito que aprender. Ele procurou outro emprego numa companhia que aceita pedreiros de pouca experiência dando-lhes um salário um pouco inferior, e é hoje pedreiro."

Em outros ofícios em que a concorrência é maior, é a proteção de um branco influente que desempenha ainda, como no velho São Paulo, o papel principal. Sem dúvida, os concursos e exames tendem cada vez mais a substituir o "padrinho" ou o "clã familial" que cedeu o lugar, sob a República, ao partido político. Mas resta ainda muito dos antigos costumes. Muitos pretos tornam-se lavadores de automóvel para travar conhecimento com brancos importantes e arranjar assim um lugar de porteiro ou de moço de recados, ponto de partida para uma pequena carreira de funcionário público. Mas a solidariedade étnica limita a ação do "padrinhamento", e a ascensão é controlada pelas grandes famílias.

Parece-nos que alguns fragmentos de histórias reais permitem compreender melhor as possibilidades de subir numa sociedade em que a segregação institucional não existe, mas em que o branco defende a sua posição dominante por meios indiretos, porém eficazes.

"X., ex-sargento do exército foi reformado e passou para a reserva sem que lhe dissessem os motivos dessa reforma brusca. Aprendeu então marcenaria no Liceu de Artes e Ofícios, mas verificou que não tinha futuro nesse setor: os alemães ou os italianos eram sempre preferidos. De modo que aceitou um lugar de bedel na Escola Politécnica. Para a sua cultura e possibilidades, o posto não era grande coisa. Mas ele dedicou-se ao trabalho. Trabalhava na cadeira de Química Biológica e fazia todos os esforços para aprender a prática do laboratório. No começo o chefe desse laboratório, agradavelmente surpreendido, ajudou-o a familiarizar-se com os instrumentos, mas quando viu que ele poderia subir fez intrigas ao catedrático para despedi-lo. Apesar de tudo, continuou a observar para aprender e, a despeito das intrigas do chefe, foi nomeado auxiliar de laboratório da cadeira de Química Tecnológica. Entretanto, oficialmente, e para todos os efeitos não passa de bedel. Espera, todavia, subir a primeiro prático de laboratório. A sua luta dura há sete anos."

"A. B., órfão de pai muito cedo, mulato escuro, estudou num colégio religioso em Campinas. Em 1940, preparou-se para um concurso de oficiais da polícia. Para isso, inscreveu-se no curso preparatório. Mas chocou-se contra o desdém dos colegas brancos e a hostilidade dos superiores. Trabalha e estuda como um mouro para ser melhor aluno. No exame médico, não foi possível eliminá-lo pois é um hércules. Também não pôde ser reprovado nos exames escritos e orais graças ao seu esforço. Em 1941 entra na escola mas é malvisto por todos. Continua a estudar muitíssimo pois, 'se um branco pode passar sem saber nada o mesmo não se dá com um preto'. Consegue entretanto modificar a opinião a seu respeito, tornando-se o melhor atleta de escola. Sai aspirante a oficial, porém esgotado pelo trabalho, e mais ainda pelo isolamento em que o mantêm os colegas. Não podia repousar na conversação cordial de amigos. Teve uma crise de alienação, deram-lhe uma licença por moléstia, sarou, e foi nomeado tenente numa cidadezinha do interior, onde se casou com a filha de um médico."

Este último caso apresenta o problema do oficial de cor. Deixá-lo-emos de lado, pois interessa ao Brasil todo, e não especialmente à cidade de São Paulo. Segundo certas testemunhas (porém outras o contestam), existiria uma circular secreta interditando a promoção de pretos nas escolas de preparação para os diversos graus de oficiais das forças de terra, mar e ar. A divulgação dessa circular pelo dr. Cavalcanti, no Rio, foi objeto de denegações e polêmicas da imprensa. Não se pode pois tomá-la como ponto de partida. De fato, existem muitos oficiais de cor no exército, mas eles se rarefazem na marinha, considerada tradicionalmente um corpo mais aristocrático, e na avaliação, considerada um corpo mais nitidamente técnico e científico.

*

Se compararmos a solução brasileira do problema racial à dos Estados Unidos, veremos que a " linha de cor" facilita a subida do preto mais que a ausência de segregação institucional, pois o preto é obrigado a criar os seus próprios bancos de crédito, as suas universidades e suas escolas profissionais, os seus médicos e advogados, engenheiros e técnicos, uma vez que o branco o repele. Porém, em compensação, os Estados Unidos proibindo em certos estados os casamentos entre brancos e pretos, reprovando-os por toda a parte, deixam subsistir estados de tensão entre as cores, que o Brasil, graças a uma miscigenação intensa, desconhece. A mistura incessante dos sangues faz desaparecer progressivamente as oposições de cor, fundindo-os numa "raça morena", e tende assim a abolir o problema racial da melhor maneira possível, suprimindo simplesmente as raças. Não nos compete, neste relatório, cujo âmbito não ultrapassa os limites de São Paulo, estudar longamente esse fenômeno geral de miscigenação. Devemos somente ver de que modo ela se opera em São Paulo e as suas relações locais com o desaparecimento – ou desenvolvimento – do preconceito de cor. Devemos também observar cuidadosamente o advento das ideologias racistas que podem interromper, ou pelo menos refrear, esse movimento de supressão das raças negras, da sua fusão progressiva nas raças brancas. Esse *racismo*, porém, é um fato recente. E desde 1875 vemos acentuar-se em São Paulo o branqueamento da população. Se abstrairmos a imigração europeia para considerar apenas o bloco branco nativo e a população de cor, verificaremos que a fecundidade das pretas e das mulatas não é muito inferior à das brancas (310,8 e 328,3 contra 331,3). Sem dúvida a mortalidade é mais forte no grupo de cor. Isso não quer dizer que o *deficit* constante da percentagem negra se possa explicar inteiramente pela comparação entre a natalidade e a mortalidade desse grupo de cor. Há uma única resposta aceitável, segundo as pesquisas feitas por G. Mortari: é que todos os anos, um certo número de pretos transpõem definitivamente a linha e são incorporados ao grupo branco. São Paulo não faz exceção à regra geral do Brasil.

A Vênus negra e o conflito sexual das cores

Contudo, a miscigenação, tomada em si mesma, e embora tenha como resultado remoto o desaparecimento do preconceito de cor, não prova que, no curso do processo, o preconceito não exista. Por vezes chega mesmo a torná-lo mais visível.

O único fato que fica demonstrado é que a repugnância física entre as raças nada tem de instintivo, que é um produto da cultura. Mas o preconceito aparece por trás da miscigenação, quando se considera a mulher de cor, não como uma futura companheira mas como um simples objeto de prazer, uma presa mais fácil para o desejo do homem branco, ou ainda, quando, entre a preta e a mulata, é esta última a escolhida, porque ela está mais próxima, pelo seu tipo de beleza, do tipo da mulher branca, com o acréscimo dessa pontinha de fogo, dessa lascívia atraente que lhe dá o sangue negro, segundo consta. Onde esse preconceito se revela mais nítido é em certas superstições populares como a que diz que o fato de dormir com uma negrinha virgem cura as doenças venéreas e elimina "a urucubaca".

A abolição da escravatura, que tornava a negra uma vítima passiva da lubricidade do patrão, as oportunidades oferecidas pela industrialização, que fazem com que a mulher de cor prefira ser operária a doméstica, a elevação do nível de instrução (que passou de 25% a quase 40% com referência à preta no curso dos últimos anos) permitem à menina de cor de hoje resistir melhor aos desejos dos brancos. Entretanto, o estereótipo da preta sensual e pronta a prostituir-se continua: "O preto não se casa, junta-se", diz um provérbio.

Uma família do bairro da Glória adotou, por ocasião do nascimento de um filhinho, uma criança preta da mesma idade e de sexo feminino, a fim de criá-los juntos. Os pais disseram que faziam isso para que, mais tarde, o filho não adquirisse moléstias venéreas com as mulheres da rua. Ele teria tudo em casa. Mas o menino morreu antes de poder aproveitar-se da menina.

Não sabemos se essa história é verdadeira, não pudemos verificá-la. Parece-se extraordinariamente com o tema de um romance de Mário de Andrade, *Amar, verbo intransitivo*, apenas, a mulher escolhida pelos pais para o filho da casa, já púbere, era uma governante alemã. Porém, autêntica ou não, a história é significativa e reveladora de certas representações coletivas, de certas atitudes dos brancos para com os pretos.

De fato, e embora a mulher de cor tenha agora a liberdade de se recusar aos amores passageiros dos brancos, as uniões ilegítimas entre as cores continuam. Devemos atribuir-lhes as causas em primeiro lugar à promiscuidade dos cortiços, em que os adultos não fazem cerimônia em praticar o coito diante dos filhos, em que as crianças ficam soltas o dia todo, para vagabundear, e podem assim iniciar-se mais precocemente nos jogos eróticos. Citam-se mesmo casos de incesto entre irmãos, padrinhos e afilhadas (incesto de tipo religioso). É evidente que uma menina criada num meio desses não considera a virgindade um "valor", e que se entregará mais facilmente que outra. Acresce que uma moça deflorada será aceita por um patrão branco tão bem como outra, tudo o que se lhe pede é que o serviço seja benfeito. Mas é preciso também fazer intervir outro fator, que vai influir para que a preta se entregue mais facilmente a um branco do que a um homem de cor. O branco é de uma condição superior. O fato de dormir com ele constitui pois uma espécie de promoção social; logo, ela aceitará de boa mente as propostas desonestas do patrão ou do filho do patrão. Parece-lhe que assim, pelo menos provisoriamente, escapa à atmosfera sufocante do seu meio, vive numa espécie de sonho. Mas o sonho termina muitas vezes em pesadelo. O branco começou por fazer algumas gentilezas, a negrinha está satisfeita em ser objeto da atenção de um branco "fino", "distinto"; conversam, marcam encontro, a preta julgou fazer uma conquista, mas ela é que foi conquistada. O branco abandona-a muitas vezes depois do primeiro contato, outras vezes a ligação continua por algum tempo, mas a mulher é sempre abandonada, mais cedo ou mais tarde. Se os pais recorrem à polícia, não são atendidos, sobretudo se esse branco responsável é uma pessoa influente ou de posição.

Um moço branco deflorou uma menina de cor de 14 a 15 anos. Ela ficou grávida. A mãe soube-o, veio a São Paulo ver a patroa da filha, mas não pôde arrumar a questão; então levou-a à polícia. Mas o delegado perguntou-lhe: "O que é que a senhora acha que posso fazer? Que o obrigue a casar-se com a sua filha!? Ela devia ter tido cuidado".

Poderíamos citar outros casos análogos. Todavia, às vezes a justiça força o branco a dar uma pensão à criança. Assim o erotismo manifesta, sob uma aparência de aproximação das cores, o mais doloroso de todos os preconceitos: o estereótipo da preta como fonte unicamente de prazer, como um animal feito para a volúpia, que se repele desdenhosamente, uma vez satisfeito o desejo. A prostituição está de atalaia. Mas até nesse setor a segregação se faz sentir. A preta não é admitida como "moça da casa", deve contentar-se com a rua, e a sua tarefa é sempre inferior à da branca. Até na lama há graus de decadência.

O preto não pode admitir que o branco o vença nessa concorrência sexual. A batalha das cores é aqui mais aparente talvez do que no domínio econômico e profissional. Um preto bem falante ou um mulato bonitão tem todas as aventuras que quiser com as pretas. Alguns tornam-se sedutores profissionais, "colecionam virgindades", o que "tirou" o maior número é reputado *macho*.

Pois existe entre os pretos, contra os brancos, uma ideologia do "macho". O branco não tem órgãos tão possantes como o do preto, não é tão persistente, pratica o coito "como o gado"... Se a preta o prefere apesar de tudo é apenas por um cálculo vão de vaidade, mas, de fato, ela deseja o preto. Uma pesquisa feita nas gafieiras permitiu verificar, entre outras coisas, essa ideologia do "macho". O negro recusa-se a pagar a sua parceira de amor; o branco é que deve pagar.

"Antigamente eu gostava só de pretos, mas hoje vejo como me enganava; eles só querem se aproveitar da gente. Durmo com um preto, ele não me dá sossego a noite toda; de manhã quer o seu café com pão e manteiga... e, ainda por cima, preciso dar a ele um bilhete de ônibus. Mas o que eu quero é dinheiro." – Outra preta, falando dos clientes de cor: "Eles são meus bons amigos, mas só para dançar". E mostra as negrinhas, sentadas na mesa dos brancos, que pagam a conta: "Elas dançam a noite toda com pretos, mas acabam saindo com os brancos".[6]

Essa concorrência sexual não se traduz somente pela luta em torno das mulheres de cor, e por essa ideologia do "macho", mas ainda pela importância que o preto dá ao "tabu da virgindade". "Lá se foi o tempo em que o senhor deflorava as suas escravas, e depois as passava a pretos estimados como esposas legítimas. O preto de hoje tem senso da sua honra de macho." É a sua resposta às negrinhas e mulatas que se entregam aos filhos dos patrões; elas sabem antecipadamente que não poderão encontrar, depois, um marido no seu grupo de cor. Mas sobretudo vamos ver explodir essa rivalidade, agora, em torno da branca.

A etiqueta branca proíbe severamente, e ainda mais severamente nos povos latinos do que em outros, toda relação sexual fora e antes do casamento. Permite apenas, e isso mesmo só recentemente, o namoro. O preto vai reagir e opor a uma situação de fato que o coloca em condições de inferioridade – a preferência da preta pelo branco – uma ideologia: a preferência secreta da branca pelo preto. Se entretanto a branca não se entrega, apesar do grande desejo que tem do preto, seria unicamente devido à pressão da sociedade, à força da moral do grupo. Contaram-nos, entre outras provas desse desejo da branca, a história de uma mulher que tinha um motorista de cor; ela provocava-o, roçava por ele, mandava-o segurar uma escada quando ela subia para arrumar as cortinas de uma janela... Porém encontramos exatamente a mesma história e com os mesmos pormenores num romance das Antilhas, de Zabel, de modo que o caso pertence seguramente ao folclore negro das relações raciais; o seu interesse está pois em revelar um complexo de ciúme, uma ideologia de revide.

---

[6] Documentos colhidos por Renato Jardim Moreira.

Resta, é verdade, o namoro. É evidente que a branca é a grande tentação do preto que prefere, mesmo, a loira à morena. "O preto", disse-nos uma preta, queixando-se, "não dá valor à mulher preta; corre atrás das brancas." Entretanto, o namoro entre brancos e pretos encontra a mesma oposição do meio social que o casamento misto; a maioria dos pretos que responderam ao nosso inquérito nunca tinham cortejado brancas; alguns acrescentaram que não era por falta de vontade, mas que temiam uma recusa, um riso, uma caçoada, ou um desdém ofendido.

Em resumo, há na classe preta uma espécie de nostalgia da cor branca, a preta tendendo a aceitar como uma honra as carícias do branco, e o preto tendendo a procurar, a fim de mostrá-las ostensivamente aos amigos, amigas brancas, quando não amantes. A miscigenação, quando se produz sob formas ilegítimas, revela-nos, pois, menos a fraternidade das cores que a concorrência sexual.

O casamento misto

Se o preconceito é patente nos amores ilegítimos, desaparece com a união legal. Ou, pelo menos, tende a desaparecer, pois pode despertar se o casal não chegar a entender-se e começar a brigar. Ou ainda pode existir numa forma larval, quando o casamento não é de amor, quando a mulher, de classe inferior, porém branca, aceita um marido de cor de uma condição superior, para melhorar as suas condições de vida ou a sua posição. Enquanto no caso de uniões efêmeras é o branco que corre atrás da preta, no casamento, o caso mais frequente é do preto que se casa com uma branca. Os papéis invertem-se. Um dos nossos informantes confessava: "O preto, no seu desejo de desposar branca, agarra a primeira que aparece", uma aventureira, uma garçonete de bar, uma filha de criada... O casamento misto apresenta, para o nosso tema de pesquisa, uma grande importância. É um dos reativos por meio dos quais se pode julgar da força ou da persistência do preconceito de cor no meio paulista. A pesquisa que fizemos entre os brancos comportava entre outras perguntas as seguintes: "Concordaria em que sua irmã ou sua filha se casasse com um homem de cor? – Concordaria em casar com uma pessoa de cor?" e pudemos verificar que era esse o bastião do etnocentrismo, mesmo na classe baixa, em que as relações de cor pareciam mais fraternais: "Deus me livre... que horror". E apesar de 1/3 dos brancos aceitarem o casamento misto, essa aceitação era mais teórica do que prática, visto que alguns confessavam ter namorado moças de cor e ter desistido do casamento devido à oposição da família. Naturalmente, quando se passa da classe baixa para a média ou a alta, a repulsa é ainda mais forte, o preconceito de classe reforça então o de cor, tornando-o mais virulento. Alguns dos nossos informantes não conseguiam explicar por que tais casamentos mistos existem nas zonas rurais, e atribuíam a sua existência à ação dos macumbeiros pretos, que agiam a favor dos pretos pela onipotência da sua feitiçaria africana! Em todo o caso, o fato aí está, os casamentos mistos são mais frequentes no interior do que na capital, e um exemplo ilustrará bem, acompanhando a vida de um casal do interior para a metrópole, a ação destruidora desta última no casamento das cores:

Um preto casara-se no interior com uma filha de italianos, companheira de escola e vizinha de casa. Marido e mulher viviam muito bem e vários filhos mulatos haviam nascido da união. As crianças tinham ouvido contar que São Paulo era uma cidade "formidável", e convenceram os pais a vender a pequena propriedade para mudar-se para a capital. Mas em São Paulo a mulher tinha vergonha do marido, fazia o impossível para sair sempre só. O pai desleixado voltou sozinho para o interior mas já sem propriedade.[7]

Sob outro ponto de vista o casamento misto é também revelador do grau de intensidade do preconceito de cor. Permite medir as resistências do meio social aos caprichos de uma paixão que zomba das diferenças de raças. Há em primeiro lugar a oposição da família do branco ou da branca. Chegam por vezes a bater-lhe, a trancá-la, a mandá-la para alguma cidade distante, se "o raciocínio não basta". Se apesar de tudo o casal se une, os pais recusam-se a receber a filha. Acontece todavia que, o casal sendo feliz, o genro conseguindo triunfar na vida, mostrando-se amável, os pais reconsideram a situação, acabam por aceitá-la. Mas isso nem sempre se dá. A porta fica definitivamente fechada ao genro, e até à filha. "Ela morreu para nós." À oposição da família junta-se a oposição do meio social, *os diz que diz* dos vizinhos.

Toda a sociedade branca é solidária contra essa traição à cor. No caso da de uma branca esposa de um preto, é uma "criatura que não vale nada"; no caso de um branco casado com uma preta, deve ser "um bêbado" ou então "fizeram-lhe mandinga", "ele não sabe o que faz", "vai ver de que jeito isso vai acabar".

A concorrência sexual também desempenha o seu papel aqui, e o grupo preto junta os seus protestos aos do grupo branco. Mas essa oposição não se limita ao domínio do "falatório" e da maledicência; família e vizinhos juntam-se para tentar destruir a união dos esposos: "Você não tem vergonha, bonita como é, de ter casado com um preto. No começo eles são bon-

---

7   Arlindo dos Santos tirou daí um romance. Mas o ponto de partida é real.

zinhos mas são todos uns brutos. Você vai ver mais tarde". Não é raro ver que essas conversas, repetidas incessantemente, acabam por provocar a separação dos cônjuges. Ou então o casal retira-se para a solidão, sem frequentar nem o grupo preto nem o branco; e, se a afeição mútua pode ajudar a suportar esse isolamento, nem por isso a situação deixa de ser trágica. Quando as diferenças de nível, educação ou mentalidade são demasiado grandes, o casamento termina mal.

Um professor preto casou-se com uma branca de situação econômica inferior. O casal não é feliz. A mulher tem vergonha de sair com o marido. Vivem como se estivessem separados. Cada qual leva a vida para o seu lado. Outro exemplo: uma moça casara-se com um vizinho, um belo mulato de olhos verdes. No dia do casamento, o pai do noivo disse a quem quis ouvi-lo, à saída da missa: "o meu filho nasceu de uma negra, mas ninguém lhe dará ordens por causa disso; e os que julgarem que podem tapear o meu filho enganam-se". O casal vivia com a mãe da moça, porque o marido, ainda estudante, não podia ganhar a vida para os dois. Quarenta dias depois do casamento, o marido começou a bater na mulher, foi preciso chamar a polícia.

Mas o drama essencial não está aí. Vem da criança. Tanto que o casal decide em geral evitar filhos. Mas se aparecer um, já antes do nascimento, todos fazem votos para que seja branco. Se não for, se tiver puxado pelo progenitor mais escuro, então começa a tragédia, a família briga. Se for claro, é bem recebido.

Como dizia uma mulher de classe inferior, bem brasileiramente: o melhor meio de pôr fim às tensões raciais é o casamento e não a luta. "Veja os meus filhos, já são brancos, pois lutar, formar associações de defesa, não adianta nada." Entretanto, no caso do filho claro, outros problemas aparecem. Os avós podem intervir para influenciar o neto contra o pai escuro, ligá-lo mais à mãe. Duas jovens mulatas claras, cuja mãe é preta, recusam-se a sair com ela, e, se forem obrigadas, ficam sempre um pouco na frente ou atrás, para que os passantes não pensem que é mãe delas.

Duas moças, uma alemã e outra mulata, trabalham na mesma fábrica. Para libertar-se do trabalho, casam-se a alemã com um preto, a mulata com um homem mais escuro que ela. A alemã foi bem tratada pela família do marido, ela vinha "branquear a raça". Mas o marido da mulata foi mal recebido, porque vinha "pretejar", "escurecer" a descendência. O segundo casal teve um filho, infelizmente mais escuro que a mãe, os pais estão aborrecidos. O marido diz que o filho se parece com a mãe, mas ela responde que a cor é do pai. A criança cresce assim numa atmosfera de discussão, que se envenena cada vez mais.

Quando há vários filhos de cor diferente, o tom mais claro torna-se um fator de diferenciação afetiva por parte dos pais, e o ciúme levanta os irmãos uns contra os outros. Os mais claros têm vergonha dos outros e chamam-nos "negros". Os mais escuros respondem: "Você também não é branco, você é um descascado". Se saem juntos, os mais claros evitam levar os irmãos em certos lugares bem frequentados e preferem sair sozinhos quando podem. Têm medo de ser rebaixados pela presença de seus irmãos e de receber também o tratamento de "negros".

Compreende-se nessas condições que o casamento misto seja repelido tanto pelo preto como pelo branco. Três quartos dos pretos interrogados mostraram-se refratários a ele. Tem-se dado a essa atitude o nome de racismo negro.

Todavia, essa recusa não significa que o preto esteja se enquistando na comunidade paulista. É que a miscigenação segue vias mais complicadas e mais sutis. O casamento entre um branco e uma preta é relativamente raro. Mas faz-se, aproveitando-se das diferenças de nível econômico e das fissuras dos grupos, entre um preto e uma mulata escura, entre um mulato escuro e uma mulata ligeiramente mais clara, e assim por diante, até a mulata "passável" que se casa com branco. Acabamos de dizer que três quartos dos pretos interrogados não aprovam o casamento fora da cor, mas é preciso acrescentar que o ideal, para todo rapaz, permanece "uma moça de pele mais clara que a minha". Até os racistas mais convictos foram de tal forma influenciados pelas concepções estéticas do meio branco que consideram a branca o seu ideal de beleza e se casam com moças que, pelos seus cabelos lisos, pelo seu nariz afilado, ou o seu tom de pele, se aproximam desse ideal "ariano".

Compreende-se melhor por que é o mulato que, na opinião de todos, manifesta o preconceito mais tenaz contra o preto. É que ele não quer recuar, do mesmo modo que, entre os brancos, o operário que chegou a uma boa situação tem mais ambição para os filhos, em matéria de casamento, e é o que mais se opõe a qualquer "decadência". Notamos no decurso do nosso inquérito vários casos de mulatos que se opuseram formalmente ao casamento dos filhos com pretos. "Você não tem vergonha de querer casar com um negro?" Não há nenhum paradoxo nisso, como o julgam os brasileiros brancos. É a consequência lógica de toda a política nacional, a do embranquecimento progressivo da população e também da ascensão do grupo preto na escala social, o mulato sendo sempre preferido ao preto na obtenção dos empregos.

Capítulo IV

Efeitos do Preconceito de Cor*

Acabamos de ver que, em certos setores e sob certas formas faz-se o preconceito de cor – um preconceito que nem sempre ousa dizer o seu nome. Mas em face dos transtornos que a urbanização e a industrialização introduziram na vida, tanto os pretos como os brancos sentem-se hesitantes e inquietos: os antigos valores tradicionais estão desmoronando; alguns indivíduos agarram-se ainda a eles, em vão porém; e as novas ideologias ainda não se cristalizaram e nem se generalizaram. O preto permanece indeciso entre a miscigenação e o racismo. Ao passo que o branco se encontra desorientado diante do "novo negro" e já não sabe que atitude tomar com relação ao homem de cor que se aproveita de todas as fissuras do antigo edifício social para melhorar o seu nível de vida. Naturalmente os valores mudam sempre quando as estruturas sociais se modificam, mas evoluem mais devagar e sempre com certo atraso com referência aos fatos morfológicos. Arrastam após si uma vaga nostalgia do passado abolido. Por isso, temos de levar em conta, neste capítulo, o fato de ser São Paulo uma "cidade em tran-

---

* Este capítulo foi redigido por Roger Bastide.

sição", não separar os efeitos do preconceito dos efeitos das perturbações sociais sobre as ideologias e os sistemas das relações entre as cores. As coisas estão demasiado entrosadas, visto que as ideologias são, por um lado, racionalizações, justificações tardias do preconceito e que, por outro, refletem estruturas sociais, exprimem tipos de relações entre os homens e as cores. Devemos pois estudar essa dupla série de efeitos paralelamente.

Efeitos do preconceito sobre a personalidade do negro

De que modo reage o negro às atitudes do branco a seu respeito? Às barreiras que encontra no caminho, seja na vida profissional seja na vida social? Pelo conformismo ou pela resistência? Pela revolta ou pela fuga? É evidente que aqui o temperamento individual desempenha um papel importante. Mas não se poderão encontrar, para além dessa multiplicidade incoerente, que depende da diversidade dos caracteres, certas atitudes coletivas? Há uma classe baixa, como dissemos, e uma classe média de cor, há negros mais ou menos puros e há mulatos, há por fim os chefes que pretendem sustentar as reivindicações gerais do grupo de cor. Não será possível distinguir diferenças de reações conforme esses grupos? E como um indivíduo se forma sempre num certo meio, e dele recebe seus quadros e seus sistemas de referências, é provável que as reações pessoais se moldem mais ou menos pelas do grupo.

O preto de baixa classe está habituado à sua situação inferior com relação ao branco. Percebe tudo o que lhe falta, tanto sob o ponto de vista da instrução como dos recursos econômicos, para poder entrar em competição com este último. Se é recusado em certos lugares, bares, salões de beleza, clubes, sabe que o branco de igual condição também não é recebido ou só dificilmente. Por conseguinte, o problema da cor não se apresenta para ele com a mesma intensidade, e o ressentimento contra o branco, quando se revela, permanece cuidadosamente localizado. Para a mulher, por exemplo, contra os patrões que preferem empregar brancas como domésticas para os serviços "finos". Para o homem, na concorrência sexual, ou contra o imigrante, recém-chegado, que pode prejudicá-lo no mercado do trabalho. De modo que muitos pretos dessa classe consideram, nas respostas ao nosso inquérito, que o Brasil não tem preconceito de cor. Ou, mais exatamente, que tem um, mas que não se manifesta contra o negro.

Isto posto, duas atitudes são possíveis. A primeira é a da capitulação passiva, é a aceitação de "ficar no seu lugar". Esse conformismo é aliás inculcado à criança de cor muito cedo. Quando o menino quer continuar a frequentar a escola ou a menina uma oficina especializada, os pais dizem: "Para quê? Preto foi feito para trabalhos brutos, isso não adianta nada". Consideram eles que o esforço de ascensão, numa sociedade dominada pelo branco, não é recompensado, e que o melhor é ainda encostar-se a um branco que pode ser útil, a menina empregando-se como doméstica em casa de gente boa, o rapaz lavando automóveis. Uma ideologia, aliás, justifica por vezes esse conformismo, herança do cristianismo ou da antiga escravatura, a do Destino: aceitação da própria sorte, porque está escrito, por toda a eternidade, nas leis divinas: "Se Deus quiser...". O hábito da docilidade, de fazer exatamente o que o branco espera do negro, impede que se veja o lado moral do problema, para deixar transparecer apenas o lado concreto: "O preto não tem cabeça", diz-nos um deles. "Como é que pode igualar ao branco?" E se ele refletir, será, não para se levantar contra o branco, mas contra os outros negros. Está acostumado a ser dirigido pelo branco, nunca viu o negro ocupar posições de autoridade. De modo que desconfia dele, não irá consultar um médico nem um advogado preto, recearia ser mal aconselhado. Não falemos de ciúme. O ciúme não funciona neste nível. O que domina, pensamos, é a ideia do preto da classe baixa de que nada tem a esperar do da classe média ou alta, sobretudo quando se sente cortejado por este último, com fins eleitorais ou para participar em grupos de defesa dos interesses negros. É uma reflexão que se ouve com frequência nas zonas dos cortiços: "O preto que funda sociedades só pensa em se aproveitar de nós, para ter dinheiro ou para fazer nome, entrar na política e, depois, conseguir um bom lugar. Mas assim que obtém o que quer ele nos abandona. Um sujeito que vivia atrás de nós agora nem nos cumprimenta. Quando nos vê, vira a cabeça e anda mais depressa. Tem vergonha de nós". Não se pode deixar de notar, nesse conformismo, um certo realismo; o preto teme perder o pouco que tem, as possibilidades novas que se abrem a ele, tomando uma atitude de resistência brutal contra o grupo branco. Prefere, num mundo dirigido pelo branco, o apoio deste último ao do preto, que ainda não está bastante seguro nem consolidado.

Esse realismo, vamos encontrá-lo ainda mais nítido na segunda atitude possível da classe baixa. Trata-se ainda de aceitação, mas desta vez não mais passiva, ao contrário, ativa. No primeiro caso o que se aceitava era a sociedade antiga, tradicional, que o preto julga existir ainda. No segundo caso, o preto se dá conta da novidade introduzida pela industrialização, e o que aceita é a nova sociedade, a sociedade de classe. O operário branco tem direitos, um certo estatuto, escolas técnicas, possibilidades de promoção no emprego e de melhora de salário.

O preto reconhece que não pode entrar em competição com ele para os postos de direção, mas o proletariado lhe fornece, em todo o caso, possibilidades interessantes de ascensão dentro da classe baixa. A pesquisa que fizemos entre os pretos compreendia, entre outras, as questões seguintes: "Que posições imagina poder preencher? Que profissão teria desejado seguir?" – Ora, contrariamente ao que se afirma em São Paulo, de modo geral, o preto não procura subir para ter mais "aparência", mas para ter mais segurança econômica; não procura parecer, mas ser. As profissões liberais que em geral passam por ser o ideal do preto, que desejaria ser "o que o branco é", vêm de fato em segundo lugar; o preto aceita a sociedade de classes para fazer dela o ponto de partida da sua ascensão. Por exemplo, para as mulheres a posição mais cobiçada é a de costureira, em primeiro lugar porque existem em São Paulo diversas escolas de costura (é portanto um ofício possível), depois porque o trabalho é bem remunerado e pode ser feito em casa, ao mesmo tempo em que os trabalhos domésticos, e talvez também por ser um ofício respeitável. E é preciso notar que as modistas recebem frequentemente o tratamento de "Madame". De modo que as domésticas, ou arrumadeiras, ou lavadeiras desejariam ser costureiras – e mesmo operárias – de preferência a professoras ou datilógrafas. Se agora passarmos aos homens, verificaremos que bem poucos querem ser funcionários, é uma posição que não rende bastante, mas a grande maioria desejaria ser mecânico ou motorista. Entretanto o ofício de mecânico é "sujo", mas além de haver em São Paulo escolas técnicas é um ofício bem remunerado e que dá independência. Também se deve levar em conta que esse trabalho não foi degradado pela escravatura, pois os escravos não faziam serviços que exigiam o uso de máquinas, as quais eram confiadas a técnicos estrangeiros. Quanto ao ofício de motorista de táxi ou de caminhão não exige um aprendizado longo e custoso, nem um nível de estudos elevado; mas constitui um trabalho decente e seguro do ponto de vista econômico, além disso, um motorista é sempre bem tratado. Como se vê, a aceitação é ativa, aqui; trata-se de tirar proveito da sociedade de classes, com a mobilidade vertical que ela torna possível, sem querer forçar as etapas. Trata-se de tirar proveito da industrialização para sair da plebe, da massa dos trabalhadores não especializados, atirados de um lado para outro, e chegar ao nível do que os norte-americanos chamam trabalho "semi-independente", chegar a uma profissão manual, porém honrada.

Mas este segundo grupo da classe baixa percebe os limites da competição também. Encerra-se no terreno em que pode vencer, não procura forçar aquele em que não é aceito. Sabe que poderá ter com os brancos boas relações no trabalho e como vizinho (pequenos favores mútuos, em caso de necessidade, de doença, cumprimentos respeitosos na rua, uma palestrinha) mas que lhe será mais difícil forçar a porta de casa à intimidade da vida social, entrar nos bailes dos brancos. Ele vive pois bastante isolado recebendo sobretudo amigos de cor; tem seus clubes de futebol nos subúrbios da cidade e os rapazes frequentam os bailes de negros para exibir a sua "virilidade".

    Encontramos atitudes análogas na pequena classe média. Ela preocupa-se antes de tudo de evitar choques, por conseguinte aceita a ordem existente. Aceita-a tanto melhor quanto essa ordem lhe permitiu uma elevação do nível econômico e uma certa posição social. Essa classe evitará os choques com tanto maior cuidado porquanto já sabe o que eles significam por experiência própria seja na escola, seja na profissão. Em geral, conforme os resultados do nosso inquérito, os seus membros jamais cortejam mulheres brancas a fim de evitar "contras". E contentam-se na profissão em obedecer aos chefes, manter relações puramente formais com os colegas brancos, de cortesia, não de camaradagem. Têm prazer em receber brancos em suas casas, se os brancos lá forem espontaneamente, mas não os procuram e o círculo dos seus amigos verdadeiros se restringe ao das pessoas da mesma cor: "Para conservar a amizade, cada qual deve guardar as distâncias". "Há lugares em que não me apresento, sei que certos brancos me tratariam bem. Mas não me sinto bem no meio deles." "Quando saio com minha mulher evito lugares onde sei que o preto não é recebido. Pois se eu não fosse servido reclamaria e o garçom me diria: 'Bem se vê que é um negro'. E é isso que eu quero evitar." O homem de baixa classe não ignora as zombarias a respeito da sua cor, sabe que o tratam de "urubu" ou de "saco de carvão", ou de "tição", mas o homem da classe média tem uma sensibilidade mais fina e melindrosa e sofre muito mais com qualquer vexame. A instrução e a educação desenvolveram nele o senso da dignidade humana. Prefere afastar-se, caso pressinta que lhe querem impor uma segregação humilhante. Ele sabe que poderia vestir-se bem e penetrar num salão de barbeiro frequentado por brancos, mas sabe também que terá de esperar horas, e que no fim sairá dali mal barbeado ou com o rosto lanhado, para que não se lembre de voltar. Ou poderia também impor-se, valendo-se da lei Afonso Arinos, que pune todo hoteleiro que recusar um preto num hotel elegante; mas dar-lhe-iam o pior quarto e o serviço seria malfeito.

    A classe média aceita, pois, a ordem existente. Encontrou outras armas contra as barreiras: em vez da força, a paciência e a ironia. É preciso procurar sempre o lado bom das coisas, divertir-se com a vaidade dos brancos, responder a uma zombaria com outra. Ao filho que se queixava de ter sido chamado de negrinho na escola, o pai recomendou que chamasse o companheiro de "branca de neve", pois é sabido que os meninos não gostam que os tratem de meninas. Há pois um princípio de humorismo nessa classe, mas é um humorismo crispado, que tem às vezes um gosto de lágrimas engolidas.

O ajustamento do negro à sociedade dos brancos manifesta-se, ainda de outro modo, pela aceitação dos estereótipos do branco sobre os negros, mas dando-lhes um novo sentido, isto é, aplicando-os a uma só classe, a plebe negra, e não ao conjunto de cor. A classe média de cor preocupar-se-á antes de tudo com a respeitabilidade e a honorabilidade. Será, como a dos Estados Unidos, puritana. Justificará a sua ascensão aos olhos dos brancos separando-se o mais possível da baixa classe, recusando-se a qualquer contato que possa comprometê-la e fazer-lhe perder a dignidade, essa dignidade tão duramente conquistada. Isto é muito claro quando se fala com os pretos proprietários de casas, que vivem nos arrabaldes da cidade, onde os terrenos são menos caros, e que evitam toda relação com os pretos de categoria inferior ou de moralidade duvidosa. No entanto, não procuram entrar em contato com seus vizinhos brancos, pois a menor alusão à sua cor, que poderia surgir no decurso da conversação, ser-lhes-ia intolerável. Uma mulher desse grupo social disse-nos, referindo-se a uma italiana, sua vizinha, que não podia frequentá-la porque ela costumava gritar a todo o instante, quando executava um trabalho duro, "um trabalho de negro!". Esses pretos vivem assim inteiramente isolados, recebendo apenas os membros da família, dispondo de pouco dinheiro (devido à prestação mensal da casa) para ir ao cinema, e contentando-se com o rádio, porém tratando de criar cuidadosamente os filhos, de dar-lhes instrução, não os deixando brincar na rua, procurando mandá-las a boas escolas pagas do bairro, evitando qualquer ato que os possa "desclassificar" na opinião pública. De modo que eles são considerados esquisitos nos bairros, pelo isolamento em que vivem e pelo puritanismo. "São pessoas que nunca se divertem, sempre fechados entre quatro paredes, sem nunca ver ninguém. São certamente meio loucos." Alguns deles entretanto têm prazer em exibir a própria elevação, aceitam fazer parte de associações culturais de pretos ou de clubes de futebol; se são católicos, da Irmandade do Rosário dos Pretos. Mas a maioria receia ter mais a perder do que a ganhar dando a sua adesão a movimentos de cor; de perder, por um título de presidente de clube, os resultados já obtidos perante a opinião pública, de homem "decente". A vida familial basta-lhes.

Isso não quer dizer que não haja, na classe baixa e na média, momentos de revolta, quando, apesar de todos os esforços de ajustamento, sofrem a ferida do preconceito. Mas, na classe baixa, essas revoltas estalam como tempestades de verão que se acalmam após o primeiro clarão. Não existe "complexo de revolta".

Na classe média trata-se antes de uma cicatriz secreta. Pode-se trazê-la à luz do dia seja por processos psicanalíticos, por exemplo, o estudo dos sonhos (verificamos muitas vezes a importância do sonho do assassínio coletivo nos mulatos dessa classe) ou por meio do que se poderia chamar "o teste da bebida". Um jovem preto alegre, simpático, muito amigo dos seus colegas brancos, assim que começa a beber não pode mais dominar as suas palavras e dá livre curso ao seu ressentimento contra os brancos.

A revolta nota-se mais claramente na classe dos intelectuais dos líderes de cor que se preocupam com a organização da classe preta para fazê-la progredir mais depressa na sociedade. Mas o que nos chama a atenção, quando abordamos essa classe, é a ausência de uma ideologia coerente, a multiplicidade dos pontos de vista, multiplicidade que manifesta a não existência de um sentimento racial comum, mas ao contrário a importância das diferenças de personalidades. Certos intelectuais que tiveram de lutar para triunfar não querem perder o terreno conquistado, por uma política de violência; ao contrário, tudo farão para ganhar a confiança de seus colegas brancos, para captar a sua simpatia e impor-se em seu meio pelo valor moral e pela capacidade. Há outros, porém, que têm a obsessão do tratamento diferencial, verificam-no em certos casos e generalizam-no, levando sempre à conta da cor o que às vezes se deve atribuir à classe, ou à conta das barreiras raciais, malogros que podem às vezes provir de uma falta de preparo escolar ou de capacidade técnica. Sentem-se antes de tudo "negros", embora alguns dos líderes sejam às vezes mulatos. Mas mesmo os escuros, que frequentaram escolas superiores, foram criados segundo as normas dos brancos, "mulatizaram-se", conforme a expressão de um deles. É justamente a razão pela qual, aliás, sentindo tão bem a sua homogeneidade de sentimentos e de ideias com os brancos, eles percebem que a única diferença que os separa é a pele. Tomaram consciência da sua "negrura". E sobre ela vão edificar toda uma filosofia.

À procura de uma ideologia da raça negra

Foi somente após a guerra de 1914-1918 que o negro tomou consciência da sua condição. Primeiro, contra o imigrante que, tendo chegado ao Brasil tão pobre como ele, conseguiu subir na escala social, enquanto ele permaneceu embaixo. E também sob a influência dos partidos socialista e comunista que faziam uma propaganda ativa entre o proletariado de cor, em particular por ocasião do caso de Scotbar. Ao mesmo tempo, o movimento modernista descobriu a estética africana e contribuiu assim para que o negro se sentisse orgulhoso de suas origens; não se deve esquecer, com efeito, que o movimento modernista nasceu em São Paulo.

Mas foi na velha cidade tradicional de Campinas que se imprimiu o primeiro jornal negro, em 1924, O *Getulino*, jornal de reivindicação e de combate. E será somente quando os fundadores do jornal se mudarem para São Paulo que a ideia de uma organização de gente de cor tomará forma. O jornal negro da capital, O *Clarim da Alvorada*, de pretensões puramente literárias, começou a tornar-se mais combativo. Entretanto, a maioria dos grupos de pretos, como Kosmos, não passavam ainda de sociedades de beneficência ou recreativas. A Federação dos Homens de Cor, organizada pela Irmandade do Rosário, teve uma duração efêmera, a Sociedade dos Amigos da Pátria perdeu-se na política local. O negro tomava apenas muito lentamente consciência da sua "negrura".

Foi então que o major Antonio Carlos teve a ideia de fundar uma Biblioteca para Negros, o Centro Cívico Palmares. Mas foi logo obrigado a mudar de orientação. O chefe de polícia da época, o dr. Bastos Cruz, baixara uma circular proibindo a entrada na Guarda Civil aos homens de cor. O Centro Cívico transforma-se então num centro de luta contra os preconceitos de raça. Esse movimento de reivindicação foi ativado pela chegada a São Paulo de um preto semianalfabeto, porém orador de grande classe, Vicente Ferreira. O espírito de luta substitui pouco a pouco o de submissão passiva e, quando o jornal italiano *Fanfulla* publicou o seu célebre artigo contra os negros, bandos de homens de cor tentaram penetrar nas oficinas do jornal para empastelá-lo.

Entretanto, tratava-se ainda de uma pequena minoria, apenas, sem grande apoio numérico, uma elite racial. Mas a crise de 1929, agravando as condições de vida da classe baixa, e aumentando a desocupação, criou um clima mais favorável aos protestos até então isolados dessa elite. Os pretos entusiasmaram-se pela revolução de 1930, dirigida contra o Partido Republicano, apoiado na velha aristocracia local. Convém notar que todos os movimentos reivindicadores nasceram no bairro do Bexiga, habitado também por italianos, e não na Barra Funda, que no entanto é a zona de maior densidade da população de cor. É que o negro do Bexiga via o imigrante elevar-se pouco a pouco na sociedade e descobria assim um horizonte mais amplo para as suas próprias ambições. Foi então que se fundou a Frente Negra em 1931, dirigida pelos dois irmãos Veiga dos Santos. Mas um dos dois inspirou-se nos movimentos nacionalistas europeus, como o fascismo ou o hitlerismo, para melhor desenvolver o espírito racista e antibranco dos seus compatriotas de cor. Razão por que certos pretos, como os do *Clarim*, se recusaram a entrar no movimento. Apesar de tudo, a Frente Negra obteve um enorme êxito, não somente na capital e no interior do estado de São Paulo, mas em quase todos os recantos do Brasil. Pode-se dizer que foi o principal responsável pelo despertar de uma consciência racial no negro.

A Frente Negra acabou por registrar-se como partido político, mas não teve tempo de agir sob essa forma, pois Getúlio Vargas suprimiu em 1937 todos os partidos políticos existentes. E o movimento de organização e de protesto não recomeçou senão muito depois, em 1945, por ocasião da queda do governo pessoal de Vargas.

Podemos pois parar aqui e examinar, através dos jornais e artigos desses líderes de cor, entre 1925 e 1937, o nascimento de uma ideologia de combate ou em todo o caso de defesa do preto. Em particular através do jornal da associação A Frente Negra, *A Voz da Raça*. Ora, o que nos chama a atenção em primeiro lugar é a negação de certos traços africanos, por exemplo, a abundância de publicidade para os cremes alisadores de carapinhas, ou ainda a recusa das tradições africanas, como as *congadas* e os *batuques*, para substituí-las por manifestações copiadas dos brancos, como o coroamento da rainha de beleza, os piqueniques no campo etc. Enquanto isso, esses jornais tentaram glorificar "a raça" transcrevendo páginas de antropólogos antirracistas ou dedicando artigos aos escritores, heróis, santos de cor. Sente-se pois a vontade manifesta de substituir pela imagem do antigo preto, mais africano que ocidental, mais exótico que nacional, a imagem do "novo negro". Racismo talvez, porém racismo penetrado dos valores e das normas dos brancos. A mesma hesitação encontra-se entre o enquistamento e a miscigenação. De um lado, defendendo-se o "mulatismo", considera-se, contra o descendente de imigrantes, que só o brasileiro que tem um pouco de sangue negro nas veias merece o título de brasileiro, exprime-se satisfação e orgulho pela solução dada pelo país ao problema racial. Por outro lado, manifesta-se receio diante do embranquecimento progressivo da população que elimina, pela mestiçagem, os melhores elementos da raça negra. Por fim, um último traço digno de nota, é a aceitação da verdade dos estereótipos dos brancos sobre os pretos, de onde uma intensa campanha de educação que vai até os conselhos práticos: como comportar-se num salão, como assoar o nariz..., insistindo na necessidade de deixar a bebida, de não vadiar e, mais ainda, de instruir-se. Sempre a imagem do "novo negro" que é preciso substituir à antiga. Mas, ao mesmo tempo, esses jornais estão cheios de artigos violentos contra as manifestações do preconceito e contra a má-fé dos brancos.

Há pois uma ambivalência nessas ideologias, uma flutuação entre o racismo puro, o orgulho da cor, e um sentimento de inferioridade, que leva à imitação do branco, à adoção dos seus pontos de vista, e à tentativa de apresentar a imagem de um negro branco. O inquérito que fizemos no meio negro conduziu-nos, sobre diferentes pontos, a resultados análogos. Fizemos a seguinte pergunta: "Que pensa da situação do negro nos Estados Unidos?"

Os que conheciam o assunto sentiam uma certa atração por ele, orgulhavam-se de saber que negros podiam ser capitalistas, possuir automóveis e residências particulares, tornar-se banqueiros ou homens de negócios, mas compreendiam o preço que era preciso pagar por tudo isso. Ninguém queria perder nem uma parcela do clima tão mais livre e afetivo do Brasil. A miscigenação era aceita pelos mais racistas de todos os informantes, mas considerava-se uma solução demasiado longa; enquanto se espera, é preciso viver, e viver é lutar para subir. Um racismo provisório e mitigado é pois necessário. Um racismo que seja uma técnica para ultrapassar o racismo. Despertar a consciência dos pretos a fim de incitá-los a entrar numa sociedade de competição econômica para que possam, em igualdade de condições, bater o branco no seu próprio terreno. A cada qual a recompensa que merece conforme as suas capacidades.

Mas essa tomada de consciência da raça como tal vai, por sua vez, assustar o branco, levantar um ressentimento contra o outro. A política de embranquecimento, diz o negro, termina por deixar o homem de cor sem ajuda, pela preferência dada ao estrangeiro, sem nada fazer para diminuir a espantosa mortalidade do homem negro sobretudo a infantil, nem para suprimir os cortiços em que as moléstias infecciosas se desenvolvem com uma rapidez desconcertante, em que a tuberculose reina. Quanto mais depressa morrerem os negros mais depressa o país se tornará branco. E o branco responde: tínhamos uma solução suave e bem dentro da nossa tradição democrática, pouco a pouco os sangues se mesclavam e o negro diluía-se na massa branca, e eis que certos líderes fazem, de seus complexos de inferioridade, doutrinas ideológicas, separam o que se estava unindo, introduzem um fermento de discriminação, de segregação, com todas as suas sociedades e jornais de combate. Excitam a classe baixa contra a ordem existente e introduzem por toda parte a desordem, a reivindicação, a arrogância. Alguns artigos de jornalistas brancos ilustrarão esse recuo do branco: "Não sou nem contra o judeu nem contra o asiático nem contra o africano. Não tenho preconceito racial [...] Mas a negra moderna, arrumadeira, ou cozinheira, é o desespero de todas as donas de casa [...] Elas perdem hoje todo senso de hierarquia. Pintam as unhas, usam batom nos seus lábios roxos, passam pó de arroz nas suas faces pretas, lustram os cabelos com brilhantina e fazem tranças feito corda de navios. No Brasil dá-se o contrário dos Estados Unidos. Aqui é o negro que quer separar-se do branco. Já na revolução de 30 eles fizeram questão de formar um batalhão independente. Nas sociedades negras um branco só pode entrar excepcionalmente, e é comum a formação de organizações artificiais como frentes negras, legiões negras etc. [...] Existe hoje uma repulsa do negro contra o branco. Nos Estados Unidos são os brancos que lincham os negros; aqui o que se começa a ver é o negro atacando o branco sem o menor motivo, impelido apenas pelo ódio de um preconceito que começa a se arraigar entre os de cor. Uma coisa é perfeitamente nítida: o Brasil quer ser um país branco [...] É o branco que vai absorver o negro e não o negro que, no futuro, vai prevalecer sobre o branco. Ora, o lirismo sociológico de Gilberto Freyre, aliado à perda de toda disciplina, permitiu a confusão que hoje se nota e que levou o negro analfabeto à convicção de que o brasileiro legítimo é ele".

É aqui que notamos todos os malefícios do preconceito, mesmo sob as suas formas mais anódinas e mais veladas. A escravatura deixou uma surda irritação no coração do negro, e essa irritação manifesta-se ao menor gesto de diferenciação.

Há uma desproporção aparente entre a causa, que é o preconceito, e os seus efeitos, porque a causa passa através de uma personalidade humana, libertando todos os ressentimentos ocultos, despertando todos os traumatismos antigos. Mas essa irritação do negro perante o branco, sobretudo do branco de boas intenções, que se julga sem preconceitos, determina neste último uma violenta cólera; ele diz que nada tem a esperar dos negros, e o seu preconceito se fortifica ou se acentua. É mais um exemplo do fenômeno da "bola de neve" que se vai avolumando à medida que rola. É o que se está passando em São Paulo, um preconceito que se desenvolve por ação e reação recíproca, o preconceito restrito do início suscitando, no negro organizado e consciente, um ressentimento, e o ressentimento do negro suscitando, por sua vez, atitudes de hostilidade mais nítidas no branco. As quais vão ainda retezar mais o negro contra o branco e assim pôr diante, sem que se saiba onde e como será possível pôr um termo ao fenômeno.

O domínio do ajustamento inter-racial e da conservação da ordem social existente

Vimos no capítulo anterior que o preconceito se apresenta como uma autodefesa do branco, quando se sente ameaçado pela ascensão do homem de cor. Trata-se de manter a pirâmide atual das ocupações, com o branco nos postos de comando e o negro nos postos subalternos. De que modo o preconceito consegue esse resultado? E quais são os seus efeitos na ordem existente? Por que mecanismos agirá ele contra todas as agitações que ameaçam perturbar as estruturas sociais tradicionais? Como no parágrafo anterior fomos levados a estudar as ideologias dos negros como sinal de tomada de consciência da "raça", devemos agora estudar as ideologias dos brancos como sinais de autodefesa e como instrumentos de controle social.

Os brancos já não condenam o negro como um ser congenitalmente inferior. Se ainda se encontra essa ideia em alguns imigrantes da classe baixa, ela já não existe entre os brancos educados. Mas o branco afirma que o negro tem um duplo *handicap*, a África e a escravatura. Alega que os negros que vieram ao Brasil procediam às vezes de regiões relativamente civilizadas, como a Nigéria ou o Daomei, mas na generalidade pertenciam a um continente de "selvagens" ou de "bárbaros" e ainda não se livraram até hoje, salvo raras exceções, de sua mentalidade "primitiva". A escravatura, por sua vez, reduzindo esses homens a "pés e mãos" a serviço dos senhores da terra, embrutecendo-os na dura labuta dos campos, extinguindo o sentimento da dignidade humana sob os golpes dos açoites dos feitores e, por fim, a abolição, feita sem uma educação prévia das massas de cor, impediram o negro de se integrar na civilização ocidental. Ele continua a viver à margem. Pois não busca instruir-se, nem melhorar a sua situação. Não tem constância nem energia no trabalho. Prefere vagabundear pelas ruas e beber pinga, assim que arranja um pouco de dinheiro, em vez de economizar. Ou então vive à custa da criada de cor que lhe dá o dinheiro que ganha, e à noite o recebe em seu quarto, enquanto os patrões dormem. O branco sustenta que não tem preconceito de cor, e a prova é que ajuda alguns pretos, os melhores, a conquistar bons empregos, mas como ajudar uma compacta massa amorfa e sem vontade? São afirmações que ouvimos da boca de todos os empreiteiros, industriais ou comerciantes. Alguns dão exemplos ilustrativos, experiências que fizeram e que foram tão desfavoráveis para o negro que o branco desistiu de prossegui-las, de empregadas que se arrogavam todos os direitos e passavam o tempo discutindo com o gerente, de operários que, depois do primeiro salário, não voltavam mais ao trabalho sem sequer avisar o patrão, ou que se entregavam a brincadeiras de mau gosto, como por exemplo, fazer suas necessidades na água potável etc. O negro, dizem eles, não é capaz de trabalho organizado, não tem o senso de responsabilidade profissional, não sabe servir-se de máquinas, não gosta de submeter-se a um horário fixo e regular, é capaz apenas de trabalho bruto não especializado, como transportar pesos, carregar e descarregar caminhões, limpeza grosseira. Numa palavra, os brancos não querem ver o esforço dos homens de cor para se integrar na sociedade de classe, como proletários: mantêm a imagem do "antigo negro", a fim de isolá-lo em certos setores da sociedade e deixar a outros brancos os empregos mais bem remunerados ou mais "decentes".

Mas essa ideologia não serviria ao branco senão para se justificar aos seus próprios olhos se, por uma técnica sutil, não passasse ao negro e não se tornasse uma ideologia deste último. Aí começa a sua função de controle social. A escola vai iniciar o processo. No fundo as punições mais severas do mestre, as zombarias dos companheiros de brinquedos não têm outra finalidade senão dar ao preto um espírito de submissão, ensinar-lhe bem cedo a se conformar, a aceitar a sua situação inferior. Os livros de leitura, em uso nas classes, apoiam esse servilismo. Apresentam sempre o negro numa situação inferior de doméstico, como se quisessem dar ao branco a impressão da sua superioridade e justificar a sua dominação econômica. A propósito de um negrinho, um deles escreveu: "Ele não tem culpa de ter nascido assim", como se a cor fosse um objeto de piedade e não de respeito. Outro escreve a propósito da raça branca: "é a mais bela e inteligente de todas". Na família tradicional ajudam de fato certos pretos a subir, mas ao preço de separá-lo do resto do grupo, isolando-o, cortando-lhe as raízes sociais, inculcando-lhe uma etiqueta e um ritual nas suas relações com os brancos, que distinguem as diferenças de cor e de nível social, que o mantêm numa posição subordinada de respeito e de reconhecimento. O preto é assim pouco a pouco embebido não só da mentalidade mas ainda dos valores do branco. Para empregar uma expressão psicanalítica, dão-lhe um "narcisismo" branco, ele admira-se na medida em que pensa e sente como um branco, em que se sente "latino", "ocidental" e não mais africano. "Nós, latinos [...]", disse um orador preto no início de uma conferência ou discurso. E é por isso que ouvimos os líderes negros repisar os mesmos temas que os brancos, afirmar que o negro é responsável pela situação, que esta é fruto dos seus vícios e da sua ignorância, e é por isso que as suas associações improvisam cursos de alfabetização ou de costura, e os seus jornais dão conselhos sobre a conduta e insistem tanto na necessidade da educação. Os que estão subindo sentem-se chocados pela grosseria dos seus irmãos de cor, sentem neles uma ameaça ao seu prestígio, e, então, tentam encarnar em suas pessoas, "a moral do branco", gostam de se mostrar bem vestidos, agindo como *gentlemen* e, para isso, separam-se dos outros negros, procuram a companhia de brancos, querem que se diga deles: "O senhor não é um preto como os outros. É um preto de alma branca". Ouvimos mesmo um deles proclamar: "O que seria preciso fazer é uma limpeza a fundo da sociedade preta, prender todos os criminosos, os vadios, as prostitutas, os malandros, para ficarmos livres deles de uma vez, e impedi-los assim de prejudicar os elementos respeitáveis da raça". Ao preconceito do branco corresponde por conseguinte um preconceito do negro contra o negro, do mulato ou do negro bem-sucedido contra a plebe de cor.

E é dessa maneira que as ideologias do branco se transformam numa técnica de controle. Dividir para reinar. Atiçar o preto contra o preto. A ascensão de alguns elementos escolhidos não é pois o sinal de uma ausência de preconceito contra o grupo de cor, mas ao contrário um meio de impedir a formação de uma consciência racial. "É preciso animar os pretos a subir", disse-nos um branco, "para consolá-los de ser pretos."

É a continuação e a forma moderna da velha política colonial. Então, tratava-se de impedir, numa população em que o branco constituía uma pequena minoria, a formação de um bloco de todos os escravos contra os senhores. Os governadores portugueses e a Igreja esforçaram-se para isso, mantendo cuidadosamente todas as diferenças étnicas, a existência de "nações" separadas e antagônicas, "Nagôs", "Daomeanos", "Minas", "Angolas", "Moçambiques". Foi essa política que impediu a generalização das revoltas e fez que todo movimento fosse conhecido com antecedência pelos brancos através dos escravos de outras nações. Trata-se, agora, sob uma forma semelhante, de afogar a consciência de raça entre os homens de cor. A distinção do negro rico e do negro de classe baixa favorece essa política. Mas há ainda outros tipos de ação. Muitos negros desejam a constituição de um partido negro independente, com a sua massa de eleitores de cor, reunidos em torno de um programa de reivindicações comuns e seus próprios deputados. A Frente Negra obedecerá a essa tendência. A luta dos partidos políticos pelo poder vai, ao contrário, colocar os negros uns contra os outros. As últimas eleições de 1951 são um testemunho disso. Borghi teria feito, num discurso, a apologia dos imigrantes contra os negros. Os seus adversários políticos imediatamente organizam desfiles de protesto pelas ruas de São Paulo. Porém Borghi nega ter pronunciado tal discurso. Há no seu partido candidatos de cor. O resultado da manobra foi a dispersão dos votos dos pretos e a derrota de todos os candidatos de cor. O negro não pode defender-se nas câmaras e nas assembleias. É obrigado a aceitar a proteção do branco. O domínio da classe dominante se exerce até no terreno de suas reivindicações.

Essa fiscalização não para aí. Não basta impedir a união dos negros. É preciso também, visto que alguns de cor sobem, vigiar essa ascensão, para que não seja demasiado rápida ou em número muito grande. A ascensão deve ser individual e não coletiva. É por isso que a vigilância se exerce a um tempo sobre a massa e sobre as pessoas. O negro que sobe sentirá sempre que deve a sua ascensão apenas à amizade ou à proteção do branco, e não aos seus próprios esforços. Será bem tratado, mas dar-lhe-ão a entender que não passa de um subordinado, e que, se não corresponder às expectativas de comportamento que o branco espera dele, poderá cair de novo. É o que explica, pelo menos em parte, por que o paternalismo continuou numa sociedade capitalista fundada, por conseguinte, na livre concorrência. Esse paternalismo subsiste, apesar de tudo, na nova estrutura social, porque é um meio de controle. Uma das histórias biográficas que colhemos mostra essa vigilância sobre a ascensão do preto:

> "Trata-se de um preto que estudou no Liceu Coração de Jesus. Preto retinto. Aluno extraordinariamente bem-dotado e muito aplicado. Apesar do preconceito reinante na escola, os professores nunca puderam apanhá-lo em falta, e não tinham remédio senão dar-lhe as melhores notas. Embora fosse muito amável e procurasse fazer amizade com todos, os seus colegas brancos não gostavam dele. Manifestavam-lhe ostensivamente o seu desprezo. Mas ele continuava a trabalhar e conseguiu passar no concurso para o Correio. Foi enviado como chefe de uma agência postal a uma cidadezinha do interior. Os brancos não podiam aceitar a situação, de modo que combinaram para arrancar dele um recibo por um pacote que não fora entregue na agência, a fim de mover-lhe um processo. Foi despedido do Correio. Voltou a São Paulo para tentar viver como contador. Mas todas as portas fechavam-se à sua chegada, e teve de se empregar como operário de fábrica."

O nosso informante declarou: "O negro não poderá subir sozinho. É preciso que o compreenda". No entanto, ainda prevalece a fórmula usada por um dos nossos entrevistados de cor: "Cada qual por si e Deus por todos". Criou-se no negro uma mentalidade oportunista. É preciso estar sempre com o governo, seja qual for, para ter empregos e apoio. É preciso aproveitar o suborno dos partidos políticos que disputam a clientela de cor para infiltrar-se por toda a parte. O preto continua a procurar, quando pode, padrinhos brancos para os filhos, que os defendam e protejam mais tarde.

Com relação à massa, a política do branco é a do *laissez-faire*. Não há barreiras legais: a escola, a aprendizagem, a usina estão, de direito, abertas a todos. Não é pois culpa do branco se o preto não aproveita as suas oportunidades. Não se pode obrigá-lo a procurar uma "felicidade" que não corresponde à sua própria concepção da vida, ao seu ideal. O controle, aqui, é uma ausência de controle. Consiste em deixar ao preto a maior liberdade possível, a de levar a vida a seu bel-prazer, em vez de ensinar-lhe a passar da mentalidade pré-capitalista à mentalidade capitalista, de luta. As próprias barreiras que examinamos num capítulo anterior, e que tornam a vida profissional do homem de cor uma espécie de corrida de obstáculos, desanimam as vontades mais firmes. A massa de cor é assim abandonada à sua própria sorte, que se defenda como puder. Os líderes negros imaginaram, pois, em vez de mudar a mentalidade antiga, e de dar a essa massa uma mentalidade proletária, substituir, simplesmente, pelo antigo paternalismo das famílias tradicionais, um paternalismo novo, do Estado. Reclamam lei de proteção econômica (contra o imigrante) e de ajuda financeira (bolsas de estudo especiais, bancos de crédito para formar uma classe de pequenos proprietários de terra, de pequenos negociantes etc.). Houve mesmo quem preconizasse a criação de um "Serviço de Proteção do Negro Brasileiro" análogo ao "Serviço de Proteção ao Índio", já existente.

O branco não parece, por enquanto, ter-se deixado tocar por esses pedidos. Continua a sua dupla política, uma tirada do passado, a do paternalismo – outra tirada do mundo novo, a do *laissez-faire*: o paternalismo para o negro que sobe, a fim de fiscalizar a sua ascensão nos vários degraus; o *laissez-faire* para deixar que a massa afunde o mais possível e impedir-lhe que faça efetivamente concorrência ao branco. De um lado o controle afetivo, do outro a ausência total de controle.

Entretanto, um espírito novo tende a formar-se. O branco começa a perceber que o etnocentrismo custa mais do que rende. Uma grande massa negra, não utilizada pela industrialização, vivendo mais ou menos como parasita e obrigando o branco a grandes despesas de assistência nos hospitais, constitui um fardo e não um proveito para o Estado. Muitos patrões disseram-nos que desejariam empregar negros munidos de uma cultura técnica suficiente, e queixaram-se da falta de mão de obra especializada. Na penúria em que se encontram, não fariam questão da cor da pele. Por outro lado, vimos o realismo de certos negros, que se dão conta das oportunidades novas oferecidas pelo momento atual e que se esforçam por integrar-se numa sociedade de classe, com a condição de serem aceitos pelo proletariado com todas as vantagens que a classe tem, e em primeiro lugar a da mobilidade vertical. Porém tal mobilidade tem um efeito sobre a personalidade. Desenvolve a um tempo o sentimento de decoro, da liberdade moral, mas também uma suscetibilidade maior a qualquer discriminação ou simples alusão à cor. De onde as crises de agressividade numa sociedade ainda não cristalizada de tipo puramente capitalista ou de classes, e em que se chocam os valores do tempo da escravatura com os novos valores. É preciso estudar agora esse estado de tensão racial.

O domínio das tensões raciais

Tais crises de agressividade ocorrem sobretudo no extrato mais baixo da população de cor. Alhures, a agressividade, quando existe, está recalcada, já não forma senão uma onda de ressentimento. Após a abolição da escravatura, os negros fugiram das fazendas, foram para as cidades, mas a industrialização mal começava, de modo que não encontraram emprego. Aliás o trabalho rural não os preparara para o trabalho da cidade. Se alguns deles voltaram depois para as fazendas abandonadas e aí se fixaram como lavradores, outros continuaram a vegetar nos bairros mais miseráveis de São Paulo. Formaram essa plebe de que falamos e da qual se destaca aos poucos um proletariado operário. Essa plebe foi atingida pelo movimento de reivindicação dos líderes negros, mesmo quando não os segue; e, como não tem nada a perder, pode dar livre curso à sua agressividade. Perdida no anonimato da grande cidade, basta um nada, um encontro casual, uma discussão num bar, a saída de um baile, para que a violência apareça. Este mata a irmã, que se tornou amante de um branco, traindo, assim, a "raça". Aquele injuria o estrangeiro, que vem roubar o pão do "nacional!". As coleções de jornais revelam esses dramas. O branco fala então do "novo negro". Mas não quer ver o verdadeiro "novo negro", o que aceita a sociedade de classes e tenta acomodar-se nela. O "novo negro" para ele é esse rapaz atrevido e malandro, que veste à americana, com camisa de cores vivas, calças avelã apertadas no tornozelo, e que vira a cabeça das mulheres da vida.

Todavia, parece-nos evidente que não se devem imputar todos esses atos unicamente à sua agressividade. Tal agressividade sente-se sobretudo nos bailes negros. A maioria deles estão fechados aos brancos não acompanhados por amigos de cor. Pois, como vimos, a concorrência sexual é forte. Alguns brancos tencionavam passar o fim do ano no baile da Gloriosa Mocidade Brasileira. Mas os pretos, em número maior, repeliram-nos. Furiosos, voltaram armados de navalhas, revólveres e punhais, decididos a provocar uma briga. Esperaram, escondidos na noite, o fim do baile e, à saída, um negro que acompanhava uma moça, levou uma facada. Outro clube de baile, situado na rua Batista de Andrade, era malvisto pelos vizinhos brancos, que pediram o seu fechamento à polícia. Esta visitou o local mas nada encontrou de anormal. Então alguns jovens brancos resolveram formar ou pagar um bando de malandros para invadir o salão durante o baile e provocar desordens. Desse modo, poderiam conseguir o fechamento do clube. Como se vê, trata-se de dramas do "meio" entre a rapaziada baixa. As tensões se restringem a um círculo pequeno e pouco interessante.

Outros estados de tensão se produzem no outro extremo da escala social. Mas a propósito de negros estrangeiros, e não nacionais. Ora, aconteceu que a bailarina afro-americana Katherine Dunham não conseguiu alojar-se no Hotel Esplanada apesar de ter reservado um apartamento com dois meses de antecedência. Já havia acontecido o mesmo a Carol Brice. A cantora Marian Anderson, sabendo do ocorrido, cancelara antecipadamente o quarto que havia reservado. Mas nem Carol Brice nem Marian Anderson criaram um caso. Katherine Dunham, ao contrário, queixou-se amargamente da discriminação de que era objeto. Chegou mesmo a processar o hotel, provocando o protesto dos jornalistas contra o preconceito de que era vítima. O caso foi levado à Assembleia e deu origem à lei Afonso Arinos, que pune severamente todos os estabelecimentos que recusarem a entrada a uma pessoa de cor, sob pretexto de raça. Mas a lei Afonso Arinos, longe de fazer desaparecer os estados de tensão manifestos, revela-os mais claramente à luz do dia. Mal foi votada pela Assembleia, um chofer de caminhão processou um patrão que lhe recusara um emprego na linha São Paulo–Santos. Um fato análogo, alguns dias depois, ocorreu no Rio: a queixa de um preto contra uma sociedade recreativa portuguesa que lhe recusara a entrada, afirmando o porteiro que a recusa fora motivada pelo fato de se ter o preto apresentado com o convite de outra pessoa, e respondendo o preto que o fato era comum e que a única e verdadeira razão estava na sua cor.

Em geral as tensões apresentam-se sob uma forma menos espetacular. O "tabu da cor", que se inculca aos pequenos brasileiros bem-educados de um lado, a timidez do negro do outro, tornam difícil esses conflitos abertos fora da plebe, com exceção dos pretos norte-americanos. O controle é, pois, duplo: do branco sobre si próprio e do preto sobre si próprio. Era o que dava às relações inter-raciais no Brasil o clima de doçura que tende a desaparecer hoje, o branco não sabendo muito bem que atitude tomar para com o negro que sobe, e o negro, por sua vez, hesitando entre a atitude da capitulação passiva e a sua recente altivez, mais suscetível. Todavia, o preconceito toma formas demasiado dissimuladas e larvais, por trás de uma porção de razões aparentemente válidas, "falta de vaga", "não há trabalho no momento" – para que possa haver resistências demasiado brutais.

Mas, um dia, sob a influência dos chefes negros, quem nos diz que não haverá outras formas de resistência? Associações de cor formam-se e não se limitam a uma função educativa. São instrumentos de defesa de um grupo e de sua tomada de consciência. O negro está na encruzilhada de dois caminhos: ou aceita a sociedade de classes para subir progressivamente, aproveitando todas as possibilidades que se lhe oferecem, procura de mão de obra, escolas técnicas – ou então, para acelerar a sua ascensão e quebrar a resistência do branco, que defende os seus postos de comando, entra num movimento de ampla reivindicação, mais ou menos inspirado no das sociedades negras norte-americanas. O branco vê nisso o ponto de partida de um enquistamento não mais imposto por ele, resultante de barreiras por ele erguidas, mas voluntário e dirigido contra ele. Reage pois com uma violência igual à do negro na formação dos seus próprios grupos:

"O certo é que ninguém pode dizer, honestamente, que, no Brasil, ao lado da comunidade branca, há uma comunidade negra, como sucede, por exemplo, nos Estados Unidos ou nas próprias colônias portuguesas da África. Se bem que, ultimamente, tenha surgido uma corrente "africanista", neste país, procurando explicar tudo o que se passou em quatro séculos de história pela influência do africano... E é certo também que alguns "líderes negros" estão aparecendo agora, criando supostos "quilombos", "frentes negras" e "associações de homens de cor". Ora, isso só serve para incentivar o odioso preconceito, ao invés de atenuá-lo.

> "Imaginemos que amanhã se criassem associações de homens brancos para se defenderem contra as de homens de cor... Seria o corolário desse desassisado esforço desagregador levado a cabo pelos tais 'líderes negros'.
> Felizmente os próprios negros e mulatos, que circulam e trabalham livremente por aí, jamais levaram a sério esses pândegos. Pândegos ou espertalhões?"[1]

Um clima de insegurança está pois começando a insinuar-se em São Paulo como em outras grandes cidades do Brasil. E, como frequentemente o preconceito de cor tem por base o medo, só pode encontrar alimento favorável nesse clima de desconfiança.

Os órgãos de fiscalização social

I – A IGREJA

A Igreja católica não pode, naturalmente, pelo seu ecumenismo, aceitar uma distinção de cor. Todos os homens são irmãos, visto que têm um Pai comum. Mas essa igualdade é uma igualdade perante Deus; e a Igreja, como instituição social, é obrigada a levar em conta a desigualdade das civilizações ou das classes sociais, a diferença de níveis culturais ou econômicos entre os homens. Deve adaptar-se à hierarquia dos seres para pôr o bem comum, o Evangelho, ao alcance de todos.

É o que explica a razão por que, na era colonial, a Igreja multiplicou os catolicismos, se nos for permitida essa expressão à primeira vista contraditória. Houve um catolicismo para os índios, com danças e cantos, que

---

1 Danton Jobim, "Pândegas ou espertalhões?", *Diário Carioca*, 6/7/1951.

tentou aprofundar as suas raízes até o próprio húmus das civilizações autóctones. Houve depois um catolicismo africano, para os escravos, com irmandades especializadas, como as de São Benedito e a do Rosário dos Pretos, que tentou conservar certos traços das culturas africanas a fim de pô-los a serviço da evangelização: as realezas bantos, o gosto dos discursos, as guerras intertribais, que continuaram sob a forma de danças dos Congos ou dos Moçambiques, patrocinadas fiscalizadas pela Igreja. Pode-se mesmo ir além. Adaptando-se variedade dos níveis culturais entre africanos, alguns recém-chegados e batizados, outros já nascidos na terra e assimilados, outros ainda filhos de uniões entre pretos e brancos, a Igreja fundou irmandades especiais de "negros selvagens", de "crioulos" e de mulatos. Às vezes chegou mesmo a aceitar as divisões étnicas, tanto que, nas cidades da Bahia e de Minas, certas confrarias estavam abertas apenas aos Nagôs, outras aos Bantos ocidentais, outras aos Bantos da "contracosta". Assim impedia ela, mantendo as "nações" antagonistas à sombra da Cruz do Cristo, a formação de uma consciência de classe entre os escravos explorados. Mais ainda, acentuava a diferença de cor entre negros e mulatos. Sobretudo fazia penetrar na alma dos descendentes de africanos a noção da sua separação e da subordinação aos brancos numa sociedade comum, porém fortemente hierarquizada em castas. De sua separação, visto que as confrarias dos negros tinham suas igrejas e que, nas capelas dos engenhos, a missa não se celebrava na mesma hora para os escravos e os patrões, ou então estes últimos ficavam dentro do recinto, enquanto os escravos ficavam fora, no adro, contentando-se em seguir o ritual através da porta aberta. De sua subordinação em seguida, visto que, se as irmandades de cor tinham seus reis e rainhas, o tesoureiro era obrigatoriamente um branco. As procissões festivas uniam as cores, é verdade, mas separando-as e hierarquizando-as, as confrarias, de pretos, abrindo a marcha, os "homens bons" – a aristocracia branca – no fim, e, entre os dois grupos, como um traço de união entre os dois catolicismos, o clero. Compreende-se, nessas condições, que o primeiro movimento de protesto dos pretos, o de 1789, na revolta chamada "dos Alfaiates" ou "dos Franceses", se fez contra essa distinção entre um catolicismo preto e um branco, a favor da supressão das confrarias especializadas, do culto dos santos de cor e mesmo contra o catolicismo romano, demasiado hierarquizado, por um catolicismo brasileiro, modelado sobre o "galicanismo" ou quem sabe mesmo sobre o "anglicismo", mais respeitoso da fusão das cores e das civilizações, características da sociedade mista do Brasil.

A Igreja hoje abandonou todos os elementos que, no duplo cristianismo dos tempos coloniais, podiam ter sido úteis na obra de evangelização, mas que hoje se arriscariam a dificultar a assimilação do cristianismo dos negros ao dos brancos, mantendo o sincretismo de outrora, o empréstimo de certos traços das civilizações africanas, como o coroamento dos reis do Congo, as danças dos Moçambiques no adro das igrejas ou a permissão aos negros de praticar seus "batuques" nos dias de festas religiosas.

Esses elementos folclóricos persistiram sem dúvida no interior, porém desligados do domínio da Igreja, ou em todo caso em vias de se desligar, para viver uma vida independente. O padre, do alto do púlpito, condena os batuques como imorais. O catolicismo do negro não deve ser de outra natureza. Mas a separação continua a ser aceita, reconhecendo-se que o preto prefere a companhia de outros pretos e que o branco não gosta de se encontrar na companhia dos pretos. Existe ainda em São Paulo uma confraria dos Pretos do Rosário, com sua capela especial, com seu regulamento, suas festas e sua procissão. Mas as barreiras são apenas preferenciais e não mais obrigatórias. Há alguns brancos, nessa irmandade, que tomam parte nas missas ou nas procissões. As paredes estanques desapareceram.

A Igreja sente perfeitamente as mudanças que a urbanização e a industrialização estão introduzindo em São Paulo, como também percebe a manutenção de grandes segmentos da antiga estrutura social. Respeita tanto melhor esse período de "transição" quanto é adversa a qualquer transformação brusca, ou revolução. Conhece os perigos que os movimentos violentos, perturbando os homens, podem fazer correr às almas. Não aceita senão as mudanças progressivas e lentas. Por isso, mantém ainda o velho costume da Irmandade do Rosário. Mas ao mesmo tempo tem obrigações de ignorar o preconceito de cor, e se pôs a serviço da nova sociedade nascente, que é de classes. O tipo de controle vai, pois, mudar. A Igreja vai agora apoiar a incorporação do negro ao proletariado operário, embora mantendo a separação entre a classe baixa e a burguesia. O que lhe importa é a situação social, não a racial, o fator econômico mais que a cor da pele. Ou antes, o tom da pele, para ela, como para as antigas famílias, jogará apenas como símbolo de um certo *status* de inferioridade social. É o que explica que ela siga as ideias dessas velhas famílias ou mesmo da burguesia dos imigrantes enriquecidos ou de seus descendentes. Os colégios religiosos, como o "des Oiseaux", ou de "L'Assomption", que são "elegantes", destinados à educação das meninas da elite, barram a entrada dos seus externatos e, com mais forte razão, dos internatos, a todos os elementos de cor, mesmo aos mulatos. Não aceitam senão famílias da "alta", as que se jactam, com ou sem razão, da pureza do seu sangue. Em compensação, nas escolas primárias e profissionais, o preto será admitido em igualdade de condições com o branco. O caso do Liceu Coração de Jesus é particularmente significativo. Compreende duas séries, uma de cultura humanista e outra de artes e ofícios. Ora, quando um preto se apresenta, informam-no de que só há vaga no curso técnico. Para entrar no de humanidades será indispensável que o preto seja muito protegido por um branco, que seja, por exemplo, portador de uma carta de um bispo ou de um padre influente. Sem isso, a política consiste em fazer do preto um bom operário, ajudar a sua mobilidade vertical pela aprendizagem de um ofício, transformando-o, de operário, em mão de obra especializada. Mas é preciso que fique no "seu lugar" no grupo proletário, subir apenas dentro do grupo, e não aprender latim, que é a porta aberta às profissões liberais, isto é, à burguesia. Assim explica-se a opinião dos nossos informantes de cor, que fazem distinções entre as diversas ordens religiosas do ponto de vista do preconceito de cor, que sustentam por exemplo que os Salesianos têm mais simpatia por eles que os Beneditinos, ou que os padres italianos são mais benevolentes que os brasileiros.

Julgamos necessário ligar esses fatos, na medida em que são exatos, aos graus do ensino, à natureza das escolas ou ainda à diversidade das paróquias, proletárias ou aristocráticas. É ainda a necessidade de respeitar a ordem existente, o temor das agitações violentas, o sentido das evoluções lentas que explica por que a Igreja não aceita, em certas paróquias, "filhas de Maria" ou "irmãos marianos" de cor. E por que, em outras, aceitam-nos, mas com tantas restrições que desanimam os candidatos. Por outro lado, nos centros da J. O. C. (Juventude Operária Católica), por se tratar de gente do mesmo nível social, da mesma classe, o negro é admitido num pé de igualdade com o branco. Trata-se ainda de não fomentar a mistura de classes (o negro sendo considerado mal-educado para entrar nas irmandades marianas), de ajudar a integração do negro ao proletariado e de lhe fornecer uma educação religiosa de classe. Também não há discriminação nos grupos das velhas beatas, que trabalham para a igreja do bairro, costurando ou bordando toalhas de altar e limpando e enfeitando com flores artificiais as capelas. Pois essas velhas beatas são em geral pessoas de condição humilde e reunidas pelo mesmo fervor religioso. A classe, ajudada pela Fé, prevalece sobre as raças.

Mas está claro que a Igreja, quando lhe acontece fazer distinções, inspira-se, segundo a sua própria expressão, no "bem das almas" e não no preconceito. Por exemplo, os Beneditinos aceitaram para um dos seus cursos noturnos um professor que lhes fora recomendado por carta; quando este se apresentou, viram que se tratava de um preto. Os frades tentaram ganhar tempo, pediram-lhe que voltasse daí a três dias, depois daí a uma semana, finalmente pediram outro professor. Explicaram que os alunos não aceitavam um mestre negro, que aquilo poderia acarretar dificuldades de disciplina, que ele sofreria com a situação e que, desse modo, "para o bem de uns como do outro", era melhor não tentar a experiência. Cita-se também o caso de um Beneditino, pregador de grande talento, amigo dos pretos. Mandou vir um negro para pregar e depois beijou-o na testa à guisa de felicitação. Os seus superiores fizeram-no comparecer perante eles e censuraram-no, depois transferiram-no. Consideraram tais manifestações ostensivas de afeto deslocadas e suscetíveis de desagradar aos fiéis brancos, de chocá-los e de diminuir a sua fé. Mandar um preto pregar, vá lá, isso lisonjeia o senso democrático do brasileiro, mas beijá-lo já é diferente, é manifestar uma espécie de crítica dos brancos, é passar da relação categórica, que é a que prevalece na sociedade, à relação afetiva de intimidade. Citaremos ainda um último caso, entre os Salesianos, desta vez: um jovem branco fizera-se amigo íntimo de um preto; os padres chamaram-no para fazer-lhe compreender que devia escolher seus amigos entre os de sua cor, que os seus pais ficariam descontentes com as suas preferências, que a educação moral dos negros é ainda frágil e que, por conseguinte, a sua amizade era perigosa para a moralidade e a fé.

Assim o catolicismo se põe do lado da ordem, e a ordem é a sociedade existente, em que o negro tem seu lugar marcado, porém subordinado e inferior. Põe-se do lado dos valores tradicionais, que consideram o preto, mesmo educado, com certa desconfiança, ainda muito próximo da África, ainda portador da herança da escravatura, e perigoso como companheiro sobretudo do ponto de vista sexual. Entretanto essa sociedade permite a ascensão progressiva do negro, como indivíduo isolado, e não como coletividade. A Igreja encarrega-se, em defesa da ordem, de fiscalizar essas ascensões individuais. Em primeiro lugar, pelas escolas, fazendo a seleção dos melhores elementos, orientando-os, porém, para o ensino técnico, e fiscalizando as relações de camaradagem. Em seguida, disciplinando os jovens que lhe são confiados, fazendo deles bons cristãos e bons operários, que hão de preencher uma função útil na sociedade.

Dir-se-á que a Igreja impede inteiramente a formação de uma burguesia de cor? Não; mas exerce a sua fiscalização. Na Universidade Católica existem alunos e mesmo professores de cor. Todavia esse paternalismo religioso continua e apoia o paternalismo familial das antigas famílias tradicionais. Em primeiro lugar, o mulato é mais facilmente aceito que o preto. Em seguida, os elementos escolhidos são os que se recomendaram pela sua ligação com os membros do clero, pela sua união estreita com a Igreja. É ainda a política da defesa da ordem existente: os postos de comando nas mãos dos brancos, mas evitando estados de tensão, por um fenômeno de capilaridade, fiscalizando em todas as fases do processo. Trata-se de preparar talvez uma sociedade sem distinção de cor, mas que não se pode realizar num dia, e que exige precauções.

Parêntese sobre a religião dos pretos na sua relação com o preconceito de cor

O preto aceita, até certo ponto, essa fiscalização. O culto dos santos favorece a aceitação. Cada qual tem seu santo preferido, a quem dedica um pequeno altar em casa, cuja imagem guarda preciosamente, e que é objeto de rezas especiais. Para este é São Francisco, para aquele São Jorge. Por que não teria o preto também os seus santos prediletos como São Benedito ou Santa Ifigênia? Visto serem da sua cor, hão de compreender certamente melhor que os santos brancos as suas necessidades e sofrimentos cotidianos. Não só compreendem melhor mas têm também o sentimento de solidariedade racial, uma preferência pelo compatriota da mesma origem, portanto protegê-lo-ão e defendê-lo-ão perante a Virgem ou o Cristo. Assim o culto dos santos justifica uma certa separação, na unidade do catolicismo, a criação de famílias espirituais, aparentadas mas distintas, e veremos pretos manterem o duplo catolicismo de que falamos há pouco. Já não lhes é imposto pelo branco. É coisa sua, assim como o preto norte-americano, que faz ainda mais questão que o branco de ter suas igrejas pretas, separadas das dos brancos, os líderes pretos de São Paulo encontram mesmo nesse catolicismo negro a possibilidade de conseguir postos de honra, cargos de confiança, de subir no seio do grupo, de adquirir respeitabilidade maior, e essa possibilidade fortifica ainda mais a manutenção da tradição colonial. Aludimos a uma certa tendência do negro paulista ao enquistamento. Esse catolicismo de cor combina com essa tendência e não é raro que seus chefes sejam ao mesmo tempo os organizadores das associações de defesa dos pretos ou mesmo, por uma curiosa união, das escolas de samba, isto é, dos desfiles carnavalescos, numa época em que a Igreja condena o Carnaval como festa pagã e institui, durante esse período, três dias de retiro espiritual para os fiéis. Aceitaria a Igreja, como a sociedade leiga, a ideia de que o negro é diferente do branco, de que tem direito a uma certa licença, proibida aos outros, e de que o seu catolicismo é ainda um catolicismo de crianças grandes, que precisam de divertimentos?

Seja como for, não somente o negro aceitou a fiscalização do catolicismo, mas ainda criou uma ideologia católica. Vê, no catolicismo ecumênico, o melhor meio de lutar contra os preconceitos dos brancos, e de realizar a sociedade fraternal de amanhã.

O preconceito vem do orgulho e do dinheiro, dizem eles, mostrando que percebem bem a inextricável união entre a cor e a classe. À medida que a humanidade se cristianizar, a caridade matará o orgulho e abolirá os privilégios. Esses pretos insistem nas raízes africanas do cristianismo, para mostrar o lugar eminente que ocupam no amor do Cristo, e também que o cristianismo não é uma religião de brancos imposta ou aceita por outras raças de homens; é também uma coisa deles. Em O *novo horizonte*, jornal da imprensa negra, depara-se a seguinte afirmação: "Jesus, em cujas veias, como homem, corria também sangue negro, pelo menos segundo o Evangelista que diz, da sua Santa Mãe, *Nigra est, sed formosa*. Se o vocábulo latino "nigra" traduzido em nosso idioma significa negra, preta, escura, imaginamos quanto deve sofrer Nossa Senhora, a Santa Virgem, em ver, do alto do seu trono, em que está sentada ao lado do seu filho glorioso, tudo o que sofreu a raça negra".

"Verti esta gota de sangue por ti" – é a palavra de Cristo a Pascal, ajoelhado no seu desespero. Poder-se-ia transpor a frase célebre para o negro e fazer dizer ao Cristo: "Verti esta gota de meu sangue negro por ti, ó meu irmão obscuro, cor das doces noites do meu país".

O negro que aceita o ajustamento pacífico das cores, e tenta tirar proveito dele, se não para esta vida, pelo menos para a outra, encontrará nesse cristianismo paternal uma segurança e uma doçura que o encantam. Mas há também resistências. Alguns denunciam a coligação entre a Igreja e a sociedade, afirmam que o catolicismo constitui um dos núcleos de mais forte resistência ao preto, um dos centros cristalizadores do preconceito de cor. Um deles chegou mesmo a dizer-nos que era o catolicismo o responsável pela miséria do negro, inculcando-lhe uma moral submissão. Retomando de certo modo a opinião de Marx, mas transpondo-a da classe para a raça, ele via na religião "o ópio do povo", mas do povo de cor, ensinando-lhe que o Reino de Deus dos que sofreram na terra e que as penas do mundo constituem méritos no outro. Ao passo que o branco se considera um instrumento da Divina Providência, fazendo o negro sofrer visto que assim lhe garante depois da morte a salvação eterna. São esses, pelo menos, os termos do seu discurso.

Mas essas duas ideologias opostas, a do valor supremo do catolicismo como solução do problema racial, e a da resistência Igreja como instrumento de exploração e de domínio dos brancos, não se encontram senão em pequenas minorias. Uma das perguntas do nosso questionário tratava da religião, ou melhor, da prática religiosa. É notável o fato de não serem, esses pretos, praticantes, embora sejam, em sua maioria, católicos romanos. São batizados, frequentaram catecismo, fizeram a primeira comunhão, quando podem casam-se na igreja, mas não vão regularmente à missa, só "de vez em quando", nem comungam pela Páscoa. Catolicismo social mais que místico, espécie de símbolo de incorporação à tradição brasileira, mais que fé pessoal e vivida. A existência do negro se desenrola fora dos quadros eclesiásticos ou confessionais. Mais no terreno de futebol do que nas sacristias, mais nas ruas do que à sombra perfumada das capelas. E isso tanto na classe média como na baixa.

Um certo número de negros paulistas deram sua adesão à igreja protestante. Os que se converteram e que pudemos interrogar alegaram como uma das razões da sua conversão a inexistência de uma linha de cor ou de um preconceito qualquer no protestantismo. Um médico de Santos, casado com uma branca, e que perdera a mulher, procurara pôr a filha em São Paulo num bom colégio de religiosas, mas encontrara por toda parte a porta fechada. Finalmente conseguira matriculá-la num colégio batista. E, passando a frequentar essa igreja, convertera-se. É curioso notar que aqui se passa justamente o contrário do que ocorre nos Estados Unidos, e pelas mesmas razões. Nos Estados Unidos, o catolicismo atrai cada vez mais os negros devido à inexistência de segregação na missa ou na comunhão pascal. A razão está no fato de serem o catolicismo na América do Norte e o protestantismo na do Sul religiões minoritárias, de modo que só podem seduzir minorias. Para bem compreender a inexistência de preconceitos de cor no protestantismo brasileiro e mais particularmente no de São Paulo, o único que nos interessa no momento, é preciso evocar o clima de "seita". Uma minoria cerra fileiras, defende a sua solidariedade, a vida religiosa é mais intensa que na Igreja majoritária, e a participação da mesma fé é mais importante que as diferenças de classe ou de raça, cria uma família. Isso se vê mais nitidamente nas seitas recém-criadas como a do Pentecostes da Glória, cujos fiéis devem abster-se de qualquer contato com os descrentes, visitam apenas os correligionários, e se casam entre si. Quando o negro se incorpora ao grupo é considerado um "irmão" e tratado como tal.

Mas em geral as diversas igrejas protestantes não se recrutam no mesmo meio. Há igrejas mais burguesas, como a metodista, e igrejas mais proletárias, como a de Pentecostes, constituindo a Batista uma transição. Por conseguinte o protestantismo pode também ajudar a "classificar" o homem de cor, incorporá-lo na classe média, dar-lhe um *status* social de honorabilidade. O puritanismo protestante une-se então ao puritanismo negro e se funde com ele.

Mas todo o protestante convicto é um missionário, sente-se responsável pelo irmão que está fora do júbilo cristão. O negro protestante não pode querer gozar egoisticamente de sua situação relativa de conforto em face da miséria material e moral da classe de cor. Nada de surpreendente, pois, no aparecimento de chefes negros protestantes. Eles conhecem melhor as realizações culturais dos negros norte-americanos e sabem que tais realizações são muitas vezes obra das igrejas protestantes. Desejariam fazer o mesmo no Brasil. Mas herdaram do protestantismo o que se costuma chamar "o dialeto de Canaã", essa gíria bíblica desconhecida dos outros negros, de tradição católica, de modo que as suas atividades, que conservam um ar de prédica, não agradam, ao que parece, à massa.

Acabamos de mencionar a influência norte-americana. Talvez convenha dizer aqui uma palavra sobre uma tentativa de um preto do Rio que quis fundar em São Paulo uma igreja protestante negra, com uma hierarquia de anjos pretos, bem caracteristicamente afro-norte-americana. Não nos parece, entretanto, necessário insistir no caso, pois o pastor da seita foi preso, dizem, por sedução de uma menor, e morreu na cadeia. Os fiéis disseram que os seus inimigos o mandaram prender e depois o envenenaram. Mas o caso é que essa igreja nunca teve um grande número de adeptos, e que alguns deles eram brancos. Hoje está agonizante com uma dúzia de fiéis no máximo, num subúrbio da capital, Poá.

As conversões de negros ao espiritismo são muito mais numerosas que ao protestantismo. Mas uma das razões invocadas com mais frequência permanece a mesma numa religião como na outra, a ausência de qualquer preconceito de cor. O espiritismo com efeito é em São Paulo uma religião de gente pobre que vem pedir aos espíritos, por intermédio dos médiuns, conselhos para a vida prática, remédios para os males do corpo e da alma, um consolo e uma ajuda. Ora já vimos que na classe baixa o preconceito é mínimo, e deve-se acrescentar que a comunhão num mesmo credo elimina o pouco que lhe resta.

É verdade que o espiritismo também está estratificado e que se distingue um baixo espiritismo, em que os espíritos invocados são os de velhos africanos mortos e de índios, e o espiritismo de Allan Kardec, que constitui uma espécie de aristocracia. A linha de cor reforma-se aqui, não no plano da igreja visível, nas relações entre os crentes, mas no plano da igreja invisível, no mundo dos Mortos. Os kardecistas de fato dizem que, quando se manifestam os espíritos africanos, é sempre para fazer palhaçadas, dizer palavrões, indecências, e não para consolar e ajudar. Retomam, pois, mas desta vez contra os espíritos, os estereótipos do branco contra o negro, apenas os transpõem deste para o outro mundo. O negro é sem dúvida admitido num pé de igualdade com o branco da seita, mas o seu espírito é considerado pouco evoluído, ainda muito preso à matéria, para poder merecer as honras do apelo num "aparelho" que o encarne. É evidente que o negro respondeu a essa crítica fazendo a apologia desses espíritos africanos ou índios contra os espíritos brancos. O conflito das cores transportou-se do terreno da estrutura social para o terreno da hierarquia mística das almas dos mortos. De onde a criação, no Rio, do espiritismo de Umbanda.

Mas essa luta interessa mais ao Rio que a São Paulo. O espiritismo de Umbanda correspondia a uma necessidade da massa negra, e a prova está na sua expansão do Rio para Minas e o sul do Brasil. Assistimos hoje a um fenômeno análogo ao da Frente Negra, mas desta vez de reivindicação mística do negro e não política. O espiritismo de Umbanda tentou implantar-se também em São Paulo, mas conta apenas um ou dois templos que, afinal, segundo o nosso inquérito, são ainda mais frequentados por brancos da classe baixa que por negros.

A reivindicação racial em São Paulo faz-se, pois, menos que no Rio ou em outras regiões do Brasil, no terreno religioso. Aqui, o movimento permanece sempre mais político. O negro espírita frequenta os centros kardecistas, onde é bem recebido, ou os do baixo espiritismo, onde, por sua vez, recebe bem os brancos. Nesta última variedade religiosa pode mesmo encontrar formas de compensação, contra a sua sorte de humilhado, ou uma fuga para os seus ressentimentos. Encontramos na zona dos apartamentos baratos uma mulata médium chamada "de Sá" e que recebia o espírito de Mem de Sá, governador-geral do Brasil. Era evidente que ela se ligava assim por intermédio desse morto a uma das famílias mais ilustres do Brasil. O preto médium kardecista, de um modo geral, pode receber no seu corpo espíritos de brancos, e assim "embranquecer" espiritualmente. A biografia seguinte mostrará, na ascensão de um homem de cor, através do espiritismo, a ação sutil de uma série de complexos recalcados ante a dominação do branco: "Pai branco, português, e mãe de cor. Profissões humildes e vivendo em cortiços. Aos 12 anos C. perde o pai, e a mãe aos 16. Trabalha desde a idade de 8 anos como entregador de marmitas e aos 12 anos torna-se ajudante de cozinheiro. Em 1932, deixa o Rio para instalar-se em São Paulo onde trabalha num restaurante sírio. Casa-se aos 20 anos. Mas a mulher é doente. É tratada por um amigo espírita e é então que se descobre que C. tem dons de *médium*. Entretanto, em vez de se fixar num centro estabelecido e trabalhar, prefere montar o seu próprio centro e angaria os primeiros clientes entre os fregueses do seu restaurante, e em particular algumas famílias sírias e armênias".[2]

C. deixou a escola cedo demais para pensar em realizar a sua ascensão por meio dos diplomas. Procura primeiro subir na profissão de cozinheiro, mas não tem satisfações de amor-próprio. A doença da mulher e, através dela, a descoberta do espiritismo, revela-lhe um mundo novo, que lhe oferece oportunidades. Já não terá de servir estrangeiros, "turcos" (nome dado no Brasil a todos os originários do Próximo-Oriente), já agora os "turcos"

---

[2] Biografia colhida por Oswaldo Elias Xidich.

serão obrigados a recorrer ao "poder" e às "virtudes" milagrosas do preto. Estranha inversão de papéis da sociedade paulistana, em que o negro consegue enfim tornar-se superior ao imigrante.

Porém, uma vez mais, são fatos demasiado raros para que se insista neles. Se os citamos é porque eles descobrem, como as nossas análises dos sonhos ou o nosso "teste da bebida", mais que a leitura dos jornais, as atitudes disfarçadas do ressentimento do negro e o elemento subjetivo por trás do objetivo, do preconceito ou da seleção.

Os órgãos de fiscalização social

II – A POLÍCIA

Se a religião é em geral um elemento de adaptação e de integração, pelo menos para os crentes, o Estado deve defender a ordem existente, reformando-a se for necessário, contra qualquer ataque capaz de pôr em perigo a segurança pública. A polícia é o instrumento dessa defesa. Não do branco contra o negro, mas da sociedade, tal como existe contra tudo o que a ameaça. Contra todos os que, seja qual for a cor da pele, não respeitem a lei. Mas a lei é feita pelo branco e a ordem que a polícia deve defender, a ordem existente, é a que entregou aos brancos os postos de comando. Nessas circunstâncias, é o caso de indagar se a polícia não será um instrumento de repressão a serviço do branco.

Em primeiro lugar, porém, existe ou não um preconceito de cor no seio da polícia? Pois é evidente que, se a polícia estivesse toda nas mãos dos brancos, tenderia, mesmo sem querer e sem o perceber, a participar da dominação de uma cor sobre a outra. Ora tal não se dá: a polícia é certamente uma das instituições em que o negro se encontra em grande número. Mas é preciso atentar numa coisa: pois, se os negros ocupassem apenas postos subalternos, seriam obrigados pela disciplina militar a cumprir as ordens dos chefes brancos. Apesar da cor, estariam a serviço de uma polícia de opressão. Não há dúvida que os negros ocupam os postos inferiores, mas há certo número de delegados. É difícil atingir o posto de oficial. Citamos anteriormente a história de um aluno dos Cadetes da Polícia, que de tal forma tivera de se esforçar para vencer a concorrência dos colegas brancos, que chegara a enlouquecer. Mas afinal as barreiras não são intransponíveis, como há uns vinte anos, e encontram-se pretos entre os chefes também. O preconceito de cor mais aparente, hoje, na polícia, é o que chamamos "estético". Fizeram-nos notar muitas vezes que não se encontram de plantão nas salas de cinema ou em frente aos teatros guardas de cor, que se costuma dar de preferência esse emprego mais representativo aos brancos, ainda que "franzinos e doentios", em vez de empregar belos negros bem-feitos, atletas de ébano. Assim como tivemos ocasião de observar numa cerimônia diante do monumento do Ipiranga, com a presença de um embaixador estrangeiro, que lá fora depositar uma coroa de flores, haviam cuidadosamente dissimulado por trás do monumento dois dragões da Independência pretos, para pôr em evidência apenas os dragões brancos.

Em todo o caso, pergunta-se: se o negro participa da polícia quase que em todos os degraus, aproveitar-se-á da situação para defender o irmão de cor, quando atacado, ou para fechar os olhos, quando é ele quem ataca? Aproveitar-se-á do poder para tomar um revide contra o branco? Conforme as circunstâncias, a polícia toma o partido do negro ou do branco. Um preto que não fora atendido por um barbeiro apelou para um guarda, que o acompanhou e ficou com ele até o fim da operação.

Por ocasião do caso da rua Direita e da queixa dos comerciantes contra o *footing* dos negros, a polícia se pôs, ao contrário, do lado dos brancos, tentando, porém, medidas suaves. Por exemplo, baseando-se no amor dos pretos à música, fez passar pela rua uma banda que se dirigiu depois para outro bairro, na esperança de que os negros a seguissem. Depois, vendo o malogro da tentativa, mandou fechar os bailes de negros das vizinhanças. No caso das brigas das gafieiras, finalmente, a polícia não toma partido nem por uns nem por outros, apenas mantém a ordem.

A censura mais corrente que os nossos informantes de cor fizeram à polícia dirige-se, paradoxalmente, contra o guarda negro. Dele viria a discriminação, mais que do guarda branco, e essa discriminação agiria contra o irmão de cor. O guarda negro não pode livrar-se de três séculos ou mais de obediência passiva ao branco, e conserva uma certa timidez de comportamento para com ele, o branco tem sempre algo do prestígio do patrão e a superioridade do seu *status* social. Claro que é às vezes obrigado a prender brancos, mas fá-lo com certo respeito, e como que lutando contra certas inibições. Sabe muito bem que tais prisões lhe podem valer graves feridas do amor próprio. Um guarda de cor, prendendo uma mulher da rua da Liberdade que espancava ferozmente os filhos, recebeu a resposta: "Desde quando se viu um negro prender um branco?". Essa inibição ele não a sente para com outro negro. O seu ressentimento, não podendo voltar-se contra o branco, protegido pelo prestígio da cor, e não podendo ter outro escapamento, voltar-se-ia contra o criminoso preto, que ele atacaria como uma fúria. Se o fato for verdadeiro, encontraremos em São Paulo um fenômeno análogo ao que Dollard estudou nos Estados Unidos: a agressividade, impossível contra o branco, descarregar-se-ia contra o negro desprotegido. Mas, o que é compreensível num país em que existe uma linha de cor igual, já o é bem menos num país em que ela não existe. Pode ser que alguns guardas pretos façam questão de mostrar a outros companheiros de cor que eles são "autoridade", e tentem assim, perante si próprios e perante os outros, uma espécie de reabilitação através da farda e da posição que ocupam. Seria um modo de autoafirmação, o hábito emprestando prestígio e permitindo uma válvula de escapamento, um meio de se libertar dos seus complexos, da sua agressividade recalcada. Mas julgamos que, se tais casos podem produzir-se, é a disciplina que explica certos fatos chocantes aos olhos dos negros que estão fora da corporação, isto é, a brutalidade do guarda preto contra o seu irmão na cor. É que o negro é muitas vezes mais combativo e rebelde que o branco, não quer ser preso, defende-se ferozmente, tenta tirar a faca; o guarda, em defesa própria, é pois obrigado a lançar mão de toda a sua força.

Ao lado dessa crítica ao guarda negro, que é mais frequente, porque um negro que prende outro ou o brutaliza tem aos seus olhos algo de revoltante, encontram-se também algumas críticas à polícia em geral. Os policiais divertir-se-iam em prender negrinhas na rua e levá-las ao posto como instrumento de prazer, metendo-lhes medo, ameaçando-as de prendê-las, se contarem alguma coisa. Os policiais fariam assim uma distinção entre as pretas e as brancas que saem tarde à rua. Por exemplo, dançarinas que saem dos empregos pelas duas da madrugada: se forem pretas são consideradas prostitutas e obrigadas a passar a noite no posto de polícia; se forem brancas, ninguém as importuna. Se um negro briga com um branco são ambos levados à delegacia, mas, uma vez dadas as explicações, o branco é solto, pode voltar para casa, ao passo que o negro fica preso até o dia seguinte de castigo. Sustenta-se igualmente que, quando se quer fazer um negro confessar um crime qualquer, usa-se para com ele de maior brutalidade do que com um branco. Vimos por fim que, nos casos de queixas à polícia por sedução de menor preta, o delegado dava um jeito de não lhes dar seguimento. Citaremos alguns casos transcritos da imprensa negra de São Paulo:

> a) "S. A. foi preso em Sorocaba por ter dado uma facada no sírio A. M. C. A imprensa local não contou direito o caso. S. A., depois de ter prestado um serviço a Moisés, não foi remunerado e recebeu mesmo, do sírio, o insulto de ladrão. Em defesa própria, S. feriu-o e depois constituiu-se prisioneiro. No decurso do processo, todas as testemunhas depuseram contra o preto... O júri condenou-o a 11 anos de cadeia. O promotor insul-

tou o elemento negro, em vez de analisar as peças do processo, e pôs nas nuvens a colônia síria."

b) "Um agente de polícia secreta prendeu quatro negros que voltavam do cemitério, sem nenhuma razão, e eles continuam presos."

c) "Um negro apelidado Pretinho, um turco, um oficial da justiça e um padeiro discutiam num bar a situação do preto nos Estados Unidos. No decorrer da discussão, Pretinho exaltou-se e tratou o turco de burro. Este dá-lhe traiçoeiramente dois tiros nas costas, depois segue tranquilamente para o hotel, janta e embarca no último trem para a capital, pois não o prenderam em flagrante. – 'Perguntamos aos poderes competentes atacados de insônia: e a polícia? E o oficial de polícia que tomara parte na festa? Não se tomou nenhuma providência porque a vítima era um pobre negro'."[3]

Citamos todos os fatos de discriminação que nos foram relatados e que encontramos na imprensa. Mas a censura mais frequente não é a de um excesso de injustiça na repressão, é, ao contrário, a da ausência de repressão. Encontramos aí um ataque que já havíamos encontrado contra o branco em geral. A polícia observa de longe, como uma coisa natural, que não merece a sua intervenção, a degradação moral do negro, incapaz de resistir às tentações da cidade grande. Enquanto menores brancas, que passeiam sozinhas, são restituídas aos pais ou ao Juiz de Menores para uma possível regeneração, a Polícia fecha os olhos voluntariamente sobre a prostituição das pretinhas, provavelmente porque não haveria lugar suficiente para elas nos asilos. Dir-se-ia que ela quer fazer afundar o negro o mais possível, vê-lo chafurdar na lama e afogar-se para sempre, perder-se materialmente pela tuberculose, pela sífilis, e moralmente, pela sua própria decadência. Ou se prendem essas prostitutas, é simplesmente para tocá-las de São Paulo, colocá-las num trem destinado ao interior, em vez de tentar regenerá-las. Até que ponto será justificada essa queixa? Consultamos as estatísticas da criminalidade juvenil e do Asilo de Menores e encontramos uma porcentagem apreciável de pretas internadas, superior mesmo à porcentagem dos elementos de cor no conjunto da população paulista. Mas, como já o dissemos, a prostituição da preta sendo uma prostituição de rua, a educação do cortiço desenvolvendo a precocidade sexual, e o Asilo não podendo bastar a todas as necessidades, é evidente que a polícia é obrigada a fechar muitas vezes os olhos. Não acreditamos numa discriminação deliberada.

Se todavia citamos o fato foi por ser o seu interesse subjetivo maior que o objetivo. A racionalização que ele produz, a de uma política sistemá-

---

[3] Extraídos de *A Voz da Raça*. I, 25 – I. 30 – *Bandeirante*, II, 4 *A Voz da Raça*, II, 44.

tica do Estado para degradar o mais possível o preto, revela a profundidade do sofrimento dos homens de cor em São Paulo e a força do seu ressentimento contra o branco.

Em resumo, a polícia está a serviço da lei. E a sua ação é o reflexo dessa lei. Na medida em que a ordem existente aproveita sobretudo ao branco, a política pode ser considerada um instrumento a serviço do branco também. Na medida, porém, em que a Constituição do Brasil é democrática, oposta a toda diferenciação étnica ou racial, ela está a serviço da defesa do negro.

A infiltração como processo da ascensão social do negro

Resta-nos examinar um último efeito do preconceito. Mostramos no capítulo anterior que ele toma sobretudo a forma de barreiras de costumes que, desde a escola até a promoção no emprego, limita a ascensão do negro no conjunto da comunidade.

Limita-a apenas, sem impedi-la, note-se bem. Pois, se o branco tende a defender sua posição de mando e direção, ninguém deseja o enquistamento do negro. Assim como o seu antepassado temia a formação de uma consciência do escravo como classe explorada, ele teme hoje a formação de um *Lumpenproletariat*, de uma grande massa de revoltados. É preciso pois dar ao preto a esperança de uma eventual melhora da sorte, é preciso entreabrir-lhe o acesso a posições melhores. Assim agindo, o branco aliás continuará uma política tradicional, a do apadrinhamento. Esse apadrinhamento tem sua fonte nos nascimentos ilegítimos dos filhos dos patrões com as escravas de cor, no instinto paternal que levava o pai a cuidar dos mulatinhos nascidos desses encontros, como nas relações íntimas entre os meninos brancos e os negrinhos. Mas, hoje, o apadrinhamento prossegue sob outras formas. Assim tudo leva o branco, a tradição paternalista e o seu próprio interesse bem compreendido, a ajudar um certo número de elementos da classe negra.

Há com efeito duas atitudes possíveis para o branco que quer manter a sua posição de superioridade. Ou a segregação, a atitude norte-americana – com a formação de castas separadas, e nesse caso haverá oportunidade de ascensão social dentro da casta, que permanecerá no seu conjunto, subordinada à dos brancos, isto é, o grupo inteiro, com seus capitalistas e seus operários, será inferiorizado – ou então a solução brasileira, uma só sociedade, com classes e não mais castas, com o branco em número cada vez maior à medida que se passar de uma classe inferior a uma superior, ocupando os postos de maior prestígio, de maior remuneração e responsabilidade.

Mas visto tratar-se de uma sociedade unificada encontrar-se-ão fatalmente, embora a título excepcional, pretos em todos os degraus da escala social, inclusive no ápice. Negros empregadores e empregados, embora pequenos empregadores. Negros artesãos ou semi-independentes, alguns comerciantes nos subúrbios.

Apenas nessas condições, a ascensão não pode tomar outra forma senão a de uma infiltração. Uma gota negra após outra a passar lentamente através do filtro nas mãos do branco. Não se trata de recuperar a massa, mas de selecionar elementos de escol. O nosso inquérito permitiu-nos ver, na mobilidade profissional do negro, muitas vezes um desejo de subir. Mas a subida é fácil só até certo degrau. Meninos que começaram como engraxates ou porta-marmitas aprendem um ofício, tornam-se aprendizes de marceneiro, de alfaiate ou de eletricista. Acabam profissionais. Depois disso, a infiltração torna-se mais difícil, é preciso ter uma certa instrução, diploma. O Senac, organização de iniciativa dos comerciantes, com a função de elevar o nível cultural dos empregados no comércio, durante algum tempo usou uma ficha de registro de menores, candidatos a emprego, na qual havia a indicação da cor do interessado. Em virtude das dificuldades surgidas com referência a essa indicação foi ela posteriormente suprimida das fichas. O nosso inquérito revelou também as variações dos ideais dos pretos, as flutuações da sua busca profissional. É assim que, se dantes o seu sonho era tornar-se funcionário público, sendo que os mais instruídos tiravam diploma de contador, hoje perceberam que o funcionário é mal pago e, quando é de cor, tem problemas particulares, e viram que um contador dificilmente arranja emprego, que é barrado em muitas organizações e que lhe é difícil encaixar-se na sociedade branca.

Assim a infiltração nem sempre se faz pelas mesmas vias, mas segue as da menor resistência, tateia para abrir caminho por onde sente certa fragilidade. Como a água, que ataca a matéria tenra e deixa intacta a parte dura da pedra, o negro procura as partes moles para atacar por aí de preferência. E foi assim que vimos formar-se sucessivamente, acima da plebe, um proletariado de cor composto de operários semiespecializados; acima deles, uma pequena classe média e, finalmente, uma elite negra.

Numa grande proporção, a ausência de tensões raciais demasiado brutais provém dessa infiltração, pois o negro que subiu um pouco está, como o provam as respostas que recebemos, satisfeito com sua sorte. Pode mesmo esperar um destino melhor para os filhos, se ganhar o suficiente para dar-lhes instrução. Quanto ao branco, entreabre ou fecha as comportas segundo os seus interesses de camada dominante, de modo a fiscalizar sempre o movimento, a impedir crises, sem, todavia, sentir-se ameaçado.

Capítulo V

A Luta contra o Preconceito de Cor*

O preconceito de cor representa uma espécie de "dimensão incômoda" do sistema sociocultural brasileiro. Na verdade, se todos não o desaprovam abertamente, pelo menos são poucos os que têm coragem de confessar que o praticam ou que o consideram "justo" e "necessário". É patente que nem os brancos, nem os indivíduos de cor se sentem à vontade quando se discutem as diversas modalidades de manifestação do preconceito e da discriminação com base na cor. E é claro que todos prefeririam ignorar a natureza, o alcance e os efeitos reais das restrições que afetam os negros e os mulatos.

Apesar disso, as relações contra a exteriorização do "preconceito de cor" chegaram a alcançar alguma consistência, particularmente no "meio negro". Neste capítulo, limitamos a nossa atenção ao estudo das reações espontâneas, que parecem repercutir na dinâmica das relações raciais, e da reação legal, que se somou àquelas e tinha por fim o domínio formal de determinadas manifestações "do preconceito de raça ou de cor".

---

*   Este capítulo foi redigido por Florestan Fernandes.

1) Reações espontâneas contra o preconceito de cor

As reações espontâneas contra o preconceito de cor têm-se desenvolvido tanto entre os "brancos" quanto no "meio negro". Mas elas só assumiram a forma de *movimentos sociais* neste último, pois nele é que se encontram as pessoas prejudicadas direta ou indiretamente por suas manifestações. Em conjunto, ambas as reações têm produzido efeitos sociais construtivos. Umas, por conterem as orientações de conduta dos "brancos" dentro de certos limites; as outras, porque estimulam as atitudes inconformistas dos negros e dos mulatos, contribuindo seja para combater o sentimento de inferioridade dos indivíduos de cor,[1] seja para uni-los através da consciência social de interesses comuns.

A pressão exercida pelos ideais de integração nacional acima das diferenças raciais, muito importante em um país de formação étnica tão heterogênea, como o Brasil, e de igualdade fundamental entre todos os brasileiros, está na base mesma do estado de opinião, que prevalece entre os brancos, contrário às medidas ostensivas de discriminação econômica ou social com base na cor e à exteriorização do preconceito de cor. Essa pressão é suficientemente forte para criar e suportar o sentimento generalizado pelo qual a exteriorização de atitudes desfavoráveis aos "indivíduos de cor", em particular diante deles, constitui "falta de educação" e representa um comportamento "pouco digno". Graças a esse sentimento, os brancos nativos se impõem certos valores morais, que os ligam indubitavelmente aos seus "irmãos de cor", como se diz vulgarmente. Um deles consiste na expectativa dos "estrangeiros" se conformarem com os padrões tradicionais de tolerância racial. Várias pessoas entrevistadas, pertencentes a diversas categorias sociais, revelaram a sua indignação diante de fatos conhecidos de rejeição acintosa de negros e mulatos em organizações "estrangeiras" ou em círculos sociais constituídos por imigrantes e por seus descendentes. Parece-lhes que, nesse ponto, tais atitudes equivalem a ostentações de atitudes de desprezo para com os *brasileiros*. A reação mais corrente se exprime através da ideia seguinte: "se os estrangeiros não estão satisfeitos, que se mudem". Outro diz respeito a uma espécie de *obrigação tática* que os brancos se impõem, a qual traduz a influência do antigo padrão de sua relação assimétrica com os

---

[1] Sobre o sentimento de inferioridade dos negros e dos mulatos e sua ligação com o preconceito de cor, cf. especialmente os estudos de Virgínia L. Bicudo. Atitudes raciais de pretos e mulatos em São Paulo, *Sociologia*, vol. IX, nº 3, p. 195-219 (esp. p. 216-17); Roger Bastide, *Introdução ao estudo de alguns complexos afro-brasileiros*, op. cit., esp. p. 44 e ss.

negros: julgam-se no dever de "dar a mão" aos indivíduos de cor, de dispensar-lhes "proteção" ou "apoio", quando procurados para esse fim. As pessoas de cor começam a insurgir-se contra semelhante manifestação de "piedade" dos brancos. Mas é evidente que corresponde ela a um sucedâneo das atitudes de solidariedade inter-racial que não encontraram condições para desenvolver-se organicamente, por causa das consequências sociais da escravidão e da dominação senhorial.

Por fim, embora pairem dúvidas no espírito dos brancos – alguns não sabem se não seria melhor para os *negros* a existência de uma situação comparável à que enfrentam os negros norte-americanos – é decidida a oposição contra os que agitem a animosidade nas relações entre os dois grupos raciais ou propugnem por sua completa separação. É certo que esta atitude tem prejudicado a compreensão dos movimentos sociais dos negros. Assim, não faltou quem encarasse o *Congresso da Mocidade Negra Brasileira* como uma manifestação politicamente alarmante e perigosa.[2] A ideia de que "os negros não têm nenhuma reivindicação a fazer" surgiu na ocasião e continua a ser aplicada aos movimentos ou regiões posteriores. Contudo, a atitude em questão assume polarizações que redundam em maior aproximação racial. De um lado, agitam entre os brancos sentimentos de lealdade para com a ordem social vigente, colocando a opinião pública "ao lado dos oponentes de qualquer forma de discriminação racial"[3] e obrigando os homens públicos a tomar conhecimento da conveniência de regular formalmente as garantias de igualdade jurídica e política perante a lei. Isto explica o progresso nítido que se evidencia nas estipulações contidas na *Carta Magna* do país, no que concerne ao combate do preconceito de cor. A Constituição de 1891 dispunha apenas: "Todos são iguais perante a lei. A República não admite privilégios de nascimento, desconhece os foros de nobreza, e extingue as ordens honoríficas existentes e todas as suas prerrogativas e regalias, bem como os títulos nobiliárquicos e de conselho" (art. 72, § 2º). A Constituição de 1934 é bem mais clara, a respeito dos tópicos que nos interessam: "Todos são iguais perante a lei. Não haverá privilégios, nem distinções, por motivo de nascimento, sexo, raça, profissões próprias ou dos pais, classe social, riqueza, crenças religiosas ou ideias políticas" (art. 113, alínea I). A Constituição de 1946, proíbe, finalmente, de maneira expressa, o *preconceito de raça*: "Todos são iguais perante a lei [...]. Não será, porém, tole-

---

2   Cf. comentário de réplica, escrito por Vicente Ferreira, em O *Clarim d'Alvorada*, órgão da imprensa negra paulista, São Paulo, 9/6/1929, nº 17, p. 2.

3   Emílio Willems, "Race attitudes in Brazil", art. cit., p. 406; cf. também p. 408. A análise refere-se a São Paulo.

rada propaganda de guerra, de processos para subverter a ordem política e social, ou de preconceitos de raça ou de classe" (art. 141, § § 1º e 5º).[4] De outro lado, como as mesmas atitudes são partilhadas de maneira uniforme por "brancos" e "negros" nativos, elas se refletem nos movimentos de protesto dos indivíduos de cor, confinando a esfera de antagonismo às restrições impostas pelas gradações da cor da pele. Daí resulta que esses movimentos procuram defender abertamente uma integração mais homogênea do negro na vida social do país, em vez de assumir tendências de segregação racial. No *Manifesto do Congresso da Mocidade Negra Brasileira* estabelecia-se claramente: "*O problema do negro brasileiro é o da integração absoluta, completa, do negro, em 'toda' a vida brasileira* (política, social, religiosa, econômica, operária, militar etc.), *deve ter toda formação e toda aceitação em tudo e em toda parte, dadas as condições competentes, físicas, técnicas, intelectuais e morais, exigidas para a 'igualdade perante lei'*".[5] Afirmações paralelas ocorrem nos escritos dos principais mentores desses movimentos. José Correia Leite, por exemplo, assevera em *Alvorada*: "Estamos lutando para um levantamento integral do negro brasileiro; pela sua estabilidade econômica, cultural e social. Lutamos para que esses princípios sejam plantados e arraigados no fortalecimento de nossa compreensão espiritual";[6] no mesmo periódico, Raul Joviano Amaral defendia idênticos pontos de vista: "Então, antes de falarmos nos clubes ou escrevermos nos jornais, mais construtivo nos parece combater o preconceito por meio mais hábil: a ação. A ação no sentido de mostrar a cada Negro que deve melhor aproveitar o seu dinheiro; que deve procurar instruir-se, fazer-se hábil trabalhador, respeitar as individualidades dos seus próprios irmãos; que deve interessar-se pelo destino dos filhos; que deve educá-los e instruí-los; que deve ter e dar aos seus uma profissão digna e lícita; que deve velar pela segurança da família, fazendo compreender a enorme responsabilidade que cabe à mulher; que esta deve ser respeitada e protegida no que tem de mais sagrado; que deve formar instituições úteis ao seu desenvolvimento social; de amparo, de proteção, de assistência, de recreações etc.". "Parece-nos, pois, que formando uma coleti-

---

4   A. Coelho Branco Filho (Org.), *O Brasil e seus regimes constitucionais*, op. cit., respectivamente p. 174, 143 e 33-34.
5   Cf. *Mensagem aos negros brasileiros*, assinada pela Comissão Intelectual do *Congresso da Mocidade Negra Brasileira*, e escrita por Arlindo Veiga dos Santos, *Clarim d'Alvorada*, 9/6/1929; grifada no texto. A mesma afirmação consta do *Manifesto à gente negra brasileira*, feito em nome da *Frente Negra Brasileira*, por seu presidente geral, Arlindo Veiga dos Santos, São Paulo, 2/12/1931, p. 3.
6   José C. Leite, "Por que lutamos", *Alvorada*, São Paulo, 28/9/1946, p. 7.

vidade altamente moralizada, progressista e respeitada, uma colmeia digna, útil e trabalhadora, o preconceito por si só se atenuará. É prevenindo as novas gerações, é educando-as para uma vida nobre e mais sadia, mais independente e mais moralizada, mais esclarecidos os seus componentes em seus direitos e deveres de cidadãos e patriotas, que estaremos trabalhando pela integração do Negro na sociedade e contribuindo para redimir-nos das culpas que nos cabem pela nossa ociosidade no terreno social".[7] Em outro artigo, afirma Luís Lobato: "Sim, é preciso que os negros se organizem, sem, contudo, cair no isolacionismo que geraria o racismo".[8] No *Manifesto à Gente Negra Brasileira*, falando em nome da Frente Negra Brasileira, Arlindo Veiga dos Santos condena a transferência do modelo norte-americano para o Brasil: "Repelimos todos os patrícios que, errados, queiram transportar para o Brasil o problema negro ianque de luta de ódio contra o branco. Não é esse feito o nosso. Repelimos a concepção norte-americana, fruto da mentalidade, no fundo anticristã, daquele povo. Não queremos uma segregação da vida nacional, senão uma afirmação nacional do Negro, uma integração real e leal".[9]

Todavia, os ideais de integração nacional acima das diferenças raciais e da igualdade fundamental entre todos os brasileiros se refletem nas orientações de conduta dos brancos, como formas de controle das relações raciais desenvolvidas e regulamentadas socialmente. Por isso, as atitudes que se polarizam em torno desses ideais, por mais favoráveis que sejam aos "indivíduos de cor", tendem fatalmente a assumir a defesa do sistema de acomodações raciais existente. Elas não penetram nos aspectos negativos ou insatisfatórios das relações entre negros e brancos. Por conseguinte, não abrem perspectivas críticas na autoconsciência dos motivos e dos efeitos sociais das ações destes em face daqueles. A concepção de que *"o negro não tem nenhuma reivindicação a fazer"*, em São Paulo, possui assim um complexo fundamento sociocultural e constitui uma manifestação sincera por parte dos brancos, que não encontram em sua cultura explicações que permitam tomar consciência da discriminação e do preconceito com base na cor como um *problema social*.

A situação que se desenha no "meio negro" é completamente diversa. Enquanto se mantiveram as condições de existência social, criadas no antigo

---

7   Raul J. Amaral, "Rumos e diretrizes", *Alvorada*, São Paulo, janeiro de 1947, ano II, nº 16, p. 3.
8   Luís Lobato, "Os negros devem organizar-se", *Alvorada*, São Paulo, junho de 1947, ano II, nº 24, p. 6.
9   Arlindo Veiga dos Santos, loc. cit., p. 7-8.

mundo rural, pela escravidão e pela dominação senhorial, não se formaram canais de "protesto social". Os desapontamentos e as insatisfações dos negros mulatos não encontravam formas de expressão coletiva. Ao contrário, de acordo com os padrões vigentes de tratamento inter-racial, os desapontamentos e as insatisfações precisavam ser dissimulados ou resolver-se através de soluções de caráter estritamente pessoal (abandono do Estado, alcoolismo, evitação de certas pessoas brancas, isolamento, suicídio etc.), variáveis portanto de um indivíduo para outro. Mas, com a progressiva assimilação dos negros e dos mulatos à ordem social produzida pelo regime de trabalho livre e pelo sistema de classes, começaram a surgir na população negra e mestiça da cidade tendências para a elaboração social e a expressão coletiva dos sentimentos provocados pela desigualdade econômica e social das duas "raças" e pelas manifestações da discriminação e do preconceito com base na cor. Além disso, o que é mais importante, as orientações de conduta, polarizadas em torno dessas tendências, adquiriram desde logo uma alta potencialidade inconformista, aplicando-se ao mesmo tempo contra a dissimulação, por parte dos brancos, e contra a capitulação passiva, por parte dos negros e dos mulatos. Os ideais de integração nacional acima das diferenças raciais e de igualdade fundamental entre todos os brasileiros sofreram no "meio negro" uma reelaboração cultural, que se caracteriza pela eliminação das inconsistências ocultas atrás de ambas as noções, nas atitudes dos brancos, e pelo desdobramento da perspectiva crítica, pois alimenta avaliações em que não são poupados nem os "brancos" nem a "raça negra" (como exemplificam, aliás, as transcrições feitas anteriormente). Embora seja inegável a preocupação de supervalorizar o papel histórico da "raça negra", a verdade é que os elementos dinâmicos da nova ideologia nascem da crítica dos aspectos negativos e insatisfatórios das relações dos negros com os brancos e da definição do "preconceito" como um *problema social*. Por isso, as reações espontâneas contra o preconceito de cor não se confundem, no "meio negro", com a defesa do sistema de acomodações raciais existente. Têm elas um sentido radical e, por sua própria natureza, operam como força de solapamento e de desmoralização dos padrões de comportamento e dos valores sociais, que interferem na integração dos negros e dos mulatos, às classes sociais e que contribuem para perpetuar o sistema de acomodações raciais herdado do passado.

 A emergência e a canalização social do "protesto negro" contra as manifestações da discriminação e do preconceito com base na cor constituem um fenômeno recente, cuja explicação se encontra nas transformações operadas na situação dos negros e dos mulatos na sociedade paulistana. A análise desenvolvida no Capítulo II demonstra que, no passado, não existiram condições sociais que permitissem a formação de movimentos ou de associações de *negros*; a constituição de laços de solidariedade moral, o peneiramento e a atuação de líderes negros ou mulatos, a luta coletiva por interesses sociais imediatos ou futuros, eram igualmente prejudicados, de forma irremediável, pelo estado de anomia em que sempre viveu uma parte considerável da população de cor pela posição heteronômica a que se viam reduzidos os indivíduos de cor, que usufruíam as vantagens da vida social organizada. Durante o período de transição, que se iniciam com a Abolição e vai, aproximadamente, até 1930, não se criaram condições que neutralizassem completamente as forças e as pressões sociais que impediam a integração dos indivíduos de cor em movimentos coletivos independentes. Todavia, surgiram, particularmente a partir do segundo quartel deste século, algumas condições favoráveis à formação de pequenos grupos e de associações capazes, de agitar a necessidade de união para atingir a elevação moral, intelectual e social da "raça negra". Entre essas condições, cumpre o relaxamento da coerção exterior, exercida sobre pessoas de cor quase indiscriminadamente as possibilidades de peneiramento de líderes mais ou menos leais aos interesses sociais e aos ideais de "elevação moral", intelectual e social da "raça negra"; e o aparecimento de *canais de protesto*, que serviram ao mesmo tempo como meios de atuação dos líderes e de arregimentação das massas.

No passado, o escravo representava, como já foi indicado em outra parte deste trabalho, um "inimigo natural" da ordem pública. A repressão às atividades sediciosas dos escravos e, principalmente, às ações rebeldes dos escravos fugidos e reunidos em quilombos, sempre foi uma preocupação dos senhores, bem como da polícia colonial e imperial. As condições em que ocorreu a desagregação do regime servil não deram origem, senão esporadicamente,[10] a con-

---

10 Os depoimentos históricos mostram que a Abolição se processou pacificamente em São Paulo, embora tivessem ocorrido alguns conflitos nas fazendas, localizadas no interior, quase sempre por causa da incompreensão ou de violências dos senhores (cf. Maria Pais de Barros, *No tempo de dantes*, op. cit., p. 130-34. José Maria dos Santos, *Os republicanos paulistas e a Abolição*, cap. XII; dr. Antônio Manuel Bueno de Andrada, "A Abolição" em São Paulo. Depoimento de uma tesmunha, *O Estado de S. Paulo*, 13/5/1918; cf. também as notícias estampadas em *A Província de São Paulo*, de 1º, 7 a 25 de maio de 1888 e em 5 de junho do mesmo ano; *Correio paulistano*, de 18 a 26 e 30 e 31 de maio de 1888; *Relatório apresentado à Assembleia Legislativa Provincial pelo presidente da província dr. Pedro Vicente de Azevedo no dia 11 de janeiro de 1889*, op. cit., p. 144). Informações obtidas diretamente revelam que, em certos lugares (no interior do Estado), os ex-escravos aplicaram correções aos seus antigos senhores, que se mostraram maus no tempo do cativeiro; reuniam-se em pequenos grupos e tocaiavam, à noite, até conseguirem dar uma surra nos seus ex-algozes. Os dados em questão foram fornecidos por pessoas brancas.

flitos entre negros e brancos de consequências fatais. Porém o pauperismo e os fenômenos patológicos, que afetaram a população de cor da cidade, contribuíram para perpetuar certas representações antigas, desfavoráveis às pessoas de cor ("o negro é vagabundo", "negro é cachaceiro", "negro é ladrão", "negra é mulher à-toa" etc.), e para manter velhas desconfianças dos brancos. Daí a orientação da polícia, de reprimir a "vadiagem" ou a "prostituição" através da prisão dos indivíduos de cor encontrados perambulando pelas ruas ou agrupados nas esquinas ou botequins. Pouco a pouco, as violências resultantes dessa orientação foram-se atenuando, até que se passou a prender apenas os indivíduos de cor com precedentes criminosos, como se procede com relação aos brancos.[11] Segundo o testemunho das pessoas entrevistadas para esse fim, a transformação das formas de repressão às atividades dos indivíduos de cor acarretou uma mudança considerável nas perspectivas de agrupamento deles entre si, permitindo que se unissem publicamente, onde quisessem, para discutir seus problemas. Observa-se, ainda, que não foram poucas as pessoas que procuraram, deliberadamente, "quebrar o medo" dos companheiros e reeducar os brancos, na apreciação da "conduta" dos negros e dos mulatos. Organizavam clubes recreativos e promoviam reuniões sociais "distintas", que evidenciavam o decoro e a educação das pessoas de cor. Não há dúvida em que a possibilidade de agrupamento e os estímulos que conduziam à intensificação da vida social dos negros entre si representam um passo muito importante na formação das condições que iriam determinar a eclosão dos movimentos sociais no "meio negro". Esses fatos marcam o início de uma nova era na congregação das pessoas de cor. Embora subsistissem as rixas, as prevenções e os sentimentos de desconfiança nas relações dessas pessoas (o que se nota ainda hoje, e o que se explica facilmente através do passado do negro em São Paulo), a verdade é que a transformação apontada ofereceu a própria base material para a constituição das associações que iriam dedicar-se ao combate do "preconceito de cor" e à defesa dos direitos da "gente negra".

---

11 Segundo informantes fidedignos do meio negro, a transformação dos meios de repressão policial só se fez notar acentuadamente depois de 1930, com a cessação das arbitrariedades mais graves. Aliás, no interior do Estado o rigor parece ter sido maior, em determinadas zonas. Além dos abusos, relatados em outra parte desse trabalho, praticados nas pessoas dos manumitidos, pelos agentes da ordem pública, sabe-se que em algumas localidades, como na Vila de São Pedro em Piracicaba, por exemplo, as autoridades deram ordem às praças de polícia de não consentirem pretos à noite pelas ruas da vila e que aos domingos só fossem consentidos na vila até ao meio-dia (*A província de São Paulo*, 2/6/1888).

O peneiramento de líderes identificados com os interesses do grupo a que pertenciam processou-se em conexão com as flutuações da integração dos negros e dos mestiços às classes sociais. De uma lado, o incentivo de "passar por branco" perdera uma parte do seu poder coativo. Mesmo mulatos claros, alguns *bacharéis*, preferiram integrar-se aos movimentos sociais que se esboçavam no "meio negro", em vez de definirem a sua lealdade para com os valores e os interesses sociais dos brancos. De outro lado, surgiram pessoas aptas para o exercício intelectual da liderança. Entre elas tanto havia os que eram formados por escolas superiores ou profissionais (principalmente advogados, contadores e dentistas) quanto autodidatas, "*sem escola*", mas inteligentes e de notável integridade moral. Por fim, parece que as circunstâncias favoreceram o peneiramento de determinadas personalidades, qualificadas para *influenciar* os companheiros, conquistando-os para a causa da união dos negros em torno de ideais de luta e de autoafirmação da "raça negra". Pelo menos, um dos documentos de que dispomos esclarece o seguinte: "Os movimentos de negros adquirem, na década de 1930, um conteúdo novo. De fato, se já podiam ser notadas, na ação do *Clarim d'Alvorada*, no *Palmares*, na tentativa de realização de um *Congresso da Mocidade Negra*, intenções de reivindicação de um grupo que até então vivera à margem da sociedade, é só na referida década que procuraram os negros arregimentar a sua massa para conseguir maior eficiência na efetivação dessas reivindicações. Para isso concorreu, ao lado das transformações sociais expressas nos fatos apontados na parte anterior, 'a não concretização das esperanças que os negros depositavam na revolução de 1930'. "As condições de vida dos negros, pouco satisfatórias até então, agravaram-se com a crise de 1929, que fez grassar entre eles o desemprego. Este fato criou uma situação favorável para a emergência de um movimento reivindicatório, ao deixar sem ocupação elementos em condições de estabelecer o contato entre elite e massa, elementos que, por sua vez, encontraram campo favorável para a ação, num meio descontente com o desemprego". Nesse sentido, a descrição que o depoente faz dos cabos, isto é, "daqueles que tinham o encargo de sair pelos bairros à procura de partidários", é bastante sugestiva: "eram desempregados em virtude de uma situação de paralisação do trabalho, viviam com dificuldades, e abraçaram com entusiasmo esse encargo; tinham também interesse nessa atividade, pois os inscritos pagavam 1$000 por mês e nem todos os cabos eram fiéis – no fim de um dia de trabalho sempre davam uns 5$000 ou 6$000".[12]

---

12 *Movimentos sociais no meio negro*, monografia organizada pelo nosso pesquisador Renato Jardim Moreira, com dados, indicações e depoimentos do sr. José Correia Leite; em *Ms.*, p. 13-14.

A formação de clubes e associações no "meio negro" data de 1915, tendo-se intensificado por volta do período de 1918-1924. As organizações aparecidas não visavam, porém, à "arregimentação da raça", propondo-se somente fins "culturais e beneficentes".[13] A evolução naquele sentido se operou naturalmente, depois de 1927, em algumas dessas associações, sob a pressão da própria situação econômica e social do negro em São Paulo. Tomemos por exemplo o *Centro Cívico Palmares*: "A finalidade nitidamente cultural com que surgiu – organização de uma biblioteca – foi superada por força das condições em que vivíamos, passando essa sociedade a ter papel na defesa dos negros e dos seus direitos".[14] Outras organizações, nascidas no ambiente criado pela incipiente afirmação coletiva do elemento negro, aparecem com propósitos mais definidos e combativos. A *Frente Negra Brasileira*, por exemplo, que se constituiu em 1931, propunha-se a "*congregar, educar e orientar*" os negros do Estado de São Paulo. Em um documento intitulado *Frente Negra Brasileira, suas Finalidades e obras realizadas*, distribuído mais de cinco anos depois de sua fundação, afirma-se sobre cada um desses tópicos, respectivamente: "A Frente Negra está congregando todos os homens da raça, qualquer que seja a sua condição, e tem desfeito essa visão errônea do panorama da vida, que dominava as várias correntes até então existentes" (no "meio negro"); "o escopo de nossa organização é cuidar da educação coletiva, quer entre adultos, em vários graus e aspectos, como, e principalmente, entre as crianças, desde o curso primário até as noções necessárias ao alto padrão de conhecimentos para as lutas cotidianas do trabalho"; "... o nosso escopo é orientar (o negro) para reconquistar um lugar que é seu, mas não lhe deram. Orientar para que, como outros elementos raciais, ele possa ter uma vida mais produtiva e compensada, mais ritmada com os benefícios que o trabalho produz. Orientar para que ele possa gozar da mais ampla regalia que a lei concede". Ao mesmo tempo, essa organização desenvolvia um trabalho pertinaz de propaganda contra o preconceito de cor e de amparo moral aos associados. Eis como vem descrita, numa novela, a ação propagandista de agitadores frentenegrinos: "Um orador negro, fogoso, sentenciava: – É urgente o trabalho de redenção do negro brasileiro! Completar o 13 de Maio! Precisamos salvar a nossa Gente das mil desgraças em que vive. Salvação espiritual, salvação moral, salvação mental, salvação econômica, salvação física! Contra todo preconceito: do branco contra o negro e também (ouvi, meus senhores!) *do negro contra o branco!* Porque, minhas senhoras e senhores, também este, o preconceito do

---

13 Idem, p. 4.
14 Idem, p. 7.

negro contra o branco, embora mais raro, pode existir e frequentemente existe".[15] As intervenções da *Frente Negra Brasileira* na cobrança dos ordenados de associados demitidos injustamente do serviço ou na correção de locatários que se recusavam a receber inquilinos de cor ou os despejavam abruptamente, bem como em outras complicações com que o negro se defronta cotidianamente, criou o sentimento de que "os negros já tinham quem os protegesse",[16] o qual determinou um crescimento extraordinário do número de associados e deu alento aos incentivos de congregação racial. De acordo com um testemunho fidedigno, "diziam, mesmo: agora sim nós temos quem nos defenda, ou dirigindo-se aos italianos: agora não são só vocês que têm os cônsules, nós também, os negros, já temos um consulado para defender nossos interesses".[17]

Evolução paralela se verificou com a imprensa negra da cidade. Os primeiros jornais negros, publicados entre 1915 e 1922, assumem uma orientação literária.[18] Mas, logo, se tornam "um órgão de educação" e um "órgão de protesto", por causa dos problemas sociais que afligem as pessoas de cor, que formavam o seu público.[19] O *Clarim d'Alvorada*, por exemplo, aparece "em janeiro de 1924 com pretensões puramente literárias"; transformou-se, entretanto, "um ano depois, num jornal doutrinário e de luta, por força da colaboração que recebia".[20] Os jornais que saíram a lume, depois dessa data, submetiam-se à influência direta dos novos ideais de "levantamento moral, intelectual e social da raça negra", dedicando-se por isso com

---

15 Arlindo Veiga dos Santos, O *esperador de bondes* (novela), Estabelecimento Gráfico Atlântico, São Paulo, 1944, p. 51. O trecho foi reproduzido como está no original.
16 Conforme dados e informações prestadas diretamente, em diversas ocasiões, pelo sr. Arlindo Veiga dos Santos, que desempenhou durante algum tempo o cargo de presidente da *Frente Negra Brasileira*.
17 Conforme depoimento do sr. José Correia Leite, *Movimentos sociais no meio negro*, cit., p. 15. Esse depoimento é corroborado pelas informações obtidas do sr. Arlindo Veiga dos Santos. Na exposição anterior, usamos dados fornecidos pelos pesquisadores Renato Jardim Moreira, Fernando Henrique Cardoso e Ruth Villaça Correia Leite, sobre as associações negras de São Paulo e os movimentos que elas desencadearam ou os seus objetivos.
18 Cf. Roger Bastide, "A imprensa negra do estado de São Paulo", *Boletim nº CXXI da Faculdade de Filosofia, Ciências e Letras da Universidade de São Paulo*, passim; José Correia Leite, "História da imprensa negra em São Paulo – 1916 a 1926", *Alvorada*, 13/5/1947, ano II, nº 20, p. 5 e 6.
19 Cf. Roger Bastide, op. cit., p. 51 e 55.
20 Cf. Depoimento do sr. José Correia Leite, *Movimentos sociais no meio negro*, cit., p. 3-4.

insistência ao combate do preconceito de cor e à defesa dos direitos sociais dos negros. Alguns deles, mesmo, como *A Voz da Raça* e *Alvorada*, desempenhavam a função de órgãos de movimentos consagrados a esses objetivos. Daí o caráter de *imprensa adicional*, que a imprensa negra tomou e o seu tríplice desdobramento, como instrumento intelectual *de reivindicação, de solidariedade* e *de educação*: "de reivindicação, contra tudo o que seja em detrimento da elevação do brasileiro de cor; de solidariedade, porque somente a união poderá quebrar o preconceito de cor; de educação, porque o preto só subirá com mais instrução e mais moralidade, e com mais confiança no seu próprio valor".[21]

No capítulo anterior, vimos como o ressentimento criado pelas manifestações abertas ou dissimuladas da discriminação e do preconceito com base na cor se ligam à motivação dos movimentos sociais, que se desenvolveram no "meio negro". Agora, chegou a ocasião de apontarmos não as origens psicossociais mas a função social desses movimentos. Parece-nos que eles preenchem necessidades sociais bem determinadas: as que resultam da integração do elemento negro ao regime de trabalho livre e ao sistema de classes sociais. É evidente que os móveis e os valores sociais, incorporados à ideologia que se elaborou em torno do combate ao preconceito de cor e da luta pela "elevação moral, intelectual e social da raça negra", não correspondem a um estímulo fundamental de "imitar os brancos". As orientações básicas que caracterizam essa ideologia se associam a impulsões sociais que, ao contrário, traduzem a formação de ideais independentes de existência social, que não teriam razão de ser (na forma em que se atualizam), no setor branco da população. Esses ideais sublinham a dignidade do trabalho e sua importância como fonte de independência ou de segurança econômica; esclarecem que os homens têm obrigações morais para com as mulheres, devendo respeitar e enobrecer a "mãe negra", e que os pais devem cuidar do futuro dos filhos; insistem na necessidade da acumulação de bens, como condição para a ascensão social; apontam os meios de ascensão social que os negros devem utilizar, através do "esforço pessoal", dando grande relevo à escolaridade nos diversos graus e níveis do ensino; defendem a constituição regular dos laços matrimoniais e um padrão altamente decoroso de vida social, independentemente do nível de renda de cada um; valorizam a importância histórica da "raça negra" e a formação de laços de solidariedade racial, tendo em vista o alargamento das oportunidades dos negros na competição com os brancos e não a segregação racial; por fim, consagram o princípio de que "o negro não é inferior ao branco", já que pode desempe-

---

21 Cf. Roger Bastide, op. cit., p. 78.

nhar as mesmas ocupações que ele com idêntico êxito, tendo antes que vencer obstáculos muito maiores. Em suma, esses são ideais que refletem, concomitantemente, o passado e o presente dos negros. Eles desvendam o sentido dos movimentos sociais que se operam ou que estão em pleno processo no "meio negro". São movimentos que procuram libertar os negros de uma herança social incômoda e aniquiladora, a qual dificulta e impede a sua incorporação ao regime de trabalho livre e ao sistema de classes sociais, substituindo-a por valores sociais novos, coerentes com a configuração emergente da vida social urbana.

Por isso, os movimentos sociais dos negros não podem ser confundidos, quanto aos seus efeitos, com as reações espontâneas dos brancos contra o preconceito de cor. Eles correspondem a necessidades sociais que não poderão ser preenchidas nas condições de ajustamento proporcionadas pelo atual sistema de acomodações raciais. E, se eles não puderem provocar uma transformação radical desse sistema, é inegável que já produziram, no "meio negro", mudanças apreciáveis no que concerne à consideração das atitudes dos brancos para com os negros e à objetivação de novos ideais de vida. Assim, eles contribuirão poderosamente para quebrar o "tabu da cor", o medo que os negros e os mulatos tinham de não serem considerados "brancos", de não serem tratados "brancos" (isto é, como *pessoas livres* e *autônomas*), ou de serem chamados "negros". Enfim, ajudaram a criar uma atitude mais natural diante dos assuntos relacionados com a cor. E é preciso não esquecer que esta atitude está na raiz mesma de que qualquer reação construtiva dos negros contra as manifestações da discriminação e do preconceito com base na cor. Somente ela é que permitiu que os verdadeiros prejudicados tomassem uma consciência mais clara da situação do negro em São Paulo e dos meios para transformá-la. Embora a difusão da referida atitude tenha sido lenta, nota-se que as personalidades influenciadas pelos movimentos sociais já realizados, como o da Frente Negra ou o da Associação dos Negros Brasileiros, dão exemplos contagiosos no seu meio, de discussão franca e corajosa das restrições associadas à cor e do modo de combatê-las. O importante é que essa atitude constitui um índice de autonomia mental dos negros, pois implica uma dupla rebelião nas suas relações tradicionais com os brancos. Primeiro, ela se associa, na conduta dos líderes na agitação de semelhantes problemas, ao combate aberto à subordinação irrefletida ou sem limites à influência dos brancos. Eles perceberam depressa, como atesta o seguinte depoimento, que os brancos faziam pressão contra a congregação dos negros e os valores que lhe davam sentido: "muitas famílias negras permaneceram ligadas aos seus ex-senhores, procurando-os comumente para pedir conselhos quando precisavam tomar decisões. As tentativas de organizar-se em movimentos eram infrutíferas porque os senhores diziam que isso era bobagem, que nesta terra todos são iguais".[22] Por isso, trataram de destruir a dependência em que os companheiros se colocavam em face dos brancos e procuraram desmoralizar, por todos os meios acessíveis, os "negros capangas de políticos" ou "bajuladores de brancos". Segundo, ela traz consigo maior segurança e equilíbrio nas autoavaliações. Não porque leve os negros que a aceitam a reagir de maneira mais realista às manifestações do preconceito de cor; mas porque destrói a *dupla perspectiva*, sob a qual o negro se via forçado a avaliar as próprias ações e os seus efeitos. Nos casos das experiências negativas, as avaliações dos negros nem sempre coincidiam com as dos brancos; entretanto, aqueles se conformavam com as razões que eles formulavam ou deixavam simplesmente subentendidas. A agitação produzida pelos movimentos sociais no "meio negro" deu origem à questão: "Quem está com a razão?".[23] É claro que as dúvidas deixaram de existir para os que passaram a compartilhar das explicações fornecidas pelos líderes dos movimentos. Em seu lugar, surgiu a convicção de que as causas dos malogros, dos imprevistos desagradáveis ou das rejeições estavam fora de si, emanando dos *preconceitos dos brancos*.

Os resultados da presente exposição nos permitem assinalar, também, as duas funções desempenhadas pelos movimentos em questão no meio imediato em que operavam. De um lado, eles introduziram sentimentos de autonomia em face dos brancos e de lealdade para com as pessoas da mesma cor. Na escala em que isso se produziu, não há dúvida em que foi uma grande inovação na vida social dos negros. Se o fluxo daqueles movimentos continuasse com o mesmo ímpeto, ali estavam os germes para o rápido desenvolvimento de um sistema de solidariedade moral com base na cor. Acontece, porém, que a implantação da ditadura no Brasil (em 1937) acabou refletindo-se na estagnação dos movimentos sociais dos negros. A

---

22 Cf. depoimento do sr. José Correia Leite, *Movimentos sociais no meio negro*, citado, p. 1. No mesmo documento ocorrem outras informações sobre essa espécie de resistência oferecida pelas atitudes dos brancos, as quais serão utilizadas adiante.

23 Essa foi uma questão que nos propôs um contador negro, vivamente atormentado pela dúvida criada em seu espírito quanto à natureza e o sentido das atitudes dos brancos, em face das pessoas de cor. O que há de real atrás da conduta dos brancos: "*É o preconceito de cor ou outra coisa?*" No primeiro caso, a interpretação corrente no "meio negro" estaria certa; no segundo, ou as explicações dos brancos seriam corretas ou haveria qualquer *coisa pior*, que os leva a rejeitar ou a evitar contato com os negros. Via-se que o seu temor se orientava para essa "coisa pior, e que, subjetivamente, preferiria que os motivos da evitação nascessem do "preconceito de cor".

descontinuidade produzida na ação da propaganda dos líderes e, principalmente, o esfriamento súbito do ambiente de efervescência criado no "meio negro" durante os primeiros anos de atuação da Frente Negra Brasileira, reduziram as proporções e o alcance do processo, restringindo a formação de laços de solidariedade a certos círculos sociais, constituídos por indivíduos de cor que se mantiveram fiéis aos ideais difundidos no "meio negro" pelos movimentos sociais apontados, embora eles próprios se mostrassem divididos em pequenos grupos antagônicos. De outro lado, aqueles movimentos elaboraram certas atitudes diante das manifestações da discriminação e do preconceito com base na cor, que acabaram engendrando uma espécie de mecanismo de segurança e de defesa nos indivíduos de cor. Como isso ocorreu no momento em que a competição com os brancos entrou numa fase favorável ao elemento negro, por causa da expansão da cidade e da escassez crescente de mão de obra, o referido mecanismo de defesa produziu efeitos que não devem ser desprezados, pois facilitou a recuperação econômica da mão de obra negra. As oportunidades que surgiram no mercado de trabalho eram de natureza a comportar a intensificação do aproveitamento de trabalhadores sem grande treinamento, entre os quais se colocavam, por força das circunstâncias, muitos trabalhadores de cor. Os líderes daquele movimento incitavam os seus seguidores a candidatar-se a toda sorte de empregos e de ocupações, para os quais se julgavam aptos.[24] A falta de preparo anterior ou de tirocínio profissional se fez sentir nessa emergência. Por nossas observações, pudemos verificar que nem todas as demissões ou rejeições são devidas estritamente à cor. Todavia, a presunção de que os malogros teriam causas exteriores, ligadas com restrições feitas à cor, contribuiu para fazer que os indivíduos afetados conservassem a confiança em si próprios e persistissem nas profissões experimentadas, "indo tentar em outro lugar", acabando assim por adquirir suficiente experiência profissional. O mesmo mecanismo se aplicava em outras ações, o que significa ter sido frutífera, sob este aspecto, a estratégia de esclarecimento e de agitação adotada pelas associações negras.

A análise exposta sugere que os movimentos sociais, desenvolvidos no "meio negro" de São Paulo, foram produzidos por causas sociais e correspondiam a necessidades sociais bem definidas. Os líderes desses movimentos, portanto, não fizeram mais do que dar expressão a sentimentos e a anseios gerais, existentes de forma obscura pelo menos em parte da população de cor da cidade. Isso quer dizer que eles não "criaram" artifi-

---

24 De acordo com informações concedidas pelo sr. Arlindo Veiga dos Santos.

cialmente os objetivos daqueles movimentos, como se asseverou em alguns círculos da população branca. Tiveram, talvez, maior sensibilidade que os companheiros no reconhecimento dos *problemas sociais* com que se defrontavam os negros e os mulatos aglomerados em São Paulo. E foram, certamente, mais responsáveis que os outros na escolha das técnicas de organização e de agitação, empregadas na "arregimentação da gente negra" e no combate ao preconceito de cor. De fato, os brancos não possuíam, em sua perspectiva histórico-social, elementos que lhes permitissem compreender o sentido e os fins dos movimentos sociais dos negros. Se acreditavam que "o negro em São Paulo não tem problemas", que "entre nós todos são iguais" e que "os negros estão criando sarna para se coçar", é óbvio que deviam desaprovar as atitudes radicais e corajosas assumidas pelos líderes mulatos e negros. Alguns exemplos demonstram que inclusive os intelectuais brancos se mostraram incapazes de fazer um exame objetivo da situação e do que se estava passando, em função dela, no "meio negro". Um intelectual rico, *verbi gratia*, se dispôs a auxiliar Vicente Ferreira, um dos líderes dos movimentos sociais dos negros, seduzido por sua inteligência e talento oratório. Este disse-lhe que nada pretendia para si, mas que pedia, como um favor, o empréstimo de certa quantia, para financiar a publicação do *Clarim d'Alvorada*. O ofertante "solicitou uma coleção do jornal em questão, a fim de estudar o assunto; mais tarde, devolveu-a, dizendo que não poderia ajudar os negros a ter um jornal como aquele. Propôs a transformação do *Clarim* numa revista de ilustração, comprometendo-se a conseguir que a revista fosse feita por um preço razoável".[25] Outro depoimento, da mesma fonte, é ainda mais esclarecedor: "A dependência econômica dos negros em relação aos brancos diluía o espírito de revolta. É sugestivo, nesse sentido, o seguinte fato: um dos responsáveis pela Frente (Isaltino Veiga dos Santos) quis dar uma entrevista violenta contra os brancos, em um dos jornais da capital mas o redator objetou, argumentando que ele ia atacar os brancos em um jornal de brancos. Há também a considerar o medo das consequências de incentivar os negros à revolta, o qual, pela boca de um deles, assim se expressa: "Se você assanhar todos esses negros, como é que isso vai ficar?". Ainda, havia negros que depois de assistir às reuniões da *Frente*, comentavam com brancos as discussões presenciadas e, ouvindo deles que entre nós não eram necessários tais movimentos, nos abandona-

---

25 Cf. depoimento do sr. José Leite, *Movimentos sociais no meio negro*, citado, p. 11. O nome do ofertante vem declinado no documento de que dispomos, mas não o reproduzimos por ser desnecessário.

vam".[26] A conduta de alguns frentenegrinos exacerbava os referidos receios, exteriorizados pelos brancos. Soubemos que, em alguns casos, as relações entre as domésticas de cor e as patroas se tornaram tensas. Aquelas diziam que não precisavam mais "aturar desaforos"; e as segundas enfrentaram dissabores com a Frente Negra Brasileira, pois se viram compelidas a reparar certas "injustiças", que antes praticavam sem medo de represálias. O resultado foi que muitas patroas, ao contratar empregadas de cor, indagavam primeiro se elas eram da Frente Negra Brasileira.[27] Como se vê, as diferenças de perspectivas na reação e na desaprovação do "preconceito de cor" opuseram, de certa maneira, os brancos aos negros, dando origem a um incipiente conflito de ideologias e a uma obliteração do horizonte intelectual dos brancos.

---

26 Idem, p. 15-16.
27 As indicações a respeito foram fornecidas pelo sr. Arlindo Veiga dos Santos, que nos esclareceu, também, que existiam patroas que prefeririam contratar empregadas pertencentes à *Frente Negra Brasileira*, por suporem que seriam "negras corretas e de confiança".

Tabela I

O que os negros devem ter ou fazer para ocupar os cargos que somente são concedidos aos brancos e para conseguir maiores oportunidades de ascensão social e econômica (conforme a opinião das mulheres).

	MEIOS APONTADOS	16-20	21-25	26-30	31-35	36-40	41-45	46-50	51-55	56-60	61-65	Total
1	Estudar	9	8	12	4	6	2	4	2	—	1	48
2	Combater preconceitos de raça	2	6	4	—	1	—	—	—	1	—	14
3	Lutar	—	2	1	2	4	—	—	—	1	—	9
4	Força de vontade	2	1	2	—	2	—	—	—	—	—	8
5	Ser direito e distinto	2	3	—	—	—	—	1	—	—	—	6
6a	Boa aparência	1	2	—	—	—	—	1	1	—	—	5
6b	Mostra valor	1	—	2	—	1	—	1	—	—	—	5
6c	Procurar apoio ou proteção junto a pessoas influentes	—	—	1	—	1	2	1	—	—	—	5
6d	Trabalhar	2	—	1	—	1	1	—	—	—	—	5
7a	Persistir	1	1	—	—	—	—	—	1	—	—	4
7b	Unir-se	—	—	4	—	—	—	—	—	—	—	4
8a	Campanha pela imprensa	1	—	—	—	—	2	—	—	—	—	3
8b	Progredir	—	—	1	—	—	—	1	—	1	—	3
9a	Agir igual aos brancos	—	2	—	—	—	—	—	—	—	—	2
9b	Assistência social aos negros	1	—	1	—	—	—	—	—	—	—	2
9c	Forçar a aceitação do negro pelo branco	—	—	1	—	1	—	—	1	—	—	2
9d	Igualar ao branco em capacidade	—	1	—	—	—	—	—	—	—	—	2
9e	Igualar o padrão de vida dos brancos	1	—	—	—	—	1	—	—	—	—	2
9f	Recorrer à autoridade	1	—	—	—	—	—	—	—	—	—	2
10a	Falar bem	—	—	—	1	1	—	—	—	—	—	1
10b	Melhor comportamento por parte dos negros	—	—	—	1	—	—	—	—	—	—	1
10c	Não perder as esperanças	—	—	—	—	1	—	—	—	—	—	1
	Total	24	27	31	7	19	8	9	4	3	2	134

Tabela II

O que os negros devem ter ou fazer para ocupar os cargos que somente são concedidos aos brancos e para conseguir maiores oportunidades de ascensão social e econômica (conforme a opinião dos homens).

MEIOS APONTADOS		15	16-20	21-25	26-30	31-35	36-40	41-45	46-50	51-55	56-60	61-65	66-70	Total
1	Estudar	—	9	22	19	15	7	8	9	1	1	1	—	92
2	Ter competência	—	3	13	5	10	4	8	5	—	3	—	—	51
3	Unir-se entre si	—	2	5	3	3	2	3	2	1	2	—	—	23
4	Proceder corretamente	1	2	3	1	6	2	1	—	—	1	—	1	18
5	Combater o preconceito contra o negro	—	2	3	6	2	1	—	1	—	—	—	—	15
6	Obter proteção	—	—	1	4	4	1	2	1	—	1	—	—	14
7	Esforçar-se	—	1	2	3	3	—	—	1	1	2	—	—	13
8	Persistir	—	1	3	3	1	—	1	1	—	1	—	—	11
9	Mostrar valor	—	2	3	2	1	—	1	—	1	—	—	—	10
10	Recorrer à autoridade	—	—	3	2	1	1	—	1	—	—	—	—	8
11	Igualar o branco em capacidade	—	1	3	1	1	1	—	—	—	—	—	—	7
12	Trabalhar	—	—	1	—	1	2	—	1	—	—	—	1	6
13a	Boa aparência	—	—	2	1	1	—	1	—	—	—	—	—	5
13b	Lutar	—	1	1	1	—	1	1	—	—	—	—	—	5
14a	Assistência social do governo	—	—	—	—	—	2	—	2	—	—	—	—	4
14b	Obter a cooperação de todos	—	—	2	—	—	1	—	1	—	—	—	—	4

(continua)

| MEIOS APONTADOS | IDADES |||||||||||||
	15	16-20	21-25	26-30	31-35	36-40	41-45	46-50	51-55	56-60	61-65	66-70	Total
14c — Propaganda pela imprensa, revista e rádio	—	—	1	1	1	1	—	—	—	—	—	—	4
15a — Elevar o nível de vida	—	—	1	1	—	—	—	1	—	—	—	—	3
15b — Fazer amizades sinceras	—	1	—	2	—	—	—	—	—	—	—	—	3
15c — Fazer relações	—	1	1	1	1	—	—	—	—	—	—	—	3
15d — Impor-se	—	—	2	—	1	—	—	—	—	—	—	—	3
16a — Ganhar mais	—	—	—	2	—	—	—	—	—	—	—	—	2
16b — Lutar por justiça	—	—	—	2	—	—	—	—	—	—	—	—	2
16c — "Nada"	—	1	—	1	—	—	—	—	—	—	1	—	2
17a — Captar a simpatia dos brancos	—	—	—	—	1	—	—	—	—	—	—	—	1
17b — Combater o preconceito no meio negro	—	—	—	1	—	—	—	—	—	—	—	—	1
17c — Conseguir a consideração dos brancos	—	—	—	—	1	—	—	—	—	—	—	—	1
17d — Cumprir as obrigações	—	—	1	—	—	—	—	—	—	—	—	—	1
17e — Dispor dos "documentos"	—	—	1	—	—	—	—	—	—	—	—	—	1
17f — Eleger-se pelo voto	—	—	—	—	—	—	—	—	—	1	—	—	1
17g — Especializar-se	—	—	—	—	1	—	—	—	—	—	—	—	1
17h — Frequentar boas sociedades	—	1	—	—	—	—	—	—	—	—	—	—	1
17i — Não beber	—	—	—	—	1	—	—	—	—	—	—	—	1
17j — Revelar senso de responsabilidade	—	—	—	—	—	—	1	—	—	—	—	—	1
Total	1	28	73	60	57	26	27	26	4	12	2	2	318

Todavia, através da interpretação sociológica, comprova-se que existem tensões sociais no "meio negro", provocadas pelos sentimentos de que os negros não merecem a "consideração" que deviam, por parte do governo e dos "brasileiros" em geral, pela consciência de que a cor exclui ou lhes dificulta a ascensão econômica e social, pela convicção, informe nalguns e nítida em outros, de que os brancos fazem "diferenças" no convívio social com as pessoas de cor. Em uma sondagem que realizamos, com o fito de esclarecer esses aspectos da situação do negro em São Paulo, verificamos que essas tensões se refletem generalizadamente nas atitudes dos negros e dos mulatos, produzindo reações muito parecidas com as que se podem encontrar nos discursos ou nos escritos dos antigos líderes dos movimentos sociais pela "elevação moral, intelectual e social da raça negra" e contra o preconceito de cor.

Assim, os resultados obtidos através de entrevistas ocasionais com negros e mulatos, encontrados fortuitamente, demonstram que as duas orientações básicas dos movimentos sociais se reproduzem com frequência nas ideias centrais das pessoas de cor: 1) a aspiração de "subir", pelo trabalho, pelo estudo, pela aquisição de um padrão de vida honorável; 2) a preocupação com as restrições associadas à cor: alguns têm dúvidas quanto à natureza do "preconceito", por causa do contraste entre a situação do negro norte-americano em face do negro brasileiro, mas quase todos conhecem exemplos de rejeição "por causa da cor" (alguns por experiência pessoal) e se inclinam espontaneamente pela oposição direta ou indireta às "atitudes preconceituosas". Os resultados obtidos através de questionários dão margem a três tipos de verificações. Primeiro, é provável que exista uma relação íntima entre a situação econômica atual do negro e a consciência das restrições ligadas com a cor. Como vimos no primeiro capítulo, há um profundo desajustamento no seio da população negra de São Paulo. Acontece, porém, que as profissões a que gostariam de dedicar-se são, em sua maioria, escolhidas de forma realista, tendo-se em vista as profissões exercidas, as possibilidades de aprendizagem no serviço ou em escolas, e a coincidência entre a rápida expansão da economia paulista e a escassez de mão de obra realmente especializada. Como não conseguem ter acesso fácil àquelas profissões, os indivíduos de cor acabam admitindo que a sua origem racial constitui um obstáculo à carreira profissional e que os brancos dão preferência decidida pela mão de obra branca.[28] Segundo, a uma pergunta provocativa, a maioria dos inquiridos respondeu afirmando que a

---

28 O leitor encontrará, nas tabelas III e IV, a especificação das profissões ideais, apontadas pelos inquiridos, com relação ao sexo e à idade.

Tabela III

Profissões ideais: indicadas pelas mulheres

PROFISSÕES	16-20	21-25	26-30	31-35	36-40	41-45	46-50	51-55	56-60	61-65	Total
Advogada	—	1	1	—	—	—	—	—	—	—	2
Arrumadeira	1	—	—	—	—	—	1	—	—	—	1
Artista (Inclusive de rádio)	1	1	1	2	—	—	—	—	—	—	5
Bordadeira	1	1	—	1	—	—	—	—	—	—	3
Cantora	—	2	—	—	—	—	—	—	—	—	2
Chauffeuse	—	—	—	—	1	—	—	—	—	—	1
Comerciante	—	1	—	—	1	1	—	—	—	—	2
Comerciária	—	—	1	1	—	—	—	—	—	—	2
Contadora	1	—	1	—	—	—	—	—	—	—	2
Costureira	7	9	10	2	6	2	1	—	1	—	37
Cozinheira	—	—	1	—	1	1	—	—	1	—	5
Datilógrafa	1	—	—	—	—	—	—	—	—	—	1
Doceira	—	—	1	—	—	1	—	—	—	—	2
Empregada doméstica	—	—	—	—	—	—	—	—	1	—	1
Enfermeira	3	1	1	—	1	2	—	1	—	1	9
Funcionária pública (Servente)	1	—	1	—	—	—	1	—	—	—	4
Guarda-livros	1	—	—	—	—	—	—	—	—	—	1
Lavadeira	—	2	1	—	—	—	—	—	—	—	1
Operária	—	2	1	—	—	—	—	—	—	—	3
Parteira	—	—	—	—	—	—	1	—	—	—	1
Pianista	1	2	—	—	—	—	—	—	—	—	3
Pintora	—	—	1	—	—	—	—	—	—	—	1
Professora	—	1	1	—	5	—	—	—	—	—	7
Profissões liberais (*sic*)	—	—	1	—	—	—	—	—	—	—	1
Serviços domésticos por dia	—	—	—	—	—	—	—	—	—	—	—
Serviços de escritório	9	9	10	2	6	2	—	—	1	—	39
Tricoteira	—	—	1	—	—	—	—	—	—	—	1
Violinista	—	—	—	1	—	—	—	—	—	—	1
Total	26	30	34	9	21	9	4	1	4	1	139

cor restringe as oportunidades dos negros, como se poderá ver pelos seguintes dados:

"Pensa que a cor":[29]

	MULHERES	HOMENS	TOTAL
a) "limita as oportunidades dos pretos?"	77	149	226
b) "não limita as oportunidades dos pretos?"	40	86	126
c) "às vezes limita as oportunidades dos pretos?"	8	8	16
d) "limita em parte as oportunidades dos pretos?"	3	10	13

De acordo com as respostas analíticas, apostas aos questionários, ocorrem ideias típicas como as que seguem: a) entre as mulheres – "Não limita, depende da inteligência"; "Depende da sorte, não da cor"; "Sim, quanto mais claro, arranja melhor emprego"; "Conforme o serviço"; "Sim, (a cor) pode atrapalhar"; b) entre os homens: "Não limita, desde que a pessoa tenha capacidade"; "Não limita, apesar de existir o preconceito"; "Às vezes; isso depende do ofício"; "Depende do patrão"; "Não limita, mas dificulta os homens de cor, os quais, por causa disso, têm que se esforçar mais do que os brancos"; "Limita, há sempre preferência para pessoas brancas". Terceiro, como já foi indicado no primeiro capítulo, esboça-se uma tendência, no "meio negro", de competição com os brancos, mesmo nas ocupações habitualmente encaradas pelos negros como "apanágio da raça branca". Nas respostas aos questionários, os que pensam existir em São Paulo cargos que só são concedidos aos brancos e que os negros devem tentar disputar esses cargos com eles, deram respostas que evidenciam a falta de uniformidade na escolha dos canais de ascensão social, mas que sublinham a valorização imputada a certos meios, definidos em função da nova concepção de vida, e a decadência de antigas expectativas de *subir com apoio nos brancos*. No grupo masculino, a dispersão é maior que no feminino, pois naquele se apontam 34 meios de ascensão, enquanto neste se discriminam apenas 22.

---

29 As gradações fornecidas pelas alternativas *c* e *d* foram introduzidas pelos próprios pesquisados. Elas se subordinam à alternativa *a*, *mas* restritivamente. Por isso, preferimos respeitar as opiniões emitidas.

Tabela IV

Profissões ideais: indicadas pelos homens

PROFISSÕES	15	16-20	21-25	26-30	31-35	36-40	41-45	46-50	51-55	56-60	61-65	Total
Administrador de fazenda	—	—	—	—	—	—	—	1	—	—	—	1
Advogado	—	1	2	2	—	—	—	1	1	—	—	7
Alfaiate	—	—	1	1	—	—	—	—	—	—	—	2
Auxiliar de escritório	—	—	—	—	—	—	—	1	—	—	—	1
Aviador	—	2	2	—	—	—	—	—	—	—	—	4
Boxeur	—	—	—	1	—	1	—	—	—	—	—	1
Cantor	—	—	1	—	—	—	—	—	—	—	—	2
Carpinteiro	—	1	—	—	—	1	—	—	1	—	—	3
Comerciante	—	—	—	—	—	1	—	—	—	—	—	2
Comerciário	—	1	2	1	2 1	—	—	2	—	—	—	8
Compositor	—	—	—	—	—	—	—	—	—	—	—	1
Contador	—	2	—	—	—	—	—	—	—	—	—	2
Corretor	—	1	—	—	—	—	1	—	—	—	—	2
Datilógrafo	—	1	—	—	—	—	—	—	—	—	—	1
Datiloscopista	—	—	—	—	1	—	—	—	—	—	—	1
Dentista	—	1	1	—	1	—	—	—	—	—	—	2
Desenhista	—	3	1	—	2	—	—	1	—	—	—	9
Eletricista	—	—	—	2	2	—	—	—	—	—	—	3
Encanador	—	—	2 1	1	—	—	—	—	—	—	—	2
Enfermeiro	—	1	1	2 1	1	—	1	—	—	—	—	6
Engenheiro	—	—	—	1	—	2	—	—	—	—	—	4
Engenheiro mecânico	—	—	—	—	—	—	—	—	—	—	—	1
Entalhador de madeira	—	2	—	—	1	—	—	1 1	—	1	—	2
Escritor	—	—	—	—	—	—	—	—	—	—	—	5
"Estudar"	—	—	—	—	—	—	—	—	—	—	—	1
Farmacêutico	—	—	—	—	—	1	1	—	—	—	—	1
Ferreiro	—	—	—	1	—	—	—	—	—	—	—	1
Foguista	—	—	—	—	—	—	—	—	—	—	—	1
Fotógrafo	—	—	—	—	—	—	—	—	—	—	—	—

(continua)

PROFISSÕES	15	16-20	21-25	26-30	31-35	36-40	41-45	46-50	51-55	56-60	61-65	Total
Funcionário público	—	—	—	—	—	—	—	—	—	1	—	1
Horticultor	—	—	—	1	—	1	1	—	—	1	—	3
Inspetor de polícia	—	1	1	—	1	—	—	—	—	—	—	2
Jogador de futebol	—	—	3	—	—	—	—	—	—	—	—	4
Lustrador de móveis	—	—	—	1	—	—	—	—	—	1	—	2
Maestro	1	—	—	—	—	—	—	—	—	—	—	1
Marceneiro	—	1	1	—	—	—	—	—	—	—	—	1
Marinheiro	—	2	—	—	1	—	—	—	—	—	—	3
Mecânico	1	1	11	5	—	1	2	2	—	—	—	24
Médico	—	2	2	2	—	—	2	—	—	—	—	9
Motorista	—	3	10	7	4	3	1	1	—	—	—	28
Músico	—	—	—	1	1	1	—	—	—	—	—	4
Pastor protestante	—	—	—	—	—	—	—	—	—	—	1	1
Pedreiro	—	—	1	1	—	1	1	—	—	—	—	4
Pintor	—	—	1	—	—	—	—	—	—	—	—	1
Político	—	—	1	—	—	—	—	—	—	—	—	1
Pracista	—	—	1	—	1	—	—	—	—	—	—	1
Professor	—	1	1	—	—	1	1	—	—	—	—	3
Químico	—	—	—	—	—	—	—	—	—	—	—	2
Sacerdote	—	—	—	1	—	1	—	—	—	—	1	1
Sapateiro	—	—	—	2	—	—	—	—	—	—	—	1
Seleiro	—	—	—	1	1	—	—	—	—	—	—	1
Serviços de escritório	—	—	—	—	—	—	—	—	—	—	—	2
Soldador	—	—	—	1	—	—	—	—	—	—	—	1
Técnico de rádio	—	1	1	—	—	—	—	—	—	—	—	1
Tipógrafo	—	—	—	—	—	—	—	—	—	—	—	1
Torneiro	—	—	—	—	—	—	—	—	—	—	—	2
Vigia	—	—	—	—	—	—	—	—	—	1	—	1
Total	2	28	47	38	23	16	8	11	2	5	3	183

Os meios escolhidos com maior frequência foram: "estudar", no grupo feminino e masculino; "ter competência", no grupo masculino; "unir-se entre si", no grupo masculino; "proceder corretamente", no grupo masculino; "combater o preconceito de raça" ou "contra o negro", em ambos os grupos.[30] Em conjunto, as respostas apresentam grande consistência, inclusive na disparidade que se evidencia entre elas, com os ideais difundidos pelos movimentos sociais que agitaram o "meio negro". Pode-se supor, não há dúvida, que elas traduzem influências anteriores. Mas o exame dos questionários permitiu identificar as pessoas que sofreram diretamente essa influência, nas associações negras, revelando que constituem um grupo pouco numeroso, em comparação com o número total de depoentes.

Segundo pensamos, esses dados deixam patente duas coisas. De um lado, que os movimentos sociais que se desenvolveram, ou estão em processo, no "meio negro", nasceram de influxos sociais e não de idiossincrasias de alguns líderes de cor contra os brancos. O fundo cultural e social que os engendrou não sofreu alterações até o presente, e continua a gerar os mesmos sentimentos de insatisfação de inconformismo no ânimo dos negros e mulatos. De outro lado, que os movimentos sociais do tipo da *Frente Negra Brasileira* ou da *Associação dos Negros Brasileiros* não puderam transformar-se, talvez por causa de sua pequena duração ou da descontinuidade de sua atuação, em instrumentos de integração racional das reivindicações dos negros. Por isso, apesar da importância que alcançaram, em virtude da função social que desempenharam e dos efeitos sociais que produziram no "meio negro", não trouxeram uma contribuição efetiva ao tratamento prático dos *problemas sociais* que afetam a população de cor da cidade. Não tiveram, sequer, duração suficiente, nem chegaram a dispor de meios culturais adequados à uniformização das reações dos negros e mulatos contra as manifestações da discriminação e do preconceito com base na cor.

2) A reação legal contra o preconceito de cor e suas repercussões no meio negro

A extensão da legislação penal às manifestações da discriminação e do preconceito com base na cor foi exigida formalmente, segundo nos escla-

---

[30] O leitor encontrará, nas tabelas I e II, uma enumeração completa dos meios apontados, tal como foram definidos pelos pesquisados.

receu o sr. Geraldo Campos de Oliveira,[31] em um dos congressos negros realizados em São Paulo. Argumentava-se que era necessário um meio jurídico regular, capaz de conduzir a fins práticos o preceito constitucional que proíbe semelhantes manifestações no Brasil. A pressão dos "grupos de cor" não possuía, porém, força suficiente para impelir o Congresso ou o Executivo a tomar medidas desse alcance. Seja porque a população negra e mulata não se concentra, em nenhuma região do país, em uma organização político-partidária: os seus componentes se distribuem, ao contrário, por todos os partidos e participam de todas as ideologias políticas, da direita à extrema-esquerda. Seja porque a especulação eleitoral, sob a forma de competição partidária por eleitores ou por votos, não chegou a desenvolver-se a ponto de criar nos partidos existentes um interesse especial pelo "eleitorado de cor". Parece que outros fatores mais profundos agiram nesse sentido, somando-se à pressão exercida pelos movimentos sociais dos negros e aumentando o seu poder persuasivo, pois o Congresso Nacional acabou por tomar a iniciativa de incluir as manifestações do preconceito de cor entre as contravenções penais. É provável que a intensificação do preconceito de cor em alguns Estados sulinos, a inocuidade da proibição contida na Constituição vigente e, em particular, a preocupação de manter os ajustamentos inter-raciais nos limites da "tradição brasileira", que sempre fez deles, apesar da "mística da branquidade", um assunto de ordem particularista, se coloquem entre os motivos que determinaram a composição da chamada lei *contra o preconceito de raça ou de cor*.

A referida lei foi sancionada em 1951, tendo entrado em vigor nos começos do segundo semestre. Ela resultou do projeto de lei apresentado por um deputado conservador, o sr. Afonso Arinos de Melo Franco, representante da União Democrática Nacional por Minas Gerais. Na história da República, o texto dessa lei constitui o documento mais importante, até o momento, com referência ao propósito de submeter as relações raciais a uma sanção legal. Por isso, parece conveniente não só transcrevê-lo na íntegra, mas ainda apresentar os argumentos específicos contidos quer na fundamentação do projeto da lei, quer no parecer do deputado incumbido de examiná-lo (sr. Plínio Barreto, representante da União Democrática Nacional por São Paulo). Os argumentos em questão ajudam a compreender as razões que animaram os legisladores a tomar a iniciativa indicada e contribuem para dar um conhecimento mais completo da consciência alcançada

---

31 Na *Primeira Convenção Nacional do Negro Brasileiro*, realizada em São Paulo, no ano de 1945.

pelos *brancos cultos* a respeito do tratamento dispensado comumente aos negros e aos mulatos escuros.

Na fundamentação da lei, são os seguintes os pontos que merecem ser postos em evidência: a) a proibição das discriminações raciais, contida na Constituição de 1946, então em vigor, tinha-se revelado inócua, do ponto de vista prático; b) a conduta burocrática estimula os particulares, fornecendo exemplos que precisam ser evitados: "é sabido que certas carreiras civis, como o corpo diplomático, estão fechadas aos negros; que a Marinha e a Aeronáutica criam injustificáveis dificuldades ao ingresso de negros nos corpos oficiais e que outras restrições existem em vários setores da administração"; "quando o Estado, por seus agentes, oferece tal exemplo de discriminação vedada pela Lei Magna, não é de se admirar que estabelecimentos comerciais proíbam a entrada de negros em seu recinto"; c) a nova lei deverá ter uma função educativa e prática, ao mesmo tempo, prevenindo possíveis ameaças à *paz social*: "Nestes termos é que propomos a adoção do projeto: para que a lei dele decorrente sirva como instrumento de transformação da mentalidade racista que se denuncia entre nós, principalmente nas altas esferas sociais e governativas do país, com seguras e graves consequências para a paz social futura".[32] No parecer são postos em relevo dois aspectos importantes, um referente às fontes da discriminação racial, outro relativo ao alcance previsto da medida legal proposta: a) "Se está franqueado a todos o acesso às funções públicas, nem a todos se acha franqueado o acesso a certos círculos sociais. O negro ainda é, para muita gente, um ser inferior, indigno de se acotovelar com o branco e de lhe disputar na sociedade a consideração de seus semelhantes". "Enquanto o branco mantiver a supremacia econômica que lhe veio dos antigos senhores de escravos, e os pretos continuarem, por falta de recursos, a constituir as classes mais pobres, os preconceitos persistirão. Não haverá leis que os destruam. Nunca houve lei alguma que pudesse desarraigar sentimentos profundos e trocar a mentalidade de um povo"; b) "o projeto de lei merece parecer favorável, entretanto, porque algumas manifestações (do preconceito de cor) serão evitadas".[33]

A lei contém, em seu texto, uma enumeração das discriminações que passam a ser formalmente proibidas. As punições estabelecidas sugerem, por sua vez, o grau de gravidade imputado a cada uma delas em particular. A necessidade de transcrevê-lo na íntegra não provém, todavia, somente desses dois fatos. Já que a "lei contra o preconceito de raça ou de cor" foi aprovada

---

32 *Diário do Congresso Nacional*, Rio de Janeiro, 18/7/1950, p. 5.513.
33 *O Estado de S. Paulo*, São Paulo, 8/8/1950.

em um Congresso em que não havia nenhum representante negro, nascendo, além disso, de um projeto apresentado por um dos membros de uma bancada minoritária e de oposição. Isso significa, pelo que se pode presumir, que ela constitui uma formulação adequada dos sentimentos e das ideias dos *brancos cultos*, pertencentes às camadas dominantes, a respeito da possibilidade, da conveniência e da maneira prática de submeter a controle legal as manifestações do "preconceito de cor". Eis o texto da lei:

Art. 1º – Constitui contravenção penal, punida nos termos desta lei, a recusa, por parte de estabelecimento comercial ou de ensino de qualquer natureza, de hospedar, servir, atender ou receber cliente, comprador ou aluno, por preconceito de raça ou de cor.

§ único – Será considerado agente da contravenção o diretor, gerente ou responsável pelo estabelecimento.

Art. 2º – Recusar a alguém hospedagem em hotel, pensão, estalagem ou estabelecimento da mesma finalidade, por preconceito de raça ou de cor. Pena: prisão simples de três meses a um ano e multa de Cr$ 5.000,00 (cinco mil cruzeiros) a Cr$ 20.000,00 (vinte mil cruzeiros).

Art. 3º – Recusar a venda de mercadorias em lojas de qualquer gênero, ou atender clientes em restaurantes, bares, confeitarias ou lugares semelhantes, abertos ao público, onde se sirvam alimentos, bebidas, refrigerantes e guloseimas, por preconceito de raça ou de cor. Pena: prisão simples de quinze dias a três meses ou multa de Cr$ 500,00 (quinhentos cruzeiros) a Cr$ 5.000,00 (cinco mil cruzeiros).

Art. 4º – Recusar entrada em estabelecimento público, de diversão ou esporte, bem como em salões de barbearias ou cabeleireiros, por preconceito de raça ou de cor. Pena: prisão simples de quinze dias a três meses ou multa de Cr$ 500,00 (quinhentos cruzeiros) a Cr$ 5.000,00 (cinco mil cruzeiros).

Art. 5º – Recusar inscrição de aluno em estabelecimento de ensino de qualquer curso ou grau, por preconceito de raça ou de cor. Pena: prisão simples de três meses a um ano ou multa de Cr$ 500,00 (quinhentos cruzeiros) a Cr$ 5.000,00 (cinco mil cruzeiros).

§ único – Se se tratar de estabelecimento oficial de ensino, a pena será a perda do cargo para o agente, desde que apurada em inquérito regular.

Art. 6º – Obstar o acesso de alguém a qualquer cargo do funcionalismo público ou ao serviço em qualquer ramo das Forças Armadas, por preconceito de raça ou de cor. Pena: perda do cargo depois de apurada a responsabilidade em inquérito regular, para o funcionário dirigente de repartição de que dependa a inscrição no concurso de habilitação dos candidatos.

Art. 7º – Negar emprego ou trabalho a alguém em autarquia, sociedade de economia mista, empresa concessionária de serviço público ou empresa privada por preconceito de raça ou de cor. Pena: prisão simples de três meses a um ano e multa de Cr$ 500,00 (quinhentos cruzeiros) a Cr$ 5.000,00 (cinco mil cruzeiros), no caso de empresa privada; perda do cargo para o responsável pela recusa, no caso de autarquia, sociedade de economia mista e empresa concessionária de serviço público.

Art. 8º – Nos casos de reincidência, havidos em estabelecimentos particulares, poderá o juiz determinar a pena adicional de suspensão do funcionamento por prazo não superior a três meses.

Art. 9º – Esta lei entrará em vigor quinze dias após a sua publicação, revogadas as disposições em contrário.

A tentativa de resolver um problema tão complicado por um meio tão simples não deve causar surpresa nem admiração. Nos países latino-americanos, inclusive e especialmente no Brasil, o Direito desempenhou no passado e continua a desempenhar no presente uma função muito importante tanto na criação quanto na manutenção da ordem social legítima. Alguns autores pretendem ver nisso uma consequência natural do *bacharelismo* brasileiro e da expectativa popular de que os problemas sociais devem ser resolvidos e regulados pelo governo. Embora não nos caiba analisar essa questão aqui, a verdade é que o Direito possui uma função social criadora nos países novos, como no Brasil; ele se lança adiante das tradições e com frequência até as contraria, alargando as fronteiras da ordem legítima no sentido da legalidade e regulamentando ações sociais emergentes ou em transformação. Em suma, a compulsão jurídica é capaz de opor barreiras e de estabelecer limites às tendências diversificadoras, às vezes mesmo desagregadoras, nascidas da extrema diferenciação geográfica, econômica e social do país e da heterogeneidade racial e cultural que a sublinha. Ela contribui de maneira ponderável como fonte e fundamento de garantias de uniformização da conduta e de conformação das expectativas de comportamento. Com esses argumentos não procuramos insinuar, porém, que a "lei contra o preconceito de raça ou de cor" produzirá os resultados práticos que a justificaram. Apenas sugerimos que, tendo-se em vista as condições de existência em um país novo, como o Brasil, a intervenção do Estado em vários setores da vida social se explica por fatores histórico-sociais.

Quanto à questão da eficácia da lei, nada se pode dizer de positivo por enquanto. A experiência acumulada pelos sociólogos no estudo e no tratamento de problemas sociais não permite enxergar nela senão uma medida que pretende submeter a um freio formal (jurídico), atitudes e ações sociais cujas manifestações não podem ser reguladas por meios exclusivamente legais. Uma questão tão complexa, como é a das relações entre os negros e os brancos, exigia uma estratégia prática diferente, a qual, presume-se, não pode ser estabelecida com base na simples manipulação de disposições jurídicas ao velho estilo liberal. O aproveitamento dos recursos das ciências humanas e dos especialistas no tratamento dos problemas sociais deveria ter constituído o ponto de partida da ação governamental. O Estado dispõe, de fato, de recursos e de meios para iniciar uma política de controle das relações raciais. O que se poderia discutir é a pretensão evidenciada de esperar de uma lei, a qual possui em virtude de sua própria natureza o caráter de experimento, a modificação de uma mentalidade que foi reconhecida, pelo autor do parecer do projeto, como se inspirando em "*sentimentos profundos*". Enfim, é duvidoso que o próprio aparato coativo do sistema jurídico brasileiro esteja em condições de impedir a burlada lei, ou que possa funcionar com pleno rendimento para os prejudicados pelas manifestações do preconceito de cor.

A *lei contra o preconceito de raça ou de cor* agitou o "meio negro" de São Paulo. Os jornais deram certa evidência ao assunto, procurando obter depoimentos de personalidades negras. Uma pequena seleção poderá dar uma ideia concreta quanto à diversidade de opiniões emitidas: 1) "Certa ocasião procurei um salão de barbeiro da cidade. Não fui servido, embora vários profissionais se encontrassem desocupados. As desculpas foram as mais diversas. Estava na hora do almoço, fregueses com hora marcada etc. Compreendi que não ia ser atendido porque sou negro. Hoje, com essa lei, aquele fato seria crime. Os negros do Brasil estão exultantes. Esta lei é um passo democrático e vem assegurar um lugar ao sol para os de minha raça".[34] 2) "Cada vez que nos aprofundamos mais no estudo da constatação do preconceito de cor em São Paulo, temos a certeza absoluta de que esse fenômeno está bem enraizado em nossa sociedade. Não será com leis coibitórias que se poderá dar solução ao problema. Essa lei virá beneficiar apenas a minoria da população negra do Brasil, que, no caso, é a visada, isto é, a lei visa beneficiar os componentes do grupo que estão em situação cultural e econômica privilegiada, mas a maioria, absoluta quase, ficará sofrendo todas as manifestações hostis que lhe são dirigidas".[35] 3) "Nossa situação continua e continuará a mesma. Isto é, continuaremos assistindo e sofrendo, ao

---

34 "Bem recebida, a Lei contra os Preconceitos. Lugar ao sol para os negros do Brasil, reportagem publicada pelo *Diário da Noite*, 5/7/1951; os trechos transcritos correspondem às declarações do sr. Antônio Batista dos Santos. Na mesma reportagem ocorrem outras entrevistas.

35 "Reerguimento do negro: um problema econômico", entrevista do sr. Jorge Prado Teixeira, ao *Jornal de Notícias*, 7/7/1951.

mesmo tempo, as consequências da discriminação de cor (a racial não existe) que nos impõe parte da sociedade. Não poderemos reagir, não poderemos gritar, ameaçar ou depredar. Se o fizermos, seremos punidos e taxados como comunistas. Nesta terra, infelizmente, os pequenos não têm direitos, e nós, como tal, precisamos sofrer e calar. É sabido e reconhecido que temos nossos direitos, mas estes direitos estão empenhados nas mãos dos algozes do dinheiro. E quem se atreverá a reivindicar estes direitos, se nem as autoridades se atrevem a tanto?". "De agora em diante, mais uma lei dormirá o sono tranquilo das gavetas". "*A lei, ora a lei.*" "Existem tantas outras que não se cumprem. Os senhores acham que esta será cumprida à risca? Nós não acreditamos. Quer experimentar?". "Vá a um grande hotel de São Paulo, peça um aposento. A recusa não demorará. Grite, esperneie, faça escândalos, reclame um direito que lhe cabe (pelo menos pelo papéis), depredel! Bem... não nos responsabilizamos pelo resto!...".[36]

Como se vê, a lei encontrou acolhida favorável no meio negro, mas suscitou algumas reservas ou restrições deveras importantes. A ideia de que ela concede ao negro um "lugar ao sol" se repete em diversas manifestações. Em vários lugares, mesmo, a *lei contra o preconceito de raça ou de cor* foi recebida pelos negros como um "novo 13 de Maio", sendo comemorada através de reuniões festivas, tanto em certos bairros da capital quanto em localidades do interior. Contudo, os depoimentos estão pontilhados de atitudes de pessimismo, de desconfiança e de decepção. Parece que a lei não satisfez os anseios de igualdade de tratamento a que aspiram os negros nas suas relações com os brancos.

Grosso modo, é possível distinguir cinco tipos de críticas à lei, por parte das personalidades negras, que se manifestaram sobre o assunto e cujas manifestações nos foi possível ler: a) o governo devia complementar a sua ação por meios diretos, especialmente de assistência econômica aos negros (esta ideia ocorre em grande número de depoimentos, embora não tenha sido transcrito nenhum deles); b) a lei poderá agravar a situação do negro, atirando sobre ele a atenção ou a desaprovação dos brancos; c) a lei produzirá resultados, mas em escala reduzida, pois poderá ser burlada de várias maneiras; d) a lei não será aplicada, pura e simplesmente, já que não se pode esperar que o branco proceda policialmente contra o branco; e) a lei produzirá certos benefícios, todavia eles só serão usufruídos pelos negros que "subiram" socialmente, que exercem profissões liberais e pertencem às

---

36 "Sancionada a lei considerando contravenção penal todo e qualquer ato de discriminação racial e de cor no Brasil", editorial de O *Novo Horizonte*, ano 5, nº 54, julho-agosto de 1951, p. 3. Este jornal é órgão da imprensa negra paulistana.

classes médias. Sem dúvida, essas atitudes são incongruentes entre si, o que infelizmente não poderemos analisar aqui. Convém frisar, no entanto, que o tópico b) diz respeito à atitude de negros que permanecem identificados com os brancos, os quais temem as consequências da lei, em particular no que concerne à continuidade da aceitação dos negros em determinados círculos sociais. As personalidades negras em questão acham que a ascensão econômica e social dos negros, lentamente, os porá em condições de manter um intercâmbio social mais estreito com os brancos. A lei representa, segundo o ponto de vista que sustentam, uma interferência artificial nesse processo, com um grave risco em perspectiva: o de intensificar a hostilidade do branco contra o negro ou, pelo menos, de agitar fatos que deveriam ser mantidos discretamente no olvido.

A sondagem das repercussões da lei não seria completa, todavia, se ficasse confinada àquilo que foi posto em relevo pelos jornais. Por isso, procuramos colher dados que pudessem esclarecer melhor como a "lei contra o preconceito de raça ou de cor" foi recebida no "meio negro" de São Paulo. Através de entrevistas com personalidades negras ou mulatas (tanto os mulatos que se identificam com os brancos quanto os que se identificam com os negros) e por meio da coleta de depoimentos prestados por personalidades de cor, publicamente, na *Comissão de Estudo das Relações Raciais entre Brancos e Negros em São Paulo*, que organizamos para realizar as nossas pesquisas, com a colaboração direta e ativa dos elementos negros, conseguimos reunir indicações que permitem estabelecer uma espécie de quadro geral das reações provocadas pela referida lei. Naturalmente, as opiniões emitidas pelos informantes não poderão ser transcritas, pois isso exigiria muito espaço. Contudo, a exposição analítica das atitudes que se repetem com relativa frequência e congruência dá ensejo a que o leitor seja informado de uma maneira completa, ainda que menos satisfatória.

Diversos argumentos foram utilizados, pelas pessoas entrevistadas, na apreciação da lei. Uns sentem que a lei é boa, porque extingue o preconceito para sempre, proibindo-o e punindo-o taxativamente. Outros acham que ela é boa, não porque ponha um paradeiro à atual situação, mas porque desvenda a realidade, mostrando que o preconceito de cor não é uma criação fictícia dos negros. Nesse sentido, qualificaram-na como "um reconhecimento oficial" da existência do preconceito contra o negro, no Brasil. Ao lado dessas atitudes extremas, verificamos que a explicação da conveniência ou da oportunidade da lei compreende argumentos muito mais complicados, como sugerem as seguintes explanações: 1) A lei é boa, porque favorece os negros, obrigando os brancos a comportar-se de certa maneira para com eles, e porque lhes dá a possibilidade de processar as pessoas que os desrespeitem, em seus direitos ou em sua dignidade, o que era absolutamente impossível antes. O informante salientou, entretanto, que não está absolutamente de acordo com os companheiros que enxergam nela um "novo 13 de Maio"; 2) A lei "será" boa, se for aplicada. A proibição do preconceito já existia na Constituição, como "letra morta". Daí, a lei "será" boa, se não degenerar, logo no começo, "em letra morta". Entre os entrevistados que defenderam essa ideia, dois ajuntaram o seguinte: a) os negros devem aproveitar a lei, ainda que ela seja uma simples "sombra" do que o governo deveria fazer; b) os negros que "podem" terão, de agora em diante, o acesso garantido aos lugares que lhes eram vedados pelos brancos; 3) a lei é boa, porque "impede" a situação existente em São Paulo: os estrangeiros que chegaram aqui na miséria conseguiram enriquecer e não deixam mais ninguém se beneficiar com as oportunidades nascidas do desenvolvimento econômico de São Paulo, excetuando-se os seus parentes e compatriotas. Com isso, eles criam a segregação do negro. A lei "evita" que isso venha a consumar-se no futuro; 4) a lei é boa, porque possui o caráter de intervenção do governo nos problemas do negro brasileiro. Ela constitui a primeira providência tomada até o presente, como medida destinada a favorecer os negros e os mulatos contra os brancos. Os que pensam que "ela não presta" e "precisa ser jogada fora" estão errados. Nas circunstâncias atuais, a lei protege os negros e poderá desempenhar profundas influências educativas. Antes o negro deixava de ir a uma porção de lugares e de fazer uma porção de coisas, de medo de ser "desfeiteado". O branco se acostumou com a ausência do negro e perdeu a possibilidade de conhecê-lo concretamente. A lei dá tais garantias jurídicas aos negros, que quebram o seu "medo" do branco. Surgem assim as condições necessárias a um contato mais íntimo entre os brancos e os negros, o qual poderá facilitar o conhecimento das qualidades humanas dos segundos pelos primeiros e, por conseguinte, melhorar a sua aceitação social.

As mesmas pessoas fazem restrições à lei, sendo que algumas pensam pura e simplesmente que a lei "não adianta nada", porque não será aplicada. As apreciações refletidas variam consideravelmente, como se verificará pela seguinte enumeração de opiniões: 1) A lei devia ser precedida por uma campanha educativa e de preparação psicológica dos negros, em geral, e dos comerciantes brancos, em particular. O governo podia fazer isso pelos jornais, pelo rádio, pelas escolas etc. Da forma por que agiu, ele é culpado de não ter levado aos negros os ensinamentos necessários para que pudessem eles aproveitar a lei e utilizá-la em benefício próprio. 2) A lei servirá aos interesses de alguns negros, sem contudo favorecer a coletividade negra como um todo. Os negros *grã-finos*, que desejavam frequentar hotéis de luxo, ficaram exultantes. Em contraste, os negros humildes "estão na mesma". Continuam econômica e moralmente largados a si mesmos, sem recursos para libertar-se do nível extremamente baixo de vida que levam ou para conjurar os seus dramas cotidianos, como o da "mãe solteira", o "abandono dos filhos" etc. O governo devia fazer algo concreto, que beneficiasse a massa dos negros, iniciando uma política de "aproveitamento da prata da casa", intervindo seriamente na melhoria de sua situação econômica e na sua educação. 3) A lei não presta, porque é vaga e incompleta. Ela não obriga os industriais, os comerciantes e os banqueiros a dar emprego aos candidatos negros, desde que sejam qualificados. 4) A lei possui um defeito capital: ela põe o preconceito de cor em evidência. Este era como "cinza no borralho". Ninguém tinha consciência nítida de sua existência e de suas consequências, os brancos particularmente. A lei chamou a atenção para o fato; e de tal maneira, que muitos brancos não vão gostar de ver-se compelidos a aceitar o negro. Doutro lado, o "aspecto moral" da lei não é satisfatório. Seria bem agradável que o negro fosse tratado como ser humano pelo branco, desde que este fosse movido por sentimentos reais de respeito e de afeição pelo negro. A presença da lei inverte esta ordem: o branco passará a agir como o indivíduo que deixa de pecar porque tem medo do inferno, e não porque acredita em Deus. 5) O governo não devia promulgar uma lei como esta. Em vez de *proteger* o negro indiscriminadamente, devia era prender os negros que "envergonham a gente" e que "desmoralizam a raça". Além dessas atitudes, alguns temores foram expressos, notadamente: a) como a lei foi promulgada de improviso, sem nenhuma preparação prévia dos negros e dos mulatos, eles poderão comportar-se de modo inconveniente, aumentando o preconceito ou provocando-o onde não existia antes; b) a lei não pode ignorar as diferenças sociais das pessoas. Há lugares em que o negro não pode ser admitido, mesmo quando tem dinheiro para "pagar". O entrevistado salientou: "cada um deve ser aceito de acordo com o lugar que ocupa". O mal da lei estaria em criar uma falsa sensação de igualdade, levando ao negro a ideia de que poderá, daqui por diante, introduzir-se onde bem entender.

Os depoimentos colhidos na *Comissão de Estudo das Relações Raciais entre Brancos e Negros em São Paulo* contêm argumentos a favor e contra a lei, que podem ser agrupados de maneira consistente em termos do grau de aceitação ou de rejeição da ordem social vigente na sociedade brasileira, demonstrado pelos depoentes. Três atitudes se evidenciaram com nitidez: 1) atitude moderada, segundo a qual o preconceito de cor constitui um problema social cuja solução na ordem social contemporânea é possível e deve ser esperada; 2) atitude radical, segundo a qual o preconceito de cor só desaparecerá com a supressão da ordem social existente; 3) atitude pessimista, segundo a qual a ordem social vigente é ruim, do ponto de vista das relações raciais, mas não adianta esperar modificações para melhor, venham elas de iniciativas do negro ou do branco.

Os argumentos apresentados pelos que defenderam o primeiro ponto de vista podem ser sintetizados da seguinte maneira: o negro luta desde 1928 para obter um instrumento legal que lhe permita enfrentar com êxito as manifestações do preconceito de cor. Essa lei representa a conquista desse instrumento, o qual chega precisamente em um momento oportuno, pois o negro brasileiro não está mais na mesma situação que em 1888 (data da Abolição). Econômica e intelectualmente, se encontra em diversas regiões em condições compatíveis com o aproveitamento da lei, o que deve fazer de acordo com a própria capacidade e posição social. A lei deve ser respeitada e acatada, portanto, como algo capaz de favorecer os negros nas relações com os brancos. Por sua vez, ela é obrigatória e geral, não se devendo duvidar de que será posta em vigor pela Justiça do país. O que o negro precisa é aprender a usar a lei: a) para utilizá-la dentro dos limites estabelecidos; b) para não criar embaraços ou conflitos nas relações com os brancos, em virtude de uma interpretação inadequada dos direitos por ela conferidos. Os conhecimentos relativos ao modo de usar a lei podem ser transmitidos por meio das entidades negras, que assim contribuiriam construtivamente para a elevação do negro. Doutro lado, o negro brasileiro não está na mesma situação que o negro norte-americano. Aqui ele tem direito a tudo, como o branco, compartilhando com este, em termos de igualdade, das garantias concedidas aos cidadãos. Todavia, o negro depende do branco, não pode separar-se dele ou lutar contra ele. Essa lei terá um grande alcance moral e educativo, porque é um passo na direção da associação das raças. Forçando os brancos a aceitar os negros coercitivamente, a lei cria condições para um conhecimento recíproco e uma colaboração mais íntima entre as duas raças.

Os argumentos formulados pelos que defendem o segundo ponto de vista podem ser resumidos da seguinte forma: a lei não é uma manifestação de boa vontade dos brancos ou dos partidos liberais, mas um "produto lógico" das reivindicações e dos movimentos organizados por entidades negras. Foram estas que exigiram a transformação da proibição contida na Constituição vigente em lei ordinária. Todavia, a lei surge em condições que a tornam viciada e perigosa. Primeiro, ela poderá não ser aplicada aos transgressores que pertencem às classes dominantes. Há várias maneiras de solapar os dispositivos da lei impunemente. Segundo, ela foi feita com fins eleitorais, para beneficiar determinado partido em eleições futuras. Terceiro, ela visa esmorecer o negro em suas lutas contra o preconceito de cor e arrefecer suas reivindicações sociais. A lei traz consigo, não obstante, algumas vantagens. Por isso, deve ser aproveitada pelos negros, com a necessária cautela. Feita no terreno democrático, oferece oportunidades que o negro brasileiro deve explorar, sem contudo fazer concessões na luta contra o preconceito de cor, que se identifica para ele com a própria luta por melhor nível de vida e por mais amplos direitos políticos e sociais. No fundo, porém, a função da lei não consiste apenas em punir, mas em educar. Somente com a transformação da atual estrutura da sociedade brasileira, no sentido da democracia social, é que os direitos humanos serão distribuídos igualmente, produzindo o desaparecimento do preconceito de cor e a modificação concomitante da mentalidade dos brancos.

Os argumentos defendidos pelos que se identificam com o terceiro ponto de vista podem ser reduzidos ao seguinte: "Quem faz a lei faz a malícia", de tal modo que a lei enreda os fracos e fortalece os poderosos. Ora, essa lei é pouco sincera. Vem de um partido reacionário, cujos líderes têm ostentado atitudes desfavoráveis aos negros. Na verdade, ela não foi feita para resolver os problemas do negro brasileiro. Nota-se que ela surgiu depois de um escândalo, que envolveu uma bailarina negra norte-americana, de grande renome. Ela pretende, portanto, salvar as aparências, de maneira a evitar possíveis repercussões de fatos dessa ordem no estrangeiro. Enquanto o negro turista encontra nela uma garantia, o negro aborígine não se vê protegido em nenhum dos seus direitos fundamentais. Primeiro, porque "o brasileiro é mole no cumprimento da lei" e porque "lei para negro é para nunca ser cumprida". Segundo, porque os brancos podem alegar outras razões para recusar ou rejeitar os negros. Não precisam dizer que a cor está envolvida em suas ações ou deliberações. Em todo caso, seria conveniente, já que a lei foi promulgada, que ela fosse regulamentada, para que desse os diminutos frutos que dela se podem esperar.

A essas atitudes, seria possível acrescentar duas outras: uma de caráter técnico, outra com fundamento estrito na consciência racial da situação do negro em São Paulo. Quanto à primeira, foi salientado, por um dos participantes de uma das reuniões da *Comissão*, que a formação jurídica da prova consiste em algo extremamente difícil em processos desse gênero. Daí a quase inocuidade da lei. Quanto à segunda, convém mencionar o fato de algumas personalidades de cor possuírem uma consciência dominantemente racial do problema. Para elas, a lei é insatisfatória, pois se apresenta como uma medida unilateral e sem nenhum conteúdo prático. Ainda assim, é uma proteção ou apoio a mais na luta do negro contra a discriminação racial e o preconceito de cor, devendo ser explorada concretamente até onde for possível. Ela poderá ajudar o negro a "forçar a situação", obrigando os brancos a conceder-lhes o tratamento dispensado a seus iguais em diversas circunstâncias e a distingui-los com o lugar que devem ocupar na sociedade brasileira. Além de constituir um reconhecimento explícito da existência do preconceito de cor no Brasil e do caráter pernicioso de suas consequências sociais para os negros, a lei representa, no plano imediato, um ponto de partida para novas reivindicações.

Pondo de lado outras questões, que poderiam ser examinadas sociologicamente com base no material recolhido, verifica-se pelos dados expostos que as reações à promulgação da lei, no "meio negro" de São Paulo, não foram uniformes. Os informantes ouvidos diretamente, seja através de entrevistas ou da participação dos debates, que se abriram na *Comissão de Estudo das Relações Raciais*, não só emitiram opiniões que se distinguem entre si, mas ainda demonstram que reagiram à *lei contra o preconceito de raça ou de cor* de forma ambivalente. Mesmo as pessoas que defendem a lei e que acham que ela será de grande utilidade para os negros admitem o que as providências legais são insuficientes, ou que elas podem ser burladas de várias maneiras, não representando por isso uma garantia básica nas relações com os brancos que têm preconceito. Ambas as coisas se explicam, porém, quando vistas em termos da situação de contato.

A variação de opiniões ou, em outras palavras, a flutuação de atitudes, nasce da própria heterogeneidade da população negra e mestiça. Os negros que subiram na escala social e os mulatos (principalmente os *mulatos claros*) tendem a enxergar na lei uma ameaça à própria situação social. Por isso, temem que ela conduza a excessos, que desmoralizem os negros perante os brancos, criticam o governo por não ter cuidado da preparação psicológica do branco e do negro ou por conferir direitos de maneira tão imprecisa, e insistem na necessidade da educação do negro para o aproveitamento "conveniente" das garantias proporcionadas pela nova lei. Em síntese, o preconceito de cor não atinge de maneira uniforme todas as pessoas negras e mulatas. Não existem, portanto, condições para que todos sintam de forma semelhante os efeitos das manifestações da discriminação e do preconceito com base na cor. A ambivalência de atitudes tem uma raiz mais complexa, o que não impede que se indique aqui um de seus fatores imediatos: o ressentimento criado pelo preconceito de cor. Ninguém gosta de falar do preconceito de cor livremente, nem os brancos nem os negros, como já vimos. É presumível que a alegria causada nas pessoas de cor pela inovação (introdução de legislação antidiscriminatória no país) provocou sentimentos contrários, de temor, insatisfação e talvez mesmo de vergonha ou de humilhação, por terem que admitir uma situação de inferioridade. Além disso, no que concerne às expectativas polarizadas em torno da futura aplicação da lei e a seus efeitos, parece que as decepções se originaram da orientação tomada pelo legislador, que se limitou a proibir manifestações do preconceito de cor que não atingem, de forma considerável, senão os negros e os mulatos da classe média, em vez de atacar os problemas cruciais das populações negras concentradas nas zonas urbanas.

APÊNDICE

I – O Preconceito Racial em São Paulo*
(Projeto de Estudo)

ROGER BASTIDE E
FLORESTAN FERNANDES

1) "Projeto de estudo" e "Plano de pesquisa"

Este relatório constitui um "projeto de estudo" e não um "plano de pesquisa". É comum a confusão entre os dois instrumentos de trabalho do sociólogo. Todavia, o primeiro se situa em um nível puramente abstrato, desenvolvendo-se em um terreno de possibilidades teóricas, embora referidas à situação de fato. Enquanto o segundo toma em consideração as condições concretas e as possibilidades reais de organização, direção e realização da pesquisa, quer quanto à delimitação e à abordagem do objeto, quer quanto à seleção do pessoal, ao custo, à duração e à marcha da investigação.

A preparação de um projeto de estudo nem sempre é necessária. Mas, desde que seja empreendida, concentra naturalmente a atenção do pesquisador sobre problemas que teriam importância secundária na elaboração de um plano de pesquisa. A menção desse aspecto do assunto é indispensável, senão para justificar, pelo menos para esclarecer *por que* o presente relatório foi desenvolvido tendo em vista somente determinados problemas.

---

* Trabalho elaborado e redigido, originalmente, por Florestan Fernandes. Lido e discutido por Roger Bastide, foi editado, em colaboração, sob o título acima, como publicação nº 118 do Instituto de Administração da Faculdade de Ciências Econômicas e Administrativas da Universidade de São Paulo (abril de 1951).

2) Orientação seguida na elaboração do projeto de estudo

A elaboração de um projeto de estudo não está sujeita a normas fixas. O pesquisador precisa ajustar-se a condições que variam consideravelmente, em função das causas que podem determinar o desejo ou a necessidade de conhecer-se cientificamente uma dada situação ou fenômeno social, do conhecimento prévio sobre o assunto (em geral e em particular), dos recursos prováveis (quanto ao pessoal, ao financiamento, aos meios de locomoção e de contato com as pessoas ou instituições a serem investigadas), do tempo calculado para a duração das pesquisas a realizar-se etc. Daí a conveniência de indicar-se, com a maior clareza e objetividade possíveis, a orientação seguida na preparação de um projeto de estudo, ainda que este se destine ao exame e à crítica de coparticipantes da investigação.

A Sociologia, como outras ciências, não dispõe de técnicas capazes de garantir a uniformidade de ajustamento ao objeto; tomar explícitos os princípios adotados na preparação de um projeto de estudo parece ser, assim, a primeira condição para o entendimento objetivo entre os pesquisadores que colaboram na mesma investigação. Ora, o estudo projetado no presente relatório reúne diversas condições insatisfatórias, do ponto de vista científico. Primeiro, ele visa a um objeto, o preconceito social, cuja natureza e função estão longe de ser bem conhecidas pela Sociologia. A própria noção de "preconceitos" não tem sido empregada de maneira uniforme e, portanto, segundo uma conotação precisa e invariável.[1] Segundo, o conhecimento prévio disponível se refere a situações de contato caracteristicamente distintas da que se dá em São Paulo. As investigações cujos resultados positivos poderiam ser aproveitadas produtivamente foram realizadas nos Estados Unidos e dizem respeito a condições de ajustamento inter-racial baseadas na segregação e em uma combinação dos regimes de castas e de classes.[2] De modo que

---

1 Cf. G. W. Allport, Prejudice: a problem in psychological and social causation, *The Journal of social issues*, Suplement Séries nº 4, novembro de 1950. Convém observar que a seleção dos aspectos do fenômeno para investigação científica varia de acordo com a orientação metodológica adotada, o que forçosamente se reflete na conceptualização. Nesse sentido, é muito sugestiva a condensação de teorias sobre o preconceito, empreendida por A. M. Rose (cf. "Problems of Minorities", p. 402-25; F. B. Merril (Org.), *Social problems*, Nova York, Alfred A. Knopf, 1950).

2 Entre as obras publicadas a respeito, os autores gostariam de mencionar especialmente as seguintes: H. R. Cayton e S. C. Drake, *Black metropolis. A study of negro life in a northern city*, Nova York, Harcourt, Brace and Co., 1945; A. Davis e J. Dollard, *Children of bondage; The personality development of negro youth in the*

essas investigações não poderão ser aproveitadas senão comparativamente e mais no plano da sociologia geral, com um objetivo restrito: o de conhecer-se a natureza e a função do preconceito racial.[3] Terceiro, os recursos acessíveis, quanto ao financiamento, à composição do pessoal e à duração material da investigação (quase de três semestres), sobrepõem aos ideais estritamente científicos de conhecimento exaustivo da realidade investigada em limites sérios e embaraçantes. Por último, o estudo deve ser projetado em bases científicas, mas tem uma origem e um fim que são igualmente *extracientíficos*: destina-se a uma instituição a Unesco, que o solicitou com o propósito de servir-se de seus resultados na reeducação social dos adultos e em sua política básica de aproximação das raças. Embora a natureza do trabalho não seja afetada por causa disso, o fato é que a seleção de problemas a serem investigados e a própria delimitação do âmbito da investigação foram amplamente influenciadas por essa circunstância.

Em consequência, o projeto de estudo foi elaborado sob a preocupação fundamental de combinar, proporcionando-os entre si à medida do possível três critérios principais: o informativo, o descritivo e o interpretativo. Todo o item I do esquema do projeto (cf. a seguir), procura corresponder à necessidade de dar informações básicas e precisas sobre o desenvolvimento da situação de contato em São Paulo. O critério descritivo está mais ou menos presente nos itens II-V, embora prevaleça no item II, destinado a congregar os conhecimentos sobre o contexto social do fenômeno particular a ser investigado (o preconceito racial ou de cor). O critério interpretativo, da mesma maneira, aparece com alcance variável em todos os itens do

---

urban south, American Council on Education, Washington, 1940; A. Davis, B. B. Gardner, e M. R. Gardner, *Deep south: a social anthropological study on caste and class*, Chicago, The Chicago University Press, 1941; J. Dollard, *Caste and class in a southern town*, New Haven, Yale University Press, 1937; B. W. Doyle, *The etiquette of race relations in the south*, Chicago, The University of Chicago Press, 1937; E. F. Frazier, *The negro family in the United States*, Chicago, The University of Chicago Press, 1939; idem, The Negro in the United States, Nova York, The Macmillan Co., 1949; G. Myrdal, *An american dilemma, The negro problem an modern democracy*, Nova York e Londres, Harper & Brothers Publishers, 1944; A. M. Rose, *The negros morales; group identification and protest*, Minneapolis, University of Minnesota Press, 1949; W. L. Warner, B. H. Junker e W. A. Adams, *Color and human nature: negro personality development in a northern city*, Washington, American Council on Education, 1941. O leitor encontrará uma bibliografia completa em Myrdal (op. cit., vol. II, p. 1.144-1.180).

3   Cai-se, assim, na orientação dos estudos de Marcel Mauss, sem no entanto fazer do método comparativo o próprio eixo da investigação.

projeto; mas só atinge vigência plena no item VI, em que encontram acolhida as preocupações estritamente teóricas.

3) Hipóteses diretrizes

As hipóteses diretrizes na interpretação de um fenômeno são construídas, em parte, graças ao *modo peculiar* de encarar o objeto. Daí a necessidade de ter-se sempre em vista, com a maior clareza possível, o método de interpretação adotado e suas implicações teóricas, especialmente as conceptuais e as que se refletem na seleção das "técnicas" e dos " métodos" operativos de pesquisa ou na própria delimitação da esfera da realidade a ser investigada.

Ainda que não seja universalmente aceito por todos os sociólogos,[4] o método que oferece maiores garantias de exatidão à Sociologia empírica é aquele que considera os fenômenos particulares investigados em seu modo de integração ao contexto social. Durkheim formulou muito bem o princípio implícito nessa maneira de encarar os fatos sociais ao escrever que "*a origem de todo processo social de alguma importância deve ser procurada na constituição do meio social interno*".[5] Embora a contribuição metodológica de Durkheim mereça ser revista em face das descobertas científicas posteriores (especialmente: a moderna colocação dos problemas de "função" não permite mais falar nas "causas eficientes" dos fenômenos sociais exatamente nos termos durkheimianos), esse é um princípio heurístico básico para todos os sociólogos que concebem a sociedade, e os fenômenos de interação humana que nela se desenrolam, como uma *realidade social*.

A primeira questão, que se impõe naturalmente à discussão, consiste em indagar se o preconceito é suscetível, ou não, de receber semelhante tratamento. Em seu sentido mais amplo, "preconceito" é um termo que abrange imputações estereotipadas, tanto negativas quanto positivas, de atributos a objetos, pessoas e valores.[6] Assim compreendido, o preconceito pode ser investigado sociologicamente e fornece o seguinte grupo de problemas sociológicos: 1) a formação do preconceito, que constitui um fenô-

---

4 Max Weber, em particular, o critica com veemência na introdução de *Economia e sociedade*.
5 *Les règles de la méthode sociologique*, 10. ed., Paris, Presses Universitaires de France, 1947, p. 111; grifado no texto.
6 Sobre a conotação do termo preconceito, cf. especialmente G. W. Allport, loc. cit.

meno social à medida que a seleção e a objetivação cultural dos atributos, e sua imputação a objetos, pessoas e valores, se processam sob o influxo e em resposta às condições materiais e morais de convivência humana; 2) a exteriorização do preconceito, que é regulada socialmente, subordinando-se em cada sociedade a códigos éticos e de etiqueta, cujas regras, formais ou informais, estabelecem os limites de flutuação do comportamento individual; 3) a integração do preconceito à cultura, à medida que a significação ideológica dos estereótipos, a associação deles em um complexo inclusivo e a importância relativa desse complexo na cultura como um todo se vinculam, exprimem ou são produzidas por interesses sociais determinados; 4) a função social do preconceito, que permite explicar as relações desse fenômeno com a dinâmica social e distinguir entre si os vários tipos ou subtipos de preconceito; 5) a transformação do preconceito, quase sempre ligada de modo imediato à transformação da ordem social. Em síntese, o preconceito é suscetível de receber um tratamento sociológico e os cinco grupos de problemas abrem perspectivas de investigação cuja constante analítica vem a ser a referência à "constituição do meio social interno".

É óbvio que o preconceito racial constitui uma das modalidades do fenômeno considerado, aquela em que as *diferenças raciais* reais ou imaginárias, representadas etnocentricamente, se tornam as fontes ou os canais de seleção dos atributos imputativos estereotipáveis. Ele já foi definido sociologicamente como "um mecanismo de consciência grupal, que atua reflexiva e automaticamente em resposta a seus próprios estímulos".[7] Nesse sentido, parece que o preconceito racial tende a desenvolver-se como consequência natural do contato intermitente ou contínuo de pessoas ou grupos de pessoas pertencentes a "raças" diversas,[8] sempre que condições de desigualdade econômica e social contrastam marcas raciais com discrepân-

---

7   R. E. Park, introdução a J. F. Stainer, "The Japanese invasion"; citação extraída de *Introduction to the science of sociology*, Chicago, The University of Chicago Press, 1921, p. 625-26.

8   Tomando-se o termo "raça" no sentido sociológico, e não no da Antropologia física. Como escreve Myrdal, referindo-se à situação de contato norte-americana, "a definição de 'raça negra' é um conceito social e convencional, e não biológico. A definição social, e não os fatos biológicos, é que determinam atualmente o *status* de um indivíduo e sua posição nas relações inter-raciais" (cf. op. cit., vol. I, p. 115). Ainda não se determinou no Brasil qual é o significado social do conceito. A expressão "homem de cor" (ou outras, equivalentes) é geralmente empregada para designar negros e mestiços; porém, pessoas com ancestrais pretos conhecidos e portadores de alguns traços negroides salientes, frequentemente passam por "brancos", e são tratados como tal.

cias notórias quanto às ocupações, às riquezas, ao nível de vida, à posição social e à educação. A elevação dos contrastes à esfera de consciência social e a formação dos estereótipos raciais correspondentes se operam por meio de avaliações etnocêntricas, desencadeadas, graduadas e conduzidas como efeitos dos processos sociais responsáveis pela criação de uma ordem social de ajustamento inter-racial. Por isso, a formação do preconceito racial não é um processo unilateral, em uma dada situação de contato, e produz resultados que variam de uma situação de contato para outra, apesar da atuação uniforme de certos fatores sociais. Quanto à situação de contato surgida no Brasil com a importação de escravos africanos, que nos interessa aqui, pouca atenção foi dispensada até o presente à formação de estereótipos raciais na população negra e em seus descendentes mestiços. Todavia, parece que a aceitação tácita da ideologia racial dos brancos se processou como consequência da aceitação dos direitos imanentes à dominação da "raça" branca e do reconhecimento de sua legitimidade. Em seus traços essenciais, essa situação é passível da seguinte caracterização sociológica, com referência ao preconceito racial:

a) a formação do preconceito racial constitui uma condição da acomodação de brancos e pretos em uma ordem social escravocrata;

b) alguns estereótipos raciais se incorporaram ao sistema de *mores* da sociedade escravocrata, mas antes da Abolição eles já haviam perdido esse caráter;

c) o preconceito racial não chegou a alcançar, regularmente, expressões ostensivas ou violentas no período de escravidão e depois se conservou de modo latente na conduta dos brancos;

d) as inconsistências do preconceito racial em face do *status* de "cidadão" não foram submetidas à crítica aberta, após a Abolição, senão tardiamente, e assim mesmo só nos centros urbanos;

e) a integridade da antiga ideologia racial, com o desaparecimento da ordem social escravocrata e com a competição dos negros no mercado livre de trabalho está sendo abalada mais ou menos profundamente graças à alteração da situação de contato, produzida pela imigração, por movimentos de população internos e pelo desenvolvimento das classes sociais;

f) a desintegração da antiga ideologia racial, onde ela está se desenrolando, parece afetar o preconceito racial de modo heterogêneo: 1) criando condições favoráveis à transferência dos estereótipos raciais contra os negros da esfera da consciência social para a de reflexão racional e de crítica ideológica (principalmente no seio da população negra dos centros urbanos); 2) modificando relativamente a posição da população negra na situação de contato e as condições de ajustamento inter-racial, especialmente no que diz respeito às expectativas de comportamento dos brancos; 3) contribuindo para perpetuar estereótipos raciais contra os negros, os quais estão se integrando à cultura urbana através da retenção em círculos sociais ligados à antiga sociedade escravocrata ou através de incorporação à cultura de grupos de imigrantes.

Quais são, porém, as implicações da aplicação do método indicado ao estudo do preconceito racial? O preconceito racial não é, em si mesmo, um componente imediato da estrutura social. Mas interfere no ajustamento de seres humanos em situações sociais que se repetem, isto é, em situações sociais que fazem parte da estrutura social ou da esfera de ajustamentos espontâneos da organização social, sujeitos no entanto a controle social. O preconceito racial e os padrões de comportamento a ele associados *exprimem*, pois, maneiras de estar ligado no todo e pelo todo social. Embora não seja um simples epifenômeno da vida social, o preconceito racial reflete necessariamente todas as flutuações e transformações de importância que se operam nas referidas situações sociais. Seu significado e sua função se alteram continuamente, no curso da evolução das sociedades; ou então ele desaparece, dando muitas vezes lugar a outras formas de preconceito, porque perde sua razão de ser com o desaparecimento das situações sociais de vida que comportam sua formação e desenvolvimento.

Esse modo de conceber o preconceito racial, como conexão do "meio social interno", implica três consequências fundamentais que dizem respeito à focalização, à conceptualização e à interpretação do fenômeno como uma realidade social. Quanto à focalização, é evidente que o preconceito racial, assim concebido, cai sob o campo de análise sociológica em termos da função por ele desempenhada no sistema de relações sociais. É deste ângulo que se pode compreender e explicar "como" e "por que" o preconceito racial, com os padrões de comportamento e as práticas coletivas correspondentes, se forma, se perpetua e se transforma. As condições de estabilidade e de mudança desse fenômeno são proporcionadas pela sociedade. Através de suas duas esferas, a que abrange as situações de vida regulamentadas socialmente e a constituída por situações de vida *in flux*, ainda livres de qualquer espécie de controle ou em processos incipientes de regulamentação social, a sociedade condiciona e determina a dinâmica do preconceito racial. Por recorrência, como conexão do "meio social interno", ele atua reversivamente sobre as duas esferas, interferindo na integração da estrutura social e na perpetuação ou transformação da ordem social existente.

Quanto à conceptualização, o método adotado permite aceitar e aproveitar teoricamente um mínimo de noções centrais estabelecidas pelo uso popular e pelo emprego científico corrente do termo. Especialmente, ele comporta a manipulação do conceito em um sentido lato, de modo a reter como manifestações do preconceito racial todas as exteriorizações regulares do comportamento humano e todas as objetivações sociais, que resultam ou conduzem a estereótipos (ou representações coletivas) baseados na crença de que as diferenças raciais, reais ou imaginárias, são as causas eficientes da desigualdade psíquica e social dos seres humanos. Todavia, graças à natureza do fenômeno a que se aplica, a delimitação conceptual operada pela aplicação do método indicado se singulariza com relação ao uso popular e ao emprego científico corrente do termo; o caráter descritivo e neutro do vocábulo é acentuado com nitidez. Na verdade; a noção de preconceito racial pertence àquela categoria de termos sociológicos cuja delimitação conceptual depende da plena adequação do vocábulo à realidade ou situação particular investigada. Os resultados da crítica desse conceito são muito interessantes, pois demonstram que as possibilidades dos procedimentos básicos de conceptualização, utilizados na sociologia, variam de acordo com a natureza dos fenômenos investigados. Tanto a conceptualização pela abstração do geral quanto a conceptualização pela abstração do típico apresentam sérias limitações: ambas salientam como essencial o que é somente uma implicação do fenômeno, o modo de consciência social e de tratamento recíproco; a conceptualização pela abstração da função, por sua vez, colide com a impossibilidade criada pelo fato de não ser o preconceito racial um componente imediato da estrutura social, em consequência, ele possui não uma, mas diversas funções manifestas ou latentes. Daí a necessidade de procedimento histórico, de conceptualização pela particularização – usado indiscriminadamente por alguns sociólogos e repelido da mesma maneira por outros – o qual permite operar com o conceito combinando a plasticidade à precisão.[9]

Quanto à interpretação do preconceito racial é que se colocam os problemas mais delicados. Teoricamente, não se levantaria nenhuma dificulda-

---

9   Em virtude das razões indicadas, a definição do fenômeno contará entre os resultados teóricos da investigação, representando uma das contribuições dos autores ao estudo sociológico do preconceito racial. Todavia, convém ressaltar que o procedimento de conceptualização adotado tem um mérito (que infelizmente não pode ser discutido aqui) o de impedir a tendência à substancialização do conceito, tão frequente nos trabalhos sobre o fenômeno. Provavelmente, essa tendência é produzida pelos impactos do meio social ambiente, como ilustram trabalhos sociológicos que tratam do problema no Brasil.

de; as implicações do método de interpretação sociológica escolhido são bastante claras a esse respeito. Para satisfazê-las bastaria orientar as pesquisas de modo a identificar e a isolar as condições e os fatores causais que intervierem tipicamente na formação e no desenvolvimento do preconceito racial em São Paulo. Ou seja, seria suficiente encarar esse fenômeno do ponto de vista das correlações com a integração e a evolução da estrutura social. Porém, a ideologia racial elaborada através dos ajustamentos de brancos e pretos à ordem social escravocrata era uma ideologia de acomodação, e embora fosse em suas origens demasiado rigorosa e deprimente com relação à pessoa dos negros, não comportou exteriorizações violentas, de modo regular, do preconceito racial. As modificações, nas condições de ajustamento inter-racial, introduzidas ou provocadas pela Abolição, não alteraram tão profundamente a posição social recíproca dos dois grupos raciais, a ponto de produzirem antagonismos sociais permanentes, e a transtornarem o caráter das relações entre brancos e pretos. A antiga ideologia racial não entrou em colapso imediato nem perdeu a função que possuía na ordem social escravocrata: a alteração no *status* social do negro foi meramente legal. Em consequência, os ressentimentos criados em algumas esferas da população branca pela abolição não chegaram a intensificar as manifestações do preconceito racial, que continuou a ser exteriorizado socialmente de forma discreta e branda. E os negros não conseguiram condições sociais de vida que favorecessem a transferência dessas manifestações do preconceito racial do plano da consciência social para o da crítica ideológica. Sob o manto da igualdade jurídica e política, mantinha-se não só a desigualdade econômica e social entre brancos e pretos, mas ainda a antiga ideologia racial, com todas as ilusões que ela encobria. O desenvolvimento posterior do regime capitalista e das classes sociais é que iria solapar a antiga ideologia racial destruindo as estruturas sociais que a suportavam e modificando as condições de ajustamento inter-racial.

Esse quadro complexo apresenta tais dificuldades à compreensão global, que chegou a desorientar mesmo especialistas de rigorosa formação científica. Donald Pierson, por exemplo, apresenta os resultados das pesquisas que realizou na Bahia, de tal maneira que a transcrição e o exame de algumas explanações contidas em sua obra merecem uma atenção especial. "Existe na Bahia pouco preconceito de raça (se é que existe), no sentido em que este termo é usado nos Estados Unidos. Não existem *castas* baseadas na raça: existem somente *classes*. Isto não quer dizer que não exista algo que se possa chamar propriamente de 'preconceito', mas sim que o preconceito existente é um preconceito de *classes* e não de *raça*. É o tipo de preconceito que existe *entre os próprios homens de cor* nos Estados Unidos, cuja intensidade na verdade é bem grande".[10] Adiante, o autor assevera o seguinte: "Provavelmente, a situação racial na Bahia, pelo menos de modo geral, é típica de todo o Brasil. Ao mesmo tempo, a considerável imigração de europeus, durante o último século, para os Estados meridionais, especialmente São Paulo, Santa Catarina e Rio Grande do Sul, e o desenvolvimento gradual de uma sociedade industrial em São Paulo, podem, até certo ponto, ter modificado as atitudes anteriormente prevalecentes nestas áreas"; o estudo de intercasamento, feito em São Paulo por Samuel Lowrie, parece apenas confirmar o fato de que no Brasil, ainda hoje, o negro na maioria dos casos "não tem classe".[11] A circunspeção científica da exposição não oculta as indecisões do especialista.

Para os fins da presente discussão, poderemos circunscrever o exame dessas explanações a três argumentos críticos. Primeiro, a afirmação de que o "preconceito de cor" no Brasil é um preconceito de classe não colide com a forma de seleção e de imputação dos atributos, que apanha as diferenças ou as marcas raciais? Ao contrário do que afirma, parece que "o preconceito de cor" existe em várias regiões do Brasil e penetra, em maior ou menor grau, todas as classes sociais, sem contudo associar-se a manifestações ostensivas. Segundo, o autor supõe que a imigração e a industrialização teriam produzido os mesmos resultados na alteração da situação de contato. No entanto parece que a correlação do "preconceito de cor" com os dois processos sociais apresenta aspectos peculiares. Enquanto o "preconceito de cor" está sendo aceito e incorporado à cultura de vários grupos de imigrantes, as condições de industrialização de São Paulo e seus efeitos estão favorecendo direta ou indiretamente a ascensão profissional e econômica dos negros, e estão produzindo um ambiente acessível à participação mais íntima do negro da vida social urbana[12] ou contribuindo para introduzir os ideais de vida urbana em sua cultura.[13] Terceiro, é considerada "típica" para o Brasil uma situação de contato que não foi caracterizada tipologicamente,

---

10 D. Pierson, *Brancos e pretos na Bahia, estudo de contacto racial*, São Paulo, Companhia Editora Nacional, 1945, p. 402. As afirmações contidas nessa obra constam de outro trabalho do autor e são apresentadas como válidas para todo o Brasil (cf. D. Pierson, "Le préjugé racial d'après l'étude des situacions raciales", *Bulletin international des sciences sociales*, vol. II, nº 4, 1950, p. 488-500).

11 D. Pierson, op. cit., p. 414 e 415, respectivamente.

12 O que, em determinadas camadas sociais, contribui para transformar a natureza dos contatos entre brancos e pretos (de "categóricos" em "simpáticos").

13 O que, evidentemente, constitui uma condição fundamental na luta dos negros contra o "preconceito de cor".

nem empírica nem idealmente. Esse argumento dispensa comentários, pois se liga aos demais apenas de modo indireto: é que os resultados das pesquisas efetuadas na Bahia não podem, do ponto de vista científico, ser tomados como base para a caracterização em geral da situação de contato racial entre brancos e pretos no Brasil. Demograficamente, o homem de cor supera o branco na Bahia, ao contrário do que acontece em São Paulo. Além disso, a situação da Bahia está mais próxima da sociedade patriarcal e paternalista que no sul do país e o negro não se sente inferior ao branco porque as culturas africanas se conservam mais.

Essas reflexões críticas demonstram a necessidade de um conjunto de hipóteses diretrizes, como base estratégica para a investigação do fenômeno. A ideia de que não existe "preconceito de cor" no Brasil é muito difundida, particularmente entre os brancos,[14] a ponto de constituir uma *pressão* com que se deva contar preliminarmente, na elaboração de um projeto de estudo. A compreensão global do fenômeno, visto como uma conexão do "meio social interno", presumivelmente oferece uma perspectiva segura para seu conhecimento objetivo, ao mesmo tempo que representa uma fonte intelectual de defesa contra a aludida espécie de pressão externa.

Três são as hipóteses diretrizes selecionadas como essenciais. O fundamento comum delas é a noção de que o preconceito racial constitui um processo social, e não biológico; em suma, a situação social de cada grupo racial e a posição recíproca de cada um diante do outro, ambas instáveis, e que condicionam culturalmente a formação dos estereótipos raciais e que determinam socialmente o significado e a função deles, por sua vez tão estáveis quanto o podem ser os mencionados fatores causais. A primeira hipótese permite lidar de maneira homogênea com casos individuais aparente-

---

14 Para os especialistas, dois tipos de atitudes merecem um exame prévio. Primeiro, o modo veemente com que se pretende negar, em determinados círculos sociais, a existência de "preconceito de cor" em São Paulo. Segundo, a desaprovação aberta (muitas vezes exteriorizada de modo brusco), com que são recebidas as pesquisas sobre a *situação real* do negro. Há alguns anos, o delegado de Sorocaba se mostrou irritado com um dos autores, porque fora àquela cidade estudar as manifestações locais do "preconceito de cor". Asseverou, então, que se perdia muito tempo "com essa bobagem de estudar negros". Na capital, um homem ilustre e que se tem dedicado com entusiasmo ao desenvolvimento das Ciências Sociais no Brasil criticou severamente um dos autores, por causa da mesma preocupação. Segundo afirmou, teme que tais pesquisas possam exercer uma influência nociva, criando um ambiente desagradável para os negros e seus descendentes mestiços, como existe nos Estados Unidos.

mente desconexos. A aceitação ou a tolerância para com as "pessoas de cor" variam em São Paulo de uma classe social para outra e, em cada uma, principalmente de um grupo étnico para outro. Doutro lado, a igualdade social entre brancos e pretos nem sempre obriga ao tratamento simétrico, pois graças à interferência da cor a igualdade social não irregularmente acompanhada por representação de *status* equivalentes. Por isso, o pesquisador pode defrontar-se com exteriorizações de atitudes e de comportamento que o levam ora a admitir a existência do preconceito racial, ora a asseverar o contrário. A hipótese em questão liga, no entanto, as diferentes exteriorizações de atitudes e de comportamentos: *as flutuações da conduta dos brancos diante dos negros se explicam pela complexidade da situação de contato e em vez de serem um índice da inexistência do preconceito racial constituem, ao contrário, um sintoma de que a intensidade com que ele se manifesta varia até um extremo limite.*

A segunda hipótese tem por objetivo apreender a vinculação do "preconceito de cor" com a dinâmica social. Parece que as flutuações de atitudes e de comportamentos dos brancos com relação aos negros não são uma manifestação isolada e que tampouco elas se explicam por si mesmas. Outros fenômenos se combinam coerentemente com elas, indicando a existência de um processo social inclusive. De fato, é provável que as flutuações de atitudes e de comportamentos não sejam arbitrárias. Os focos conhecidos de concentração do "preconceito de cor" – os "centros de oposição" ao negro e os círculos sociais ligados às classes dominantes do período escravocrata ou a grupos de imigrantes e seus descendentes – insinuam que a desagregação da antiga ideologia racial está se processando de modo a permitir a reintegração do "preconceito de cor" à cultura urbana. Doutro lado, a incorporação de valores sociais urbanos à cultura dos negros está produzindo efeitos suscetíveis de alterar profundamente as condições de ajustamento inter-racial; acentua-se dia a dia a disposição dos negros para "forçar a situação", apresentando-se em lugares ou em reuniões e candidatando-se a serviços de que eram tácita mas eficientemente excluídos pela tradição. Esse desenvolvimento coincide com o considerável alargamento de oportunidade no mercado de trabalho, com a elevação geral do nível de vida, com a intensificação dos contatos secundários e com a organização de movimentos sociais de aproximação ou de agitação raciais. A seguinte formulação, segundo presumimos, dá à hipótese suficiente plasticidade para compreender um processo social tão complexo: *o desenvolvimento das classes sociais e do regime econômico capitalista em São Paulo, uma sociedade étnica e racialmente heterogênea, estão se processando de modo a modificar as condições sociais de ajustamento inter-racial entre brancos e pretos, o que se reflete na transfor-*

mação da antiga ideologia racial e, por consequência, nas formas de exteriorização e na função do "preconceito de cor".

A terceira hipótese está naturalmente destinada à adequação da inteligência aos aspectos prospectivos da correlação do preconceito racial com a dinâmica social. Por seu intermédio pretendemos conduzir a investigação além das atualizações do "preconceito de cor" no presente e além do conhecimento *post factum* de suas origens sociais e das suas transformações contemporâneas, controláveis pelos próprios efeitos de sua manifestação. A importância do "preconceito de cor" no passado, como fator de ajustamento entre brancos e pretos, pode ser facilmente representada através do estudo da etiqueta das relações raciais. Atrás da cordialidade, da intimidade e mesmo da afetividade transparente nas relações sociais dos brancos com os pretos se ocultavam regras sociais, cujo reconhecimento ainda hoje é possível. As duas regras básicas, presumivelmente, estipulavam que não seria de bom tom nem a exteriorização dos sentimentos dos brancos com relação aos pretos na presença destes; nem se isso acontecesse, que os pretos revidassem, manifestando os sentimentos reais desencadeados por semelhantes experiências. A desaprovação a ambas as condutas foi, e continua a ser em nossos dias, definida e forte. O adestramento para enfrentar tais situações começa, normalmente, muito cedo e cabe às mulheres orientá-lo. O tabu e a magia da "cor" tornam-se uma fonte de constrangimento e um terreno proibido, em que não se aventuram em suas conversações sequer os brancos e pretos amigos ou aparentados. O lado desagradável do intercâmbio emocional assim estabelecido com os brancos consiste, para os pretos, na quebra do princípio de reciprocidade, aplicado de dois modos distintos na mesma sociedade: um, quando se trata das relações dos brancos entre si; outro, quando se trata das relações dos brancos com os negros.

Todavia, a etiqueta de relações raciais em questão foi elaborada em um mundo rural; a vigência das regras nela prescritas depende da repetição de situações sociais pouco complexas, que as engendraram e do amplo funcionamento de controles pessoais e diretos. Isso quer dizer que a antiga ideologia racial não encontra na moderna sociedade urbana condições favoráveis a sua perpetuação como um todo e que a desagregação dela é algo socialmente inevitável, embora muitos dos elementos culturais que a compunham possam ser selecionados e reintegrados à cultura urbana. Como o "preconceito de cor" conta entre esses elementos, visivelmente quanto a dois aspectos já mencionados, é óbvio que a investigação deverá ser conduzida nessa direção. Os efeitos do colapso da antiga ideologia racial se fazem sentir em vários sentidos; os mais importantes são, provavelmente: a desorientação dos brancos com relação às atitudes a tomar diante do negro; a indecisão dos pretos, cujas aspirações e movimentos sociais são contraditoriamente do ideal de união com os brancos ao de segregação, segundo o modelo norte-americano. Sem dúvida, o estudo das atitudes manifestadas por brancos e pretos é, por assim dizer, uma condição prévia para o conhecimento da nova ideologia racial que está sendo elaborada e da posição do "preconceito de cor" dentro dela. Porém, há interesses sociais em choque. A pressão de certos círculos sociais da população branca, que visa a preservar o "preconceito de cor", colide com a pressão em sentido contrário, resultante da ascensão social do negro e do combate aberto à "oposição racial velada" exercida pelos brancos. As atitudes dos brancos e dos pretos podem oscilar continuamente, ao sabor das flutuações desse choque de interesses sociais, dando lugar às crises de ressentimento do negro talvez mais pronunciado que antigamente. O mesmo não acontece quando se considera o problema do ângulo da evolução da estrutura social. O desenvolvimento das classes sociais, concomitante à intensificação do progresso industrial e urbano de São Paulo, fornece um ponto de referência para acompanhar a repercussão dos interesses sociais nas atitudes raciais e um elemento prospectivo para identificar a provável orientação do processo.

Em síntese, a terceira hipótese abrange um extenso número de argumentos: as transformações que estão se processando na estrutura social tendem a refletir-se na situação profissional e econômica dos negros, e abrindo-lhes oportunidades coletivas de acesso à competição no mercado livre de serviços, inclusive em setores que antigamente só lhes eram abertos por exceção, e de participação ativa das classes sociais, às quais estão se incorporando ao lado dos brancos. A forma de "preconceito de cor" herdado do passado corresponde a um mundo moral em que o choque de interesses sociais entre os grupos raciais era disfarçado sob as regras de polidez e regulado por noções de lealdade, desenvolvidas por controles pessoais e diretos. *Presume-se que essa forma de "preconceito de cor" se modificará, de maneira a integrar-se às condições sociais de ajustamento inter-racial em uma sociedade de classes:*

a) *perdendo lentamente sua força inibidora ou coatora sobre o comportamento dos negros;*

b) *assumindo uma expressão provavelmente mais ostensiva nos círculos sociais ou nos grupos étnicos dos brancos em que se perpetuar, como símbolo social de* status *(real ou compensatório) e como meio de defesa econômica.*

Essas três hipóteses não são, é óbvio, "hipóteses para verificação", inferidas empiricamente, por meio de pesquisa anterior; mas hipóteses de trabalho baseadas no conhecimento prévio dos quadros reais das pesquisas e formuladas com o fim de orientar teoricamente a pesquisa. Por isso, a qualquer momento no decorrer da realização desta, elas poderão ser: a) retificadas, se verificar-se que são parcialmente lacunosas; b) substituídas, se positivar-se a necessidade de hipóteses mais compreensíveis ou mais adequadas; c) abandonadas, se patentear-se que são completamente inadequadas ou improdutivas. Elas se justificam teoricamente, no entanto, por duas razões. Primeiro, porque permitem articular entre si os diferentes aspectos do fenômeno particular a ser investigado, segundo as implicações do método de interpretação sociológica adotado. De fato, as três hipóteses apanham os aspectos essenciais do preconceito racial como uma conexão do "meio social interno". Enquanto a primeira lida com as atualizações sociais do "preconceito de cor" no presente, captando-os em termos de integração e de função na estrutura social; a segunda conduz à identificação das origens histórico-sociais do "preconceito de cor" e à explicação *pos factum* de suas manifestações observáveis; e a terceira focaliza o "preconceito de cor" fundamentalmente como uma realidade social em mudança. Segundo, porque elas pressupõem, como já foi indicado, que o preconceito racial é um processo social. De acordo com as implicações das três hipóteses, a "raça" apenas fornece os atributos que são selecionados e imputados socialmente a determinados sujeitos, em determinadas condições de existência social; ela não é representada, nem sequer ficticiamente, como uma "substância" do preconceito racial. Em outras palavras, nela se encontram as matérias-primas do preconceito racial, isto é, dos estereótipos, dos símbolos sociais, dos padrões de comportamento e das práticas coletivas que, em cada sociedade (e em cada época histórico-social na evolução de cada sociedade), constituem o que se entende sociologicamente por preconceito racial. As causas e o modo de elaboração dessas matérias-primas estão na "sociedade" – não nas "raças". Como se vê, essa razão não é tão secundária como parece à primeira vista. Ela contém os argumentos em que repousa a concepção científica de que o preconceito racial é um fenômeno tão variável de um tipo social para outro que tanto pode associar-se a configurações sociais em que o ajustamento racial tende a processar-se por estratificação interétnica (segundo princípios de organização em castas ou estamentos) quanto a configurações sociais em que o ajustamento racial tende a processar-se por fusão biológica e cultural (segundo princípios de organização em classes sociais).[15]

---

15 Explica-se, assim, por que o preconceito racial pode manifestar-se em combinação com outras formas de preconceito, como o preconceito religioso, o preconceito de classe, o preconceito de castas etc. Contudo, quando a condição de *branco* ou de

As três hipóteses diretrizes não bastam, porém, para orientar teoricamente a pesquisa. Elas permitem ligar, no estudo do "preconceito de cor", o presente ao passado e ao futuro. Mas retêm somente o que é mais geral na situação investigada. Seria necessário completar o alcance delas, acrescentando-lhes hipóteses suplementares ou subordinadas, adequadas aos aspectos particulares analiticamente mais significativos para o conhecimento do fenômeno. Essas hipóteses, por enquanto, são em número de quatro e podem ser representadas, sumariamente, da seguinte maneira:

a) A desintegração da antiga ideologia racial está se processando de modo seletivo, tendendo a ser mantidos os elementos consistentes com as modernas condições de existência social. Em consequência, é provável que a retenção do "preconceito de cor" em certos círculos sociais e a sua aceitação em vários grupos étnicos correspondam a necessidades sociais bem determinadas; como: de preservação de *status* em uma fase de mudança social; de identificação com as camadas dominantes "tradicionais", consideradas "aristocráticas"; ou de compensação, em casos particulares de ambos os setores.

b) Elementos da antiga ideologia racial, que estão sendo selecionados positivamente no novo meio urbano, conservam a forma mas tendem a mudar de função. As representações coletivas sobre o negro, por exemplo, visavam a justificar, na sociedade escravocrata, a exploração dos pretos pelos brancos; mas parece que agora elas estão assumindo a função de exprimir a distância social.

c) Presume-se que existe uma relação direta entre a incorporação de valores sociais urbanos à cultura e à mentalidade dos pretos e a influência que eles poderão exercer coletivamente na desagregação da antiga ideologia racial e na modificação do padrão correspondente de "preconceito de cor". Nesse sentido, o ritmo lento com que se processou até agora a substituição do equipamento cultural tradicional dos negros parece ser um dos fatores negativos na competição deles com os brancos, principalmente os pertencentes aos diversos grupos de imigrantes e seus descendentes. De outro lado,

---

negro, por exemplo deixa de interferir no tratamento ou nos julgamentos recíprocos dos agentes, então, correlatamente, o preconceito racial deixa de existir. Só nesse sentido é que se poderia interpretar a afirmação de que o "preconceito de cor" constitui, no Brasil, um preconceito de classe. Se isso acontecesse, a cor não teria nenhuma importância ou significado nas relações dos brancos com os pretos; em seu tratamento ou em seus julgamentos recíprocos apenas se poderiam reconhecer os símbolos representativos das posições sociais e dos ideais de vida ligados à hierarquia social produzida pela organização da sociedade em classes sociais.

o ressentimento do negro contra as formas antigas do preconceito de cor e as lembranças da escravatura, como da antiga concorrência no artesanato, na qual ele foi vencido pelo imigrante, parecem atrasar a modificação das ideologias raciais.

d) Parece que a ascensão social do negro, resultante da sua integração coletiva às classes sociais, está produzindo o alargamento do círculo de relações sociais dos brancos com os pretos, em algumas camadas sociais, e solapando, nelas, a antiga aplicação dúplice do princípio de reciprocidade. Explicar-se-ia, assim, a crescente aceitação dos pretos nessas camadas sociais.

4) Esquema do projeto de estudo do preconceito racial em São Paulo

I – Do *"escravo"* ao *"cidadão"*
    a) Evolução da situação de contato;
    b) As representações coletivas sobre o negro;
    c) O elemento negro na população de São Paulo.

II – *Brancos e pretos em uma sociedade de classes*
    a) Contatos raciais e situação de classes;
    b) A situação econômica dos negros: consciência de classe e consciência racial.

III – *As manifestações do preconceito racial*
    a) Oposição velada e capitulação passiva;
    b) As barreiras raciais no peneiramento social;
    c) Miscigenação e intercasamento.

IV – *Os efeitos do preconceito racial*
    a) As ideologias raciais na formação da personalidade de brancos e pretos;
    b) O ajustamento inter-racial e a conservação da ordem social existente;
    c) O controle das tensões raciais;
    d) A infiltração como processo da ascensão social dos negros.

V – *Impactos da mudança social*
    a) Urbanização, industrialização e secularização da cultura como fatores de solapamento das barreiras raciais;

b) Sintomas de reintegração do sistema de relações raciais;
c) Tendência da reintegração do sistema de relações raciais.

VI – *Resultados finais*
a) Forma, natureza e função do preconceito racial em São Paulo;
b) As correlações do preconceito racial com os fatores de estabilidade de mudança social.

5) Possibilidades de aplicação do projeto

Quanto às possibilidades de aplicação do projeto, é óbvio que não caberia aqui senão a apreciação dos meios de investigação, adequados à observação e no conhecimento de cada um dos problemas básicos abrangidos pelo esquema exposto acima. Por isso, será necessário examinar separadamente os tópicos em que cada parte se subdivide, tendo em vista as possibilidades "teóricas" de realização do projeto.

I – Do "escravo" ao "cidadão"

Nesta parte é preciso estudar os principais aspectos do processo através do qual os pretos passaram do *status* de "escravo" para o de "cidadãos" ou de "homem livre". A pesquisa deve compreender tanto as consequências jurídicas da Abolição quanto a lenta ascensão econômico-profissional e social dos negros, que se vem realizando a par do começo do século.

1) Este tópico é dedicado ao estudo dos fatores sociais que modificaram as condições do ajustamento inter-racial entre brancos e pretos, do período da escravidão aos nossos dias. Por meio dele, poder-se-á acompanhar as flutuações da situação social do negro, em correlação com a transformação da estrutura social.

A Abolição é relativamente recente. Ela vai pouco mais além de meio século, que é um período do tempo relativamente curto na história de um povo. Ainda hoje vivem em São Paulo alguns ex-escravos e ex-senhores; uma das possibilidades de conhecimento sociológico desse período consiste em explorar sistematicamente tais fontes vivas. Isso poderá ser feito de dois modos: através de entrevistas, orientadas por um pequeno formulário; e através de coleta de história de vida. As fontes escritas são também muito importantes. São acessíveis e utilizáveis tanto fontes primárias, como documentos e relatórios oficiais, livros de viajantes ou de nativos e coleções de jornais, publicados seja por brancos, seja pelos pretos, quanto fontes secundárias, principalmente de interpretação histórica.

2) Este tópico abrange várias questões, que provavelmente deverão ser analisadas isoladamente: a) origens e difusão das representações coletivas sobre o negro; b) função das representações coletivas sobre o negro (principalmente: elas se associam de fato a atitudes que são manifestadas socialmente no tratamento do negro ou nas conversações dos brancos entre si?); c) condições e causas da perpetuação das representações coletivas sobre o negro em um meio social em urbanização.

As principais fontes de pesquisa são, naturalmente: a) folclore; b) as "letras" das músicas popularescas. Quanto ao folclore, é possível realizar uma coleta de composições relativas ao negro; além disso, trabalhos publicados anteriormente fornecem meios para uma análise comparativa. Quanto à música popularesca, são várias as coletâneas que permitem uma exploração sistemática do assunto. Esses dados deverão ser completados pela análise sociológica de certas situações sociais em que transparecem, de modo característico, como essas representações interferem no tratamento recíproco dos pretos e brancos entre si.

3) Neste tópico deverão ser reunidos os principais dados estatísticos a respeito da população negra em São Paulo (com relação a todos os caracteres conhecidos). É provável que os dados oficiais sejam insuficientes, principalmente com relação a caracteres como profissão, distribuição espacial, nível de vida etc. Nesse caso, dentro dos limites do que for possível, os pesquisadores deverão considerar as possibilidades de inquéritos limitados, concernentes a caracteres cujo reconhecimento é indispensável.

II – Brancos e pretos em uma sociedade de classes

No presente projeto esta é a parte dedicada à morfologia social, à descrição da constituição e do funcionamento do sistema de relações que apanha em suas malhas brancos e pretos como e enquanto *socii*. As questões que se colocam aos pesquisadores não são, naturalmente, nada simples. Como a população negra se integra ao sistema de classes sociais? Ela forma setores especiais ou está diluída nas classes existentes? As questões relativas aos mecanismos societários de graduação social e de determinação de *status* e papéis caem sob o campo de observação em termos de condições de ajustamentos proporcionados pela situação de contato em uma sociedade de classes.

1) Este tópico apanha, por assim dizer, os quadros sociais da convivência entre brancos e pretos em São Paulo, na sua forma mais geral.

É evidente que os círculos de relações sociais entre brancos e pretos, e a natureza variável dessas relações, se subordinam à organização das classes sociais. Todavia, três problemas se destacam no conjunto: a) as relações dos brancos com os pretos em relação com as diversas classes sociais; b) as relações tangenciais dos brancos com os pretos; c) as relações dos pretos entre si e a composição das classes sociais.

A observação direta constitui, presumivelmente, o melhor instrumento de trabalho. É preciso registrar o maior número possível de situações de contato entre brancos e pretos, para descobrir as ligações existentes entre elas e a hierarquia social e para assinalar qual é o conteúdo emocional e o caráter das relações sociais descritas. A aplicação de um questionário sobre distinções sociais elaborado por meio da técnica de Lickert, modificada em razão da duração limitada da pesquisa, poderá ser utilmente aproveitada nesse sentido. A observação em massa é um instrumento de trabalho auxiliar de grande importância. Com referência ao aspecto em questão, porém, deve ser aplicada particularizadamente, tendo em vista a obtenção de documentos pessoais fornecidos pelos pesquisadores. A organização dos quesitos de base precisa prever, portanto, os aspectos da convivência entre brancos e pretos que merecem consideração especial.

2) Este tópico tem por objeto a descrição das condições materiais de existência social dos negros em São Paulo. A competição dos pretos com os brancos foi influenciada pela entrada de fortes contingentes de imigrantes. Durante muito tempo, os pretos não conseguiram acesso a profissões ou ocupações de que foram desalojados, ou que surgiram graças à complicação da vida social. Os serviços mais modestos, que exigiam especialização mínima, e eram mal remunerados, representavam normalmente as oportunidades mais amplas dos pretos no mercado de trabalho – tanto para os homens quanto para as mulheres. A emigração trouxe para a "cidade" novas levas de pretos sem qualificações precisas para uma economia em industrialização. Essa situação, é claro, se refletiu tanto no nível de vida dos pretos quanto no tratamento que lhes era dispensado pelos brancos; as avaliações negativas, contidas na antiga ideologia racial, encontravam "elementos concretos" de justificação das próprias condições de vida dos pretos. É preciso saber como os negros reagiram a essas condições de vida: se elas incrementaram o desenvolvimento de uma "contraideologia" racial ou favoreceram a integração dos negros às classes sociais.

O estudo desse aspecto deverá ser feito por meios estatísticos, dentro dos limites possíveis; a coleta de dados suplementares, por inquéritos especiais, também será necessária, especialmente no que concerne à distribuição de serviços e de rendas. Através de entrevistas provocativas será possível obter dados que permitam analisar a existência ou não de uma "contraideologia" racial e identificar os sentidos em que estão sendo projetadas as noções de lealdade dos pretos. Parece que o estudo de organizações negras e dos objetivos dos movimentos sociais por elas desencadeados com os seus jornais será a principal fonte de dados significativos a respeito.

III – As manifestações do preconceito racial

As *manifestações* do "preconceito de cor"[16] constitui uma das partes centrais do presente projeto. É claro que as limitações da pesquisa sociológica são muito grandes, em uma sociedade em que o preconceito racial nem sempre se exterioriza e em que, quando isso acontece, ele tende a ser exteriorizado de modo discreto. Isso faz que a pesquisa sociológica dependa da psicologia que poderá fornecer o tratamento por excelência adequado ao conhecimento positivo do assunto. É possível penetrar, no entanto, nesse terreno difícil e complexo através do estudo sociológico do "comportamento manifesto" de brancos e de pretos. A tática a adotar seria: a) acumulação de dados significativos (ou simplesmente expressivos), sobre as mais variadas situações de contato de brancos com pretos; b) seleção de dados sobre determinadas situações de contato ou sobre certas probabilidades de atuação social, com relação às quais se pode presumir de antemão que representam boas pistas para o conhecimento sociológico do fenômeno. Os três tópicos em que se subdivide esta parte do projeto correspondem integralmente à preocupação indicada.

1) Este tópico visa a apanhar todas as situações de contato entre brancos e pretos que se processam segundo o padrão tradicional de ajustamento: o "preconceito de cor" como algo inerente, em grau variável, ao comportamento dos brancos; e como algo quase sempre aceito passivamente pelos pretos. As situações que caem sob o campo de investigação vão desde a frequência ou a admissão em certos lugares (salão de barbeiro, bares, clubes etc.) até as relações nos grupos de trabalho, nas igrejas e na família.

A observação direta será uma importante fonte de materiais. Todavia, ela ficará naturalmente confinada a ocasiões que não podem ser provocadas.

---

16 A expressão "preconceito de cor" é empregada comumente em São Paulo, subentendendo-se que o termo "cor" se aplica aos negros e aos seus descendentes mestiços mais escuros. Talvez seja conveniente utilizá-la no presente estudo. Nesse caso, o termo preconceito racial só deveria ser empregado em sentido técnico, nas explanações de caráter teórico.

Por isso, precisará ser completada por outros métodos operativos, que no caso não poderão ser designados como "subsidiários": a observação participante e a observação em massa. É óbvio que todos os pesquisadores, e seus auxiliares, podem fazer relatórios de alto valor analítico; ao menos tempo, os pesquisadores, tanto brancos quanto pretos, poderão fornecer documentos pessoais "orientados" (pelo menos de modo parcial). Ambos os documentos (os fornecidos pelos pesquisadores ou auxiliares e os obtidos dos pesquisados) servirão para abrir algumas pistas à interpretação sociológica dos aspectos psíquicos do "preconceito de cor". Por fim, a utilização de documentação escrita (artigos ou notícias em jornais e revistas, anúncios, obras de ficção, programas ou manifestações de caráter político etc.) servirá como uma fonte suplementar de dados.

2) Existem "barreiras raciais" em São Paulo? Poder-se-á dizer que sim, desde que se subentenda que não são da mesma espécie que as existentes nos Estados Unidos. Em regra, os negros se encontram diante do seguinte dilema: o acesso a determinadas posições ou serviços é dificultado pela falta de qualificação técnica; mas a qualificação técnica nem sempre garante a seleção racional, isto é, ela pode ser relegada para segundo plano, por causa da "cor". Ou seja, a carreira social do negro apresenta aspectos peculiares; aqui se evidenciam tanto os efeitos do equipamento cultural tradicional dos pretos, que têm limitado seu horizonte intelectual – prejudicando-os, inclusive, na competição com os brancos, especialmente os imigrantes e seus descendentes – quanto os efeitos inibidores do "preconceito de cor" propriamente dito, o qual interfere na formação de ideais de vida dos negros.

A pesquisa deverá abranger: a) o levantamento de casos, para separar as barreiras institucionalizadas, em número restrito, das barreiras informais; b) um inquérito entre os pretos, através de questionários; c) entrevistas com pretos e com brancos, escolhidos entre pessoas cujas respostas possam ser consideradas significativas; d) a coleta de algumas histórias de vida, de personalidades negras escolhidas tecnicamente.

3) São Paulo constitui exceção à tendência brasileira de fusão racial. O amasiamento e o casamento, bem como aventuras amorosas episódicas, entre brancos e pretos, são frequentes. Porém não se pode afirmar, pura e simplesmente, que a miscigenação e o intercasamento sejam índices positivos da ausência de "preconceito de cor". Além disso, parece que a miscigenação, se processando em geral fora do casamento, indica um estereótipo da "mulher de cor" como fonte somente de prazer sexual. Casos bem conhecidos mostram que nas famílias mais misturadas, principalmente naquelas que possuem posição social elevada, é que o preconceito racial surge com maior intensidade e violência. Além disso, a miscigenação e o intercasamen-

to encontram um freio no preconceito racial. Isso quer dizer que, com relação a São Paulo, os raciocínios com base nos casos positivos deverão ser revistos pelos raciocínios com base nos casos negativos.

Daí, presume-se, as estatísticas apenas poderão fornecer um quadro geral e muito tosco da situação real das relações entre brancos e pretos. Será preciso estudar a miscigenação entre brancos e pretos empregando também outros meios de pesquisa; o estudo de casos, principalmente, poderá produzir novos resultados se for empregado à investigação: a) de famílias de "posição social" que possuam antecedentes negros, com preferência pelas que contem com "ovelhas negras" entre os seus componentes; b) de situações sociais criadas pela oposição dos pais ou dos irmãos ao casamento com pretos; c) dos "falatórios" provocados pelo amasiamento ou casamento de brancos com pretos; d) dos motivos que conduzem brancos e pretos a se casarem, a se amasiarem ou a coabitarem transitoriamente.

IV – Os efeitos do preconceito racial

É um lugar comum a afirmação de que o "preconceito de cor" não se associa, no Brasil, nem à discriminação racial, nem à segregação racial. Contudo, apesar de encoberto, brando e discreto, ele satisfaz aqui como alhures a necessidades sociais. Os brancos, à medida que se incorporam a "classes dominantes", do ponto de vista racial, não sentem o peso e os efeitos do "preconceito de cor". O mesmo não acontece com os negros, que aprendem desde cedo "a ficar em seu lugar" e isso quase sempre por meio de humilhações, de ressentimentos e de frustrações, que passam despercebidos à maioria dos brancos.

1) Este tópico envolve tanto a análise da educação na escola quanto *em casa*, nos grupos de folguedo, nos grupos de trabalho e nas demais situações de convivência humana (nos clubes, nos bares, nos bondes, nas visitas a amigos ou parentes etc.). O que importa não é a forma de incorporação propriamente dita de sentimentos, ideias e ideais às personalidades dos brancos e dos pretos; mas a função psíquica delas, em particular no que diz respeito às autoavaliações e autojustificações, às atitudes etnocêntricas ou às atitudes autoritárias e de submissão. O "preconceito de cor" possui dois aspectos que precisam ser igualmente considerados: de um lado, ele dá ao branco o ensejo de considerar suas atitudes e suas ações sociais com relação ao negro como coerente com os padrões de moralidade e de dignidade humana da sociedade em que vive; de outro, ele compele o negro à submissão e à agressividade, ao mesmo tempo, na interação com os brancos: a

exteriorização de sentimentos de uma ou de outra espécie ficam dependendo da posição social dos sujeitos e das condições externas de ajustamento recíproco.

A análise dos livros escolares, especialmente os adotados nas escolas primárias (inclusive os antigos manuais de "educação moral e cívica"), e a observação direta de situações de convivência na escola, nos grupos de folguedo, na família, nos grupos de trabalho etc., poderão fornecer dados a respeito do processo de socialização. O outro aspecto precisará ser estudado através de documentos pessoais obtidos pela observação em massa e por meio de entrevistas. À medida do possível, as entrevistas deverão ser orientadas por perguntas altamente provocativas (quando o pesquisador for "branco", especialmente) e ser realizadas sob a forma de *conversas ocasionais*.

2), 3) e 4) Estes tópicos são mais interpretativos e os materiais para a sua elaboração deverão provir dos demais. No entanto, 2) comporta uma exploração especial da etiqueta das relações raciais e das atitudes exclusivistas dos brancos (inclusive: imigrantes e seus descendentes), no que tange a certas profissões ou serviços. Isso terá que ser feito por meio do estudo de situações histórico-sociais, observadas diretamente, e de entrevistas, 3) envolve uma particularização do tópico anterior, e nesse sentido depende do conhecimento de situações histórico-sociais de determinada natureza. Como a observação direta sofre sérias limitações em uma pesquisa de duração limitada, convém lançar mão de duas modalidades desse método, mais plásticas: a observação participante e a observação em massa. A experiência com casos de autocontrole (seja o sujeito branco ou preto), relacionadas com "o preconceito de cor", é quase corriqueira. Ambos os métodos operativos poderão ser frutiferamente aplicados em São Paulo; 4) por fim é um tópico cujo conhecimento depende extensamente da aplicação do método histórico. Mas a documentação escrita deverá ser completada, necessariamente, pela coleta de informações concernentes à ascensão social de determinadas pessoas de "cor".

V – Impactos da mudança social

As demais partes do projeto (mas especialmente II e IV) se caracterizam pela preocupação evidente de dar a menor ênfase possível aos efeitos da mudança social. Isso se justifica: é que estamos em uma fase de transição. O estudo feito em um tal momento, tanto pode servir para caracterizar uma situação que tende a desaparecer, mas que é representativa do passado, quanto o de constituir uma contribuição para o conhecimento de algo que está em emergência ou em desenvolvimento incipiente. O pesquisador pode pôr mais ênfase em um ou em outro aspecto da realidade investigada, de acordo com as conveniências do estudo.

O estudo dos efeitos, da mudança social sobre o "preconceito de cor" em São Paulo se apresenta, de certa maneira, como um estudo da desagregação da antiga ideologia racial na sociedade de classes que está se desenvolvendo. É preciso conhecer objetivamente quais são os elementos da antiga ideologia racial que tendem a conservar-se. Por isso ocorre. E, finalmente, em que sentido está se transformando a situação social dos negros e que relação existe entre essa transformação e o preconceito racial.

1) Este tópico é seriamente prejudicado pela falta de investigações anteriores sobre os processos sociais em questão. Todavia, não seria difícil pôr em relevo, embora descritivamente, a ligação do desenvolvimento industrial e urbano de São Paulo com a atração de populações negras do interior do estado ou de outros estados, com o aumento das oportunidades profissionais dos pretos e com a elevação de seu nível de vida. Do mesmo modo, será fácil verificar-se, de forma descritiva, se a seleção racional (concursos públicos, escolha pelas aptidões etc.) e o solapamento das tradições em vários setores da vida social têm ou não contribuído para alargar o círculo de relação sociais e as oportunidades coletivas dos pretos. A urbanização, a industrialização e a secularização da cultura refletem condições de existência social incongruentes, pelo menos parcialmente, com os antigos critérios de atribuição de *status* e papéis e com a função do "preconceito de cor" no mundo rural em desagregação. Necessidades econômicas e políticas impelem os negros para a órbita da vida social dos brancos. Contudo, essas mesmas circunstâncias parecem ligar-se a outros efeitos: certos grupos encontram na nova sociedade urbana condições para perpetuar o preconceito racial em São Paulo; e os fracassos, provocados pelo desajustamento (relativo e transitório) às condições de vida social urbana, servem para ilustrar a "incapacidade" dos negros, confirmando aos olhos dos brancos estereótipos raciais antigos.

A utilização da estatística deverá ser tão ampla quanto o permitirem as fontes existentes. Mas o método operativo fundamental será a observação direta, conduzida sob a forma de estudo de situações histórico-sociais e de pequenos inquéritos (nos lugares de trabalho e nas áreas de vizinhança). A aplicação de entrevistas será indispensável, com a vantagem de ser pouco importante, no caso a seleção prévia de informantes com relação à cor. Doutro lado, a observação em massa poderia ser aplicada entre os pretos, com o objetivo de colher documentos sobre as rendas e o consumo nas famílias negras de São Paulo, com especificação dos dados desde uma época determinada.

2) O desenvolvimento industrial e urbano de São Paulo está modificando as condições de ajustamento inter-racial e, por conseguinte, o sistema de relações raciais. Como se trata de um processo incipiente, o presente tópico é dedicado ao estudo das evidências mais positivas. Quatro são os problemas que provavelmente merecerão atenção particular: a) a especialização, a elevação do nível de vida e a ascensão social dos elementos negros; b) a formação de movimentos sociais de conteúdo ideológico racial ou educativo; c) o alargamento dos círculos de convivência social entre brancos e pretos (nas escolas, nos clubes, nos partidos etc.) o qual favorece o conhecimento recíproco e a transformação do caráter dos contatos (de categórico para simpático); d) a crescente indecisão dos brancos, em vários setores da sociedade, os quais não sabem, via de regra, como comportar-se diante dos "indivíduos de cor" que "forçam a situação". A intensificação da influência norte-americana provocou um verdadeiro reboliço nessa esfera ideológica, quer entre os brancos, quer entre os pretos. Aqueles, cujas atitudes interessam aqui especialmente, ou tomam uma posição mais radical (provavelmente solicitados por interesses sociais), ou se veem impelidos a desaprovar abertamente o "preconceito de cor". O fato é que a consciência da inexistência de uma superioridade real inata dos brancos se estende cada vez mais. O futebol, o rádio e agora também o teatro constituem esferas de sucesso marcante para os negros. A ideia de que os pretos são especialmente dotados para "certas coisas" está substituindo as antigas noções de que não o seriam, "para nada", ou que o seriam, mas no mau sentido, ou de que só seriam aproveitáveis no serviço doméstico.

Aos métodos operativos indicados no tópico anterior seria necessário acrescentar o estudo de casos. Na verdade, o presente tópico abrange problemas cuja investigação depende da aplicação em larga escala do estudo de caso: a movimentos sociais de conteúdo racial; a situações de convivência ou de participação de atividades sociais, em grupos como os clubes, os partidos, as escolas etc.; a atitudes de pessoas brancas em face dos pretos.

3) Este tópico também compreende várias questões: 1) quanto à ideologia racial: a) aspirações ou ideais dominantes entre os brancos; b) aspirações ou ideais dominantes entre os pretos; c) desenvolvimento de atitudes raciais contraditórias. 2) Quanto às tendências de reintegração da ideologia racial em São Paulo: a) confronto dessas aspirações ou ideais com a antiga ideologia racial; b) confronto dessas aspirações ou ideais com os interesses sociais de círculos sociais ou grupos étnicos em que se mantém ou se intensifica o "preconceito de cor"; c) confronto dessas aspirações ou ideais com a situação social da população negra.

A entrevista, especialmente sob a forma de *conversa ocasional provocativa* mas "controlada", deverá ser a principal técnica operativa a ser empregada. Em segundo lugar, vem o aproveitamento de documentos escritos, como os artigos de jornal ou de revistas, as manifestações dos partidos políticos etc. Por fim, seria conveniente combinar a utilização da observação direta passiva (registro de conversas ouvidas em circunstâncias variadas) com o estudo de caso. É provável que algumas situações sociais ou o ambiente vivido em determinados grupos sociais mereçam atenção particular. Então seria aconselhável analisá-los de modo mais meticuloso.

II – Estereótipos, Normas e Comportamento Inter-racial em São Paulo*

ROGER BASTIDE
(Universidade de Paris)
PIERRE VAN DEN BERGUE
(Universidade de Harvard)

Embora a situação racial no Brasil seja sensivelmente diferente da situação nos Estados Unidos, há, não obstante, um problema racial no Brasil.[1] A industrialização, e a urbanização em larga escala nas grandes metrópoles do sul, como Rio de Janeiro e São Paulo, trouxeram mudanças nas atitudes tradicionais e no comportamento entre os vários grupos raciais

---

*   Trabalho escrito, em colaboração, por Roger Bastide e Pierre Van Den Bergue, com base em material recolhido por Lucilla Hermann (publicado originalmente em *American Sociological Review*, vol. 22, nº 6/dezembro/1957).

1   Para nossos propósitos, uma "raça" é um agrupamento humano subjetiva e socialmente definido numa dada sociedade. Este agrupamento considera-se diferente de outros semelhantemente definidos em virtude de características físicas inatas e visíveis, ou, em último caso, definidos, correta ou erroneamente, como subgrupos separados biologicamente.
    Termos idênticos como "negro" e "branco" podem, em diferentes sociedades, abrigar objetivamente agrupamentos dessemelhantes, como exemplificam o Brasil e os Estados Unidos. Nesta pesquisa, usaremos a definição brasileira. "Preconceito racial" é a totalidade de relações recíprocas ou estereotipagem, existindo a discriminação e a segregação entre agrupamentos humanos que se consideram, a si e aos outros, como "raças".

e étnicos.[2] Lucilla Hermann, da Faculdade de Ciências Econômicas e Administrativas da Universidade de São Paulo, desenvolveu um questionário que objetiva a determinar os padrões das relações raciais na classe média branca de São Paulo.[3]

O questionário constitui-se de quatro partes:

1) Uma lista de 41 estereótipos extraídos da lista de Guy B. Johnson[4] para fins comparativos com os Estados Unidos, do conteúdo de uma análise da literatura brasileira e do folclore oral. Para cada pormenor relacionado (previdência, sugestibilidade, autocontrole, inteligência etc.), foi perguntado se o indivíduo considerava, primeiramente os negros, depois os mulatos, como inferiores, iguais ou superiores aos brancos.

2) Uma série de 27 questões sobre normas de comportamento social, como: "devem as crianças brancas e de cor brincar juntas?", "devem brancos e negros trocar entre si visitas de cortesia?", "devem casar-se entre si?" etc.

3) Uma série de 16 questões sobre o comportamento efetivo dos indivíduos, semelhante no conteúdo a algumas das questões do item 2.

4) Uma série de 16 questões relativas ao comportamento pessoal hipotético, colocadas na forma condicional: "você se casaria", "apaixonar-se-ia por", "sairia com um negro, com um mulato claro" etc.

---

2   Sobre o problema racial brasileiro cf. Gilberto Freyre, *Casa grande & senzala*, Rio de Janeiro, 1934; Gilberto Freyre, *Sobrados e mocambos*, São Paulo, 1936; Donald Pierson, *Negroes in Brazil*, Chicago, 1942; Charles Wagley (org.), *Races and class in rural Brazil*, Unesco, 1952; Thales de Azevedo, *Les élites de couleur dans une ville brésilienne*, Unesco, 1953 (publicado em 1955 na Col. "Brasiliana". Companhia Editora Nacional, vol. 282, sob o título *As elites de cor*); L. A. da Costa Pinto, *O negro no Rio de Janeiro*, São Paulo, 1953, vol. 276 da Col. "Brasiliana". Companhia Editora Nacional; R. Bastide, F. Fernandes, V. Bicudo. A. M. Ginsberg e O. Nogueira. *Relações raciais entre negros e brancos em São Paulo*, São Paulo, 1955; René Ribeiro, *Religião e relações raciais*, Rio de Janeiro, 1956.

3   O presente estudo foi empreendido sob os auspícios da Unesco, mas não foi incluído no relatório final devido ao falecimento da profa. Lucilla Hermann. Recebemos os questionários preenchidos, em Paris, apenas alguns anos depois.

4   Guy B. Johnson. "The stereotype of the american negro", em O. Klineberg (org.), *Characteristics of the American negroes*, Nova York, 1944, p. 1-22.
    O questionário completo será encontrado em R. Bastide, "Stéréotypes et préjugés de coleur", *Sociologia*, São Paulo, vol. XVIII, nº 2, maio de 1955.

A amostra

A amostra não é nem fortuita nem proporcional. Consiste de 580 estudantes "brancos" de cinco diferentes escolas normais de São Paulo. Temos boas razões para crer que Lucilla Hermann aplicou o questionário a classes inteiras de estudantes, "presos" a uma situação de aula. A porcentagem exata de recusas nos é desconhecida, mas acreditamos que tenha sido bastante baixa. Tivemos que rejeitar apenas um questionário quase em branco. A maioria foi preenchida de modo completo e muito conscientemente. A distribuição de idades varia de 15 a 44 anos, mas a média se inclina para o lado jovem, com 19,9 anos. Quatrocentos e oitenta e três indivíduos são mulheres, 97 são homens. Os dados socioeconômicos sobre os pais de indivíduos são incompletos, mas indicam uma ascendência predominante das classes "baixa média" e "alta média". Setenta e cinco por cento dos pais têm ocupações não manuais. Para os 296 indivíduos que responderam à questão relativa aos rendimentos da família, a média é de Cr$ 7.000,00 mensais. Com relação às origens étnicas dos pais, 384 indivíduos são filhos de brasileiros, 102 têm um dos pais estrangeiro e 85 têm ambos os pais estrangeiros. Dos 384 filhos de brasileiros, 232 têm pelo menos um dos avós estrangeiros. Essa situação étnica parece ser representativa da classe média de São Paulo, onde brasileiros de terceira geração dominam apenas nas classes alta e baixa.[5] Os resultados deste estudo são válidos apenas para a classe média "branca" de São Paulo.

Análise dos dados

O questionário foi submetido a uma dupla análise. Primeiramente, cada questão foi tratada como uma entidade e as respostas de todos os indivíduos a cada pergunta, isolada, foram reunidas e reduzidas a porcentagens. Atrás de tal procedimento, é claro, está a suposição de que a mesma resposta tem o mesmo sentido para todos os indivíduos. Embora alguns erros sem dúvida alguma tenham sido introduzidos, particularmente através de certas questões que procuravam ser "armadilhas", não acreditamos que as conclusões tenham sido invalidadas.

---

5   Samuel H. Lowrie, "Origem da população de São Paulo e diferenciação das classes sociais", *Revista do Arquivo Municipal*, São Paulo, nº XLII, p. 195-212.

A segunda parte da análise é logicamente independente da primeira e permite uma ratificação das conclusões. Cada um dos nossos 580 indivíduos foram tratados como uma entidade. Um valor arbitrário foi atribuído a cada indivíduo para as várias partes do questionário, mediante simples adição, sem peso, de respostas. Os dois postulados fundamentais através desse procedimento são os de que as respostas qualitativas podem ser quantificadas, e de que o mesmo valor significa a mesma coisa para indivíduos diferentes. Desses dois postulados provém uma classificação de indivíduos em seis escalas tratadas como variáveis unidimensionais. Quatro dessas variáveis correspondendo a cada parte do questionário são tratadas como componentes de um *continuum* geral de preconceito-tolerância. A variável *a* é uma medida de aceitação ou rejeição de estereótipos. A variável *b* mede tolerância ou preconceitos nas normas sociais. A variável *c* mede o comportamento inter-racial real, de acordo com as informações dos indivíduos. A variável *d* mede a disposição para a convivência e a miscigenação especificamente pessoal com negros ou mulatos. As outras duas variáveis são secundárias na primeira parte do questionário. Quanto mais alta é a contagem em cada uma das principais variáveis, mais tolerante é o indivíduo. Em benefício da brevidade, a maior parte da estatística descritiva foi eliminada. O material tabular foi, igualmente, reduzido a um mínimo possível. Apenas as mais importantes conclusões foram levadas em conta.

Estereótipos

Os estereótipos contra negros e mulatos estão bastante espalhados. Setenta e cinco por cento da amostra admitem 23 estereótipos ou mais contra negros. Nenhum rejeita a totalidade dos estereótipos contra negros. Para mulatos, o quadro *global* é um pouco menos desfavorável, ainda que bastante semelhante. Os mulatos são julgados inferiores ou superiores aos brancos com base nas mesmas características dos negros, mas com porcentagens algo inferiores. Os estereótipos mais largamente aceitos são: falta de higiene (aceito por 91% para negros), falta de atrativos físicos (87%), superstição (80%), falta de previdência financeira (77%), falta de moralidade (76%), agressividade (73%), indolência (72%), falta de constância no trabalho (62%), "perversidade" sexual (51%) e exibicionismo (50%).

Em contraste com os estereótipos predominantes nos Estados Unidos, 55% da amostra julgam que os negros são intelectualmente iguais aos brancos (apenas 43% consideram os negros menos inteligentes que os brancos), e apenas 22% da amostra aceitam os negros como sendo bem-dotados musicalmente. Contudo, as semelhanças com os estereótipos norte-americanos são mais numerosas que as diferenças, particularmente no que diz respeito à associação do preconceito racial com a sexualidade.

Voltando à comparação entre estereótipos contrários a negros e estereótipos contrários a mulatos, uma diferença muito importante surge atrás da semelhança global. Duzentos e sessenta e nove indivíduos julgam os negros da mesma maneira que o fazem com os mulatos; 268 indivíduos são mais favoráveis a mulatos que a negros; finalmente, um pequeno grupo de 43 indivíduos é mais favorável a negros que a mulatos. Comparamos este último grupo com os 45 indivíduos com as mais profundas diferenças do grupo de 268. Essa comparação entre os dois grupos extremos não revela diferenças estatisticamente significativas para idade, sexo, nacionalidade dos pais ou rendimentos da família. Porém, diferenças dignas de nota aparecem nas médias das variáveis *b, c* e *d*. ($p<.05$ para cada uma das três). Essas diferenças são, mais adiante, confirmadas pelas respostas às questões relativas ao intercasamento ($p<.05$).

O grupo que se revela mais desfavorável a mulatos mostra preconceito muito maior contra ambos, negros e mulatos, nas normas sociais, no comportamento e na disposição ao intercasamento, que o grupo mais desfavorável a negros.

Podemos admitir a hipótese de que duas contrastantes "orientações de pensamento" encontram-se em nossa amostra. Essas duas "orientações" têm em comum a crença na superioridade da "raça" branca. Mas o grupo mais favorável a mulatos considera esses últimos superiores aos negros porque os mulatos são mais semelhantes aos brancos. Assim, opõe-se menos à miscigenação e é em geral mais tolerante.

O grupo mais favorável a negros expressa uma forma de racismo muito mais violenta. Julga os negros superiores aos mulatos porque aqueles são uma "raça pura". Qualquer miscigenação é, portanto, rejeitada, e as demais manifestações de preconceito são igualmente mais fortes. Se nossa hipótese for verdadeira, há, no Brasil, pelo menos em parte de um setor da população, uma forma de preconceito racial mais rigorosa em oposição a um preconceito estético mais suave de "aparência física". Essa última tese tem sido defendida por certos estudiosos das relações raciais brasileiras.[6] Não há qualquer indicação, em nossos dados, de que essa rigorosa forma de preconceito racial, em que o povo raciocina em termos de "raças puras", tenha sido introduzida no Brasil por imigrantes europeus, como alguns asse-

---

6   Oracy Nogueira, Preconceito racial de marca e preconceito racial de origem, *Anais do XXXI Congresso Internacional de Americanistas*, São Paulo, 1955, p. 409-34.

veram. Uma pesquisa levada a efeito no Rio de Janeiro também aponta maior preconceito contra mulatos que contra negros, dando, desse modo, parcial confirmação às nossas constatações.[7]

Permanece, é claro, inteiramente aberta a questão sobre se a gênese de tão rigoroso preconceito racial remonta à escravatura ou à dinâmica da mobilidade social e do mercado de trabalho, onde os mulatos podem ser considerados competidores mais perigosos que os negros. Pesquisas posteriores sobre este problema seriam altamente desejáveis.

Estereótipos, normas e comportamento

As normas ideais de comportamento contrastam em sua tolerância relativa com a larga aceitação de estereótipos. Uma igualdade teórica de oportunidades para brancos e negros é aceita por 9,2%, o que está de acordo com o *ethos* democrático brasileiro. Acima de 60% aceitam relações casuais entre brancos e negros. A linha de cor é encontrada no nível das mais estreitas relações emocionais. Sessenta e dois por cento opõem-se a um grau de intimidade com negros que ultrapasse aquele da simples camaradagem. Setenta e sete por cento opõem-se à miscigenação com negros e 55% à miscigenação com mulatos.

Tabela de intercorrelações

Variável *a* ESTEREÓTIPOS	Variável *b* NORMAS	Variável *c* COMPORTAMENTO	Variável *d* RELAÇÕES HIPOTÉTICAS	
	+ .60	+ .25	+ .37	Variável *a* ESTEREÓTIPOS
+ .60		+ .51	+ .68	Variável *b* NORMAS
+ .25	+ .51		+ .49	Variável *c* COMPORTAMENTO
+ .37	+ .68	+ .49		Variável *d* RELAÇÕES HIPOTÉTICAS

7   Costa Pinto, op. cit., p. 203-08.

No comportamento efetivo, de acordo com as informações, e nas relações hipotéticas, a amostra inclina-se sensivelmente para o lado da segregação (muito embora a falta de contato real não signifique necessariamente preconceito). Cento e quatro indivíduos relataram ausência de contato com negros ou com mulatos. Noventa e cinco por cento da amostra não se casariam com um negro; 87% não se casariam com um mulato claro.

Os coeficientes de correlação linear (r de Pearson) entre as quatro variáveis principais são todos positivos, o que justifica, pelo menos parcialmente, nosso tratamento estatístico. Particularmente digna de nota é a baixa correlação entre estereótipos e comportamento verdadeiro (+.25).

Surge um paradoxo na comparação dessas quatro variáveis ou dimensões de preconceito. Por um lado, encontramos uma larga aderência às normas democráticas, e por outro, um alto grau de estereotipagem, uma grande segregação no nível da intimidade pessoal, e uma endogamia praticamente absoluta. Essa ambivalência estabelece um verdadeiro "Dilema brasileiro", muito embora talvez diferente do "Dilema americano".[8]

Diferenças segundo o sexo *"status"* socioeconômico e origem étnica

Diferenças patentes aparecem entre homens e mulheres em nossa amostra. Os homens aceitam mais estereótipos que as mulheres, mas são muito mais tolerantes relativamente às três outras variáveis. As diferenças entre as médias são significativas no nível p<.01. Essas diferenças aparecem praticamente para todas as questões, tomadas separadamente, mas de modo particular para a questão relativa ao intercasamento. Os homens, ao contrário das mulheres, mostram-se muito mais dispostos a casarem-se com mulatas claras. Essa constatação está de acordo com o estudo feito por Pierson, na Bahia,[9] e com o folclore brasileiro, que dá ênfase à atração erótica da "morena". Muitas hipóteses a serem testadas empiricamente podem explicar essas diferenças. As mulheres são, com certeza, menos livres em suas relações que os homens. As punições decorrentes dessa mesclagem inter--racial podem ser maiores para as mulheres que para os homens. Talvez haja um medo subconsciente de agressão sexual por negros, da parte de algumas

---

[8] G. Myrdal, *The American dilemma*, Nova York e Londres, 1944, p. 21, 39, 84-89, 460, 614, 899.
[9] Donald Pierson, op. cit., p. 197 da tradução brasileira.

mulheres, conforme indica a questão sobre a "sensualidade". Quarenta por cento das mulheres julgam que os negros são mais sensuais que os brancos, em oposição a 4% dos homens (p<.01). Por outro lado, como as mulheres entram em competição econômica com negros menos que os homens, talvez não tenham tanta necessidade de desenvolver o mito de superioridade racial como um mecanismo de defesa.

A hipótese mais defensável provavelmente resida na educação racial brasileira, que está alicerçada em dois fundamentos opostos: de um lado, oposição à miscigenação, e de outro, abstenção de tensões raciais e de atitudes abertas de preconceito.[10] Como as mulheres permanecem por mais tempo que os homens sob a influência da família, elas absorvem mais essa doutrinação racial. Da rejeição da miscigenação resulta a maior intolerância das mulheres; da etiqueta das "boas maneiras" de caráter racial resulta a maior autocensura da expansão verbal de estereótipos.

O critério de rendimentos, sozinho, dá um índice de *status* socioeconômico bastante pobre. Nossas conclusões a esse respeito são conjecturais. Ao comparar os dois grupos extremos relativamente à distribuição de rendimentos (abaixo de Cr$ 4.500,00 e acima de Cr$ 14.500,00), o de altos rendimentos aceita mais estereótipos que o grupo de baixos rendimentos, mas é mais tolerante em suas normas sociais e comportamento efetivo. Apenas a primeira constatação sobre estereótipos é significativa no nível p<.05.

Nenhuma asserção definida pode ser deduzida de tão incertos resultados. O grupo de rendimentos mais altos talvez seja mais "tradicional" e paternalista. No grupo de baixos rendimentos é possível que se esteja desenvolvendo um tipo "competitivo" mais intenso de discriminação e segregação, comparável àquele dos "pobres brancos" (*poor whites*), no sul dos Estados Unidos, no período que se seguiu à Guerra de Secessão. Essas considerações histórico-dinâmicas estão além dos objetivos de nosso estudo. De qualquer modo, nossas constatações invalidam, para São Paulo, duas conclusões de Pierson em seu estudo na Bahia:[11]

1) Que o preconceito no Brasil é mais um preconceito de classe que racial. Embora não tenhamos sido capazes de isolar os efeitos dos preconceitos de classe e racial, e embora os dois estejam certamente ligados, pode-

---

10   Roger Bastide et al., op. cit., p. 126.
11   Donald Pierson, op. cit., p. 421 da tradução brasileira; e Donald Pierson, *Bulletin International des Sciences Sociales*, vol. IV, nº 2, Unesco, p. 488. Afirmações mais em acordo com nossas conclusões podem ser encontradas em Thales de Azevedo, op. cit., p. 34-45; Charles Wagley, op. cit., p. 147, 150, 159; Roger Bastide et al., op. cit., p. 11, 123-24, 133-39.

mos definitivamente afirmar que, depois de eliminados os efeitos do preconceito de classe contra pessoas de cor, restaria um importante remanescente de preconceito racial propriamente dito. A relação latente e subjetiva entre sexualidade e preconceito seria, entre outras coisas, incompreensível se tivéssemos apenas um preconceito de classe.

2) Que o preconceito contra negros é diretamente proporcional ao *status* socioeconômico. Nosso estudo não confirma tal afirmação para a classe média de São Paulo. A relação entre *status* e preconceito não é certamente tão simples e direta como Pierson a formulou.

Quando o grupo de brasileiros de primeira geração, como um todo, é comparado com o grupo de geração mais velha, não aparecem diferenças dignas de nota. Contudo, diferenças que se anulam reciprocamente são encontradas quando os vários grupos étnicos são separados. O grupo de ascendência japonesa tem muito menos preconceito contra negros que a amostra geral, talvez porque sofra em si mesmo alguma discriminação. O grupo de ascendência síria e libanesa tem muito mais preconceito por razões explicadas em outro local.[12] O grupo italiano reage como o grupo de baixos rendimentos na amostra geral, o que está de acordo com o nível socioeconômico da maioria dos seus membros. O grupo português mostra padrões idênticos aos do grupo de altos rendimentos. Esse fato pode ser explicado pela comunidade de herança cultural dos portugueses e brasileiros. O tipo de reação do grupo de altos rendimentos pode provir de uma herança do passado mais tradicional e paternalística. Todas essas diferenças e de grupos étnicos cancelam-se mutuamente e tornam-se indistintas quando os descendentes de imigrantes são todos aglomerados.

Resumo e conclusão

A existência de um preconceito racial contra negros e mulatos foi constatada. As opiniões variam grandemente da tolerância relativa à intolerância relativa; a liberdade de atitudes e, num grau menor, a de comportamento são relativamente grandes; as normas sociais são antes diretivas que compulsórias. A igualdade de oportunidades é largamente aceita, as relações casuais são largamente toleradas, mas as ligações íntimas com pessoas de cor não são vistas com bons olhos. Os mulatos sofrem geralmente menor discriminação que os negros, mas uma reduzida minoria "prefere" negros a mula-

---

12 Roger Bastide et al., op. cit., p. 128-29.

tos. Essa reduzida minoria manifesta uma forma de preconceito muito mais violenta contra ambos, negros e mulatos, que a amostra geral. O sexo é uma importante causa de preconceito. Também o é o *status* socioeconômico, embora nossos dados sejam por demais incertos e incompletos para determinar a exata relação. A origem étnica dos pais igualmente desempenha um importante papel.

As falhas de nosso estudo são muitas e evidentes. Já as apontamos: a amostra não é nem fortuita nem proporcional; os postulados subjacentes à nossa análise são passíveis de discussão etc. Nossas conclusões devem ser aceitas com a devida cautela. Sem dúvida alguma, muito maior foi o número de problemas levantados que o dos resolvidos. Se nossas constatações confirmam em grande parte estudos anteriores, certas revisões da literatura parecem cabíveis.

Possa este nosso estudo apenas estimular críticas, futuras pesquisas, e algumas hipóteses praticáveis, para que nos consideremos altamente recompensados.

Outros títulos da Coleção Florestan Fernandes:

O negro no mundo dos brancos
320 PÁGINAS
ISBN 978-85-260-1230-1

A investigação etnológica no Brasil e outros ensaios
320 PÁGINAS
ISBN 978-85-260-0138-1

Capitalismo dependente e classes sociais na América Latina
152 PÁGINAS
ISBN 978-85-260-0152-7

Mudanças sociais no Brasil
328 PÁGINAS
ISBN 978-85-260-1334-6

Sociedade de classes e subdesenvolvimento
256 PÁGINAS
ISBN 978-85-260-1270-7

Florestan Fernandes – Leituras & legados
376 PÁGINAS
ISBN 978-85-260-1462-6